사회서비스 사례조사연구

지은구 · 장승옥 공저

청목출판사

머리말

우리나라는 전통적으로 복지제도의 시행에 있어 선진국에 비해 매우 뒤떨어져 있다. 그동안 사회보험이나 공적부조제도는 어느 정도 외국의 제도를 모방 또는 우리의 현실에 맞게 새롭게 설계해 가면서 문제점들을 수정 보완해 나가고 있는 실정이지만 사회복지서비스영역에서만큼은 복지선진국과 비슷한 인구통계적 변화를 경험함에도 불구하고 새로운 사회적 위협에 대처하는 데 있어 한발 늦게 대응해 온 것이 사실이다. 하지만 다행히도 정부는 2007년 사회서비스사업을 전면 확대 시행하면서 본격적으로 그동안 등한시되어 왔던 사회소외계층을 포함하여 국민들의 욕구에 부응하는 사회서비스사업을 제공하여 사회서비스의 시대가 도래되는 기반을 마련하였다. 특히 정부는 사회서비스(사회복지서비스)사업을 전개하면서 이용자지불방식의 한 도구인 바우처(전자바우처)를 지불방식으로 채택하여 사회서비스영역에 새로운 전달체계가 도입되는 일대 변화를 시도하였다.

본 연구는 사회서비스사업 그중에서도 2007년부터 시작된 4대 사회서비스사업에 대한 사례조사연구(case study research)로서 2007년 보건복지가족부의 용역으로 연구를 시작하여 2008년 8월 최종보고서를 제출한 내용을 수정보완하여 출판한 것이다. 개인적으로 사회서비스사업의 확대는 바람직한 것으로 생각되지만 그 내용에 있어 보다 지역주민중심적이고 삶의 질을 개선 내지는 향상시키는 방향으로 제도가 개선될 수 있도록 한다는 측면에서 관심을 갖고 연구조사에 참여하였다. 특히 민영화의 도입과 함께 제도에 설계되어 있는 경쟁과 선택이 과연 사회서비스영역에서 가능한 것인지 그리고 전자바우처가 4대 사회서비스사업의 지불방식으로 가장 적합한 방안인지에 많은 궁금점을 가졌던 필자에게 본 연구의 결과는 많은 시사점을 보여주었다. 비록 연구가 대구, 경북지역에 한정되어 진행되었지만 대구는 대도시로서 그리고 경북은 농촌지역으로의 특징을 가지고 있어 사업의 지역적 편차들을 고려할 수 있다는 장점도 가지고 있으며 질적연구방법을 사용하였지만 연구가 2차례에 걸쳐 시간을 두고 동일한 대상을 상대로 이루어져 종단적으로 사업결과를 분석하는데 도움을 준다. 본 연구의 결과가 미력하나마 한국 사회서비스사업의 발전과 개선에 도움이 되었으면 하는 바람을 가지며 연구에 참여하였던 본교 사회복지학과 박혜인 교수님과 윤지은 연구원, 정효미 연구원, 정미숙 연구원에게 특히 감사드린다. 또한 본 연구의 출판을 허락하여 주신 청목출판사 유성열 사장님에게도 감사드린다.

2009년 5월

지은구

차 례

〈표 차례〉

〈그림 차례〉

제1장

연구의 목적 및 범위

제1절 연구의 목적 및 배경

1. 연구의 목적

사회서비스사례조사의 가장 중요한 연구 목적은 2007년부터 시작되어 현재 진행 중인 4대 사회서비스사업(노인돌보미사업, 중증장애인활동보조사업, 산모신생아돌보미사업 그리고 지역사회서비스혁신사업[1]))의 진행사항에 대한 검토와 발전방안을 모색하는 것이다. 즉, 사회서비스사업 운영과정상 나타나는 문제점들을 파악하고 제도개선을 위한 개선방향을 제시하는 것에 있다.

2. 연구의 배경 및 연구의 질문

2007년부터 시행되고 있는 4대 사회서비스사업은 드러난 문제점들에 대한 일부의 제도적 보완을 하여 현재에 이르고 있다. 정부가 강조하고 있는 사회서비스사업의 목적이 사업을 통하여 효과적으로 성취되고 있는지에 대한 검토는 제도개선을 위해 매우 중요한 부분이라고 할 수 있다. 정부가 강조하는 4대 사회서비스사업의 특징을 좀더 구체적으로 살펴보면 다음과 같다(사회서비스관리센터, 2007; 보건복지가족부, 사회서비스관리센터, 2007).

1) 지역사회서비스혁신사업은 2009년부터 지역사회서비스투자사업으로 명칭이 변경되었음.

첫째, 일반서민 모두를 대상으로 하는 보편적 서비스를 제공한다.
둘째, 필요대상에게 이용권(바우처)을 부여함으로써 소비자선택권을 높이고 수요자중심의 시장구조를 정립한다.
셋째, 서비스생산 및 전달은 경쟁을 통해 민간이 담당함으로써 정부독점도 공급의 비효율 및 서비스 왜곡을 감소한다.
넷째, 사회적 일자리를 창출한다.

이러한 정부의 강조점을 중심으로 본 연구의 질문은 다음과 같다.

첫째, 사회서비스사업은 사회소외계층을 포함하는 일반서민들에게 보편적 서비스를 제공하고 있는가?
둘째, 사회서비스사업이 이용자들의 선택권을 강화하는가? 사회서비스영역에서 시장 형성가능성이 있는가?
셋째, 사회서비스 제공은 사회적 일자리로서 기능하고 있는가?
넷째, 제공기관 간의 서비스경쟁을 일어나고 있으며 이를 통한 서비스의 질이 향상되고 있는가?

본 연구는 위와 같은 질문에 대한 대답하기 위하여 노력할 것이며 위와 같은 사업 목적을 실현하기 위한 정책방향을 탐색하고 사업의 개선방안을 제시하는 것을 목적으로 한다.

3. 연구의 특징

정부가 추진하고 있는 4개의 사회서비스사업에 대한 본 사례조사연구는 다음과 같은 특징을 갖는다.

첫째, 사회서비스사업연구는 질적 연구방법인 **사례조사**(case study)를 사용하였다. 사례조사를 통하여 본 연구는 개별사례에 대한 완전한 이해를 바탕으로 사회서비스사업이 개별 사례에 미치는 영향에 대한 심층적인 점검과 확인을 통하여 사업을 총괄적으로 파악하고자 노력하였다.
둘째, 사회서비스사업연구는 사례의 실체를 보다 면밀히 파악하고 사회서비스사업이 각각 사례들에 어떠한 영향을 미치고 있는지를 시간의 흐름에 따라 파악하기 위하여 2회에 걸쳐 **동일한 사례를 대상으로 종단적 연구**를 실시하였다. 특히 2007년과 2008년의 변경된 지침의 적용여부를 파악하는데 주안점을 두었다.

셋째, 사례선정과 사례의 수에 있어 연구 결과의 객관성을 확보하기 위하여 기초조사를 실시하였으며 사례를 제공기관과 제공자 그리고 이용자로 구분하여 1차와 2차에 걸쳐 총 125 사례 이상을 추적 조사하였다.

넷째, 사회서비스사업연구는 대도시 및 중·소도시지역(광역시와 중·소도시) 그리고 농촌지역을 구분하여 사회서비스사업이 대도시지역 및 중·소도시지역과 농촌지역의 사례에 미치는 영향을 비교분석하였다.

다섯째, 사회서비스사업연구는 비슷한 영역의 사업들과 비교분석을 시도하였다. 특히 독거노인돌보미사업과 가정봉사원파견제도의 사례를 각각 선정하여 비교분석을 시도하였다.

여섯째, 사회서비스사업연구는 제공기관 간의 사업의 영향력을 비교분석하기 위하여 노력하였다. 특히 신생아돌보미사업의 경우 참여하고 있는 영리기관과 비영리기관을 사례로 선정하여 비교분석을 하였다.

제2절 연구의 방법 및 한계

1. 연구의 방법

4대 사회서비스사례조사연구의 목적을 달성하기 위하여 활용한 연구방법으로는 질적 조사방법인 사례조사를 사용하였다. 사례조사는 사회서비스사업의 전체적인 내용에 대한 점검과 확인을 통해 사업의 총괄적인 평가결과를 이끌어낼 수 있다는 장점을 갖는다. 또한 문헌조사와 2차적 자료조사(secondary data analysis)를 통한 비교분석도 시도되었다. 이를 위해 사회서비스사업과 관련된 정부와 관련단체들의 문헌과 각종 통계자료를 활용하였다. 특히 사회서비스사업의 목적과 특징을 요소별로 보다 손쉽게 파악하기 위하여 로직모델을 적용하여 분석하였다. 로직모델을 적용하기 위하여 사업의 투입과 행동, 산출 그리고 성과 등에 대한 요소를 구분하였으며 전 사업의 수행력(performance)을 검토하기 위하여 과정과 성과에 대한 요소별 측정항목을 질문에 반영하였다. 요소별 측정항목은 위에서 설정한 연구의 질문에 부합하여 사례조사의 질문에 반영하였으며 크게 투입항목, 행동항목, 산출항목 그리고 성과항목을 중심으로 사례를 분석하였다. 연구의 흐름을 그림으로 나타내면 다음과 같다.

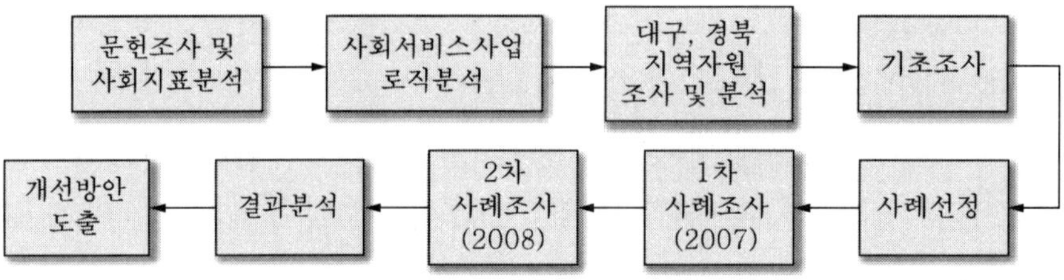

〈그림 1-1〉 연구흐름도

2. 연구의 한계

본 연구의 한계로 지적될 수 있는 점은 다음과 같다.

첫째, 사례조사가 대구, 경북지역을 중심으로 이루어져 사회서비스사업결과의 전체적 대표성을 갖는데 한계가 있을 수 있다. 하지만 대구, 경북지역은 대도시의 특성과 농촌의 특성을 동시에 조사할 수 있는 장점을 가지고 있어 사회서비스사업의 장단점을 분석하는데 있어 지역적 특징을 반영할 수 있다는 특징이 있다.

둘째, 연구의 특성상 사례선정에 있어 유의표집(purposive sampling)을 사용하였으므로 결과를 지나치게 일반화하는데 주의를 해야 한다.

제 2 장

사회서비스사업 로직모델 분석

제 1 절 사회서비스사업

1. 사회서비스의 개념

사회서비스[1]는 국가별 특성에 따라 다르게 해석되고 있으므로 정의를 내리기가 매우 어려운 용어이다. 일반적으로 외국(특히 영국이나 미국 등)에서는 사회복지서비스라는 용어보다는 사회복지서비스를 포함하는 사회서비스라는 용어가 주로 사용되고 있다. Johnson(1995)은 **사회서비스란** 사회복지의 목적을 향해서 인도되는 사회복지사들이나 또는 관련 있는 전문가들이 전개하는 프로그램이나 도구라고 정의하였다. 따라서 사회서비스는 사회복지의 목적을 실현하는 구체적인 도구가 되므로 사회복지에 대한 정의를 이해하면

1) 보건복지가족부는 2007년 사업을 시작하며 사회복지서비스라는 용어보다 사회서비스라는 용어를 사용하고 있다. 사회서비스와 사회복지서비스라는 용어는 학자들 간에 이견이 있고 아직 합의된 개념을 도출하지 못하고 있다. 본 연구에서는 사회서비스라는 용어를 사회복지서비스를 대신하여 사용하였는데 이는 우리나라의 사회복지사업법의 사회복지서비스에 대한 정의와 사회서비스의 사회복지적 측면을 강조하는 Johnson(1995) 등과 같은 학자들의 입장을 반영한 결과이다. 하지만 사회복지서비스가 사회서비스에 포함되는 영역으로 사회서비스를 사회복지서비스를 포함하는 광의의 개념으로 해석하는 경우도 있다. 이러한 경우의 대표적인 것이 사회적 기업육성법에 있는 사회서비스에 대한 개념이라고 할 수 있다. 2007년 제정된 사회적 기업육성법의 제 2조 3항을 보면 사회서비스란 교육, 보건, 사회복지, 환경, 및 문화분야의 서비스 그 밖에 이에 준하는 서비스로서 대통령령이 정하는 분야의 서비스라고 정의하였으며 동법 시행령 제 3조에 "그 밖에 이에 준하는 서비스로서 대통령령이 정하는 분야의 서비스"란 보육서비스, 예술, 관광 및 운동서비스, 산림보전 및 관리서비스, 간병 및 가사지원서비스 그밖에 노동부장관이 법 제4조에 따른 사회적 기업육성위원회의 심의를 거쳐 인정하는 서비스라고 규정하고 있다.

사회서비스란 용어는 쉽게 정리될 수 있다. 사회복지는 많은 학자들이 매우 상이한 정의를 내리고 있지만 전체 사회구성원의 번영을 위해 사회적인 책임 하에 사회구성원들이 기본적으로 필요로 하는 욕구를 충족시키기 위해 조직화된 행동체계로 정리될 수 있다. 또한 사회복지는 최소수준의 번영이나 최소기능수준의 성취 또는 위험에 처해져 있는 사람들의 번영을 위해 사회로부터 제공되는 행동체계로 이해될 수 있다. 따라서 사회복지라는 개념에는 사회문제에 영향을 받은 사람들의 기본적 욕구를 충족시켜 사회번영을 추구한다는 사회적 가치가 자리잡고 있다고 할 수 있다(Friedlander, 1955; Marti and Zald, 1981; Reid, 1996; Popple and Leighninger, 2002; 지은구, 2006).

한국에서는 사회복지서비스라는 용어를 사회서비스라는 용어보다 먼저 사용하였지만 사회복지서비스는 사회서비스와 동일한 의미를 포함하고 있으므로 용어에 대한 정리가 필요하다고 보여진다. 우리나라의 사회보장기본법 제3조, 제4호와 사회복지사업법 제2조, 제4호에 따르면 사회복지서비스라 함은 국가, 지방자치단체 및 민간부분의 도움을 필요로 하는 모든 국민에게 상담, 재활, 직업소개 및 지도, 사회복지시설이용 등을 제공하여 정상적인 사회생활이 가능하도록 지원하는 제도를 의미한다. 따라서 사회복지서비스는 사회생활상의 곤란 또는 장애를 받고 있는 장애인, 노인, 아동 등의 요보호자에 대한 보호 육성, 지도, 치료, 재활 등의 서비스시책이라고 할 수 있다. 결국 사회복지서비스는 사회생활상의 곤란 또는 장애를 받고 있는 장애인, 노인, 아동 등의 요보호자들에게 보호 육성, 지도, 치료, 재활 등을 제공하는 것이라고 정의될 수 있다.

결국, 사회서비스는 사회복지의 목적 즉, 사회문제에 영향을 받은 사람들의 기본적 욕구를 충족시켜서 최소수준의 기능적 삶이 가능하도록 하여 궁극적으로는 사회적 번영을 추구할 수 있도록 하는 재화와 서비스를 제공하는 것이라고 할 수 있으며 이러한 정의에 법적인 정의를 추가하여 해석하면 사회서비스는 사회복지서비스와 동일한 의미로 기본적 사회생활을 영위하는 것이 곤란한 사람들의 욕구를 충족시키도록 보호 육성, 지도, 치료, 재활 등의 서비스를 제공하여 사회의 번영을 추구하는 것이라고 정리할 수 있다.

사회서비스를 포괄하는 용어로 사용되는 것이 **인간서비스**(human service)라는 용어이다. 일반적으로 인간서비스는 교육, 건강, 사회복지 등의 영역을 모두 포함하여 인간에게 제공하는 제반 서비스들을 의미하는 용어로 사용된다. **인간서비스는 공통적으로 지적되고 있는 인간서비스분야인 건강과 교육 사회복지서비스분야에서 지역주민들이나 클라이언트들이 삶의 질을 개선시킬 수 있는 특정 재화**이고 인간서비스조직은 인간봉사분야인 건강과 교육 사회복지서비스분야에 있는 조직으로서 client들이 삶의 질을 개선시킬 수 있는 특정 재화를 만들어내고 분배하는 조직이라고 정의된다(Brager and Holloway, 1978; Hasenfeld, 1983; Patti, 2000; Netting, Kettner and McMurtry, 2004). 결국, 인간서비스와 사회서비스는 다른 의미를 내포하고 있으며 인간서비스는 사회복지의 범위를 뛰어넘는 보다 광범위한 영역이고 사회서비스는 사회복지서비스와 동일한 의미를 내포하는 용어로 이해될 수 있다.

2. 사회서비스 로직모델분석

사회서비스사업의 분석을 위하여 로직모델을 적용하게 되면 첫째, 사업의 목적을 보다 명료하고 분명하게 파악할 수 있으며 둘째, 사업의 사업이 성취하려는 성과와 사업의 과정을 포함하는 전 사업의 요소에 대한 인과 관계의 분석이 가능할 수 있다는 장점을 들 수 있다.

1) 사회서비스 로직모델분석 I

사회서비스를 기본적 사회생활을 영위하는 것이 곤란한 사람들의 욕구를 충족시키도록 보호 육성, 지도, 치료, 재활 등의 서비스를 제공하여 사회의 번영을 추구하는 것이라고 정의한다면 이러한 정의를 기초로 하여 사회서비스의 인과관계를 분석할 수 있다.

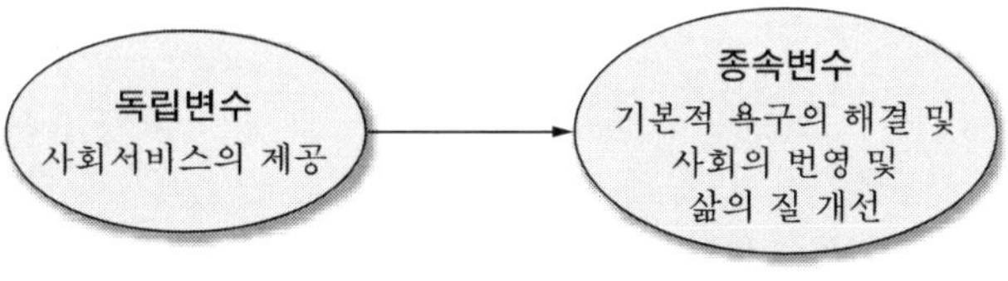

〈그림 2-1〉 사회서비스의 인과 관계

또한 사회서비스를 구성하는 구성요소들을 로직모델을 적용하여 투입요소, 행동요소, 산출요소 그리고 성과요소로 분류하여 표로 나타내면 다음과 같다.

〈표 2-1〉 사회서비스의 로직모델에 따른 분류

투 입	행 동	산 출	성 과		
			초기성과	중간성과	장기성과
공공재원 (인적, 물적자원)	각종 사회서비스 및 혜택의 제공	각종 사회서비스 및 혜택을 받는 사람들의 수	사회문제로부터 영향을 받은 개인 또는 집단들의 기본적 욕구 해결	사회문제의 해결	전체 사회의 번영 및 삶의 질 향상

2) 사회서비스사업의 로직모델분석 Ⅱ

정부가 추진하고 있는 사회서비스사업은 위에서 분석한 바와 같이 기본적 욕구의 해결 및 사회의 번영과 삶의 질을 개선시킨다는 중요 목적 이외에 추가적으로 **첫째, 이용자들의 선택권을 강화하며 둘째, 기관들 간의 경쟁을 유발하여 서비스의 질을 향상시키고 셋째, 나아가 참여기관들로 하여금 시장을 형성하도록 유도하며 마지막으로 사회적 일자리를 창출**하겠다는 뜻을 내포하고 있다. 정부는 이러한 세부목표들이 결국 사회서비스의 질을 향상시키며 궁극적으로는 사회적 일자리를 창출하여 일자리부족이라는 사회적 문제를 해결할 수 있어 사회서비스사업이 궁극적으로 기본목적인 국민들의 기본적 욕구의 해결 및 사회의 번영과 삶의 질을 개선시킬 수 있음을 강조하고 있다. 이러한 정부의 논리를 로직모델을 적용하여 분석하면 다음과 같다.

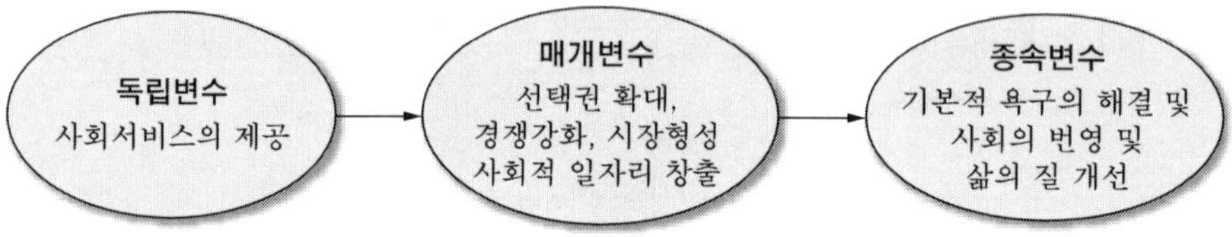

〈그림 2-2〉 사회서비스사업의 인과 관계

또한 정부가 목표로 설정한 세부목표들을 반영하여 사회서비스를 구성하는 구성요소들을 로직모델을 적용하여 투입요소, 행동요소, 산출요소 그리고 성과요소로 분류하여 간단하게 표로 나타내면 다음과 같다.

〈표 2-2〉 사회서비스사업 부기적 목표의 로직모델에 따른 분류

투 입	행 동	산 출	성 과		
			초기성과	중간성과	장기성과
공공재원 (인적, 물적자원)	각종 사회서비스 및 혜택의 제공	-각종 사회서비스 및 혜택을 받는 사람들의 수 -일자리참여자들의 수 -신규기관의 수	-사회적 일자리 창출 -이용자들의 서회서비스선택권확대 -기관 간 경쟁력강화 -사회서비스분야시장형성	사회서비스 질 향상 및 일자리 제공 등을 통한 사회문제	전체 사회의 번영 및 삶의 질 향상

위와 같이 사회서비스사업의 방향과 목적은 첫째, 사회서비스사업자체의 기본목적에 대한 분류 그리고 둘째, 정부의 사회서비스제공에 대한 부가적인 목적(목표)에 대한 분류로 이원화하여 분석할 수 있다. 현재 보건복지가족부에서 제공하고 있는 4대 사회서비스 사업을 중심으로 사업별로 보다 구체적으로 분석해 보면 다음과 같다.

제 2 절 사회서비스사업별 분석

1. 노인돌보미사업

1) 사업개요

(1) 목적

노인돌보미사업의 목적은 혼자 힘으로 일상생활을 영위하기 어려운 노인에게 가사지원 및 활동지원 서비스를 제공하여 안정된 노후생활 보장 및 가족의 사회·경제적 활동기반을 조성하는 것이다.

(2) 필요성

- 인구학적 변화로 인해 혼자 힘으로 일상생활을 영위하기 어려운 노인인구가 증가하고 있다.

- 노인 빈곤과 질환이 결부된 사회문제를 해결할 사회적 안전망이 부족하다.
- 가족해체로 인한 가족의 결속력 약화로 노인의 부양의무자가 부재한 경우가 많다.
- 경제적 빈곤으로 인한 비위생적인 생활환경과 질병방치가 심각한 노인질환의 원인이 되고 있으며 이는 사회적 비용(social cost)의 증대 요인이 되고 있다.

(3) 서비스내용

- 활동보조 : 식사도움, 세면도움, 체위변경, 옷 갈아입히기, 구강관리, 신체기능의 유지·증진, 화장실 이용 도움, 외출동행, 목욕보조 등.
- 일상생활지원 : 취사, 생활필수품 구매, 청소 및 세탁 등.
- 월 1회 이상 보건소 방문보건요원이 정기적으로 가정을 방문하여 고혈압, 당뇨병 등 만성질환 관리, 운동지도 등 건강관리서비스 제공한다.

(4) 기대효과

- 가사 및 일상생활지원으로 쾌적한 생활환경이 조성되어 신체적 건강을 증진시킨다.
- 사회적 안정망 확충으로 노후생활에 대한 불안감이 감소된다.
- 가사노동에 대한 부담감 감소와 건강증진으로 인해 노인의 사회참여율이 증가한다.

위와 같은 서비스내용을 그려보면 〈그림 2-3〉과 같다.

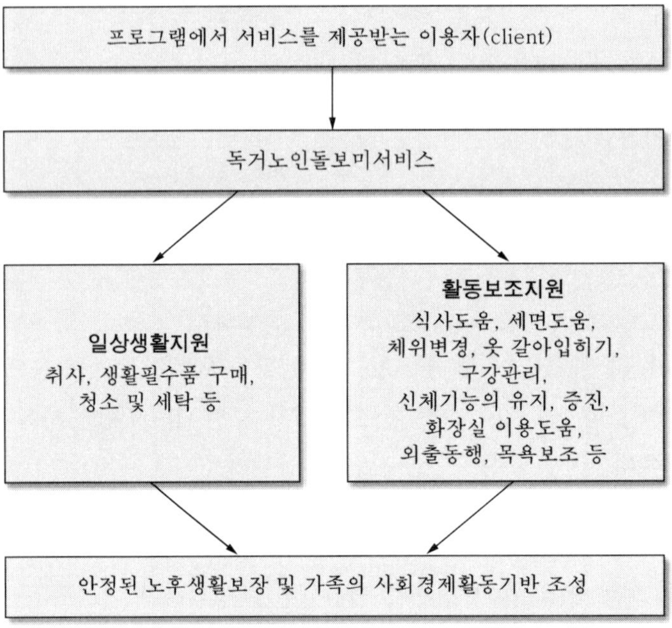

〈그림 2-3〉 프로그램이론 적용한 노인돌보미사업 체계

(5) 프로그램이론적용에 따른 로직모델 분석

노인돌보미사업을 프로그램이론에 따라 로직모델을 적용하여 인과 관계와 요소별 내용을 정리하면 다음의 그림과 같다.

독립변수	→	종속변수
가사지원 및 활동지원 서비스	→	가족의 사회 · 경제적 활동기반조성

〈그림 2-4〉 노인돌보미사업 인과 관계분석

〈표 2-3〉 노인돌보미사업의 로직모델 요소분석

투 입	행 동	산 출	성 과		
			초기성과	중간성과	장기성과
국고부담금 등의 인적 물적 자원, 신청한 사람의 본인 부담금.	활동보조 및 일상생활지원, 보건소 방문보건요원의 건강관리서비스.	· 노인돌보미 서비스 수혜자 수, 활동보조 및 일상생활지원 회수, 건강관리 서비스 회수. · 서비스 만족도, 노인 일상생활능력, 심리적 안정감(우울, 불안)	· 노인 일상생활 및 가사노동에 대한 부담 감소. · 노인질환 위험성 감소.	· 노인의 독립적 일상생활 능력 향상. · 신체적 건강과 심리적 안정감.	· 노인의 사회적 활동영역 확대.

2) 대상자 선정 및 기준

(1) 대상자 선정

노인돌보미사업을 이용할 수 있는 표적집단(이용자)선정은 다음의 표와 같다.

〈표 2-4〉 노인돌보미사업 대상자선정표

대상 구분	서비스대상자 산출근거	대상자 수(명)
일반집단	전체 만 65세 이상의 노인	
위기집단	전체 만 65세 이상 노인 중에서 가구 소득, 건강상태 등을 고려하여 돌봄 서비스가 필요한 대상자	
표적집단	전체 만 65세 이상 노인 중 가구소득, 건강상태 등을 고려하여 돌봄 서비스가 필요한 대상자로 가구 소득이 전국가구 평균소득의 150% 이하, 노인요양필요점수 40점 이상인 노인	

(2) 2007년 대상자 선정기준

① 선정기준

□ **만 65세 이상 노인 중 가구 소득 및 건강상태를 고려하여 선정**

● 소득기준 : 가구 소득이 전국가구 평균소득의 150% 이하인 경우

가구원 수	1인	2인	3인	4인	5인	6인 이상
전국가구 월평균소득(천원)[1]	1,187	2,172	3,107	3,532	3,697	3,980
전국가구 월평균소득의 150%(천원)	1,781	3,258	4,661	5,298	5,546	5,970

주 : 1) 통계청 「가계조사」, '06년 1/4분기~4/4분기 평균값

● 건강상태 기준 : 노인요양필요점수 **40점** 이상
(치매・중풍, 노인성 질환 등으로 거동이 불편한 노인)

☞ **동일 가구 내 서비스 대상이 두 명 이상인 경우에도 바우처 지원 대상은 가구당 1인임**

◇ 소득, 건강상태 등의 기준을 초과하더라도 시장・군수・구청장이 보호가 필요하다고 인정하는 경우는 대상자로 선정하여 지원 가능
- 시・군・구별로 사업량의 20% 범위 내에서 가구 여건(독거노인, 노인부부 가구, 조손가구, 중증장애인이 있는 가구 등)을 고려하여 서비스 제공 필요성을 판단하여 지원

② 제외대상

● 복권기금 가사간병도우미, 자활근로, 가정봉사원 파견사업 등에 의해 무료서비스를 받고 있는 노인

※ 기초생활수급자 및 차상위계층 노인은 기존 사업(복권기금 가사・간병도우미, 자활근로 등)에 의한 무료 서비스를 우선 제공하되, 바우처를 원할 경우는 본인부담금 지불 조건 하에 가능(단, 기존 사업에 의한 서비스와 중복 지원하지 않도록 유의)

● 노인장기요양보험 시범사업지역에서 요양보험 서비스를 받고 있는 노인

● 실비노인복지시설 이용료 지원 대상자

③ 우선순위

◇ 소득・건강상태 등의 기준을 충족하더라도 시・군・구별 예산 한도 범위 내에서 지원함
- 서비스 대상자 수가 예산범위를 초과할 것으로 예상되는 경우 우선순위에 의해 선정(우선순위 기준은 시・군・구별로 조정 가능)

- 소득이 전국 평균소득의 100% 이하인 가구 중
  - 독거노인 · 노인부부, 중증장애인 노인 또는 이에 준하는 경우(1순위)
  - 가구원이 근로 또는 구직활동, 다른 부양의무 이행, 질병 · 장애 등의 이유로 돌봄이 어려운 경우(2순위)
  - 기타 시장 · 군수 · 구청장이 보호가 필요하다고 인정한 경우(3순위)
- 소득이 전국 평균소득의 100% 초과~150% 이하인 가구 중
  - 독거노인 · 노인부부, 중증장애인 노인 또는 이에 준하는 경우(4순위)
  - 가구원이 근로 또는 구직활동, 다른 부양의무 이행, 질병 · 장애 등의 이유로 돌봄이 어려운 경우(5순위)
  - 기타 시장 · 군수 · 구청장이 보호가 필요하다고 인정한 경우(6순위)

(3) 2008년 대상자 선정기준

① 선정기준

□ **만 65세 이상 노인 중 가구 소득 및 건강상태를 고려하여 선정**

- 소득기준 : 가구 소득이 전국가구 평균소득의 150% 이하인 경우

가구원 수	1인	2인	3인	4인	5인	6인	7인	8인
전국가구 월평균소득(천원)[1]	1,292	2,277	3,229	3,705	3,931	4,055	4,180	4,305
전국가구 월평균소득의 150%(천원)	1,938	3,416	4,844	5,558	5,897	6,083	6,270	6,458

- 건강상태 기준 : 노인요양필요점수 40점 이상(단, '08년 7월 1일부터는 40점 이상 55점 미만)
  - 치매 · 중풍, 노인성 질환 등으로 거동이 불편한 노인
  - ※ '08년 7월 1일 노인장기요양보험 시행 이후에는 55점 이상(수발등급 1-3등급) 노인은 장기요양보험에 의한 서비스 제공

☞ 동일 가구 내 서비스 대상이 두 명 이상인 경우도 바우처 지원 대상은 가구당 1인임

◇ 소득, 건강상태 등의 기준을 초과하더라도 시장 · 군수 · 구청장이 보호가 필요하다고 인정하는 경우는 대상자로 선정하여 지원 가능
- 시 · 군 · 구별로 가구 여건 (독거노인, 노인부부 가구, 조손가구, 중증장애인이 있는 가구 등)을 고려하여 서비스 제공 필요성을 판단

② 제외대상

- 복권기금 가사간병도우미, 자활근로, 가정봉사원 파견사업 등에 의해 무료서비스를 받고 있는 노인
  - ※ 기초생활수급자 및 차상위계층 노인은 기존 사업(복권기금 가사・간병도우미, 자활근로 등)에 의한 무료 서비스를 우선 제공하되, 바우처를 원할 경우는 본인부담금 지불 조건 하에 가능(단, 기존 사업에 의한 서비스와 중복 지원하지 않도록 유의)
- 노인장기요양보험 서비스를 받고 있는 노인(시범사업 포함)
- 실비노인복지시설 이용료 지원 대상자

③ 우선순위

> ◇ 소득・건강상태 등의 기준을 충족하더라도 시・군・구별 예산 한도 범위 내에서 지원함
> - 서비스 대상자 수가 예산범위를 초과할 것으로 예상되는 경우 우선순위에 의해 선정 (우선순위 기준은 시・군・구별로 조정 가능)

- 소득이 전국 평균소득의 100% 이하인 가구 중
  - 독거노인・노인부부, 중증장애인 노인 또는 이에 준하는 경우(1순위)
  - 가구원이 근로 또는 구직활동, 다른 부양의무 이행, 질병・장애 등의 이유로 돌봄이 어려운 경우(2순위)
  - 기타 시장・군수・구청장이 보호가 필요하다고 인정한 경우(3순위)
- 소득이 전국 평균소득의 100% 초과~150% 이하인 가구 중
  - 독거노인・노인부부, 중증장애인 노인 또는 이에 준하는 경우(4순위)
  - 가구원이 근로 또는 구직활동, 다른 부양의무 이행, 질병・장애 등의 이유로 돌봄이 어려운 경우(5순위)
  - 기타 시장・군수・구청장이 보호가 필요하다고 인정한 경우(6순위)
- 월 36시간 대상자가 전체 대상자의 50%를 초과하지 않도록 조정

④ 서비스선정절차(시・군・구, 읍・면・동)

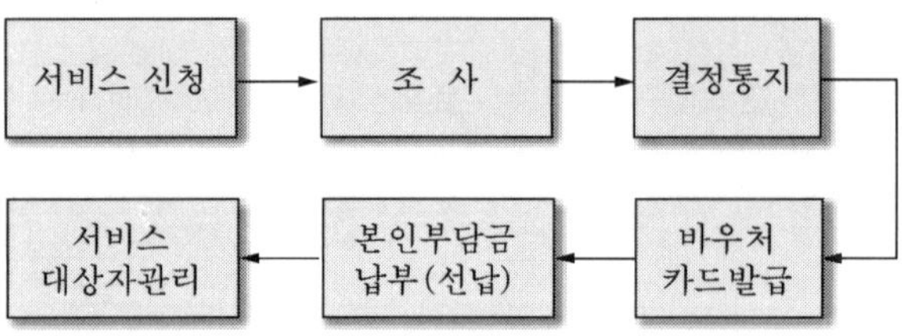

⑤ 서비스실시절차(제공기관)

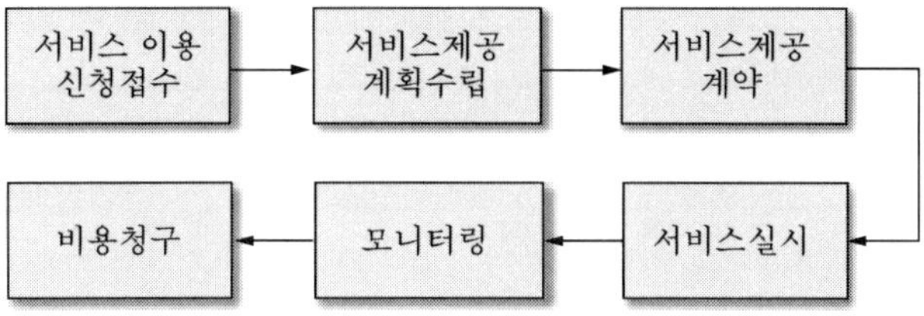

(4) 노인돌보미사업 지침 변경내용

구 분		2007	2008
서비스대상	소득기준	전국가구 평균소득의 150% 이하	좌 동 (단, 평균소득 인상에 따른 금액 조정)
	건강상태	노인요양필요점수 40점 이상	·1-6월 : 40점 이상 ·7월 이후 : 40점 이상~55점 미만
		판정조사표(5개 영역 51개 항목) * 무료 및 실비노인(전문)요양시설 입소대상자 선정지침('05.12) 준용	판정조사표 변경(5개 영역 52개 항목) * 무료 및 실비노인(전문)요양시설 입소대상자 선정지침('07.10) 준용
바우처	서비스 시간	○ 월 27시간	○ 월 36시간도 선택가능
	정 부 지원액	○ 차상위 이상 : 202,500원/월 ○ 차상위 이하 : 220,500원/월	○ 차상위 초과 - 월 36시간 : 270,000원 - 월 27시간 : 202,500원 ○ 차상위 이하 - 월 36시간 : 294,000원 - 월 27시간 : 220,500원
	본 인 부담금	○ 차상위 이상 : 36천원/월 ○ 차상위 이하 : 18천원/월	○ 차상위 초과 - 월 36시간 : 48천원 - 월 27시간 : 36천원 ○ 차상위 이하 - 월 36시간 : 24천원 - 월 27시간 : 18천원
서비스제공기관	개 수	시·군·구당 2개소 원칙	제한 없음
	대상기관	가정봉사원파견시설, 지역자활센터 우선	민간 영리기관 등 포함
	도서벽지 교통지원금	없음	방문당 3천원

2. 중증장애인 활동보조 사업

1) 사업개요

(1) 목적

신체적·정신적 이유로 원활한 일상생활과 사회활동이 어려운 장애인에게 활동보조서비스를 제공함으로써, 장애인의 자립생활과 사회참여를 증진시키는 것을 목적으로 한다. 이러한 목적에 기초하여 보면 중증장애인 활동보조지원사업은 장애인의 사회적응력향상과 사회적 지지체계 형성으로 안정된 자립생활과 사회통합을 증진시킬 수 있을 것으로 본다.

(2) 필요성

- 신체적·정신적 장애로 신변처리 등과 같은 독립적 일상생활 수행기술이 부족하다.
- 장애로 인해 일상생활에 불필요한 시간과 에너지를 소진하게 되어 사회참여율이 저조하다.
- 장애인의 행복추구라는 기본적인 권리를 지향할 수 있는 원초적인 여건이 형성되어 있지 못해 사회적 자립에 어려움이 있다.

(3) 서비스내용

- 목욕, 대소변, 옷 갈아입기, 세면, 식사보조 등과 같은 신변처리 지원
- 쇼핑, 청소, 식사 준비, 양육 보조 등과 같은 가사지원
- 금전관리, 시간관리, 일정관리 등과 같은 일상생활 지원
- 낭독보조, 대필 보조 등과 같은 커뮤니케이션 보조
- 안내도우미, 대리운전지원(시각장애인), 학교 등·하교 지원, 직장 출·퇴근 지원, 야외·문화활동 지원 등과 같은 이동의 보조
- 장애인에 의한 복지상담, 서비스 안내 등과 같은 동료상담서비스

(4) 기대효과

- 장애인의 자립생활 의지 개발 및 성장
- 장애인의 사회기술 및 자존감 향상
- 장애인의 사회참여율 향상
- 장애인의 주체적인 삶과 사회통합

위와 같은 서비스내용을 그림으로 그려보면 다음과 같다.

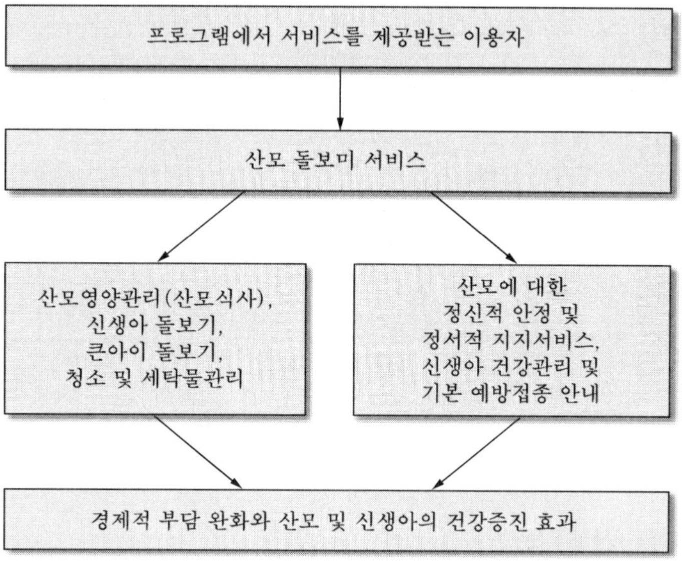

〈그림 2-5〉 프로그램이론 적용한 중증장애인활동보조사업 체계

(5) 로직모델분석

중증장애인활동보조사업을 프로그램이론에 따라 로직모델을 적용하여 인과관계와 요소별 내용을 정리하면 다음의 그림과 같다.

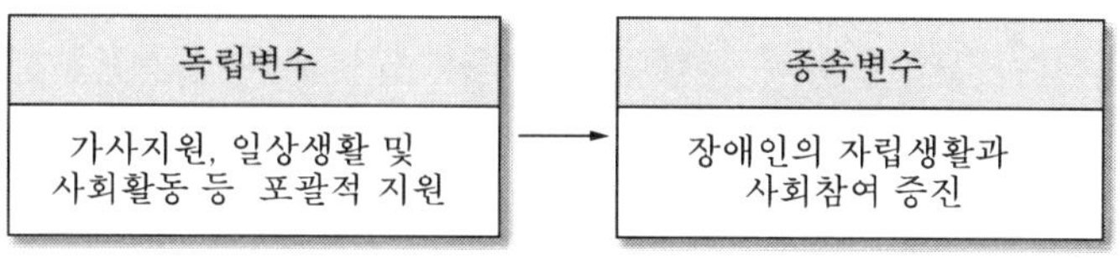

〈그림 2-6〉 중증장애인활동보조사업 인과 관계분석

〈표 2-5〉 중증장애인활동보조사업 로직모델요소 분석

투 입	행 동	산 출	성 과		
			초기성과	중간성과	장기성과
국고부담금 등의 인적 물적 자원, 신청한 사람의 본인 부담금.	신변처리 지원, 가사지원, 일상생활 지원, 커뮤니케이션 보조, 이동의 보조, 동료상담서비스.	· 장애인보조지원을 받고 있는 수혜자 수, 가사지원 횟수 일상생활 및 사회활동 지원 회수, 상담서비스 회수 · 서비스 만족도, 일상생활능력 및 독립생활능력, 심리적 안정감.	· 장애인의 일상생활 수행능력 향상.	· 장애인의 사회적응력 향상. · 장애인의 사회 참여율 향상.	· 장애인의 자립과 사회통합

2) 대상자 선정 및 기준

(1) 대상자 선정

중증장애인활동보조사업서비스를 제공받을 수 있는 이용자(대상자집단)들을 구분하면 다음의 표와 같다.

〈표 2-6〉 중증장애인활동보조사업 대상자 선정표

대상구분	서비스대상자 산출근거	대상자 수(명)
일반집단	전체 등록 장애인	
위기집단	전체 만 6세 이상 - 65세 미만 등록 1급 장애인	
표적집단	전체 만 6세 이상 - 65세 미만 등록 「장애인복지법」상 등록 1급 중 기타 독거 등 가족 사항 등에 따라 가중치 부여된 장애인(소득수준 상관 없음)	

(2) 2007년 대상자 선정 기준

① 선정 원칙

□ 장애인 기본권·생존권 보장 및 사회서비스 시장형성을 위해 사업대상을 소득수준에 상관 없이 포괄하고, 가급적 대상자의 서비스 욕구 및 가구 여건 등을 종합적으로 판단하여 서비스 수요에 따른 대상자 선정

□ 시·도별 장애 1급 등록 현황을 고려하여 사업량을 배분

□ 서비스 신청시 장애 중증도 등에 따라 서류 심사한 다음, 지원 자격에 해당될 경우 방문 조사를 실시하여 신체기능 및 인지·정신기능 평가

□ 지원 기준을 충족하더라도 서비스 대상자 수가 시·군·구별 예산 한도를 초과할 것으로 예상되는 경우 우선순위에 의해 선정

② 선정 기준

● 필수 항목

□ 장애 유형 : 등록 장애 구분 없음(15종 전체)

□ 중등도 : 장애 1급으로 「인정조사표」에 의해 일정 기준 이상인 자

□ 소득 기준 : 소득 수준에 상관없이 지원

□ 소득 수준에 따라 본인부담률을 다르게 설정하되, 부담 상한액을 설정하여 이용 장애인의 경제적 부담을 경감

〈표 2-7〉 장애 유형별 적용 등급 및 대상자수 (전 연령)

(단위 : 명, %)

유형	지체	뇌병변	시각	청각	언어	정신지체	정신	발달	신장	심장	호흡기	간	안면	장루요루	간질	소계
등급	1	1	1	1	1	1	1	1	1	1	1	1	1	1	1	-
대상	40,948	50,975	30,841	4,559	113	40,318	11,455	4,089	1,816	659	2,410	926	58	17	150	189,334
비율	21.5	26.8	16.3	2.4	0.1	21.2	2.2	6.1	1.0	0.3	1.3	0.5	0.1	0.1	0.1	100.0

□ 연령 : 만 65세 미만 중증 장애인을 대상으로 자립생활 이념에 입각하여 지원

· 만 6세 이상 만 18세 미만 장애 아동에 대하여 교육과 양육, 보호를 위해 특별지원서비스가 필요함을 감안하여 월 20~40시간 범위에서 지원

* 만 6세 이상 판정은 신청일 현재 시점으로 하고, 만 65세 미만은 서비스 제공일 이후 만 65세가 되는 경우 연말까지 지원

□ 우선순위 부여 항목

- 가족 사항 : 돌볼 가족이 없거나, 있어도 활동보조가 필요한 경우
- 사회활동 여부 등 : 가구원 구직활동, 신청자 학교 또는 직장생활 등

③ 우선 순위

☞ 지원 기준을 충족하더라도 서비스 대상자 수가 시·군·구별 예산 한도를 초과할 것으로 예상되는 경우 우선순위에 의해 선정

□ 제 1순위 : 독거 장애인, 장애인 부부 또는 가구원내 장애인 중복

□ 제 2순위 : 가구원이 근로 또는 구직활동, 다른 부양의무 이행, 질병·장애 등의 이유로 돌봄이 어려운 경우

* 예) 맞벌이 가구 또는 근로능력자 홀로 장애인을 부양하는 가구 등

□ 제 3순위 : 학교 또는 직장생활 등 사회생활 계획이 있는 경우

* 이 경우 재학 또는 재직증명서 제출해야 함

□ 기타 시장·군수·구청장이 보호가 필요하다고 인정한 경우

④ 제외 대상

□ 복권기금 가사·간병도우미, 자활근로(간병) 등에 의해 (무료)서비스를 받고 있거나 여성가족부 장애아가족 양육지원 서비스 등을 받고 있는 장애인(아동)

· 단, 교육부나 노동부에서 학교내 또는 직장내 국한된 지원서비스를 받고 있는 경우는 활동보조서비스를 받을 수 있음

*기초생활수급자 및 차상위계층 장애인은 기존사업(복권기금 가사·간병도우미, 자활근로 등)에 의한 무료 서비스를 우선 제공하되, 바우처를 원할 경우는 본인 부담금 지불 조건 하에 가능(단 기존 사업에 의한 서비스와 중복 지원되지 않도록 유의)

□ 실비입소 장애인시설 이용료 지원 대상자

□ 생활시설, 요양시설 등 시설 입소 장애인

□ 병·의원 등 의료기관 입원 장애인

(3) 2008년 대상자 선정 기준

① 선정기준

□ 「장애인복지법」상 등록 1급 장애인(15종 전체)

※ 등록이 안 된 경우 읍·면·동에서 등록 유도

□ 소득기준과 무관하게 신청가능

□ 연령 : 만 6세 이상~만 65세 미만

- 단 만 6세 이상~만 18세 미만 장애아동에 대하여 월 30~50시간(3~4등급) 범위에서 지원

□ 신청자격이 있는 자로서 인정조사표에 의해 일정 점수(220점) 이상인 자

□ 독거 특례지원 대상자의 경우 다음의 요건 하에 지원

- 주거형태 : 독거

㉮ 주민등록상 단독 가구원일 것

㉯ 현장조사 등에 의하여 실제 독거로 확인될 것

② 등급 및 인정시간 결정

□ 시·군·구는 대상자를 점수에 따라 4등급으로 구분하여 월 30~90시간 제공

- 만 6세 이상~만 18세 미만 장애아동의 경우 3, 4 등급만 부여하여 월 30~50시간 제공

□ 독거 특례지원 대상자의 경우 2·3·4등급은 20시간, 1등급은 30시간 추가 지원

[등급별 인정시간]

등 급	등급별 점수	월 인정시간
1 등급	380 ~ 445	90
2 등급	346 ~ 379	70
3 등급	281 ~ 345	50
4 등급	220 ~ 280	30

③ 제외대상

□ 재가서비스사업의 대상이 아닌 자
- 국민기초생활보장법 제32조에 따른 보장시설 [붙임 1] 입소자
- 의료기관 입원 장애인

□ 국고사업에 의하여 동일한 또는 유사한 재가서비스를 받고 있는 자
- 복권기금 가사·간병도우미서비스
- 자활근로에 의한 간병서비스
- 여성가족부 장애아가족 양육지원서비스
- 노인장기요양급여
- 기타 이에 준하는 재가서비스
  ※ 국민건강증진기금에 의한 희귀·난치성 질환자 의료비지원 대상자 중 간병비를 지급받는 자는 신청 가능
  ※ 교육부나 노동부에서 학교 내 또는 직장 내에 국한된 지원서비스를 받고 있는 자는 신청 가능

④ 서비스선정절차(시·군·구, 읍·면·동)

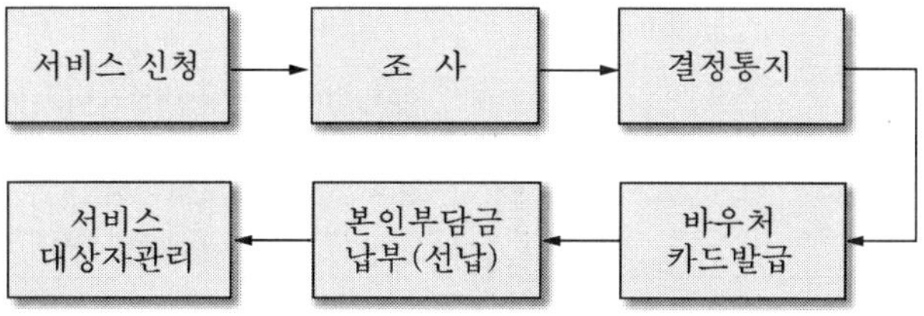

⑤ 서비스실시절차(제공기관)

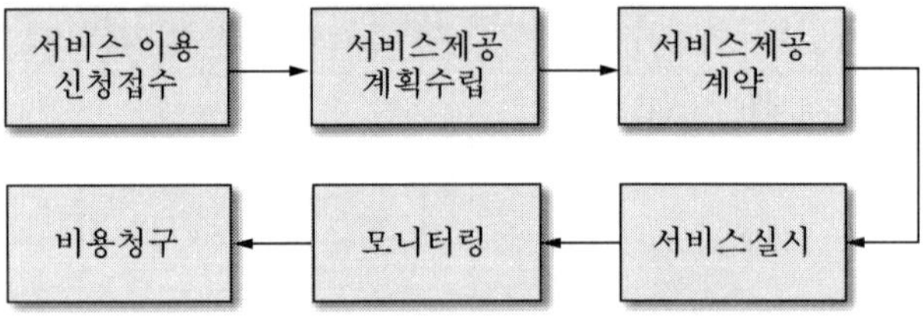

(4) 중증장애인활동보조사업 지침 변경내용

<table>
<tr><th>구 분</th><th>2007년</th><th>2008년</th></tr>
<tr><td>신청
자격</td><td></td><td>○국민건강증진기금에 의한 희귀·난치성 질환자 의료비지원 대상자 중 간병비를 지급받는 자는 신청 가능
○노인장기요양급여 수급자는 신청제외</td></tr>
<tr><td>선정
기준</td><td></td><td>○독거 특례지원 대상자의 경우 다음의 요건 하에 지원
- 주거형태 : 독거
① 주민등록상 단독 가구원일 것
② 현장조사 등에 의하여 실제 독거로 확인될 것</td></tr>
<tr><td>등급별
인정
시간</td><td>○시·군·구는 점수에 따라 등급 기준의 인정시간을 4등급으로 구분하여 월 20~80시간 제공
- 6세 이상 18세 미만 장애아동의 경우 3, 4 등급만 부여하여 월 20~40시간 제공
<table>
<tr><th>등 급</th><th>등급별 점수대(점)</th><th>월 인정시간</th></tr>
<tr><td>1 등급</td><td>380 ~ 445</td><td>80시간</td></tr>
<tr><td>2 등급</td><td>346 ~ 379</td><td>60시간</td></tr>
<tr><td>3 등급</td><td>281 ~ 345</td><td>40시간</td></tr>
<tr><td>4 등급</td><td>220 ~ 280</td><td>20시간</td></tr>
</table></td><td>○시·군·구는 대상자를 점수에 따라 4등급으로 구분하여 월 30~90시간 제공
- 만 6세 이상~만 18세 미만 장애아동의 경우 3,4 등급만 부여하여 월 30~50시간 제공
○독거 특례지원 대상자의 경우 2·3·4등급은 20시간, 1등급은 30시간 추가 지원
<table>
<tr><th>등 급</th><th>등급별 점수</th><th>월 인정시간</th></tr>
<tr><td>1 등급</td><td>380 ~ 445</td><td>90</td></tr>
<tr><td>2 등급</td><td>346 ~ 379</td><td>70</td></tr>
<tr><td>3 등급</td><td>281 ~ 345</td><td>50</td></tr>
<tr><td>4 등급</td><td>220 ~ 280</td><td>30</td></tr>
</table></td></tr>
<tr><td>서비스
단가</td><td>○시간당 7,000원</td><td>○시간당 8,000원</td></tr>
<tr><td>서비스
제공
및
이용
원칙</td><td></td><td>○활동보조는 지원 대상자 본인에 대한 서비스에 한정
- 별도의 계약 없이 지원 대상자가 아닌 가족의 빨래, 대청소 등의 서비스는 제공하지 않음
○계약 체결시 서비스 이용자, 가족과 활동보조인, 제공기관 간에 상호협력 동의서 작성</td></tr>
<tr><td>교통
지원금</td><td></td><td>○도서·벽지지역 거주 장애인에 대한 방문 서비스 제공시 서비스 제공 1회당 원거리 교통지원금 3천원을 서비스 제공기관에 사후 일괄 지급
※ 적용시기 : 추후 통보</td></tr>
</table>

<table>
<tr>
<td>본인
부담금</td>
<td>○소득수준에 따라 본인부담률 차등
- 본인 부담액 상한선을 설정
<table>
<tr><th>소득
수준</th><th>기초
수급</th><th>최저생계비
120% 이내</th><th>최저생계비
120% 초과</th></tr>
<tr><td>본인
부담률</td><td rowspan="2">면제</td><td>10%</td><td>20%</td></tr>
<tr><td>부담
상한액</td><td>월 2만원</td><td>월 4만원</td></tr>
</table>
</td>
<td>○소득수준에 따라 본인부담금 차등(정액제)
<table>
<tr><th>소득수준</th><th>기초수급</th><th>최저생계비
120% 이내</th><th>최저생계비
120% 초과</th></tr>
<tr><td>본인
부담금</td><td>면제</td><td>월 2만원</td><td>월 4만원</td></tr>
</table>
※ 4등급의 경우 본인부담금이 늘어남.
※ 1~3등급의 경우 본인부담금 변동 없음.
</td>
</tr>
<tr>
<td>본인
부담금
납부
시기</td>
<td>○납부시기 : 서비스 이용 전월 28일까지 지정된 계좌에 입금</td>
<td>○결정통지서 및 바우처 카드에 명시된 지정 계좌에 매월 1회 본인부담금 입금
- 원칙 : 매월 15~27일까지(매월 은행 마지막 영업일 전일)
- 추가연장 : 익월 1~5일까지(5일이 휴일인 경우 익일까지)
※ 1차에 납부하면 익월 1일에, 추가연장기간에 납부하면 당월 7일에 바우처 생성</td>
</tr>
<tr>
<td>결제
방법</td>
<td>○서비스 대상자는 서비스 이용시마다 바우처 카드로 결제
※ 단, '07년도에 한해서 서비스 제공 후 수시로 일괄 결제 가능</td>
<td>○서비스 대상자는 서비스 이용시마다 바우처 카드로 결제
- 카드분실, 활동보조인의 근무형태 등으로 서비스 이용시마다 결제가 어려운 경우 예외적으로 일괄결제 인정</td>
</tr>
<tr>
<td>바우처
카드의
부정
사용</td>
<td>○바우처 카드를 타인에게 양도 또는 매매 등 부정사용이 확인되는 경우는 부당 이득을 환수하고, 서비스 대상자의 자격을 박탈
○제공기관 또는 이용자의 담합에 의한 부정사용일 경우 바우처 제공기관 지정 철회 및 부당이득 환수 조치</td>
<td>○이용자가 바우처 카드를 타인에게 양도 또는 매매하는 등 부정사용이 확인되는 경우, 지원대상자 자격 취소 및 부당이득 환수 조치
○활동보조인과 이용자와의 담합에 의한 부정사용일 경우 활동보조인 자격 취소 및 부당이득 환수 조치
○제공기관과 이용자와의 담합에 의한 부정사용일 경우 제공기관 지정 철회 및 부당이득 환수 조치
○부정사용이 확인되어 자격이 취소된 이용자, 활동보조인 및 제공기관은 2년간 대상자 선정, 자격 부여 및 제공기관 지정 금지</td>
</tr>
<tr>
<td>활동
보조인
자격</td>
<td>○활동보조인은 학력 제한 없이 만 18세 이상 만 65세 미만의 자 중에서 소정의 연수를 거치고 신체적·정신적으로 활동보조가 가능한 자로 함</td>
<td>○학력 제한 없이 만 18세 이상의 신체적·정신적으로 활동보조가 가능한 자로서 소정의 교육과정을 이수한 자</td>
</tr>
<tr>
<td>활동
보조인
교육
체계</td>
<td>○활동보조인 교육은 해당 제공기관에서 시·도 지정 교육기관에 의뢰하여 실시</td>
<td>○활동보조인이 되고자 하는 자는 시·도 교육기관에 교육을 신청하여 교육과정을 이수하여야 함
※ 제공기관을 경유하지 않고도 교육을 받을 수 있음</td>
</tr>
<tr>
<td>교육
시간</td>
<td>○활동보조인은 근무 첫 3개월 이내 교육기관에서 40시간 및 소속 제공기관에서 20시간 등 총 60시간 이수</td>
<td>○신규 활동보조인: 교육기관에서 기본교육 60시간 이수
○기존 활동보조인: 교육기관에서 보수교육 20시간 이수
- 활동보조 경력이 1년 이상인 자 또는 가사·간병도우미 등 유사서비스 제공활동 경력이 1년 이상인 자의 경우에는 교육기관에서 보수</td>
</tr>
</table>

		교육 20시간 이수
교육비	○교육비는 정부지원, 제공기관 및 활동보조인이 본인부담으로 충당 - 이론·실습 교육비 10만원(40시간 기준)은 정부지원 5만원, 제공기관과 활동보조인이 각 25,000원씩 분담 ·보수교육비 5만원(20시간 기준)은 정부 전액 지원 ○제공기관에서 자체 교육 시에는 별도로 교육비 지원이 없음	○교육비 전액 정부지원 - 지방자치단체는 교육비를 사회서비스관리센터에 전액 예탁 - 교육기관은 교육이수자 명단을 첨부하여 사회서비스관리센터에 교육비 신청 - 사회서비스관리센터는 제출서류를 검토하여 교육비 사후정산 ※ 기본교육 15만원(60시간), 보수교육 5만원(20시간) ○교육기관에서 제공기관의 자체교육에 대하여 위탁이나 의뢰를 받은 경우 상호 협의하여 적정 교육비 산정

3. 산모·신생아도우미사업

1) 사업개요

(1) 목적

출산가정에 산모·신생아도우미를 통한 가정방문 서비스를 지원하여 출산가정의 경제적인 부담을 완화하고 산모 및 신생아의 체계적인 건강을 관리를 통해 건강증진의 효과를 높이는 데 목적이 있다.

(2) 필요성

- 빈곤 가정 신생아의 질병률 증대
- 근로여성의 보육문제가 사회적 문제로 전환
- 보육에 관한 사회적 기반 약화로 저출산율 증대
- 핵가족화로 인한 산후조리에 대한 지식제공자 부재
- 기계화, 전문화로 인한 산후조리 비용의 증대(산후조리의 양극화 현상)
- 국가적 출산지원체계 구축의 욕구 증대

(3) 서비스내용

- 산모의 영양관리(산모 식사)
- 산후체조, 좌욕
- 산모·신생아 방청소
- 신생아 돌보기(목욕, 제대관리) 보조

- 감염 예방 · 관리
- 산후조리와 관련한 산모의 요청사항(출산과 산모 · 신생아 관련)
- 산모에 대한 정신적 안정 및 정서적 지지
- 필요시 좌욕기, 유축기 등 산모 · 신생아 돌보기에 필요한 기자재 활용
- 유방관리
- 산모 · 신생아관련 세탁물 관리
- 큰아기 돌보기
- 저녁식사 상차림
- 신생아 건강관리 및 기본 예방접종 안내

(4) 기대효과

- 산모와 신생아의 영양관리를 통한 빠른 건강 회복
- 신생아 돌보기의 보조역할 통해 양육에 대한 산모의 부담감 감소
- 다양한 정보 제공을 받음으로써 양육에 관한 체계적인 지식습득
- 보다 안정적인 신생아 보호 - 산후 질병에 대한 감소
- 출산과 산후조리에 관한 전체적인 출산지원체계 구축

위와 같은 서비스내용을 그림으로 그려보면 다음과 같다.

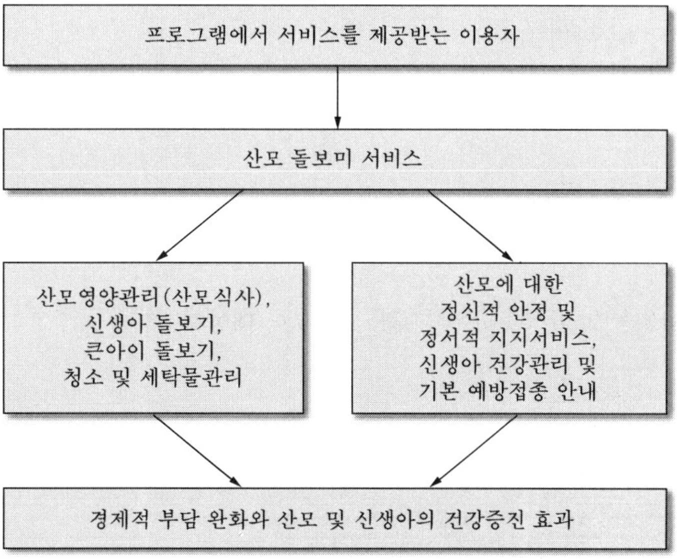

〈그림 2-7〉 프로그램이론 적용한 산모 · 신생아도우미사업 체계

(5) 로직모델분석

산모・신생아도우미사업을 프로그램이론에 따라 로직모델을 적용하여 인과 관계와 요소별 내용을 정리하면 다음의 그림과 같다.

독립변수	→	종속변수
산모 및 신생아의 체계적인 건강 관리를 위한 산모, 신생아도우미의 가정방문 서비스지원	→	– 출산가정의 경제적 부담완화 – 산모, 신생아의 건강증진

〈그림 2-8〉 산모・신생아도우미사업 인과 관계 분석

〈표 2-8〉 산모・신생아도우미사업 로직모델요소 분석

투 입	행 동	산 출	성 과		
			초기성과	중간성과	장기성과
서비스 이용기간 시간, 횟수, 국가보조금 **이용자** 이용인원, 이용경로, 이용자부담금 **제공자** 프로그램 관리 인력, 관리비용	·영양관리 ·유방관리 ·산후체조 ·좌욕 ·집안정리 ·예방 접종에 관한 다양한 정보제공 ·식사준비 ·기자재 활용	·제공기관 수 ·가정방문 수 ·이용자의 수 ·이용자만족도 ·이용기간 ·소요금액	·출산가정의 경제적 부담 감소 ·산모의 출산 후유증 감소 ·신생아 질병 유병률 감소	·직장여성의 출산부담 (경제적, 정서적) 감소 ·국가적 저출산율 감소	·산모, 신생아의 건강증진

2) 대상자 선정 및 기준

(1) 대상자선정

산모・신생아도우미 서비스를 제공받을 수 있는 대상자집단은 다음과 같다.

〈표 2-9〉 산모・신생아도우미사업 대상자집단구분

대상구분	서비스대상자 산출근거	대상자 수(명)
일반집단	우리나라 기혼여성 인구	
위기집단	출산예정일 기준 60일 전후에 있는 산모	
표적집단	출산가정의 소득, 재산의 자격기준 등이 산모보건소 담당자의 판단에 적합하다고 판단되는 산모	

(2) 2007년 대상자 선정기준

① 출산가정의 소득 · 재산 등을 고려하여 선정

- 소득기준 : 가구 소득이 전국가구 평균소득의 80% 이하

가구원 수	2인	3인	4인	5인	6인	7인	8인
전국가구 월평균소득[1]의 80%(천원)	1,738	2,486	2,826	2,958	3,090	3,222	3,354

* 주 : 1) 통계청 「가계조사」, '06년 1/4분기 ~ 4/4분기 평균값
* 9인부터는 1인 초과시마다 132천원씩 증가

- 재산기준
  - 배기량 2,500cc 이상 및 평가액 3,000만원 이상 차량 소유 가구, 배기량 구분 없이 차량 2대 이상 보유 가구는 제외
    ※ 배기량과 평가액이 모두 기준 이상일 경우 제외
  - 종합부동산세('06년도) 납부 대상자 제외
- 출산(예정) 여부
  - 출산(예정)일 기준 60일 전후에 있는 자
    · 사산 및 유산도 포함(의사의 확인서 또는 소견서 첨부)

② 제외대상

- 국민기초생활보장법에 의한 수급자 : 해산급여로 대체
- 민관협약사업(삼성생명 비추미 산모사랑 봉사단)에 의해 서비스를 받고 있는 가구

> ○ 소득 · 재산기준 초과 및 접수기간 경과자라도 산모 및 신생아의 건강관리가 필요하다고 보건소장이 판단한 경우(장애아, 희귀난치성질환자, 한 부모가정, 여성장애인 산모 등) 지원 가능

(3) 2008년 대상자 선정기준

① 출산가정의 소득 · 재산 등을 고려하여 선정

- 소득기준 : 가구 소득이 전국가구 월평균소득의 65% 이하

가구원 수	2인	3인	4인	5인	6인	7인	8인
전국가구 월평균소득[1]의 80%(천원)	1,718	2,099	2,408	2,555	2,636	2,718	2,918

자료 : 통계청 「가계조사」, '06년 4/4분기~'07년 3/4분기 평균값
2인, 7인, 8인가구 소득기준은 '07년과 동일
9인 이상 : 1인 증가시마다 200천원 증가

- 재산기준
  - 배기량 2,500cc 이상이고 평가액 3,000만원 이상인 차량 소유 가구 제외(단, 장애인용, 생업용 차량은 예외)
    ※ 배기량과 평가액이 모두 기준 이상일 경우 제외
- 출산(예정) 여부
  - 출산(예정)일 전 60일 또는 후 30일 이내에 있는 자
    · 사산 및 유산도 포함(의사의 확인서 또는 소견서 첨부)

② 제외대상

- 해산급여대상자
- 민관협약사업(삼성생명 비추미 산모사랑 봉사단)에 의해 서비스를 받고 있는 가구

○ 소득·재산 등이 기준을 초과하더라도 산모 및 신생아의 건강관리가 필요하다고 보건소장이 판단한 경우(장애아, 희귀난치성질환자, 한 부모가정, 여성장애인 산모 등) 지원 가능

(4) 산모 신생아도우미사업 주요 변경내용

구분		2007년	2008년
지원대상	소득기준	도시근로자가구 평균소득의 60% 이하(해산급여대상자 제외)	전국가구 평균소득의 65% 이하 (해산급여대상자 제외)
	차량·종부세 기준 적용대상	건강보험 직장가입자만 적용	건강보험 지역가입자도 적용 종부세 기준 삭제
	신청기간	출산 전후 60일 이내	출산 전 60일, 출산 후 30일 이내
바우처 지원	바우처 종류	종이쿠폰	전자카드식 바우처 (새올행정시스템을 통해 발급신청)
	정부지원액	2주 550천원	2주 567천원
	본인부담금	없 음	48천원
서비스 제공	도우미급여	최저 500천원(12일 기준)	삭 제
	교육시간	40시간	80시간
기타	서비스 만족도조사	서비스 제공기관이 도우미를 통해 산모의 만족도 설문조사	서비스 제공기관이 도우미를 통해 실시하는 만족도 조사는 폐지하는 대신, 서비스 제공기관별·지역별 서비스 만족도에 대한 별도 평가 실시 예정

3) 업무 흐름도

(1) 시·군·구, 읍·면·동 (대상자 선정 및 관리)

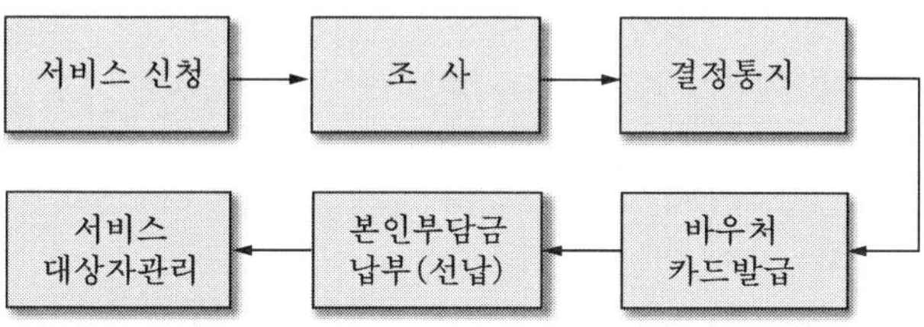

(2) 서비스 제공기관 (서비스 실시)

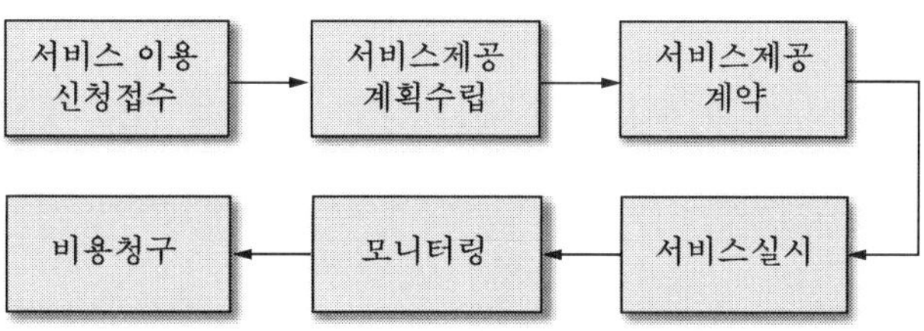

4. 지역사회서비스혁신사업

지역사회서비스혁신사업은 다양한 사회서비스에 대한 수요에 대응하고, 사회서비스 시장 형성 및 고용확대 등을 도모하기 위해 2007년부터 시작된 사업이다. 표준형 사업과 자체개발형 사업으로 구분되어 있으며, **표준형 사업**은 서비스 수요가 비교적 고르게 분포되어 있거나 미래에 대한 선도적 투자 등 전국단위 공급 필요성이 높은 분야로, 보건복지가족부가 직접 사업을 발굴·제시하고 지자체가 선택하는 사업이며, **자체개발형사업**은 지역특성·주민 수요 등을 감안, 지자체가 주도적으로 발굴·기획하는 사업이다. 현재 표준형사업은 아동인지능력향상사업과 아동비만관리사업 등 크게 두 사업이 있으며 지역이 직접 제시하는 자체개발형사업은 매우 다양하다.

1) 사업개요

(1) 목적

지역사회서비스혁신사업은 **지역별·가구별로 다양한 특성과 수요에 부합하는 차별적인 서비스**(mass-customized services)를 **지자체가 주도적으로 발굴·집행함으로써 지역주민이 체감하고 만족하는 사회서비스를 제공하는 것**이 목적이다. 이러한 목적에 기초하여 시장 형성 가능성이 높은 분야를 발굴하여 수요자의 구매력을 보전함으로써 지속가능한 사회서비스 시장 형성 및 일자리 창출을 도모할 수 있고, 인적자본 형성과 건강투자, 고령 근로 촉진 등 사회투자적 성격 사업을 집중 지원하여 미래 성장 동력 확보 및 사회경제적 자립 기반을 확충시키는 사업이라고 할 수 있다. 지역사회서비스혁신사업은 크게 표준형사업과 자체개발형사업으로 이원화된다.

표준형 사업: 아동인지능력향상서비스사업과 아동비만관리서비스사업

□ 아동인지능력향상서비스사업의 목적

영유아 발달 초기부터 취학 전까지의 아동과 부모에게 독서 지도 및 관련 정보 제공 등 서비스를 통해 **아동의 창의적·생산적·균형적인 발달** 촉진

□ 아동비만관리서비스사업의 목적

경도 이상 비만[2] 초등학생과 부모에게 건강관리와 영양 등에 관한 교육 및 정보제공,

운동처방 및 운동지도 등의 시비스를 제공하여 **자기 주도적으로 건강을 관리**할 수 있도록 지원

자체개발형사업은 지역특성 · 주민 수요 등을 감안, 지자체가 주도적으로 발굴 · 기획하는 사업으로 지역에 따라 매우 다양한 사업이 전개되고 있다. 자체개발형사업은 사업에 따라 목적이 매우 상이하므로 여기서는 분석을 하지 않고 표준형사업에 대한 분석만을 제시하기로 한다.

(2) 특성

중앙정부가 전국을 대상으로 일괄 실시하는 국가 주도형 서비스 제공방식에서 탈피하여, 지자체가 지역 특성 및 주민 수요에 맞는 사회서비스를 발굴 · 기획하는 사업이다. 따라서 서비스 수요자에 대해 바우처를 지원하고 원하는 서비스 제공기관을 선택하도록 함으로써 공급자 주도 방식에서 탈피할 수 있다는 특징을 가지고 있으며, 기존 서비스와 지역사회서비스혁신사업과의 차이는 다음과 같다.

첫째, 기존 서비스에서는 국민기초생활수급자와 차상위계층이 서비스 지원 대상이었지만 지역사회서비스혁신사업에서는 수요에 기반한 대상자 선정이 이루어진다.

둘째, 기존 서비스에서는 공급자에게 지원이 이루어지는 지원방식이었지만 지역사회서비스혁신사업에서는 수요자에게 바우처가 지급된다.

셋째, 기존 서비스에서는 취약계층에 대한 기초적 서비스가 주된 내용이었지만, 지역사회서비스혁신사업에서는 질 높은 서비스 제공을 통한 시장 형성을 촉진하는 것이 주된 내용이다.

넷째, 기존 서비스의 사업 방식은 중앙 기획 · 지방 집행 및 집중식 · 하향식(Top-down)이었지만, 지역사회서비스혁신사업은 지방 기획 · 중앙 지원 및 평가로서 분권식 · 상향식(Bottom-up)이 된다.

(3) 필요성

① 아동인지능력향상서비스

□ **저소득층 아동의 인지 능력 향상이 요구되는 이유들**

- 저소득층의 취학 전 아동 및 부모의 체계적인 독서 지도 부족

2) 표준체중(신장-100)×0.9 ⇒ -10% 저체중, 11~20% 과체중, 21~30% 경도비만

- 소득간 아동기 지적 능력 격차의 심화
- 아동 초기의 언어 · 인지 · 창의성 격차가 전 생애의 걸친 지적 능력으로 고착되는 것을 방지
- 저소득층 아동에게 인지 발달에 대한 출발기회의 형평성을 도모
- 저소득층 부모의 아동 지적 능력 개발에 대한 정보 부족

② 아동비만관리서비스

□ **아동기 비만관리가 요구되는 이유들**

- 식습관과 생활습관 변화로 인한 비만 아동의 증가
- 아동비만이 성인 비만으로 이어질 가능성 증가
- 비만 및 과체중에 의한 건강문제 증가와 이로 인한 사회적 비용의 부담 가중
- 전 세계적인 아동비만관리에 대한 관심 고조

(4) 서비스내용

① 아동인지능력향상서비스

□ **프로그램이 제공할 수 있는 서비스**

- 대상 아동에 대한 1:1 맞춤형 독서 지도 서비스 제공
- 아동의 연령과 특성을 고려한 도서대여 및 지급
- 아동의 인지능력, 사회성, 언어능력을 향상시킬 수 있는 정보를 부모에게 제공
- 효과적인 독서지도를 위한 부모 역할 교육 서비스 제공
- 책을 통해서 부모와 아이의 상호관계 방법 지도

② 아동비만관리서비스

□ **프로그램이 제공할 수 있는 서비스**

- 대상아동 및 보호자의 일정 및 선호 운동의 종류에 따른 서비스 제공
- 아동의 식사습관, 행동습관, 운동습관 조사를 통한 구체적인 문제 파악
- 아동 및 부모를 대상으로 비만관리의 필요성, 방법 등에 대해 교육 및 정보제공
- 음식조절방법, 칼로리 계산, 식단구성 등에 대한 영양교육 및 정보 제공
- 대상아동 개개인에게 맞춤식 운동을 처방하고 정기적으로 운동 지도
- 지속적인 비만도 분석 및 평가를 통한 대상 아동의 관심 유도

(5) 기대효과

① 아동인지능력향상서비스

- 저소득층 아동의 학업 지속 기간이 증가
- 아동의 지적 능력 및 교육 수준 증가로 인하여 향후 소득 격차 감소
- 아동 시기에 이루어진 부모와 자녀의 상호작용으로 청소년문제 증가율 감소
- 전 국민의 인적 자원 개발에 대한 관심 고조

② 아동비만관리서비스

- 초등학생 비만 유병율의 감소
- 비만으로 인한 국민건강 위험요인의 감소
- 비만 및 과체중에 의한 사회적 비용의 감소
- 아동비만이 성인비만으로 이어지는 것을 예방하여 국민 건강 증진

위와 같은 표준형 사업의 두 사업의 서비스내용을 그림으로 그려보면 다음과 같다.

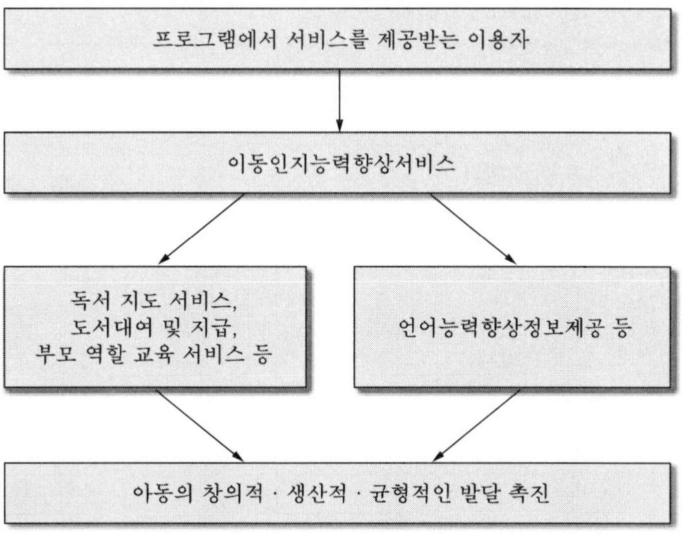

〈그림 2-9〉 프로그램이론 적용한 **아동인지능력향상서비스** 체계

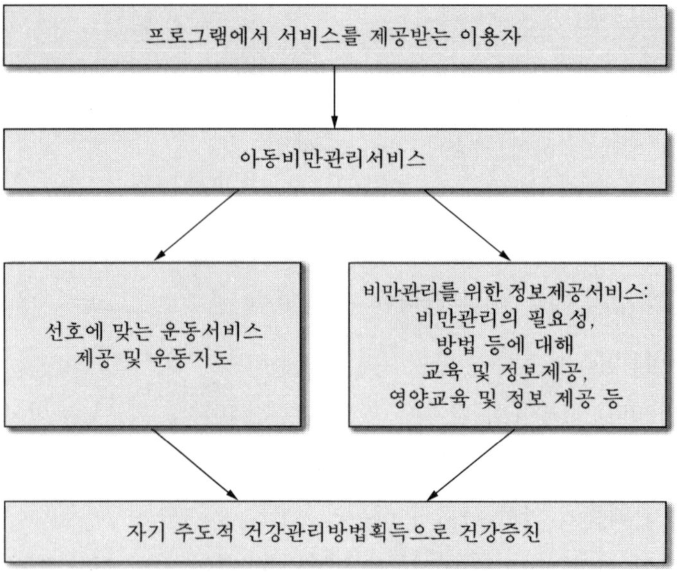

〈그림 2-10〉 프로그램이론 적용한 **아동비만관리서비스** 체계

(6) 로직모델분석

〈표 2-10〉 지역사회서비스혁신사업(표준형사업) 로직모델요소 분석

표준형 사업	투 입	행 동	산 출	성 과		
				초기성과	중간성과	장기성과
아동 인지 능력 향상 서비스	국비지원과 서비스이용자 본인부담금 등의 인적, 물적 자원	• 독서도우미 월 4회 이상 파견 • 아동 특성에 적합한 책 선정 • 독서 지도 및 책읽어주기 • 부모 독서방법 지도 및 정보제공 • 부모에게 책을 통한 아이와의 상호관계 지도	• 해당 서비스에 대한 만족도 • 성과 지표 • 일자리 수 • 이용자 수	취학전 아동 및 부모에게 독서 지도 및 관련 정보 제공을 지원	• 인적 자원개발 효과 • 아동의 학업년수 증가 • 아동의 추후 소득 증가 • 비행률 감소 기여	• 아동의 지적 능력 격차 방지 • 아동의 생산적 발달 촉진을 통한 출발 기회의 형평성 제고 도모
아동 비만 관리 서비스	국비지원과 서비스이용자 본인부담금 등의 인적 물적 자원	• 비만 등 건강교육 • 영양교육 및 정보제공 • 운동처방과 운동지도 등의 운동 프로그램 제공 • 기초조사 및 상담	• 해당 서비스에 대한 만족도 • 성과 지표 • 일자리 수 • 이용자 수	초등학생 비만유병률을 감소시킴	• 아동 비만이 성인 비만으로 이어지는 것을 방지 • 국민의 비만 및 과체중에 의한 사회적 비용의 감소	• 아동 및 국민의 건강 증진

2) 대상자 선정 및 기준

(1) 아동인지능력향상서비스 대상자 및 기준

아동인지능력향상서비스를 제공받을 수 있는 대상자집단은 다음과 같다.

〈표 2-11〉 아동인지능력향상서비스 대상자집단

대상자 구분	대상자 산출 근거	인원수
일반집단	전국에 거주하는 아동	
위험집단	2007년 기준 전국의 취학 전 아동 자녀	
표적집단	2007년 전국가구 평균소득 이하 가구의 취학 전 아동 자녀	

□ 전국가구 평균소득 이하 취학 전 아동으로 기초생활보장수급자 최우선 선발하고, 잔여인원에 대해 부모의 맞벌이 여부, 소득 수준 등을 기준으로 선정한다.

[전국가구 월평균소득 100% 이하 가구 규모별 소득 및 건강보험료 수준]

(단위 : 천원)

가구원 수	소득기준	건강보험료 본인부담금(원)		
		직장가입자	지역가입자	혼합(직장+지역)
1인	1,292천원	32,960	24,120	-
2인	2,277천원	58,720	56,390	60,130
3인	3,229천원	83,830	85,920	86,010
4인	3,705천원	95,420	99,470	98,100
5인	3,931천원	100,900	106,170	103,660
6인 이상	4,055천원	103,660	109,890	106,670

통계청 「가계조사」, '06년 1/4분기~4/4분기 평균값

□ 동일 가구 내 서비스 대상 아동이 두 명 이상인 경우에도 바우처 지원 대상은 가구당 1인을 원칙으로 함

□ 우선순위

소득 기준을 충족하는 서비스 대상자의 수가 시·군·구별 예산 한도를 초과할 것으로 예상되는 경우 우선순위에 의해 선정함

- 기초생활보장수급자
- 지원 대상 아동의 부모 모두(맞벌이, 한부모 등) 근로 활동을 하고 있는 경우
- 기타 소득이 낮은 순으로 지원 대상을 선정하되, 지역 여건 등에 따라 부모의 장애 여부, 조손 가구, 결혼이민자 가구 등 추가 우선순위 부여 가능

(2) 아동비만관리서비스 대상자 및 기준

아동비만관리서비스를 제공받을 수 있는 대상자집단은 다음과 같다.

〈표 2-12〉 아동비만관리서비스 대상자집단

대상자 구분	대상자 산출 근거	인원수
일반집단	전국의 초등학교 재학 아동	
위험집단	초등학교에 재학 중인 전국의 비만 아동	
표적집단	초등학교에 재학 중이며 경도 이상 비만 아동	

□ 초등학교 재학생 중 경도 이상 비만(비만 지수 20% 이상)을 가진 아동으로 비만도가 높은 아동, 연령이 높은 아동 순으로 대상자 선발하며, 소득이나 재산 기준은 없음.

□ 동일 가구 내 서비스 대상 아동이 두 명 이상인 경우에도 가구당 1인 지원 원칙. (07년 가구당 1명, 08년 제한 없음)

□ 우선순위

비만정도의 기준을 충족하더라도 서비스 대상자 수가 시・군・구별 예산 한도를 초과할 것으로 예상되는 경우 예산 범위 내에서 우선순위에 의해 선정

- 제 1순위 : 비만지수가 높은 경우
- 제 2순위 : 연령이 높은 경우
- 제 3순위 : 기타 시・군・구청장이 필요하다고 인정한 경우

(3) 2008년 아동인지능력향상서비스 대상자 선정기준

① 가정의 소득・건강보험료 납입금액을 고려하여 선정

- 대상자 선정 기준으로 소득 요건 적용 시 공무상 자료를 확인하거나 건강보험료 납입금액 확인 등 가능한 한 간소한 방식으로 확인

● 소득기준

(단위 : 천원)

가구원 수	1인	2인	3인	4인	5인	6인
전국가구 월평균소득(천원)[1]	1,292	2,277	3,229	3,705	3,931	4,055

주 1) 통계청 「가계조사」, '06년 4/4분기~'07년 3/4분기 평균값
※ 7인 이상 : 1인 추가시마다 전국가구월평균소득은 125천원씩 증가

② 제외대상

● 기존 사업에 의한 무료서비스를 지원받고 있거나, 유사한 서비스를 이용하고 있는 대상자는 지원 제외(중복지원 금지)

(4) 표준형사업 주요 변경내용

구 분		2007	2008
서비스대상	소득 기준	전국가구평균소득 이하 가구 (4인가구 3,532천원)	전국 가구평균소득 이하가구 (4인 가구 3,705천원) 7인 이상 가구 소득 기준 추가
	판정 유효기간	회계연도 기준 ('07. 12. 31까지)	사업별·개인별 자격 기간 기준 (서비스 개시월+대상자 지원 기간) 최대 1년 지원 원칙
바우처	본인 부담액	서비스 가격의 10~15%	서비스 가격의 20% 이상
	전송 마감일	매월 21일 18시까지 (공휴일인 경우 전일)	매월 21일 18시까지 (공휴일인 경우 익일)
기준 정보 변경	보건복지가족부 승인 사항	대상자, 선정기준, 바우처 지원액, 서비스 내용 등	좌동 바우처 생성 주기, 지원횟수, 사업 예산 변경(추가)
	신청일	기준정보 변경 15일전	기준정보 적용 전월 15일까지
	일괄 자격 해지	없음	'대상자 지원 기간 변경'시 기존 대상자 일괄 자격 해지 후 재신청
지불 정산	단말기 제공	일부 무상보급 (사업 선택 시군구당 1개)	전액 제공기관 부담

* '07년 서비스 지원금이 1인당 3만원, '08년 서비스 지원금이 1인당 2만 5천원으로 예산이 삭감되었으며 기관별 제공 서비스에 따라 서비스 금액('07년 웅진-4만 3천원, 아이북-3만 9천원, '08년 웅진-3만원-3만 8천원, 아이북-3만 9천원)의 차이가 있어 최종 이용자들이 부담하는 본인부담금은 이용기관의 서비스에 따라 다르게 나타나고 있다.

('07년 경우 웅진씽크빅 본인부담금 1만 3천원, 아이북랜드는 본인부담금 9천원이며, '08년의 경우 웅진씽크빅의 본인부담금은 5천원 - 1만 3천원, 아이북랜드는 1만 4천원으로 차이가 있음)

3) 업무 흐름도

(1) 시 · 군 · 구, 읍 · 면 · 동 (대상자 선정 및 관리)

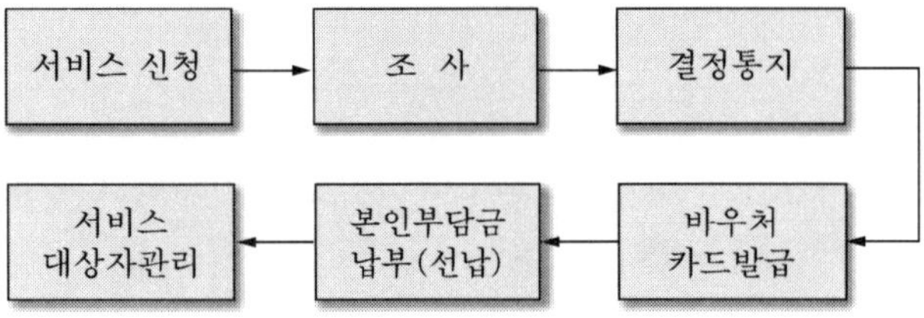

(2) 서비스 제공기관 (서비스 실시)

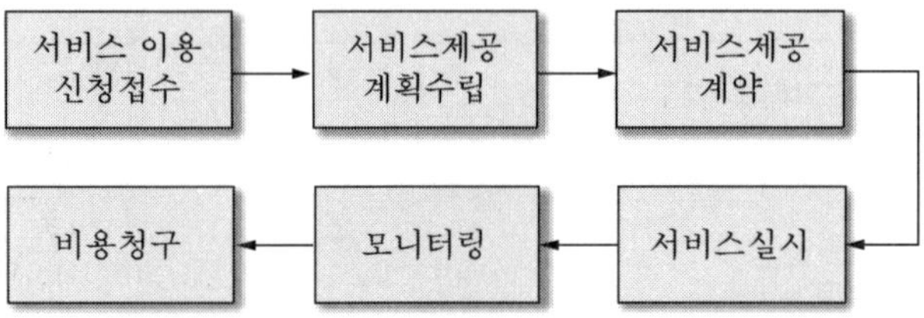

제 3 장

사회서비스 사례조사 대상자 선정과정

제 1 절　자원조사

1. 자원조사 과정

보건복지가족부의 4대 사회서비스의 실제 운영효과에 대한 **사례조사**를 시행하기 위하여 객관적 사례선정기준의 필요성이 제기되었다. 즉, 대구 경북지역에서 4대 사회서비스를 제공하는 총 260개의 기관들의 총 사례(15개 제공기관 2007년 10월 말 현재 총 사례수 약 3,609개)를 모두 선정하여 사례조사를 시행할 수 없으므로 **사례조사를 위한 제공기관을 선정하고 선정된 기관에서 서비스를 제공하는 제공자(돌보미)와 서비스를 제공받는 이용자들 중에 사례조사표집을 위한 객관적 선정기준이 필요**하였다.

총 사례조사를 위한 이용자의 사례는 사례조사의 특성상 약 50개 정도의 사례가 적합하였으며 최종적으로 총 15개 기관에서 선정된 45개의 사례를 선정하여 전체 사회서비스제공의 내용을 조사하는 것으로 결정되었다. 15개 기관에서 한 기관당 3개의 사례를 선정하여 최종 45개의 사례가 확보되었다. 15개 기관은 노인돌보미 3개 기관에서 9개 사례, 중증장애인활동보조서비스 3개 기관에서 9개 사례, 산모・신생아도우미 3개 기관에서 9개 사례 그리고 지역서비스혁신사업은 표준형 사업 3개 기관에서 9개 사례 자체개발형 3개 기관에서 9개 사례로 총 45개로 구성되었다.

또한 제공기관은 총 15개 사업기관을 사례로 선정하였으며 서비스를 제공하는 제공자도 15개 사업에서 제공기관에 의해서 소개를 받은 15명의 제공자를 사례로 선정하여 제공기관과 제공자의 사례는 각각 15사례로 총 30사례로 결정되었다. 결국 사례조사를 위한 표본집단은 제공기관 15개 사례, 제공자 15개 사례 그리고 이용자 45개 사례로서 **총 75개 사례**로 결정하였다.

전체 사례의 샘플선정은 **유의표집**에 따라 선정을 하였으며 대상선정을 위하여 먼저 대구·경북지역의 사회복지자원조사를 시행하였는데 그 이유는 무작위로 기관을 선정하는 것보다 사회복지자원을 고려하여 사회서비스를 제공하는 기관을 선정하는 것이 사례의 속성을 파악하는데 도움이 된다는 판단때문이었으며 사회복지자원을 조사하여 대구·경북지역의 총 31개 행정구역을 상중하로 구분하고 상위집단에서 사회서비스사례를 가장 많이 가지고 있는 사업별 5개 기관, 중위집단에서 사회서비스사례를 가장 많이 가지고 있는 사업별 5개 기관, 그리고 마지막으로 사회복지자원이 가장 취약한 지역인 하위집단에서도 사회서비스사례를 가장 많이 가지고 있는 사업별 5개 기관을 선정하여 유의표집에 의해 총 상중하 지역 15개 기관에서 기관별 1명의 제공자와 3명의 이용자대상을 선정하였다. 결국 사회복지자원의 수준에 따라 사회서비스를 제공받는 이용자들이나 기관들이 서비스제공에 있어서 어떠한 상이점이 있는지를 사례조사를 통하여 부차적인 결과로 확보할 수 있어 향후 지역별 사회서비스제공의 정책수정과 개발에 있어 효과적이라는 장점이 있다고 할 수 있다. 참고로 대구·경북 사회복지 자원 현황을 조사하기 위하여 대구시와 경북사회복지사협의회에서 매년 발간되는 '2006년 사회복지 기관 및 시설 현황'을 활용하였다. 샘플선정과정을 그림으로 나타내면 다음과 같다.

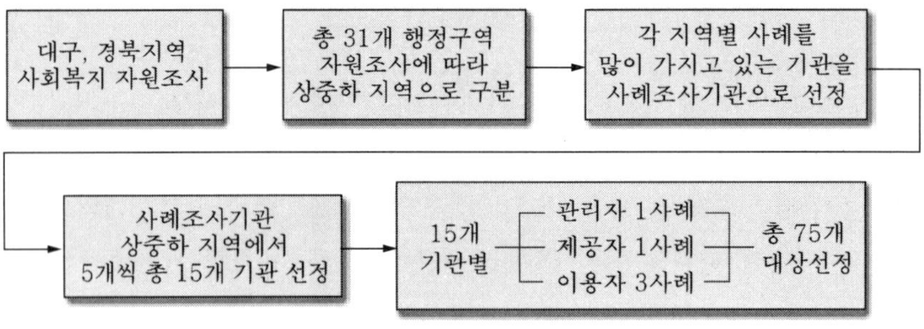

〈그림 3-1〉 사례조사 샘플선정과정

표집과정을 보다 구체적으로 설명하면 다음과 같다.

1) 자원 종류에 따른 분류

대구시는 사회복지 자원의 종류에 따라 총 20개로 분류되었다. 구체적인 자원분류 내용은 장애인복지가 52개 기관으로 가장 많았으며, 재가노인복지 40개, 노인복지 30개, 지역복지 25개, 아동복지 24개, 각종 사회복지 관련 단체 및 협회 22개, 사회복지법인 20개, 기타(여성인력개발센터, 수화통역센터, 점자도서관, 한국발달상담연구소 등) 15개, 자원봉사 13개, 여성복지 12개, 장애아동 11개, 정신보건 및 자활센터 각 9개, 특수학교 8개, 쉼터 및 상담 7개, 청소년 4개, 정신의료사회사업 3개, 부랑인 및 결핵요양이 각 1개이다.

경북은 총 15개 종류의 사회복지 자원으로 분류되며, 노인기관이 179개로 가장 많았다. 아동시설은 138개, 장애인은 111개, 여성관련 상담소 및 시설은 49개, 대학 및 대학교는 48개, 사회복지단체(지역별 사회복지협의회, 시설협회, 공동모금회 등)는 36개, 행정기관은 26개, 정신보건과 자원봉사센터는 각각 24개, 자활센터는 20개, 모자시설과 부랑인·결핵 한센이 각각 7개 순서이다.

〈표 3-1〉 대구·경북 사회복지자원 종류별 현황

지역 / 순위	대 구		경 북	
	분 류	기관수	분 류	기관수
1	지역복지	25	아동	138
2	아동복지	24	노인	179
3	노인복지	30	장애인	111
4	재가노인복지	40	종합복지관	15
5	장애인복지	52	자활센터	20
6	여성복지	12	모자시설	7
7	부랑인	1	정신보건	24
8	결핵요양	1	의료	20
9	청소년	4	자원봉사센터	24
10	자활센터	9	사회복지단체	36
11	장애아동	11	여성관련상담소 및 시설	49
12	특수학교	8	기타상담	3
13	자원봉사	13	부랑인·결핵 한센	7
14	정신보건	9	대학 및 대학교	48
15	정신의료사회사업	3	행정기관	26
16	쉼터	7		
17	단체	22		
18	법인	20		
19	상담	7		
20	기타	15		
계		313		709

*2007년 10월 현재

2) 행정 구역에 따른 분류

대구시는 8개 행정구역으로 분류되며, 각 구역별 사회복지 자원의 현황은 수성구가 54개 기관으로 가장 많았으며, 동구 51개, 달서구 46개, 남구 및 중구 각 44개, 북구 38개, 서구 20개, 달성군이 12개 순서로 총 8개 지역 309개 기관으로 나타났다.

〈표 3-2〉 대구 · 경북 지열별 사회복지자원 현황

순위 \ 지역	대 구		경 북	
	지 역 명	기관수	지역명	기관수
1	수성구	54	포항	87
2	동구	51	안동	80
3	달서구	46	경산	70
4	남구	44	경주	68
5	중구	44	구미	59
6	북구	38	김천	40
7	서구	20	상주	37
8	달성군	12	영주	37
9			문경	26
10			영천	24
11			칠곡	22
12			의성	20
13			청도	19
14			성주	14
15			고령	13
16			영덕	13
17			예천	10
18			울진	7
19			영양	6
20			청송	5
21			군위	5
22			봉화	3
23			울릉	3
계	8개 지역	309	23개 지역	668

*2007년 10월 현재

경북은 23개 시 · 군으로 분류되며, 각 시 · 군별 사회복지 자원의 현황은 포항시가 87개 기관으로 가장 많았으며, 안동시가 80개, 경산시가 70개, 경주시가 68개, 구미시가 59개 기관의 순서로 나타났다. 이외에도 김천시 40개, 상주시와 영주시가 각각 37개, 문경시가 26개, 영천시가 24개, 칠곡군이 22개, 의성군이 20개, 청도군이 19개, 성주군이 14개, 고령군과 영덕군이 각각 13개, 예천군이 10개, 울진군이 7개, 영양군이 6개, 청송군과 군위군이 각각 5개, 봉화군과 울릉군이 각각 3개의 순서로 총 668개 기관이 포함되었다.

2. 조사 기관 선정

대구시와 경상북도 사회서비스사례의 조사 기관은 아래의 기준에 의하여 선정되었다.

첫째, 지역별 사회복지 자원 현황에 따라 자원이 가장 많은 순서대로 상위지역집단, 중위지역집단, 하위지역집단으로 분류한다.

둘째, 상위집단, 중위집단, 하위집단 각각의 범주에 속하는 지역 내에서 4대 바우처 사업(노인돌보미, 중증장애인보조, 산모도우미, 지역사회서비스혁신)을 각각 분류하며, 각 사업별 관련 자원(기관 및 시설)을 가장 많이 보유하고 있는 지역을 선택하여 조사 지역으로 선정한다. 만약, 가장 많은 자원을 보유하고 있는 지역이 한 개 지역 이상일 경우 전체 자원 보유 순위가 높은 지역을 조사 지역으로 선정한다.

셋째, 조사 기관의 선정은 조사 지역으로 선정된 지역 내에서 가장 많은 사례를 관리하고 있는 기관으로 결정한다.

넷째, 산모도우미 사업은 대구・경북 서비스 제공 기관(총괄책임기관, 현재 4개 기관)을 기준으로 지역 자원을 산출하여 선정한다.

다섯째, 지역사회서비스혁신사업은 위의 조건을 모두 충족하되 2가지 하위사업(표준형사업, 자체개발사업)이 모두 이루어지고 있는 지역을 선정하며, 자체개발사업 선정은 일회성 사업이 아니며, 지속적으로 사례관리가 가능한 서비스를 제공하고 있는 기관으로 조사기관을 제한한다.

여섯째, 지역사회서비스혁신사업 중 표준형 사업인 아동인지능력향상서비스는 웅진씽크빅과 아이북랜드 두 기관의 비교연구를 위해서 상・중・하 집단에 두 개 기관이 포함되도록 선정한다.

일곱째, 지역사회서비스혁신사업 중 표준형 사업인 아동비만관리서비스는 상・중・하 집단에 한 개 기관이 포함되도록 선정한다.

여덟째, 지역사회서비스혁신사업은 상・중・하위 집단 모두 자체개발형사업과, 표준형사업이 각각 포함되도록 선정한다.

1) 상위・중위・하위집단의 지역 분류

대구・경북 내의 각 지역을 사회복지 자원 현황에 따라 상・중・하위 집단으로 분류한 결과 상위 집단에 속하는 지역은 포항시, 안동시, 경산시, 경주시, 구미시, 대구시 수성구,

대구시 동구, 대구시 달서구, 대구시 남구, 대구시 중구 순서로 나타났다. 중위집단에 속하는 지역은 김천시, 대구시 북구, 상주시, 영주시, 문경시, 영천시, 칠곡군, 의성군, 대구시 서구, 청도군 순서였으며, 하위집단에 속하는 지역은 성주군, 고령군, 영덕군, 대구 달성군, 예천군, 울진군, 영양군, 청송군, 군위군, 봉화군, 울릉군 순서였다.

〈표 3-3〉 사회복지자원 순위별 사회서비스 기관수

상위 집단										
자원순위 / 바우처	포항 (1위)	안동 (2위)	경산 (3위)	경주 (4위)	구미 (5위)	대구수성구 (6위)	대구동구 (7위)	대구달서구 (8위)	대구남구 (9위)	대구중구 (9위)
노인돌보미	4	2	2	4	2	3	2	3	2	2
장애인	2	2	2	2	2	2	2	2	1	2
산모도우미	1	0	0	0	0	0	0	0	1	0
지역혁신	4	4	3	6	11	4	5	5	6	2

중위 집단										
자원순위 / 바우처	김천 (11위)	대구북구 (12위)	상주 (13위)	영주 (13위)	문경 (15위)	영천 (16위)	칠곡 (17위)	의성 (18위)	대구서구 (18위)	청도 (20위)
노인돌보미	2	3	3	2	2	3	1	1	2	2
장애인	2	2	2	2	2	2	1	3	2	2
산모도우미	0	0	0	0	0	0	1	0	0	0
지역혁신	6	10	9	3	2	3	4	4	4	2

하위 집단											
자원순위 / 바우처	성주 (21위)	고령 (22위)	영덕 (22위)	대구달성군 (24위)	예천 (25위)	울진 (26위)	영양 (27위)	청송 (28위)	군위 (29위)	봉화 (30위)	울릉군 (30위)
노인돌보미	2	1	1	2	2	2	1	1	1	2	2
장애인	1	2	1	2	2	1	2	2	1	2	2
산모도우미	0	0	0	1	0	0	0	0	0	0	0
지역혁신	4	3	2	6	4	5	5	2	2	3	2

(1) 상위집단 선정

노인돌보미 사업은 포항시가 4개 기관으로 가장 많은 지역자원을 가지고 있었으며, 이들 기관 중 좋은 이웃 가정봉사원 파견센터가 가장 많은 사례를 관리하고 있는 것으로 나타나 조사기관으로 선정되었다.

중증장애인활동보조 사업은 대구시 남구 지역을 제외한 모든 상위집단 지역들이 동일한 수의 자원을 가지고 있었으므로 이에 가장 많은 지역 자원을 가지고 있는 경북 포항 지역을 조사지역으로 선정하였고 포항 지역 내에서 더 많은 사례를 관리하고 있는 포항시 장애인 종합복지관을 조사기관으로 선정하였다.

산모 · 신생아도우미 사업을 총괄 관리하는 대구기관은 한국자활후견기관협회대구지부(달성군), 대구 YWCA(남구)이며, 경북기관은 한국자활후견기관협회경북지부(칠곡), 포항 참사랑 씨앤이로 총 4개 기관이다. 이들 4개 기관 중 경북의 포항 참사랑 씨앤이가 상위집단에 속하고, 가장 많은 지역 자원을 포함하고 있어 조사 기관으로 선정되었다.

지역사회서비스혁신사업은 경북 구미시가 11개로 가장 많은 지역자원을 가지고 있어 조사지역으로 선정되었다. 이들 기관 중 표준형 사업(아동인지능력향상서비스)으로는 웅진씽크빅이 1,801사례로 가장 많은 사례수를 가지고 있어 조사기관을 선정되었고, 자체개발형 사업으로는 '가족과 함께하는 미래세대 비전 사업'을 실시하고 있는 구미아트문화센터가 200사례로 가장 많은 사례수를 가지고 있어 조사기관으로 선정되었다.

(2) 중위집단 선정

노인돌보미 사업은 대구시 북구와 경북 상주시와 영천시가 각각 3개 기관으로 동일한 수의 지역자원을 가지고 있었으나, 그 중 전체 자원 순위가 가장 높은 대구시 북구가 조사지역으로 선정되었으며, 선정된 지역 내에서 가장 많은 사례를 관리하고 있는 효성노인복지센터를 조사기관으로 선정하였다.

중증장애인활동보조 사업은 의성군이 3개 기관으로 가장 많은 자원을 가지고 있었고, 이들 기관 중 사례 수가 가장 많은 경북 장애인 종합 복지관 의성분관을 조사기관으로 선정하였다.

산모 · 신생아도우미 사업을 총괄 관리하는 대구기관은 한국자활후견기관협회대구지부, 대구 YWCA이며, 경북기관은 한국자활후견기관협회경북지부, 포항 참사랑 씨앤이로 총 4개 기관이다. 이들 4개 기관 중 경북의 한국자활후견기관협회경북지부가 중위집단에서 속하고, 가장 많은 지역 자원을 포함하고 있어 조사 기관으로 선정되었다.

지역사회서비스혁신 사업에서는 대구시 북구가 10개 기관으로 가장 많은 지역 자원을 가지고 있어 조사지역으로 선정되었다. 표준형사업으로 (주)웅진씽크빅(아동인지능력향상서비스)이 가장 많은 사례를 관리하고 있지만, 상위집단의 표준형사업으로 (주)웅진씽크빅이 선정되어 중복 조사의 문제가 제기되었다. 이에 표준형사업의 다른 기관인 아이북랜드를 중위집단 조사기관으로 선정하여 상위집단의 (주)웅진씽크빅과 비교연구를 하고자 하였다. 이를 통해서 특정 서비스에 조사가 편중되는 문제를 보완하고 조사기관 및 내용의 다양성을 고려한다. 자체개발형사업으로는 '문화와 만나는 신나는 놀토! The funny school!'을 실시하는 선린종합사회복지관이 가장 많은 사례를 관리하고 있어 조사기관으로 선정되었다.

(3) 하위집단 선정

노인돌보미 사업은 성주군과 대구시 달성군, 예천군, 울진군, 봉화군, 울릉군이 각각 2개 기관으로 동일한 수의 지역자원을 가지고 있었으나, 전체 자원 보유 순위가 가장 높은 성주군이 조사지역으로 선정되었으며, 성주군의 2개 기관 중 성주 파티마 가정 봉사원 파견센터가 가장 많은 사례를 관리하고 있는 것으로 나타나 조사기관으로 선정하였다.

중증장애인활동보조 사업은 고령군, 대구시 달성군, 예천군, 영양군, 청송군, 봉화군, 울릉군이 모두 동일한 수의 자원을 가지고 있는 것으로 나타났으므로, 전체 순위가 가장 높은 고령군을 조사지역으로 선정하였고, 조사 지역 내에서 더 많은 사례를 관리하고 있는 경북지체장애인협회 고령군지회를 조사기관으로 선정하였다.

산모 · 신생아도우미 사업을 총괄 관리하는 대구기관은 한국자활후견기관협회대구지부, 대구 YWCA이며, 경북기관은 한국자활후견기관협회경북지부, 포항 참사랑 씨앤이로 총 4개 기관이다. 이들 4개 기관 중 대구시 달성군의 한국자활후견기관협회대구지부가 하위집단에서 속하고, 가장 많은 지역 자원을 포함하고 있어 조사기관으로 선정되었다.

지역사회서비스혁신 사업은 상위집단과 중위집단의 표준형사업이 모두 아동인지능력향상서비스로 구성되었다는 문제가 제기되어, 특정 서비스에 조사가 편중되는 문제를 보완하고 조사기관 및 내용의 다양성을 고려하기 위하여 하위집단 내에서 표준형 사업 중 아동비만관리서비스를 제공하고 있는 기관이 조사대상 기관에 포함되도록 구성하였다. 따라서 하위집단 내에서 지역사회서비스혁신사업의 전체 자원수가 6개로 가장 많은 대구시 달성군이 조사지역으로 선정되었고, 표준형사업으로 아동비만관리서비스를 제공하는 에버케어가 조사기관으로 선정되었다. 자체개발형사업은 45사례로 사례수가 많고 '장애아동 건강교육 발달지원서비스'를 실시하고 있는 달성군장애인복지관이 조사기관으로 선정되었다.

2) 상위 · 중위 · 하위집단의 전체 사례

노인돌보미, 장애인, 산모도우미 바우처 사업은 상위 · 중위 · 하위집단의 각 3개 기관에서의 총 27개의 사례를 조사한다. 지역혁신 사업은 상위 · 중위 · 하위집단 지역 모두에서 표준형사업 3개, 자체개발형사업 3개를 포함한 6개 기관에서 총 18개의 사례를 조사할 수 있다. 따라서 대구 · 경북 전체의 조사 가능한 사례건수는 총 45개이다.

〈표 3-4〉 대구·경북 사회서비스 전체 조사기관 및 사례 수

<table>
<tr><th>분류</th><th>사 업</th><th>지 역</th><th colspan="2">기 관 명</th><th>사 례</th></tr>
<tr><td rowspan="5">상</td><td>노인돌보미</td><td>경북 포항</td><td colspan="2">○○ ○○ 가정봉사원파견센터</td><td>130</td></tr>
<tr><td>장애인</td><td>경북 포항</td><td colspan="2">○○○장애인종합복지관</td><td>37</td></tr>
<tr><td>산모도우미</td><td>경북 포항</td><td colspan="2">○○○ 씨앤이</td><td>160</td></tr>
<tr><td rowspan="2">지역혁신</td><td>경북 구미</td><td>표준형</td><td>웅진씽크빅(아동인지)</td><td>1,801</td></tr>
<tr><td>경북 구미</td><td>자체개발형</td><td>○○○○센터
(가족과 함께하는 미래세대 비전 사업)</td><td>200</td></tr>
<tr><td rowspan="5">중</td><td>노인돌보미</td><td>대구 북구</td><td colspan="2">○○노인복지센터</td><td>30</td></tr>
<tr><td>장애인</td><td>경북 의성</td><td colspan="2">○○장애인종합복지관 의성분관</td><td>2</td></tr>
<tr><td>산모도우미</td><td>경북 칠곡</td><td colspan="2">○○자활후견기관협회 경북지부</td><td>150</td></tr>
<tr><td rowspan="2">지역혁신</td><td>대구 북구</td><td>표준형</td><td>○○○○○(아동인지)</td><td>790</td></tr>
<tr><td>대구 북구</td><td>자체개발형</td><td>○○종합사회복지관
(문화와 만나는 신나는 놀토! The funny school!)</td><td>134</td></tr>
<tr><td rowspan="5">하</td><td>노인돌보미</td><td>경북 성주</td><td colspan="2">○○○○○가정봉사원파견센터</td><td>8</td></tr>
<tr><td>장애인</td><td>경북 고령</td><td colspan="2">○○ ○○○○○○○ 고령군지회</td><td>9</td></tr>
<tr><td>산모도우미</td><td>대구 달성군</td><td colspan="2">○○○○○○기관협회 대구지부</td><td>117</td></tr>
<tr><td rowspan="2">지역혁신</td><td>대구 달성군</td><td>표준형</td><td>○○○○(아동비만)</td><td>11</td></tr>
<tr><td>대구 달성군</td><td>자체 개발형</td><td>○○○장애인복지관
(장애아동 건강교육 발달지원서비스)</td><td>45</td></tr>
</table>

제 2 절 기초조사

대상자 선정기준(특히 이용자)을 보다 명확히 하기 위해 2007년 12월 10일부터 30일 사이에 노인돌보미 사업의 북구 ○○노인복지센터, 중증장애인활동보조사업의 경북 지체장애인협회 고령군지회, 지역혁신서비스의 서구제일종합사회복지관 등을 방문을 하여 대상자선정 부분에 대한 기초조사를 실시하였다. 기초 조사한 내용은 아래와 같다.

1. 노인돌보미사업

2007년 12월 13일 대구 북구 ○○노인복지센터 ○○○소장과의 인터뷰를 통해 전반적인

노인돌보미 사업의 실태와 사례조사 시 고려해야 하는 대상자 선정 기준에 대해 알아보았다. 사례조사 시 대상자 선정 기준에 대해서 초기·중기·종결 사례를 통해 노인돌보미 사업의 총체적인 면을 조사할 수 있는 부분에 대해 긍정적인 응답을 하였고, 주거형태(독거, 가족과 동거, 부부)특성에 따라 노인돌보미 서비스의 내용이 달라질 수 있다는 것을 유의점으로 삼았다. 가정봉사원파견센터와 독거노인생활지도사, 노인돌보미의 대상자는 중복되지 않지만, 노인이 거주하는 가구에 유사한 목적을 가지고 몇 차례씩 방문조사 하는 가정봉사원, 독거노인생활지도사, 노인도우미, 보건소의 방문간호사, 사회복지도우미 등에 대해서 체계적인 서비스망이 구축되어야 된다고 지적하였다. **이에 사례조사에서 노인돌보미사업과 유사한 목적을 가진 다른 사업과의 비교연구도 의미있을 것으로 보았다.**

2. 중증장애인활동보조사업

2007년 12월 13일 경북 지체장애인협회 ○○○지회의 사무국장 ○○○과의 인터뷰를 통해 전반적인 장애인활동보조서비스에 대한 실태와 사례조사 시 고려되어야 하는 대상자 선정기준에 대해 알아보았다. **대상자 선정기준에 대해서 성별을 고려한 사례조사가 필요**함을 주장하였다. 예를 들어, 여성인 경우 가사지원서비스를 많이 신청하고 남자인 경우 취미활동보조를 많이 신청한다고 한다. 이에 따라 활동보조원의 서비스내용 역시 달라진다고 한다. 사례조사 시 외부인에게 폐쇄적 성향이 강한 장애인의 입장을 고려하여 사전 동의와 방문조사 원칙을 유의점으로 지적하였다.

3. 산모·신생아도우미사업

2007년 12월 13일 한국자활후견기관협회 지부 ○○○사무국장 1인(서울협회소속 대구지부 바우처사업 담당자), ○○○팀장 2인과 인터뷰를 실시하였다. 인터뷰를 통해 전반적인 산모·신생아 도우미 서비스의 실태와 사례조사 시 고려되어야 하는 대상자 선정기준을 알아보았다. **산모·신생아 도우미는 다른 서비스와는 달리 지속적으로 유지 되지 않고, 출산전후 2주간 단기간 서비스가 제공되기 때문에 3번의 사례조사**가 어려움이 예상된다고 하였다.

4. 지역사회서비스혁신사업

(1) 표준형사업

표준형사업은 조사기관들의 사전 면담에 대한 비협조로 절차 문제에 있어서 시간적인 제약을 받았고, 사업 성격이 다른 바우처 사업과 다르게 대상자 사이의 차이가 크지 않다는 점을 감안하여 대상자 선정에 대한 무작위추출로 연구가 가능하다고 판단되어 본 조사에서 기관에서 정해 주는 3명으로 조사를 하기로 하고 기초조사를 실시하지 않았다.

(2) 자체개발형

2007년 12월 13일 대구종합사회복지관 관장 ○○○, 사회복지사 ○○○과의 인터뷰를 통해 전반적인 지역혁신서비스의 사업내용과 사례조사 시 고려되어야 하는 대상자 선정기준을 알아보았다. 장애아동을 대상으로 하는 지역혁신서비스의 경우 장애유형에 따른 대상자 선정과 장애아동이라는 특수성을 고려하여 장애아동 면담 및 관찰 뿐 아니라 **아동의 보호자에 대한 면담을 고려**해야 함을 유의점으로 삼았다.

2007년 12월 28일 ○○○사회복지사와 인터뷰를 통해 북구지역 3개 지역복지관에서 실시되고 있는 '문화와 만나는 신나는 놀토! The funny school!'이라는 자체개발형 지역사회서비스 혁신사업에 대한 전반적인 설명을 들을 수 있었다. 지역사회서비스혁신사업의 자체개발형 사업을 제외한 나머지 사회서비스사업은 사업지침서를 통해 목적, 자격기준, 지원혜택 등에 관한 구체적인 내용들을 숙지할 수 있었지만 자체개발형의 경우는 사례 선정기준 뿐 아니라 일반적인 사항을 알 수 없었기 때문에 이번 인터뷰를 통해서 사례 **선정기준에 대한 아이디어 뿐 아니라 사업에 관한 기본적인 내용도 함께 조사**되었다. 사례 선정의 경우는 아이들이기 때문에 친밀감 형성이 가장 중요하고, 사업내용에 관해서는 직접 보는 것이 가장 많은 도움이 되기 때문에 **수업참관 및 활동참여에 동의**하였다.

제 3 절 대상자선정

1. 사례조사 대상자 선정(sampling)기준

사례조사 대상자는 제공기관(사업관리주체), 제공자(돌보미)와 이용자이다. 제공기관은 사회복지자원조사와 실행하고 있는 사업의 수로 사례를 결정하였고 제공자는 15개 기관에서 선정한 3개의 사례에 파견된 서비스제공자 중 첫 번째 사례의 제공자를 사례로 결정하였으나 이용자의 결정은 보다 세심한 선정기준이 필요하여 제공기관에 대한 기초조사의 결과를 반영하였다. 노인돌보미, 중증장애인활동보조, 산모・신생아도우미, 지역사회서비스 혁신사업 사례조사를 위한 이용자 선정기준은 아래와 같다.

1) 노인돌보미 대상자선정기준

노인돌보미사업 사례조사를 위한 이용자 선정기준으로 성별, 연령, 이용기간을 고려하였다. 조사기관 3개의 대상자 성별에 따라 남여 비율을 2 대 1로 한다. 연령은 65~75세 미만, 75세 이상 노인 비율을 2 대 1로 선정하기로 한다. 또한 서비스 이용기간에 따라 초기・중기・종결단계에 있는 사례를 각 1개씩 선정하여 한 기관에 총 3개의 사례조사를 실시한다. 표본추출 방법은 편의표본추출로 사례조사에 참여의사가 있고, 의사소통이 가능하며 위와 같이 성별과 연령 기준, 이용기간에 맞는 대상자를 기관 담당자의 협조 하에 추출한다.

2) 중증장애인활동보조 대상자선정기준

중증장애인활동보조사업 사례조사를 위한 이용자 선정기준으로 성별, 장애유형, 이용기간을 고려하였다. 조사기관 3개의 대상자 성별에 따라 남여 비율을 2 대 1로 한다. 장애유형은 각기 다른 장애를 가진 사례를 선정하는 것을 원칙으로 한다. 또한 서비스 이용기간에 따라 초기・중기・종결단계에 있는 사례를 각각 1개씩 선정하여 한 기관에 3개의 사례조사를 실시한다. 노인돌보미 사업과 마찬가지로 사례조사에 참여의사가 있고, 의사소통이 가능하며 성별과 장애유형 기준, 이용기간에 맞는 대상자를 기관 담당자의 협조 하에 추출한다.

3) 산모 · 신생아도우미 대상자선정기준

산모 · 신생아도우미사업 사례조사를 위한 이용자 선정기준으로 초산여부, 이용기간을 고려하였다. 조사기관 3개의 대상자를 초산인 산모와 초산이 아닌 산모를 2 대 1 비율로 선정한다. 산모 · 신생아 도우미서비스의 경우 다른 서비스와 달리 출산예정 전후 2주간 실시되므로 종결사례에 대한 사후서비스 1회만을 실시하기로 한다. 나머지 2회는 제공자인 도우미 중심으로 인터뷰를 실시한다. 다른 서비스와 마찬가지로 사례조사에 참여 의사가 있고, 의사소통이 가능하며 초산여부, 이용기간에 맞는 대상자를 기관 담당자의 협조 하에 선별한다.

4) 지역사회서비스혁신 대상자선정기준

(1) 표준형사업

표준형사업은 서비스 수요가 비교적 고르게 분포되어 있거나 미래에 대한 선제적 투자 등 전국 단위 공급필요성이 높은 분야로 보건복지가족부가 직접 사업을 발굴 제시하는 표준형 사업의 사례는 가장 전형적인 사례로 전형적이거나 평균적인 대상을 선정하는데 주안점을 두고 기관 담당자가 기본으로 추출한 3명을 표본으로 하여 조사를 실시한다.

(2) 자체개발형

지자체가 지역 특성 주민 수요에 맞는 사회서비스를 발굴 기획하는 사업으로 지역사회의 욕구나 특성을 가장 잘 반영하는 사례를 표본으로 추출한다.

지역혁신서비스 자체개발형 중 장애아동서비스는 대상자 선정기준으로 장애유형, 이용기간을 고려한다. 장애유형은 각기 다른 장애를 가진 사례를 선정하는 것을 원칙으로 한다. 또한 이용기간은 초기 · 중기 · 종결단계에 있는 사례를 각 1개씩 선정하여 한 기관에 3개의 사례조사를 실시한다. 장애아동이라는 특수성을 고려하여 장애아동 면담 및 관찰 뿐 아니라 아동의 보호자에 대한 면담을 원칙으로 한다. 의사소통이 가능하며 장애유형, 이용기간에 맞는 대상자를 기관 담당자의 협조 하에 추출한다.

'신나는 놀토' 프로그램은 1월에 종결되는 사업이기 때문에 2월에 있을 2차 조사에서 재계약될 가능성이 높은 아이들을 우선순위로 선정함을 원칙으로 한다. 그러기 위해서는 다음 조건을 우선 고려해서 선정해야 한다. 첫째, 참여의지가 높은 아동, 둘째, 저소득층 또는 차상위계층 아동, 기존복지관 프로그램 이용아동, 셋째, 프로그램을 만족해야 한다. 그 다음에 기본적인 사항으로 초등학교 1학년을 제외하고 고학년 중심으로 학년이 중복되는 않는 조건으로 선정함을 원칙하고, 부모 또는 아이들의 동의하고 출석률이 높은 아동을 우선순위로 선정한다.

2. 최종 사례조사 대상자

사례조사의 특성을 살리고 사회서비스의 전체적인 내용을 종합적 관점에서 파악하기 위하여 이용자뿐만 아니라 제공기관책임자와 서비스제공자(돌보미)에 대한 사례도 병행하여 시행하였다.

〈표 3-5〉 최종사례조사대상자

<table>
<tr><th>분류</th><th>사 업</th><th>지 역</th><th colspan="2">기 관 명</th><th>사 례</th></tr>
<tr><td rowspan="5">상</td><td>노인돌보미</td><td>경북 포항</td><td colspan="2">○○ ○○ 가정봉사원파견센터</td><td>130</td></tr>
<tr><td>장애인</td><td>경북 포항</td><td colspan="2">○○○장애인종합복지관</td><td>37</td></tr>
<tr><td>산모도우미</td><td>경북 포항</td><td colspan="2">○○○ 씨앤이</td><td>160</td></tr>
<tr><td rowspan="2">지역혁신</td><td>경북 구미</td><td>표준형</td><td>(주)웅진씽크빅(아동인지)</td><td>1,801</td></tr>
<tr><td>경북 구미</td><td>자체
개발형</td><td>○○아트센터
(가족과 함께하는 미래세대 비전 사업)</td><td>200</td></tr>
<tr><td rowspan="5">중</td><td>노인돌보미</td><td>대구 북구</td><td colspan="2">○○노인복지센터</td><td>30</td></tr>
<tr><td>장애인</td><td>경북 의성</td><td colspan="2">○○○○○종합복지관 의성분관</td><td>2</td></tr>
<tr><td>산모도우미</td><td>경북 칠곡</td><td colspan="2">○○○ 씨앤이 칠곡지부[1]</td><td>153</td></tr>
<tr><td rowspan="2">지역혁신</td><td>대구 북구</td><td>표준형</td><td>아이북랜드(아동인지)</td><td>790</td></tr>
<tr><td>대구 북구</td><td>자체
개발형</td><td>○○종합사회복지관
(문화와 만나는 신나는 놀토!
The funny school!)</td><td>134</td></tr>
<tr><td rowspan="5">하</td><td>노인돌보미</td><td>경북 성주</td><td colspan="2">○○○○○가정봉사원파견센터</td><td>8</td></tr>
<tr><td>장애인</td><td>경북 고령</td><td colspan="2">○○ ○○장애인협회 고령군지회</td><td>9</td></tr>
<tr><td>산모도우미</td><td>대구 달성군</td><td colspan="2">○○○○후견기관협회 대구지부</td><td>117</td></tr>
<tr><td rowspan="2">지역혁신</td><td>경북 구미</td><td>표준형</td><td>○○○ ○(아동비만)[2]</td><td>95</td></tr>
<tr><td>대구 달성군</td><td>자체
개발형</td><td>○○○장애인복지관
(장애아동 건강교육
발달지원서비스)</td><td>45</td></tr>
</table>

1) 중위집단의 산모신생아도우미의 경우 최종사례조사대상 기관은 자활후견기관 경북지부였으나 기관 담당자의 면접 거부로 인해 같은 지역에 있는 참사랑 씨앤이 칠곡지부로 최종 결정되었음.
2) 하위집단의 지역혁신사업 표준형의 경우 최종사례조사대상 기관은 대구 달성군 ○○○○였으나, 기관의 면접 거부로 인해 상위집단인 구미 ○○○○로 최종 결정되었음.

최종사례조사대상자는 아래의 표와 같이 총 75개 사례 즉, 15군데 제공기관책임자와 15명의 서비스제공자(돌보미) 그리고 45명의 이용자이다. 사례의 조정 수는 다음의 표와 같다.

〈표 3-6〉 사례조사 전체 사례 규모

	서비스 공급자원 분포			전체 사례조사 규모
	상위	중위	하위	
노인돌보미 서비스	①	②	③	* 전체 15개 제공기관 * 전체 약 45명의 서비스제공자(돌보미) * 각 기관별 3사례의 이용자심층 면접(총 45사례)
장애인 활동보조 서비스	④	⑤	⑥	
산모도우미 서비스	⑦	⑧	⑨	
지역사회서비스 혁신사업				
표준형사업(아동인지능력향상 영역, 아동비만관리)	⑩	⑪	⑫	
자체개발형	⑬	⑭	⑮	

총 75사례에 대한 사례조사 중에서 최종 면접을 시행한 사례는 총 73사례였다. 조사를 시행하지 못한 2개의 사례 중 노인돌보미사업의 포항의 상위기관 서비스 이용자의 사망으로 사례가 종결되어 면접을 시행하지 못하였으며 중증장애인활동보조사업의 이용자인 경북지체장애인협회 고령군지회의 사례는 이사로 인한 종결로 면접을 시행하지 못하였다. 또한 산모신생아돌보미사업의 경우 사례조사 제공기관이 한국자활후견기관 경북지부(중위집단 제공자)의 협조거부로 인해, 다른 기관인 참사랑 씨앤이에서 사례조사를 실시하였고 지역사회서비스혁신사업은 에버케어(표준형, 아동비만사업, 하위집단)의 사례조사협조 거부로 인하여, 엑스포웰(표준형, 아동비만사업, 상위집단)에서 사례조사를 실시하였다. 또한 지역사회서비스혁신사업 중위집단 사례조사 1순위는 웅진씽크빅(표준형, 아동인지 사업)이었으나, 상위집단에 이미 웅진씽크빅이 선정되어 아동인지 사업 두 기관의 비교 분석을 위해 2순위인 아이북랜드(표준형, 아동인지 사업)에서 사례조사를 실시하였다. 다음의 표는 1차 사례조사 최종 대상자를 나타낸 것이다.

〈표 3-7〉 1차 사례조사 최종대상자현황

노 인 돌 보 미				
	상위(경북 포항)	중위(대구 북구)	하위(경북 성주)	합계(명)
제공기관	1	1	1	3
제공자	1	1	1	3
이용자 1	1	1	1	3
이용자 2	1	1	1	3
이용자 3	0[3]	1	1	2
합계(명)	4	5	5	14

중증장애인 활동보조사업				
	상위(경북 포항)	중위(경북 의성)	하위(경북 고령)	합계(명)
제공기관	1	1	1	3
제공자	1	1	1	3
이용자 1	1	1	1	3
이용자 2	1	1	1	3
이용자 3	1	1	0[4]	2
합계(명)	5	5	4	14

산모·신생아 도우미사업				
	상위(경북 포항)	중위(경북 칠곡)	하위(대구 달성군)	합계(명)
제공기관	1	1	1	3
제공자	1	1	1	3
이용자 1	1	1	1	3
이용자 2	1	1	1	3
이용자 3	1	1	1	2
합계(명)	5	5	5	15

3) 사망으로 인한 종결로 사례조사를 하지 못했음. 서비스 종결로 인해 사례가 손실되었으나 기관의 협조로 진행 중인 사례를 대체하여 조사하였음.

4) 이사로 인한 종결로 사례조사를 하지 못했음.

지역사회서비스혁신사업: 표준형사업				
	상위(경북 구미)	중위(대구 북구)	하위(경북 구미)[5]	합계(명)
제공기관	1	1	1	3
제공자	1	1	1	3
이용자 1	1	1	1	3
이용자 2	1	1	1	3
이용자 3	1	1	1	3
합계(명)	5	5	5	15

지역사회서비스혁신사업: 자체개발형				
	상위(경북 구미)	중위(대구 북구)	하위(대구 달성군)	합계(명)
제공기관	1	1	1	3
제공자	1	1	1	3
이용자 1	1	1	1	3
이용자 2	1	1	1	3
이용자 3	1	1	1	2
합계(명)	5	5	5	15

공식적 면접을 위한 지역기관 및 이용자방문회수는 공식적으로는 약 **165회의 방문**이지만 공식면접을 위한 방문 외에 사례조사샘플선정을 위한 사회서비스공급기관 기초조사를 위한 방문과 지역 현실과 사업에 따른 편차를 고려하여 조정될 것이다. 사례조사방문회수는 〈표 3-8〉과 같다.

이처럼 사례조사를 다양한 대상자(제공기관, 제공자, 이용자)를 상대로 시행하는 이유는 기본적으로 사회서비스에 대한 총체적 관점을 유지하기 위해서라고 할 수 있다. 서비스제공기관의 책임자로부터는 사회서비스사업의 바우처제도를 포함하는 전반적인 사업내용에 대한 자료를 획득할 수 있으며 서비스제공자인 돌보미들로부터는 일자리의 내용과 서비스 전달과정에 대한 자료를 획득할 수 있고 이용자들로부터는 원하는 서비스와 서비스내용의 적합성 등에 대한 정보를 수집할 수 있다.

5) 아동비만서비스 최종사례조사대상 기관은 ○○케어였으나, 기관의 면접 거부로 인해 상위집단인 ○○○○ 제공기관으로 최종 변경되었음.

〈표 3-8〉 최종 대상자의 방문횟수

기초조사	사례조사 본 조사		
	제공기관	제공자(돌보미)	서비스이용자
15개 기관 중 5개 기관	15개 기관 상위지역: 5기관 중위지역: 5기관 하위지역: 5기관	15개 기관에서 선정한 3개의 사례에 파견된 서비스 제공자 중 1명의 서비스제공자	15개 기관에서 선정한 3개의 사례에 해당하는 45명의 이용자
15개 기관 중 5개 기관	3개 지역 × 5개 사업 = 15개 기관 서비스책임자	15기관 × 첫 번째 사례 제공자 = 15명의 서비스제공자	15기관 × 한 기관 당 3개 사례 = 45사례
5번의 방문	15 번의 방문	15번의 방문: 기관별로 서비스 제공자 한 명씩 선정하여 방문	사례당 약 3개월간 2회 이상의 방문 총 약 100번의 방문

제 4 장

사회서비스 1차 사례조사

제 1 절 사회서비스사례조사방법

1. 사례조사방법

사례조사는 어떤 하나의 또는 몇 개의 사례나 클라이언트를 깊이 있게 그리고 강도 높게 조사하는 것으로서 Punch(1998)에 따르면 사례조사의 목적은 사례에 대해서 가능한 완전한 이해를 발전시키기 위함이다. 사회서비스사례조사의 목적은 사회서비스사업의 전체적인 내용에 대한 점검과 확인을 통해 사업의 총괄적인 평가결과를 얻는 것이라고 할 수 있다. 이러한 사회서비스사업의 전체적인 관점을 보다 유연하고 개방적인 방법으로 획득하기 위하여 질적 조사방법인 사례조사를 이용하였다.

사례조사는 여러 가지 정보원들을 포함하고 세부적이고 심층적인 자료수집을 통해 맥락 속에서 하나의 사례 또는 여러 사례를 탐색하는 것이다. 사례는 일반적으로 시간과 장소에 따라 경계를 가지는 체계와 프로그램, 사건, 활동, 개인들이 연구대상이 된다(John Crewell 저, 조흥식 외 역, 2005). Stake(1995)에 따르면 사례조사는 복잡하고 총체적인 유형을 탐색하는 질적인 연구라고 하였다. 여기에 덧붙여 Yin(1994)은 이러한 복잡한 상황을 조사하기 위해서는 자연적이면서 총체적인 질적인 형식뿐만 아니라 혼합된 방법과 다원화된 자료수집이 요구된다고 하였다. 여기서 다원화된 자료수집방법은 관찰, 면접, 시청각자료, 문서와 보고서 등이 포함되며 사례조사는 사례가 놓여진 그 상황 속에서 파악하는 총체적인 연구가 중요하다. 사회서비스의 사례조사는 하나의 사례를 심층적으로 탐색하는 단일사례 조사방식이 아니고 4대 사회서비스사업을 중심으로 여러 사례를 심층적으로 살펴보는 **복합사례조사**를 사용하였다.

2. 사례조사를 위한 자료수집방법

자료 수집은 이용자들에 대한 방문과 서비스제공기관에 대한 방문 그리고 서비스제공자(돌보미)에 대한 방문 등을 통해서 이루어질 것이며 자료는 문서, 관찰, 심층면접, 현장기록 등 다양한 정보원을 통해 수집된다.

3. 사례조사를 위한 표집방법

사회서비스의 효과를 평가하기 위한 조사대상자를 선정하기 위하여 사용한 방법은 목적샘플선정방식이다. **유의표집방식은 조사자의 판단이나 지식에 근거**해서 조사자가 모집단에서 모집단을 대표하는 샘플 또는 참가자들을 선정하는 방식이라고 말할 수 있다(Rubin and Barbie, 1993). 따라서 조사자의 입장에서 보면 선정된 샘플들이 특정 서비스인구집단을 대표하는 대상자라고 볼 수 있다.

4. 신뢰도와 타당도

타당도는 측정하려는 것을 정확하게 측정하는 것인지를 밝히는 것을 의미하고 **신뢰도**는 조사가 반복해서 이루어져도 같은 결과를 산출하는지를 밝히는 것을 의미한다. 일반적으로 질적 조사방법은 타당도가 높고 양적 조사방법은 신뢰도가 높은 방법으로 알려져 있다. 즉, 질적 조사는 양적조사에 비해 타당도는 높으나 신뢰도가 떨어진다는 점이 지적되고 있다. 따라서 조사의 신뢰도를 높이기 위하여 사회서비스이용자들의 사례수를 45개로 많이 선정하였으며 이용자들에 대한 방문횟수도 2주에 서비스가 종결되는 산모·신생아도우미사업 등을 포함하여 대부분 2회 이상으로 책정하여 **조사가 반복해서 이루어지는 경우에 서비스에 대한 인식에 어떠한 차이가 있는가를 조사할 수 있도록 설계**하였다. 또한 전체 사회서비스사업과정을 보다 면밀히 조사 분석하여 조사내용의 신뢰도를 향상시키기 위하여 이용자들에 대한 사례조사뿐만 아니라 제공기관(관리자)과 제공자(돌보미)에 대한 사례조사도 동시에 진행하였다.

제 2 절 사례조사도구

사례조사과정에 대상자들로부터 자료를 취득하기 위한 다양한 도구들이 사용된다. 가장 중심적인 자료수집도구는 **면접지침서**가 있으며 사례조사를 위하여 현장을 방문하고 작성한 기록으로서 **현장(관찰)노트가 있고 사례를 체계화하고 범주화하기 위한 사례조사일지**(log) 등이 있다.

1. 사례조사면접지침서

사례조사를 통해 자료를 취합하기 위해 사용하는 자료수집방법은 질적 방법으로 열린 형태의 심층면접을 사용하였다. 체계적인 심층면접을 위해 사전에 자료수집도구로서 면접지침서를 작성하였다. 면접지침서는 크게 사회서비스에 대한 전체적인 과정과 성과를 확인하기 위하여 이용자뿐만 아니라 제공기관과 제공자용으로 나누어졌으며 면접지침서의 내용은 사회서비스로직모델을 적용하여 분석하였던 투입, 행동, 산출, 성과 등의 요소별 내용을 확인할 수 있도록 하는 질문들을 최대한 반영하였으며 여기에는 정부가 사회서비스사업제공에 부차적인 목적으로 설정한 서비스의 질 향상을 위한 경쟁가능성, 시장형성가능성, 일자리창출효과 그리고 선택권확보여부 등에 대한 질문들도 포함되도록 하였다. 결국, 최종 사회서비스사례조사의 면접지침서는 다음의 질문들이 포함되었다.

1) 목적의 적합성: 4대 사회서비스의 목적에 부합되는 서비스가 제공되고 있는가?

각 사업별 목적과 사업내용(또는 행동과정)의 확인

- 노인돌보미사업
- 중증장애인활동보조사업
- 산모・신생아도우미사업

- 지역사회서비스혁신사업

2) **대상자확인: 표적 집단에게 적합한 서비스가 제공되고 있는가?**

- 사업이용자확인(사업보고서 및 각종 사업문건확인)
- 서비스내용확인

3) **사회서비스의 이용계층이 확대되었는가? 이용자의 신규진입이 촉진되고 있는가?**

- 사회서비스 이용자집단이 다른 유사서비스와 중복되고 있지는 않는가?
- 같은 영역에 있는 이용자들에게 중복되는 서비스가 제공되고 있는지는 않는가? 사업이용자확인

4) **이용자가 혜택을 직접 제공받을 수 있는 바우처제도가 공급자지원방식보다 효율적인가?**

- 이용자들에게 선택권의 보장이 이루어지는가? 이용자들이 선택할 수 있는 다양한 기관이 존재하는가?
- 기관 간에 경쟁으로 질 높은 서비스가 제공되고 있는가?
- 재정 지출면에서 공급자 지원방식보다 효율적인가?

5) **지역사회서비스혁신 사업은 지역사회문제해결중심의 지역주민들의 욕구를 반영하는 사업으로 인정될 수 있는 사업들인가?**

6) **사회적 일자리 창출효과가 있는가?**

- 기관에서 사회서비스사업을 위해 직원을 고용하였는가?
- 돌보미를 통한 사회적 일자리와 수준은 어떠한가?

7) **보편적 사회서비스 확대를 위해 개발되어야 하는 사업영역은 어떤 분야인가?**

위와 같은 기본질문들을 포함하는 면접지침서는 크게 제공기관용, 서비스제공자(돌보미)

용 그리고 마지막으로 이용자용으로 세 개로 나누어진다. 위와 같은 지침에 의하여 최종적으로 확정된 사례조사 면접지침서는 다음과 같다.

사례조사면접지침서

프로젝트명: **사회서비스 대구·경북지역 사례조사**

<table>
<tr><td rowspan="3">영역구분</td><td rowspan="2">노인돌보미</td><td rowspan="2">장애인활동보조</td><td rowspan="2">산모,
신생아
도우미</td><td colspan="3">지역사회서비스혁신</td></tr>
<tr><td>표준형사업</td><td colspan="2">자체개발형</td></tr>
<tr><td></td><td></td><td></td><td></td><td colspan="2"></td></tr>
<tr><td>기관명</td><td colspan="6"></td></tr>
<tr><td colspan="7"></td></tr>
<tr><td>구분</td><td>제공기관</td><td>제공자</td><td>이용자 I</td><td>이용자 II</td><td colspan="2">이용자 III</td></tr>
<tr><td>면접시간</td><td colspan="2">시 분 ~ 시 분 (분)</td><td>면접
일자</td><td colspan="3">2008년 월 일 (요일)</td></tr>
<tr><td>면접장소</td><td colspan="6"></td></tr>
<tr><td>면접자</td><td colspan="3"></td><td colspan="3"></td></tr>
<tr><td rowspan="2">피면접자</td><td>성별</td><td>남 / 여</td><td>연령</td><td></td><td>지위</td><td></td></tr>
<tr><td>대상자
상세구분</td><td colspan="5">(예: 초산, 경산)</td></tr>
<tr><td>비고</td><td colspan="6"></td></tr>
<tr><td>참고사항</td><td colspan="6">* 면접시작: 프로젝트 간략히 설명
* 면접 후: 참여에 대한 감사, 비밀보장과 추후면접확인</td></tr>
</table>

■ 서비스제공기관조사면접지침서

1) 어떤 서비스가 구체적으로 제공되는가?(면담, 사업계획서, 사례일지 등 참조)

- 서비스내용: 시간, 기간, 빈도
- 어떤 서비스가 얼마만큼 얼마나 자주 어느 기간 동안 제공되는가?

2) 총 이용자수: 서비스관리자수, 서비스제공자(돌보미수)

- 이용자는 몇 명이고 총 서비스를 관리하는 사람과 돌보미의 수는?
- 사회서비스 이용자집단이 다른 유사서비스와 중복되고 있지는 않는가?

3) 서비스대상자선정절차는 어떠한가? - 선정절차에 대한 모니터링

4) 사업에 대한 홍보는 적절하게 이루어지고 있는가? - 홍보에 대한 모니터링(홍보자료 확인)

5) 서비스제공인력(돌보미)확보 및 교육과 훈련은 어떻게 이루어지고 있는가? - 교육자료 확인

6) 이용자들의 개별사례상담은 적절하게 이루어지고 있는가?

- 개별상담 건수, 상담범주(기관면담, 사례상담일지확인)

7) 사업시작이전 서비스제공계획과 서비스제공이후 변화는 어떤 것들이 있는가?

- 사업 수정내용과 개선방안 등 사업개시이전의 사업계획서와 현 사업에 대한 평가

8) 지역사회서비스혁신 사업은 지역사회문제해결중심의 지역주민들의 욕구를 반영하는 사업으로 인정될 수 있는 사업들인가(기관, 이용자 면담)?

- 사업선정의 배경, 동기는?

- 사업의 성과는 어떻게 평가하는가? 성과지표가 있는가?

9) 제공기관 입장에서 사회서비스사업은 일자리 창출효과가 있다고 생각하는가?

- 현재 사업을 위해 신규직원을 채용하였는가?
- 일자리로서 돌보미일자리는 적당하다고 생각하는가? 일자리창출의 지속가능성은?

10) 이용자들로부터 사업과 관련하여 어떠한 불만사례를 접수하였는가?

- 사례 수, 구체적 내용, 기록여부

11) 부정이용자(수급자)는 존재하는가?

- 사례 수, 내용, 처리과정

12) 사업을 위해 필요한 사업비와 부대 운영경비 등은 적절하게 지원되고 있는가?

- 국고부담금, 본인부담금, 비율, 기관에서 사업지속성에 대한 견해
- 개선점

13) 제공자입장에서 지불방식(바우처)에 대한 장·단점은 무엇이라고 생각하는가?

- (이전 유사사업과 비교)공급자지원방식과의 차이를 중심으로

14) 현 시점에서 사회서비스는 필요한 사업인가?

- 제공기관 간에 사업을 위한 경쟁은 있는가?
- 사회서비스영역의 시장형성가능성은 ?
- 제공자입장에서 사회서비스사업의 만족도와 이유
- 개선방향은 무엇이라고 생각하는가?
- 사업의 활성화를 위하여 국가에게 바라는 점이 있다면 무엇인가?

■ 서비스제공자(돌보미)조사 면접지침서

1) 돌보미는 사회서비스사업과 제공하는 서비스를 어느 정도 인지하고 있는가?

- 사회서비스란?
- 어떤 서비스가 구체적으로 제공되는가?(면담, 사업계획서, 사례일지 참조) (예 : 대상아동, 부모)
- 주로 제공하는 서비스는?
- 평균 서비스 제공시간은? 평균이동거리와 평균서비스제공시간(1회당, 한 달에 몇 사례 담당?)

2) 돌보미의 자격요건은?

- 교육여부, 기술, 지식, 경력 등 여부
- 교육경험이 있는지? 교육이 도움이 되었는지? 교육의 필요성과 보완점

3) 고용조건은 어느 수준인가?

- 임금, 노동조건, 노동시간, 사회보험, 안정성, 생활보장

4) 사회서비스일자리의 만족도

- 돌보미들이 돌보미 일자리를 적절한 일자리로 생각하고 있는가?
- 이 일을 시작한 동기와 만족도는?(이용자 면담)
- 이전 직장과의 비교 또는 다른 사업과의 비교, 계속 서비스를 제공할 의사가 있는가? (지속성여부)

5) 사업제공기관으로부터 적당한 대우를 받고 있는가?

- 제공기관과의 의사소통, 임금과 노동시간 등 근로조건, 서비스할당

6) 사회서비스사업은 필요한 사업이라고 생각하는가?

- 이용자들을 위해 정말 필요한가?
- 서비스를 제공받아야 할 사람들이 서비스를 제공받는다고 생각하는가?
- 서비스제공 당사자입장에서 사회서비스사업의 만족도와 이유
- 개선방향은 무엇이라 생각하는가?

7) 직접적 서비스제공자의 입장에서 현 지불방식인 바우처방식의 장단점은 무엇인가?

8) 사회서비스제도개선을 위하여 국가에게 바라는 점, 이용자들에게 바라는 점 그리고 서비스제공기관에 바라는 점은 무엇인가?

- 국가(제도 및 정책 등)
- 이용자들
- 제공기관

■ 서비스이용자조사 면접지침서

1) 서비스를 어떻게 알고 신청하게 되었는가?

2) 어떤 서비스를 구체적으로 제공받는가?

- 이용시간
- 이용횟수
- 돌보미의 질
- 서비스내용
- 서비스신청경로

3) 어떤 서비스를 제공받고 싶은가?

- 서비스를 제공받은 이후 삶(사회참여, 태도 등)의 변화는?
  긍정적 측면
  부정적 측면
- 현재 받고 있는 서비스에서 불편한 점이나 개선하여야 하는 점은?
- 어떤 서비스를 더 제공받고 싶은가?

4) 서비스이용횟수와 시간은 적절한 수준인가?

- (자부담으로) 추가서비스를 구매할 의사는 있는가?
- 구매 의사가 없다면 왜? 있다면 어느 정도?

5) 서비스이용부담금은 적절한 수준인가?

- 본인이 원하는 이용자 부담금

6) 이용자의 입장에서 제공기관(돌보미) 선택이 가능하고 편리한가?
7) 이용자입장에서 현 지불방식(바우처)의 장단점은?
8) 사회서비스사업은 필요한 사업이라고 생각하는가? 어떤 이유인가?

- 이 사업을 확대하여야 한다고 생각하는가?
- 다른 사람에게 서비스이용을 권유할 의사가 있는가?

9) 돌보미와 제공기관 또는 국가에게 바라는 점이 있다면?

2. 요소별 측정지표구성

위의 면접지침서의 질문들을 로직모델에 근거하여 투입, 행동, 산출 그리고 성과 등 사업 요소별로 분류하여 보면 아래의 표와 같다.

구분	지표(Indicators)	자료출처		
		제공기관	제공자	이용자
투입지표 (INPUTS)	1-1. 서비스			
	1-1-a. 제공되고 있는 서비스	0	0	0
	1-1-b. 서비스가 제공되는 총 기간	0	0	0
	1-1-c. 서비스제공 횟수	0	0	0
	1-1-d. 서비스 제공되는 시간(하루, 일주일, 한 달)	0	0	0
	1-2. 이용자			
	1-2-a. 이용자의 수	0	0	
	1-2-b. 이용자의 부담금액	0		0
	1-3. 제공기관			
	1-3-a. 프로그램관리자나 사례관리자수 또는 돌보미의 수	0		
	1-3-b. 프로그램제공기관 자격여부	0		
	1-3-c. 총 재원(운영경비)	0		
	1-3-d. 프로그램운영에 필요한 각종 시설 및 장비	0		
행동/활동지표 (ACTIVITIES)	2-1. 이용자			
	2-1-a. 이용자들이 정기적으로 서비스를 제공받고 있는가?			0
	2-1-b. 이용자들이 제공자 간의 의사는 잘 소통되고 있는가?		0	
	2-1-c. 이용자들은 서비스를 원하는 시간에 이용할 수 있는가?			0
	2-1-d. 이용자들은 서비스를 원하는 만큼 이용할 수 있는가?			0
	2-1-e. 이용자들의 건의가 잘 받아들여지고 있는가?	0		0
	2-1-f. 이용자들의 불만을 표현할 수 있는 적절한 절차가 있는가?	0		0
	2-1-g. 제공기관의 선택여부			0
	2-1-h. 이용자들의 추가구매의사는 있는가?			0
	2-1-i. 이용에 불편한 점이나 더 받고 싶은 서비스			0
	2-1-j. 본인부담금은 적절한가?			0
	2-2. 제공기관 및 제공자			
	2-2-a. 제공자는 제공하는 서비스의 내용을 잘 숙지하고 있는가?		0	
	2-2-b. 제공자의 교육 경험 및 교육여부	0	0	
	2-2-c. 사업의 홍보	0		
	2-2-d. 서비스제공계획의 변화	0		
	2-2-e. 프로그램이 의도하였던 대상 집단을 대상으로 서비스가 전달되고 있는가?(서비스중복여부)		0	

	2-2-f. 이전 직장(제공자)이나 다른 사업(제공기관)과의 비교	0	0	
	2-2-g. 개별사례관리여부	0		
	2-2-h. 부정이용자는 존재하는가?	0		
	2-2-i. 바우처 이용여부(카드, 단말기 사용) 및 장단점	0	0	0
	2-2-j. 서비스의 내용에 대해 이용자에게 필요한 적절한 정보를 제공하고 있는가?	0	0	
	2-2-k. 주민들의 욕구가 반영되고 있는가?	0		
	2-2-l. 제공자들의 고용조건은 어떠한가?		0	
	2-2-m. 제공자들과 제공기관과의 의사소통	0	0	
	2-2-n. 기관 간에 경쟁은 일어나는가?	0		
산출지표 (OUTPUTS)	3-1. 제공된 시간	0		
	3-2. 제공된 서비스 건수	0		
	3-3. 종결된 사례건수	0		
	3-4. 서비스 제공받은 이용자 수	0		
	3-5. 제기된 이용자들의 불만 건수	0		
성과지표 (OUTCOMES)	4-1. 사업에 따라 기대되는 직접적인 성과			
	4-1-a. 이용자들의 일상생활기능이 개선되었는가?(어떤 부분이 어떻게 개선되었는가?)			0
	4-1-b. 이용자들의 생활만족도는 증가하였는가?			0
	4-1-c. 이용자나 이용자가족들의 경제적부담은 줄어들었는가?			0
	4-1-d. 주변에 권유나 추가부담의사는 있는가(서비스확대가능성)?			0
	4-1-e. 이용자들의 사회참여빈도는 증가하였는가?			0
	4-1-f. 자립생활에 대한 의지가 증대되었는가?			0
	4-1-g. 사업에 만족하는가?(제공기관, 제공자, 그리고 이용자) 사업이 필요성	0	0	0
	4-2. 사업에 따라 기대되는 부수적인 성과(side effect outcomes)			
	4-2-a. 창출된 사회적 일자리 수	0		
	4-2-b. 사회서비스사업(돌보미사업 또는 지역서비스혁신사업)을 위해 새로운 직원을 고용하였는가?	0		
	4-2-c. 제공자들의 일자리만족도는?		0	
개선점	5. 제공기관과 제공자 그리고 국가에 바라는 점은?	0	0	0

제 3 절 사례조사 자료분석전략

1. 자료분석

질적자료의 분석은 첫 단계, 자료기록, 두 번째 단계, 자료정리, 세 번째 단계, 자료부호화, 네 번째 단계인 자료해석의 단계를 순환적 과정으로 거치게 된다. 사회서비스사례조사를 위해 수집된 자료분석의 단계들을 살펴보면 다음과 같다.

1) 자료기록단계

관찰이나 인터뷰 등을 통해서 자료를 수집하기 위해서 조사자는 참가자들과의 접촉 동안이나 이후에 또는 인터뷰 동안이나 이후에 반드시 자료를 기록하여야 한다. 조사자는 참가자들의 이야기를 받아 적거나 비디오나 녹음기로 녹음을 할 수 있다. 이야기를 기록하면서 또는 녹음을 하면서 조사자는 조사참여자의 행동이나 상호행동 또는 그들의 인식 등에 대해서 인터뷰나 관찰 동안에 기록을 할 수 있으며 이들 행동에 대한 조사자의 생각을 기록할 수 있다.

2) 자료정리단계

인터뷰나 관찰을 통해서 많은 양의 자료가 수집되고 기록되고 나면 기록된 자료들을 정리하는 단계가 필요하게 된다. 자료를 정리한다는 것은 자료를 체계적으로 알아볼 수 있게 쉽게 조직화하는 것을 포함한다. 이는 기록된 자료를 타자로 또는 컴퓨터를 이용하여 문서화하는 것을 의미한다.

3) 자료부호화단계

문서화된 자료는 일반적으로 인터뷰나 관찰 동안에 기록된 모든 문서가 가공되지 않은 상태로 문서화되어 있다는 것을 의미한다. 따라서 자료부호화단계는 가공되지 않은 자료(raw data)를 개념적으로 범주화한 후 자료들을 분석하기 위하여 주제나 개념을 중심으로 분류하는 것을 의미한다.

1단계: 개방형부호화
2단계: 축대부호화
3단계: 선별적부호화

4) 자료해석단계

자료를 부호화를 통해 분류하게 되면 마지막으로 조사자는 주제들 사이의 관계를 확인하고 이론을 발전시키는 자료해석단계가 필요하게 된다. 따라서 자료의 해석은 이론발전과 주제들 사이의 관계를 확인하는 것을 돕는다고 볼 수 있다.

이러한 과정을 거치는 질적자료분석에서 사용되는 방법들에 대해서 보다 구체적으로 살펴보면 다음과 같다.

2. 자료분석전략

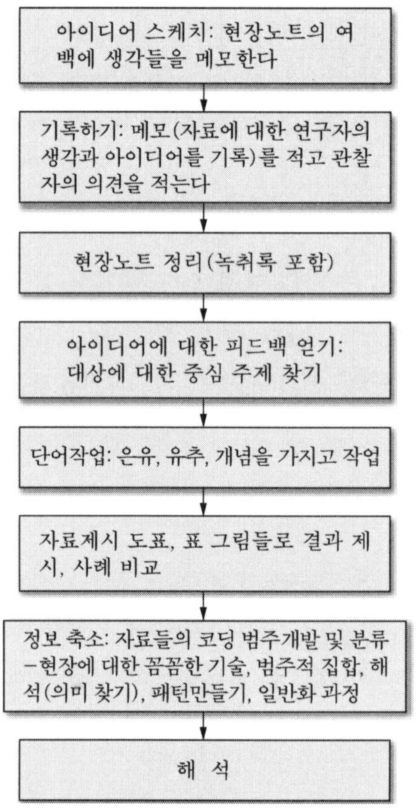

3. 자료관리

1) 자료관리는 일찍 시작하여 현장에서의 개인적 관찰과 경험을 기록해야 한다.

- 자료란 대화내용, 면접자의 생각과 느낌들, 행동에 대한 기술, 기타 정보
- 기록이 이루어진 날짜와 시간 장소 명시 목차체계작성
- 현장기록과 녹취록 반복하여 읽고 일종의 지도와 목차를 만든다.
- 연구대상별 파일 생성한다.

2) 녹취록 작성: 있는 그대로 옮긴다. 일관성 있게 기록한다(침묵, 웃음 한숨 등)

3) 자료 코딩: 면접지침서에 기준하여 아래와 같은 내용에 대한 개방형부호화(개방적 코딩) 부터 시작한다.

제공기관	서비스제공자	이용자
- 서비스 내용 - 선정절차 - 홍보 - 서비스제공인력 확보 및 교육 - 상담사례내용 및 기록 (개별상담, 불만사례) - 사업비의 적절성 - 바우처의 효과성 - 사회서비스 사업의 평가 - 개선방안	- 서비스 내용 및 인지도 - 돌보미의 자격요건 - 신청경로 - 고용조건 - 서비스 일자리 만족도 - 기관과의 관계 - 이용자와의 관계 - 바우처의 효과성 - 사회서비스 사업의 평가 - 개선방안	- 신청경로 - 서비스 내용(시간, 횟수 포함) - 서비스에 대한 만족도(시간, 부담금, 돌보미, 기관) - 원하는 서비스 - 서비스 선택가능성 - 바우처의 효과성 - 사회서비스 사업의 평가 - 개선방안

4) 코드로부터 주제로 옮기기: 범주들 간의 관계를 찾고자 노력한다.

5) 질적자료분석에서 양적 자료사용: 사회서비스사례조사를 위한 양적자료로서 기관별 이용자수, 돌보미수, 관리자수, 서비스 별 이용시간 등을 이용한다.

4. 사례분석코드

사례조사를 통해 취합된 녹취록은 사례조사분석을 위하여 부호화(coding)가 필요하다.

분석을 위한 부호화를 위해 사례조사분석을 위한 부호화코드는 조사의 목적과 면접지침서를 기초로 작성된다. 기본적으로 코드분석을 위한 부호화는 로직모델을 통하여 확인하고자 하였던 분야를 크게 6범주로 분류한 후(대분류) 다시 제공기관, 제공자 그리고 이용자별로 따로 분류한 소분류항목을 중심으로 나누었다. 대분류는 첫째, 서비스내용, 둘째, 진행과정, 셋째, 만족도, 넷째, 서비스확대 가능성, 다섯째, 바우처효과 마지막으로 개선방향이며 각각의 대분류항목은 제공기관과 제공자 그리고 이용자의 특성을 반영하여 다시 소분류하였다. 다음의 표는 **1차 사례조사를 위한 사례분석코드**를 나타낸 것이다.

〈표 4-1〉 1차 사회서비스 사례조사 사례분석코드

	가. 제공기관(관리자)	나. 제공자	다. 이용자
1) 서비스 내용	1) 서비스내용 2) 서비스시간, 기간 3) 서비스관리자 및 제공자수 4) 서비스중복제공여부 5) 이용자선정절차	1) 제공하는 서비스내용 2) 서비스시간, 기간	1) 제공받는 서비스내용 2) 서비스시간, 기간 3) 이용경로
2) 진행 과정	1) 사업홍보 2) 제공자 교육방법 3) 제공인력확보방법 4) 이용자개별상담의 적절성 5) 지역주민 욕구반영 (불만사례처리)	1) 교육 2) 고용조건: - 노동시간, 임금, - 이동거리, 4대 보험	1) 이용시간 및 이용횟수의 적절성 2) 추가구매의사 3) 제공받고 싶은 서비스
3) 만족도	1) 사업운영비적절성 2) 사업만족도 3) 사업필요성	1) 일자리만족도 2) (제공자입장에서의) 사업만족도 3) 사업필요성	1) 서비스만족도: 삶의 변화 2) 관리자 및 제공자에 대한 만족도 3) 사업필요성, 권유의사
4) 서비스 확대 가능성	1) 경쟁가능성, 시장형성가능성	1) 제공기관으로부터의 대우	1) 본인부담금
	2) 일자리창출효과 - 신규직원 - 제공자(사회적일자리)	2) 다른 직장 또는 사업과의 비교	2) 선택권확대가능성
5) 바우처 효과	1) 바우처 장점 2) 바우처 단점	1) 바우처 장점: 단말기 2) 바우처 단점	1) 바우처 장점: 전자카드, 은행 2) 바우처 단점
6) 개선방안	1) 사업의 개선점 또는 개선 방향	1) 사업의 개선점 또는 개선 방향	1) 사업의 개선점 또는 개선 방향

* 기관명코드: A1, A2, A3 등으로 구분함
* 사업기관구분코드: A는 노인, B는 장애인, C는 산모, D는 표준형, E는 자체개발형임
* 집단코드: 1은 상위, 2는 중위, 3은 하위집단임. 따라서 노인돌보미 상위집단은 A1, 장애인 중위집단은 B2 식으로 분류
* 제공기관(관리자)은 가, 제공자는 나, 이용자는 다1, 다2, 다3
예: A1-나-5.1은 노인상위집단제공자의 바우처 장점이 된다.

제 5 장

사회서비스 1차 사례조사 결과분석

제 1 절 제공기관 사례조사소개

1. 노인돌보미사업 사례조사소개

	자원순위	인원	서비스 내용(프로그램내용, 시간, 선정 절차 등)	대상자 선정기준
노인	상위집단	관리자: 2명 제공자: 14명 이용자: 70명	- 서비스 내용을 규정짓지 않고, 이용자 욕구에 맞춰서 서비스 지원. - 1회 3시간, 한 달 27시간 - 판정이 읍면동사무소 담당자의 성향에 따라 달라짐. 제공기관이 관여하지 못함.	·전국 가구 평균소득의 150% 이하(4인 가구 기준 530만원) ·노인요양필요 점수 40점 이상
	중위집단	관리자: 2명 제공자: 8명 이용자:29명-30명	- 신체수발, 가사지원서비스 - 한 달 27시간, 1회 3회씩 - 동사무소 신청 → 방문간호사 등급판정 → 구청에서 최종결정 → 제공기관 통보	
	하위집단	관리자: 3명 제공자: 4명 이용자: 14명	- 청소, 빨래, 대소변, 신변처리, 병원동행, 의약품 구입. - 한 달 27시간 - 읍면동사무소 신청 → 소득이나 장애를 평가하여 대상자 선정 → 제공기관이 가정방문하여 초기상담.	

2. 중증장애인활동보조사업 사례조사소개

	자원순위	인 원	서비스 내용(프로그램내용, 시간, 선정 절차 등)	대상자선정기준
중증장애인활동보조	상위집단	관리자: 2명 제공자: 43명 이용자: 73명	- 가사지원, 일상생활 및 사회활동 등 포괄적제공 - 월 20시간-80시간 제공 - 읍면동에 신청 → 방문간호사 방문 시간배정.	· **장애 유형** : 등록 장애구분 없음 (15종 전체) · **중등도** : 「장애인복지법」에 의하여 등록한 1급 장애인 중, '인정조사표'에 의해 일정 기준 이상인 자 · **소득기준** : 소득 수준에 상관없이 지원
	중위집단	관리자: 1명 제공자: 7명 이용자: 14명	- 가사지원, 일상생활 및 사회활동(농사지원). - 월 20시간-80시간 제공 - 읍사무소 신청 → 방문간호팀 조사 → 판정위원회 결정	
	하위집단	관리자: 2명 제공자: 8명 이용자: 16명	- 가사지원, 일상생활 및 사회활동 등 포괄적 제공 (집수리, 농사) - 월 20시간-80시간 - 읍사무소 신청 → 보건소 판정	

3. 산모 · 신생아도우미사업 사례조사소개

	자원순위	인 원	서비스 내용(프로그램내용, 시간, 선정 절차 등)	대상자선정기준
산모 · 신생아도우미	상위집단	관리자 2명 제공자 208명(경북) 이용자 305명(2007년) 월평균 약 25명	- 산모와 신생아에 관련되는 가사일 - 산모의 산후조리와 신생아의 건강관리 - 큰아이돌보기(경산인 경우), 유방마사지 등 - 산모와 신생아에 대한 전문적인 일 - 2주간 서비스제공(쌍생아 3주), 9시~6시 퇴근일, 공휴일 휴무/토요일 2시까지 - 자격기준: 전국가구 월평균소득 80% 이하 건강보험영수증, 월급명세서로 보건소에서 대상자결정	· **소득기준:** 도시근로자가구 평균소득의 60% 이하(해산급여 대상자 제외) · **차량, 종부세 기준적용:** 건강보험 직장가입자만 적용 · **신청기간:** 출산 전후 60일 이내
	중위집단	관리자 2명 제공자 25명 이용자 131명(2007년) 월평균 약 11명	- 산모, 신생아보호, 가사활동, 큰아이 돌보기 - 2주간(12일) 서비스제공, 토요일 오전근무	

			- 보건소에서 신청 받음 - 보건소에서 보내주는 자료를 바탕으로 산모와 계약	
	하위집단	관리자 1명 제공자 20명 이용자 75명(2007년)	- 산모영양관리(산모식사), 유방관리(유방마사지, 수유법), 신생아돌보기(목욕, 제대관리), 저녁식사상차림, 출산과 산모, 신생아 관련 요청사항. - 2주(12일) 서비스제공, 오전 9시 출근~6시 퇴근 원활한 파견을 위해 달성군과 근거리(달서구), 교통편익(수성구) 지역 도우미와의 연계.	

4. 지역사회서비스혁신사업소개

	자원순위	인 원	서비스 내용(프로그램내용, 시간, 선정 절차 등)	대상자선정기준
표준형	상위집단	관리자 5명 제공자 48명 이용자 680명	- 한글, 책 읽기 - 월 4회/주 1회/15-20분. - 의료보험 8만원 이하 가정 동사무소 신청.	·소득기준 - 전국가구 평균소득이하 가구 (4인가구:3,532천원) ·사업별·개인별 자격기간 기준 (회계연도 기준 07. 12.31까지)
	중위집단	관리자 3명 제공자 103명 이용자 3,000명	- 독서지도, 정보제공 - 주 1회/20-25분 수업 - 구청에서 이용자 명단 받아 상담.	
	하위집단	관리자 1명 제공자 2명 이용자 40명	- 구기 종목. 다양한 스포츠. - 주 2회/1회당 1시간 - 비만도 20% 되면 동사무소 신청.	·선정기준 - 경도비만 이상 아동 ·사업별·개인별 자격기간 기준 (회계연도 기준 07.12.31까지)
자체개발형	상위집단	관리자 3명 제공자 11명 이용자 250명	- 매월2, 4째 놀토/가족소득기준으로 대상자선정 - 자연생태체험(하루 종일) - 난타/음악놀이활동 (9시 30~12시 30분)	전국가구 평균소득 이하 가구를 원칙으로 하되, 서비스 성격, 이용자 욕구 등에 따라 지자체별로 확정된 사업계획에 의해 대상자 선정 - 예산초과 등을 대비하여 사업별로 우선순위 설정 가능 *○○아트센터 대상자 선정기준
	중위집단	관리자 1명 제공자 4명 이용자 130명	- 가족소득 기준으로 대상자 선정, 북구지역 주민 둘째놀토: 종이접기, 과학교실 4개반 (9시~11시, 11시~1시 수업) 넷째놀토: 체험학습 (담당자 외 15명 자원봉사)	

자 체 개 발 형	하위집단	관리자 1명 제공자 18명 이용자 52명	- 재가치료중심: 언어치료(70%), 물리, 심리, 미술치료(30%) - 주 2회 40분 수업 - 자격기준 변경: 나이 0세~39세미만	전국가정 평균소득이하(4인 가족 경우 건강보험료가 84,230원 이하일 경우, 지역가입자 101,980원 이하일 경우 해당)가정을 대상으로 함 *본인부담금 - 놀토프로그램: 5천원 - 장애아동:2만원(10%)

제 2 절 1차 사례조사 범주화(cording)

1. 노인돌보미사업내용

1) 노인돌보미사업 **제공기관** 사례조사 범주화

대분류	소분류	조사내용
1. 서비스 내용	1) 서비스 내용	- 가사지원서비스 : 청소, 빨래, 대소변[A2]. - 신변처리 : 신변처리, 병원동행, 의약품 구입. - 서비스 욕구에 맞는 서비스 지원.
	2) 서비스 시간, 기간	1회 3시간, 일주일에 두 번, 한 달 27시간 2008년 원하는 이용자는 1회 4시간까지 가능함. = 위의 사항 A1, A2, A3 모두 동일
	3) 서비스 관리자 및 제공자 수	- 이용자 14명, 제공자 4명, 직원 2명, 소장 1명[A3]. - 이용자 70명, 제공자 14명, 전담인력 1명, 팀장 1명[A1]. - 이용자 29명-30명, 제공자 8명, 전담인력 1명, 소장 1명[A2].
	4) 서비스 중복제공여부	- 관에서 대상자를 결정하기 때문에 부정수급자는 존재하지 않음[A2]. - 가정봉사원파견사업과 노인돌보미 사업은 사업 목적이 다르며 전산처리가 되기 때문에 중복될 수 없음[A1]. - 가정봉사원파견사업과 내용면은 유사하나 노인돌보미 사업이 보다 체계화, 전문화되어 있음[A3].
	5) 이용자 선정절차	읍면동사무소에 신청 자격심사→ 보건소 방문간호사 등급판정 → 제공기관 가정방문하여 초기상담→ 서비스내용 계획. = 위의 내용 A1, A2, A3 모두 동일
2. 진행과정	1) 사업홍보	- 명함, 리플렛, 구두 홍보[A1]. - 경로당 및 가정 방문, 면사무소를 통한 홍보[A3]

		- 가정방문하여 전단지 배포[A2].
	2) 제공자 교육방법	- 4월, 9월, 10월 교육 실시[A2]. - 이론 3주, 실습 1주, 한 달에 한번 정기모임[A3]. - 120시간 교육 실시[A1].
	3) 제공인력확보방법	- 현수막 광고, 관공서를 통한 홍보[A1]. - 가정봉사원을 통한 홍보, 성당 소식지, 면사무소 및 농협 홍보물 비치[A3]. - 돌보미 교육기관에서 배출되는 인력 확보[A2].
	4) 이용자개별상담의 적절성	- 모니터링[전화] 한 달에 10사례, 방문상담 10사례[A1].
	5) 지역주민 욕구반영 (불만사례처리)	- 본인부담금에 대한 불만, 제공자에 대한 불만족[A1]. - 이용자의 요구를 수용함[A1]. - 서비스 이용시간에 대한 불만[A2], 정해진 시간이 아닌 이용자가 필요한 시간에 서비스를 요청함[A2]. - 이용자 대부분 만족함[A3].
3. 만족도	1) 사업운영비적절성	- 전담인력인건비와 돌보미 활동비를 충당하기 때문에 운영비 절대 부족[A1,A2]. - 이용자 수에 따라서 운영비가 달라짐[A1,A3]. - 가정봉사원파견사업을 함께 하고 있기 때문에 사업유지가 가능함[A1]. - 이용자가 적은 농촌지역은 도시에 비해 운영이 더 힘듦[A3].
	2) 사업만족도	- 기관운영경비와 이용자자격판정과정(제공기관 제외, 판정항목 부적절)에 대한 불만이 높음[A1]. - 가족관계가 소원한 노인에게 돌보미가 가족을 대신할 수 있으며, 제공자에게 경제적인 도움과 자기개발의 기회가 되는 점에서 만족함[A3]. - 60-70% 만족함[A2].
	3) 사업필요성	- 필요성은 인정. 전반적 사업지침에 대한 불만 큼[A2]. - 이용자에게 필요한 사업임[A1, A3].
4. 서비스확대 가능성	1) 경쟁가능성 시장형성가능성	- 운영비로 인하여 대상자 발굴에 기관마다 보이지 않는 경쟁이 일어남. 아직 서비스 대상자가 많이 없기 때문에 아직은 시장형성 가능성이 우려되지 않음[A1]. - 지역 내 기관들이 협조해서 사업 운영하고 있음[A3]. - 2008년 예산을 줄이고, 제공기관에 민간참여를 허용하여 시장형성 가능성 큼. 복지이념이 사라질 가능성[A2].
	2) 일자리창출효과 - 신규직원 - 제공자(사회적일자리)	- 전담인력 계약직으로 채용. 이용자 수의 저조로 퇴사나 이직이 잦음. 4대보험 가입으로 저임금 노동자를 확산하여 유효일자리 창출[A2]. - 급여가 낮고, 차량지원이 되지 않은 상황에서 차를 소유한 인력확보가 어려움. 농촌지역 젊은 인구 층이 없기 때문에 인력확보가 어려움. 농촌은 소규모 일자리의 가능성이 높음[A3]. - 주부에게 일자리 창출효과 있음. 남성 일자리로 적절하지 않음[A1].
5. 바우처효과	1) 바우처 장점	장점 : 즉시 입금됨. 제공기관 입장에서 편리[A1,A2].
	2) 바우처 단점	- 농촌지역 수신이 잘 안됨. 단말기오류. 미승인 거래 잦음. 관

		리업체에 문의해도 정확한 응답 없음[A1,A2] - 재발급시 본인 직접 수령해야 하나 노인의 이동이 잦아 재발급시 애로사항 큼[A1]. - 이용자에게 입금을 요구하는 자나 전화가 가면 놀람, 카드 이용의 번거로움, 수수료문제[A2].
6. 개선방안	1) 사업의 개선점 또는 개선방향	- 노인돌보미사업에서 목욕서비스에 대한 분명한 지침이 필요함[A1]. - 제공기관이 이용자의 불가피한 사정에 의해 대신 신청할 수 있는 재량권 부여, 책임성은 제공기관에 둠[A1]. - 제공자 교육에 안전교육, 대화기술[A1]. - 제공기관과 제공자 입장을 고려한 현실적 지침[A1,A3]. - 신체수발이 필요한 이용자에게 추가시간 요구[A2]. - 노인이지만 장애등급을 가진 이용자에게는 별도 추가시간 배정[A2]. - 이용시간이 최소 주 3-4회가 될 때 이용자와 제공자의 안정적인 연결과 탄력적인 시간조정이 가능함[A2]. - 제공자 교육시 대인서비스라는 점을 고려하여 자활보다는 사회복지와 관련된 교육이 필요함[A2]. - 전담인력 인건비 지원 요구, 제공자의 교통비와 식대와 같은 활동비 지원, 농촌지역 특성을 고려한 교통비 지원, 이용자의 본인부담금 인상이 아닌 기관운영비로 지원을 요구함[A1,A3] - 장기요양보험제도와 노인돌보미 대상자의 특성을 고려한 정책 마련이 요구되어짐[A3]. - 도시와 농촌지역의 차이를 고려한 정책과 영세한 기관이 성장해 나갈 수 있는 운영비 지원이 필요함[A3].

2) 노인돌보미사업 제공자 사례조사 범주화

대분류	소분류	조사내용
1. 서비스 내용	1) 서비스 내용	가사지원서비스 - 청소, 빨래, 이동서비스, = 위의 내용 A1,A2,A3 모두 동일. 말벗[A1], 목욕[A3]
	2) 서비스 시간, 기간	- 주 2회, 1회 3시간씩 한 달 27시간. = 위의 내용 A1,A2,A3 모두 동일
2. 진행과정	1) 교육	실무교육이 필요함. = 위의 내용 A1,A2,A3 모두 동일. - 3주 교육, 2주 이론교육, 1주 실습, 실습기관은 요양병원[A3]. - 아파본 경험이 있는 자신의 경험이 더욱 용이함[A1].
	2) 고용조건: 노동시간, 임금, 이동거리, 4대 보험	- 한 달 3명, 81시간, 이동거리 30분, 4대 보험 가입되어 있지 않음[A2]. - 한 달 5명, 120-135시간, 이동시간 평균 왕복 40분, 국민연금, 국민건강보험 가입, 손해배상보험 가입되어 있음[A3] - 79만원, 4대보험 가입, 이동거리 왕복 50km[A1]
3. 만족도	1) 일자리만족도	- 생계형 일자리로 부적합함.

		- 만족도[9점] 높음. 주부에게 시간이 자유롭고 보람이 있는 직업이라고 함[A3]. - 만족도[7점] 높은 편임. 교통사고 후유증이 있어 노동강도나 시간으로 보았을 때 적절한 일자리라고 함[A1]. - 만족도[4점]. 건강상태를 고려했을 때 적절한 일자리이지만, 이동시간이나 노동강도면에서는 힘듦. 집에서 부업하는 정도의 소일거리[A2].
	2) (제공자입장에서의) 사업만족도	전반적으로 만족함= 위의 내용 A1,A2,A3 모두 동일. - 제공자와 이용자의 상호작용으로 정서적인 교류가 가능하다는 점에서 사업이 만족스러움[A3]. - 이용자에게 말벗이 되어 삶의 활력을 줌[A1].
	3) 사업필요성	이용자를 위해 꼭 필요한 서비스= 위의 내용 A1,A2,A3 모두 동일. - 필요성은 있으나, 적절한 대상자가 받지 못하는 경우가 있음[A2]. - 이용자 제도 목적 제대로 인식하지 못하고, 복지보다는 단순노동으로 인식[A1].
4. 서비스확대 가성	1) 제공기관으로부터의 대우	만족스러움.= 위의 내용 A1,A2,A3 모두 동일. - 제공기관의 대우 만족스러움. 제공기관과의 전화통화로 의사소통이 원활함[A2]. - 만족함[A3]. - 기관의 형편에 맞게 대우 받음. 불만이 있더라고 기관의 입장에서 수용[A1].
	2) 다른 직장 또는 사업과의 비교	- 월급여제인 간병인의 경우 안정성이 있음[A3]. - 현장소장으로 근무, 급여는 높지만 건강상태에 맞지 않음[A1]. - 자신의 노후준비[A2].
5. 바우처효과	1) 바우처 장점	- 정확한 시간 계산이 가능함[A2,A3].
	2) 바우처 단점	- 단말기 오류가 잦고 안테나가 잘 안 터짐. - 단말기 작동의 어려움. = 위의 내용 A1,A2,A3 모두 동일. - 종이사용이 번거로움[A1]. - 이용자가 신용카드라고 생각하여 사용하기 두려워함[A3]. - 노인들은 카드에 대한 거부감이 있으며 설명을 해도 이해를 못하는 경우가 있고 카드재발급시 노인들의 이동으로 애로사항이 있는 등 형식적인 제도에 불과함[A1].
6. 개선방안	1) 사업의 개선점 또는 개선방향	- 산간벽지의 이용자 제도에서 소외될 가능성이 있음[A1]. - 차량지원 혹은 교통비 지급= 위의 내용 A1,A2,A3 모두 동일. - 파출부나 청소아줌마로 보는 이용자의 시선 개선[A3]. - 자격제도 강화로 전문가라는 인식[A3]. - 책임감 있는 업무 수행[A2]. - 임금수준 상향조정[A2].

3) 노인돌보미 이용자 사례조사 범주화

대분류	소분류	조사내용
1. 서비스내용	1) 제공 받는 서비스 내용	- 청소, 빨래, 반찬서비스 - 간병, 운동, 심부름[A2-다2]. - 말벗, 안마, 장보기, 공과금 처리[A1-다2]. - 목욕[A3-다2], 장보기[A3-다3].
	2) 서비스시간, 기간	- 일주일에 두 번 한 달 27시간. = 위의 내용 A1,A2,A3 모두 동일.
	3) 이용경로	- 가족(딸, 며느리, 동생) 소개 = 위의 내용 A1,A2,A3 모두 동일.
2. 진행과정	1) 이용시간 및 이용수의 적절성	현재 시간에 만족함[A3-다1]. 추가시간 원함 - 장애, 신체기능저하로 일상생활이 전혀 안됨[A2-다2].
	2) 추가구매의사	추가구매의사 없음. - 경제적 부담감[A3-다2,A1-다1] - 현재 서비스시간이 적절함[A3-다3,A3-다1,A1-다2].
	3) 제공받고 싶은 서비스	- 목욕서비스, 물품지원[A1-다1]. - 농사, 물리치료[A3-다3,A3-다2].
3. 만족도	1) 서비스만족도: 삶의 변화	- 며느리보다 돌보미가 더 좋다고 함[A3-다1]. - 생활의 전반적인 면이 좋아졌음[A3-다2,A1-다2]. - 외부일(농사)에 집중할 수 있음[A3-다3]. - 청결해짐, 빨래걱정이 덜함. 한정된 시간에 맞춰 서비스 종결되는 것이 아쉬움[A1-다3]. - 딸처럼 서비스를 잘 해줌[A1-다2]. - 외로운 것이 덜하고, 제공자가 기다려짐[A2-다1,A2-다2].
	2) 관리자 및 제공자에 대한 만족도	- 제공자와 마음이 잘 맞다[A3-다2,A1-다2,A1-다2]. - 집에 귀중물품을 놔두고 갈 정도로 신뢰함[A3-다3]. - 친딸처럼 챙김[A3-다1,]. - 제공자의 잦은 교체로 적응이 어려움[A1-다3]. - 간병기술이나 대처능력 미흡[A1-다3]. - 제공기관에 만족. 교류가 거의 없음.
	3) 사업필요성, 권유의사	필요한 사업임, 권유의사 있음. - 가족이 돌봐줄 수 없는 노인에게 꼭 필요한 사업[A1-다2,A2-다1]. - 서비스보다 현금지원이 필요함[A2-다2]. - 독거노인에게 정서적 지지가 되어 필요함. - 자랑하고 싶고 권유의사 있음[A3-다1]. - 필요한 사람에게 권유[A3-다3]. - 신체기능이 좋지 않은 이용자에게 건강관리상 꼭 필요함[A1-다2].
4. 서비스 확대 가능성	1) 본인부담금	- 국민기초생활수급권자 : 본인부담금 없음[A1-다2]. - 3만 6천원에 대한 본인부담금이 적절함[A3-다3,A2-다1]. - 가족이 본인부담금을 내고 있어, 이용자가 전혀 모르는 상황임[A3-다1].

		- 장애가 있는 이용자는 본인부담금을 내는 것이 부당하다고 함[A2-다2]. - 더 적게 내길 바람[A3-다2].
	2) 선택권확대가능성	선택권 없음, 확대되어야 함. - 가족의 신청으로 선택권 없음[A3-다3]. - 선택권 없음, 현 체재가 좋음[A1-다2] - 동사무소에서 제공기관을 지정해 줘서 선택권 없음[A1-다3].
5. 바우처 효과	1) 바우처 장점	- 정확한 관리가 가능하여 좋다[A2-다1]. - 제공자의 정확한 시간계산이 가능하고, 시간약속을 정확하게 할 수 있음[A1-다3].
	2) 바우처 단점	- 단말기오류와 안테나가 잘 뜨지 않아서 사무실에서 일괄적으로 관리하고 있어 이용자는 카드나 바우처에 대해 잘 모름. - 날짜를 잘 몰라서 기한 내에 못 내기도 한다[A2-다2]. - 시간제약이 있어 아쉬움[A1-다3].
6. 개선방안	1) 사업의 개선점 또는 개선방향	- 개인의 형편을 고려하여 지속적으로 정부에서 복지정책을 실시하여야 함[1-다2]. - 목욕서비스나 물품지원을 원함[A1-다2]. - 본인부담금을 낮추길 원함[A3-다2]. - 제공자가 신체적으로 건강하고, 마음의 여유가 있는 사람이 채용되길 원함[A1-다3]. - 노인돌보미 대상자 중 1급 장애인은 본인부담금이 무료이길 원함[A2-다2]. - 제도의 시행으로 인해 모든 면에서 만족하며, 국가에서 노인을 위한 사업을 많이 했으면 좋겠다고 함[A2-다1].

2. 중증장애인활동보조사업

1) 중증장애인활동보조사업 제공기관 사례조사 범주화

대분류	소분류	조사내용
1. 서비스 내용	1) 서비스 내용	가사지원, 일상생활 및 사회활동 등 포괄적 제공 - 농사, 집짓기
	2) 서비스 시간, 기간	인정 시간은 4등급으로 구분하여 월 20-80시간 제공. 1등급 : 80시간 /2등급 : 60시간 3등급 : 40시간 /4등급 : 20시간
	3) 서비스 관리자 및 제공자 수	- 이용자 73명, 제공자 43명, 관리자 2명[B1] - 이용자 16명, 제공자 8명, 대기자 2명, 관리자 2명[B3]. - 이용자 14명, 제공자 7명[B2].
	4) 서비스 중복제공여부	- 관에서 판정을 내리기 때문에 중복의 가능성은 제도적으로 불가능. 중복시 전산에 나타나기 때문에 한 기관에서 포기해야 함[B3, B1]. - 기관에서 서비스 중복을 피하여 다양한 가구에 지원하고

		자 함[B2].
	5) 이용자 선정절차	- 읍·면·동사무소 신청 → 방문간호팀 조사 →판정위원회 결정. - 제공기관 선정과정에서 배제. 장애인 특성을 고려하지 않는 판정 항목.
2. 진행과정	1) 사업홍보	현수막 - 구청홈페이지, 관내 홍보물[B1]. - 전단지 및 현수막[B3]. - 면사무소 신청, 현수막
	2) 제공자 교육방법	- 40시간 교육[20시간 자체교육, 20시간 보수교육)[B2]. - 수강료 국비지원. - 분기별(3개월) 자체 교육, 실무교육 필요함[B3].
	3) 제공인력확보방법	- 현수막, 관내 홍보물 - 지체장애인협회 내 회원을 인력으로 활용. 현수막, 군청 및 읍사무소를 통한 홍보[B3]. - 현수막, 개별권유[B2]
	4) 이용자개별상담의 적절성	- 개별상담의 필요성은 인정하나, 사업진행으로 인해 시간적 여유가 없어 제대로 이뤄지지 못함. 4회 정도 방문상담, 하루 6명 이상 전화 개별상담[B3].
	5) 지역주민 욕구반영(불만사례처리)	- 이용자가 활동사업에 대해 파출부로 인식하여 신청하였다가 취소하는 경우[B2]. - 이용시간에 대한 불만. 제공자가 약속시간을 지키지 않는 부분에 대한 불만이 잦음[B3,B1]. - 서비스 내용에 벗어난 서비스를 제공해 주지 않을 때 불만[B2].
3. 만족도	1) 사업운영비적절성	- 2008년부터 수익금으로 운영경비를 충당해야 함. 후원금이 없으면 사업 유지가 힘듦[B2,B3]. - 교통비와 전담인력 인건비와 같은 정부의 운용비 지원을 요구함. - 전담인력 채용을 못하고 있음[B2].
	2) 사업만족도	- 만족도는 높으나, 현행 제도의 궁극적인 목적인 사회적 자립이 1급 중증장애인에게는 현실적으로 맞지 않음. 사업지침이 수정되길 바람. - 만족도는 높으나, 농촌에서 전담인력 없이 사업을 운영하기 힘들다고 함[B2].
	3) 사업필요성	중증장애인에게 절실히 필요한 사업임. - 거동이 불편한 중증장애인에게 절실히 필요한 사업임[B2,B3]. - 어떤 조건일지라도 이용자 입장에서 이 사업은 필요함. - 수급권자가 아닌 이용자들에 대한 복지기관의 관심이 필요함[B1].
4. 서비스확대 가능성	1) 경쟁가능성 시장형성가능성	- 경쟁가능성 미비, 정부가 사업의 축소로 제공기관을 줄인다면 경쟁가능성 있음. 현재는 기관간의 협력과 조화가 된다고 함[B1]. - 지역 내 다른 기관에서 활동보조사업을 대신해 달라고 요구하고 있으나, 해줄 수 있는 여력이 안 된다고 함[B3].

	2) 일자리창출효과 - 신규직원 - 제공자(사회적일자리)	- 전담인력 : 일자리 창출효과는 있으나, 1년 단위 사업이기 때문에 저임금, 비정규직 고용이라는 모순이 있음[B3]. - 제공자 : 일자리 창출효과 있으나 임금면에서 생계형 일자리는 아님[B3]. 80-100시간 정도 했을 때는 적절한 일자리가 될 수 있음[B2,B1]. 봉사정신 없이 일하기 힘듦.
5. 바우처효과	1) 바우처 장점	
	2) 바우처 단점	- 단말기 오류가 잦고, 조작이 힘듦. - 기계가 크기 때문에 불편함. 간편화 요함. - 용지 체크하는 것이 번거로움. - 비인간적임[B3]. - 40-50대 제공자의 경우 단말기 작동이 어렵고 까다로움[B2]. - 기계가 커서 불편함[B1].
6. 개선방안	1) 사업의 개선점 또는 개선방향	- 전담인력 인건비와 운영경비 지원 요구. - 공공과 민간의 협력 하에 서비스 운영. 사회서비스에 대한 공무원 교육 요함[B1]. - 1급 장애인에게 자활이라는 목적은 부적절함. 서비스가 필요한 모든 장애인에게 서비스 제공해 줘야 함[B3]. - 유연성 있는 서비스 시간배정[B3]. - 사용금액 정산을 위한 명확한 기준과 틀 마련[B3]. - 장애유형과 정도에 따라서 서비스 내용 분리해서 지원[B3]. - 전문적인 재활전문가가 팀을 이뤄서 운영[B3]. - 지속적이고 적극적인 홍보[B2]. - 건물유지비나 이동거리에 맞는 운영비 지원[B3].

2) 중증장애인활동보조사업 제공자 사례조사 범주화

대분류	소분류	조사내용
1. 서비스 내용	1) 서비스 내용	- 가사지원, 이동서비스, 식사도우미[B3]. - 대소변처리, 운동, 투석[B1]. - 장보기, 외부인과의 접촉 기회[B2].
	2) 서비스 시간, 기간	이용자 : 20시간-80시간 제공자 : - 한 달에 100시간, 4명. 이동거리 왕복 30km[B2]. - 한 달 80시간, 하루 9시간[B1]. - 일주일 2회 이상, 6명, 하루 2시간-3시간[B3].
2. 진행과정	1) 교육	- 자체교육, 레크리에이션, 수화, 웃음치료 등에 대한 실무교육을 원함[B3]. - 간병(투석, 물리치료)에 대한 실무교육 원함[B1]. - 40시간 교육 - 자격제도 강화로 전문성 확립[B2].
	2) 고용조건: 노동시간, 임금, 이동거리, 4대 보험	생계형 일자리로 부적합. - 4대보험 가입. 시간당 7,000원. 3가구 33만 6천원. 아르바이트로 적당, 생계형으로는 부적합함[B2].

<table>
<tr><td></td><td></td><td>- 4대 보험 가입 안 되어 있음. 48만원. 생계형 일자리로 임금수준이 낮고, 봉사정신 없이는 힘듦[B1].
- 산재, 고용보험만 가입. 가정주부일 경우 가능하지만, 생계형 일자리는 아님[B3].</td></tr>
<tr><td rowspan="3">3. 만족도</td><td>1) 일자리만족도</td><td>- 임금수준이 낮아 생계형 일자리로 적합하지 않음. 전업일 경우 임금수준이 150만원 정도가 적당함[B3].
- 일자리보다는 봉사의 의미가 큼. 노동 강도가 세며 활동시간 외에 자원봉사로 서비스를 제공해야 함. 봉사시간 인정되지 않음. 봉사시간에 대한 보상체계가 필요함[B1].
- 만족도가 8점. 주부 일자리로 적절함. 시간이 자유로워서 가사일과 아이양육 병행에 좋음[B2].</td></tr>
<tr><td>2) (제공자입장에서의) 사업만족도</td><td>- 이용자를 위해 필요한 서비스임[B2].
- 제공자의 봉사시간 인정을 제외하면 사업에 대한 만족도는 높은 편임[B1].
- 사업 만족도는 매우 높고, 불편한 장애인에게 당연히 국가가 서비스를 제공해 줘야 된다고 봄[B3].</td></tr>
<tr><td>3) 사업필요성</td><td>- 사업이 필요하며, 다른 분야에서도 확대 적용되어야 함[B3].
- 작은 손길하나가 절실한 장애인을 위해 필요한 사업임.</td></tr>
<tr><td rowspan="2">4. 서비스 확대가능성</td><td>1) 제공기관으로부터의 대우</td><td>- 제공기관에서 서비스시간 이외에 봉사시간 인정을 해 주길 바람[B1].
- 임금수준 이외에는 특별한 불만 없음[B3].
- 전화통화로 의사소통 원활함. 대체적으로 만족[B2].</td></tr>
<tr><td>2) 다른 직장 또는 사업과의 비교</td><td>- 대학교 사무직원. 틀에 박히지 않은 직업이라서 좋음[B2].
- 기업, 임금수준이 차이가 남[B3].
- 가정봉사원 활동. 봉사시간에 따른 보상으로 보람이 느껴졌으나, 활동보조사업은 일자리나 봉사의 의미 모두 회의적임[B1].</td></tr>
<tr><td rowspan="2">5. 바우처효과</td><td>1) 바우처 장점</td><td>- 일한만큼 일정한 금액이 일정한 날짜에 입금되는 것이 좋음[B2].
- 급여나 시간관리가 잘 됨[B3].</td></tr>
<tr><td>2) 바우처 단점</td><td>- 활동보조인당 1개씩의 단말기가 구비 안 되어 있어 바우처 카드의 의미가 거의 없음[B1].
- 비인간적임. 단말기 오류가 잦음[B3].
- 나이가 많은 제공자일 경우 기계작동에 대한 두려움이 있음. 구체적 교육이 잘 이뤄지지 않음[B2].
- 농촌지역 활동보조인의 학력수준에서 조작이 힘듦[B2].</td></tr>
<tr><td>6. 개선방안</td><td>1) 사업의 개선점 또는 개선방향</td><td>- 더 많은 사람이 서비스 혜택을 받길 원하고 있음[B1].
- 이용자들이 파출부가 아닌 전문적인 활동보조인을 인정해 주길 원함.
- 공인 자격제도 실시[B2].
- 실무중심의 활동보조인 교육.
- 정기적인 활동보조인 모임[B2].
- 농촌지역 활동보조인의 특성(고연령, 지식층이 낮음)을 고려한 단말기 작동법 교육 필요함[B2].
- 서비스 제공 도중 발생하는 재해나 상해에 대한 보상[B3].</td></tr>
</table>

3) 중증장애인활동보조사업 이용자 사례조사 범주화

대분류	소분류	조사내용
1. 서비스내용	1) 제공받는 서비스내용	- 목욕, 은행 병원 이동서비스, 외출도우미, 가사지원 서비스[B2-다1,B3-다1]. - 세수, 옷 입히기, 서예, 그림 그리기[B1-다1]. - 청소, 빨래, 반찬과 같은 가사지원 - 운동, 체위변경, 심부름[B1-다2]. - 투석[B3-다2], 식사, 대소변처리[B1-다3].
	2) 서비스시간, 기간	- 월 20시간-80시간 1등급 :80시간 /2등급 :60시간 3등급 :40시간 /4등급 :20시간
	3) 이용경로	- 군청에서 통지서를 받아서 바로 신청[B3-다1]. - 제공기관에서 연락 혹은 가정방문함[B2-다1,B2-다2,B2-다3]. - 면사무소에서 연락 와서 신청하게 됨. 보건소에서 판정을 위해 다녀감[B3-다2]. - 동사무소를 통해 알게 되어 보건소 판정을 받음[B1-다3]. - 친척소개로 알게 되어 보호자가 동사무소에 방문. 신체상황에 대해 상세히 기록. 보건소에서 연락옴[B1-다2]. - 장애인복지신문을 통해 알게 되어 동사무소 직원, 보건소 직원 와서 판정받음[B1-다1].
2. 진행과정	1) 이용시간 및 이용횟수의 적절성	중증장애인에게 시간이 절대적으로 부족함. - 일상생활전반에서 취미생활 영역까지 서비스 제공받고 있기 때문에 시간이 부족함. 130시간-150시간 필요함[B1-다1]. - 주 3일 적당함. 주 3일은 보호자와 병원[B1-다2]. - 시각장애, 신장장애가 있는 이용자에게 시간이 절대적으로 부족함. 대소변처리 혼자 못함[B1-다3]. - 손가락 하나 움직일 수 없어 시간이 절대적으로 필요함. 활동보조인이 3-4일 무료 봉사 중[B3-다1]. - 투석을 위한 시간소요가 많아 이동서비스 이외에 다른 서비스 받지 못함. 100시간 정도가 적절하다고 봄[B3-다2].
	2) 추가구매의사	- 경제적인 어려움으로 추가구매의사 없음[B2-다1,B2-다2,B2-다3]. - 경제적 부담이 되지 않는 한 추가구매의사 있음[B3-다1,B1-다2]. - 경제적으로 부담되지만, 추가구매의사 있음[B1-다1]. - 추가부담하고 구매의사 있음[B3-다2]. - 기초생활수급권자로 생활이 힘들기 때문에 추가 구매의사 없음[B1-다3].
	3) 제공받고 싶은 서비스	- 관절운동, 물리치료, 잦은 운동지원과 산책. - 1주일에 한번 목욕서비스[B2-다1]. - 병원 이동서비스[B2-다2]. - 산책, 장보기[B3-다2]. - 현재 만족함[B1-다2].

3. 만족도	1) 서비스만족도: 삶의 변화	- 가사도우미에 비해 부담이 덜하여 경제적으로 도움이 됨. 말벗이 되어주어 정서적인 안정감. - 취미생활로 수상경험[B1-다1]. - **주변청결**, 긍정적인 삶으로 변화. 삶의 의지가 생기고 자신감 향상[B2-다2]. - 서비스 시간 이외에 전반적으로 만족함[B3-다2]. - 산책을 할 수 있어 좋음[B2-다3]. - 운동과 교회, 산책[B1-다3]. - 만족도는 높으나, 사업시행 초기와 본인부담금에 대한 지침이 수정된 것이 불만임[B2-다2]. - 친구가 활동보조인으로 서비스를 제공해 주고 있어 정서적 안정감을 가지며 상당히 만족함. 청결해짐[B2-다1].
	2) 관리자 및 제공자에 대한 만족도	- 기관에 대한 만족도 높음. 제공자가 친구이기 때문에 정서적 지지가 됨[B1-다2]. - 현재 관리자와 제공자에 대한 만족도가 높음[B2-다2,B3-다1,B1-다1]. - 관리자 만족함. 남자 활동보조인을 원하고 이동시간을 포함한 활동시간이 불합리하다고 함[B2-다3].
	3) 사업필요성, 권유의사	- 혼자 돌아눕지 못하고 보호자가 항상 가사 일을 할 수 없는 이용자에게 사업은 절실히 필요하다고 함. 보호자가 노후에 돌봐줄 수 없는 상황이므로 더욱 필요함[B2-다3]. - 나이가 들면 활동 제약이 크기 때문에 가사지원이 필요함 **노후 대비를 위해** 더욱 확대되어야 함. 권유의사 있음[B2-다2]. - 움직이지 못하는 이용자에게 가사지원이나 말벗은 꼭 필요한 사업이라고 함[B2-다1]. - 꼭 필요하며 적극추천[B3-다2]. - 장애인의 자신감향상과 자활을 위해 꼭 필요. 권유의사 있음[B3-다1]. - 하루 종일 혼자 있는 장애인에게 정서적 지지가 됨[B1-다2]. - 건강이 더 좋아짐. 장애인에게 꼭 필요한 사업 임. 실질적으로 주변 사람에게 권유한 경험 있음[B1-다3]. - 서비스 꼭 필요함. 권유하고 있으나 본인부담금으로 인해 서비스 이용하지 못하는 사람이 있어 안타까움[B1-다1].
4. 서비스확대 가능성	1) 본인부담금	- 4만원. 근로능력이 없는 60대 입장에서 부담됨[B1-다1]. - 남편이 교수이기 때문에 경제적 부담감 없음[B1-다2]. - 기초생활수급권자로 무료[B2-다3,B1-다3]. - 4만원 적절함[B3-다1,B3-다2]. - 본인부담금을 없애야 함. 최소 2만원 정도가 적절함[B2-다1,B2-다2].
	2) 선택권확대가능성	- 기존부터 이용하던 제공기관에 문의하여 서비스 받게 됨. 선택권 있음[B1-다1]. - 제공자가 이전에 가사도우미 하던 분으로 제공기관에 부탁하여 직접 선택함. 선택권 있음[B1-다2]. - 보건소에서 판정 내려 제공기관 담당자가 찾아옴. 선택권 없음[B1-다3].

		- 읍사무소에서 바로 고령군 지회로 연락하여 가정방문. 선택권 없음[B3-다1,B3-다2]. - 기존 제공기관을 이용하다가 기관의 권유로 활동보조인 사업을 신청함. 선택권 없음[B2-다1,B2-다2]. - 제공기관의 연락을 통해 서비스를 알게 되고 권유받았음. 선택권 없음[B2-다3].
5. 바우처효과	1) 바우처 장점	- 이용자 입장에서 불편함 없음. 정부의 예산 절감[B1-다1].
	2) 바우처 단점	- 단말기가 고가이기 때문에 기관에 무료지급 요함[B1-다1]. - 지체가 부자유한 장애인이 은행에 날짜에 맞춰서 납부하기 힘듦. 기한이 넘으면 2개월 서비스를 받지 못하는 지침이 부당함[B3-다2,B1-다2]. - 단말기 구비가 되어 있지 않아 단말기를 사무실에서 사용하고 집에 옴. 이용자는 바우처에 대해 무지함[B1-다3]. - 오류가 잦고, 국민은행이 고령에 없어 자동이체 수수료 문제[B3-다1]. - 국민은행이 없기 때문에 자동이체. 1천 5백원의 수수료가 부담됨[B2-다1,B2-다2].
6. 개선방안	1) 사업의 개선점 또는 개선방향	- 추가시간을 원함. - 지자치단체 형평성 있는 시간 배정 원함[B1-다3]. - 활동보조인의 처우개선을 통한 서비스 질 향상[B1-다2]. - 서비스 확대와 현장의 목소리 듣길 원함[B1-다2]. - 정부의 적극적 홍보[B3-다1]. - 1급장애를 세분화하여 장애정도에 따른 시간 배정을 원함. - 의료전문인력과 함께 배치되길 원함[B3-다2]. - 자부담을 없애거나 반으로 줄여줄 것을 요구. 추가시간 원함[B2-다1,B2-다2]. - 대소변처리나 힘을 요하는 운동 및 이동서비스가 잦아 남자활동보조인이 절실함[B2-다3].

3. 산모 · 신생아도우미사업

1) 산모 · 신생아도우미사업 제공기관 사례조사 범주화내용

대분류	소분류	조사내용
1. 서비스내용	1) 서비스내용	- 산모보호: 산모식사, 유방마사지, 좌욕, 산후체조 - 산모신생아관련 세탁물관리, 산모신생아방청소 - 신생아보호: 아기목욕, 아기수유, 기저귀관리 - 가사서비스(활동): 방청소, 큰아이돌보기 등 - 장보기, 다림질 추가[C2].
	2) 서비스시간, 기간	시간은 2주간(쌍둥이 3주)이며 9시에서 6시까지임. 토요일은 오후 2시까지이며 공휴일은 휴무

	3) 서비스관리자 및 제공자수	- 바우처사업전담인력(관리자)은 대부분 확보되어 있음(영사업체의 경우 기존의 담당자가 바우처사업을 동시에 수행하고 있었음) - 대상자(이용자)수에 따라 다르나 대부분 기관들이 20명 이상의 제공자를 확보하고 있었음
	4)서비스중복제공여부	사업 성격상 중복제공불가능
	5) 이용자선정절차	보건소에서 선정(기관은 이용자선정 권한 없음)
2. 진행과정	1) 사업홍보	- 사업홍보는 주로 지역신문이나 산부인과비치용, 자체 홍보물 배포 등을 이용 홈페이지 및 산부인과에 전단지[C1] 교차로, 육아교실에 전단지[C2] 보건소에 공문형식의 전단지 [C3]
	2) 제공자 교육방법	평균 2주, 40시간 이상 교육[C1, C2]
	3) 제공인력확보방법	- 비슷한 사업을 진행 중이었던 영리기관인 경우 기존 제공자를 활용 :교차로, 자체현수막, 소식지, 신문광고[C1, C2] - 지역신문이나 자활사업기관에서 확보 :공개채용 및 자활사업장의 소개[C3]
	4) 이용자개별상담의 적절성	- 영리기관의 경우 해피콜(전화)나 수시방문 등의 이용자들과의 개별접촉의사소통경로가 확보되어 있음[C1, C2]. - 비영리기관의 경우 이용자가 많고 관리인원 부족으로 의사소통경로가 부족함[C3].
	5) 지역주민 욕구반영 (불만사례처리)	불만사례는 거의 발생하지 않으며 발생하는 경우 대부분 산모의 입장에서 문제를 해결하려고 하는 의지가 강함.
3. 만족도	1) 사업운영비적절성	이용자들의 수에 따라 사업운영비적절성은 달라짐. 특히 이용자들의 수가 많은 경우 사업운영비에 대한 특별한 불만은 없지만 대부분 기관에서 전자바우처로 전환되는 경우 단말기구입비용, 단말기 유지비용, 카드수수료 등의 운영비부족에 대한 불만 그리고 영리기업인 경우 이에 덧붙여 부가가치세 등의 부담으로 사업운영비에 대한 부족을 강조함[C1, C2].
	2) 사업만족도	- 영리기관인 경우 사업의 만족도는 낮음. 이유: 이윤이 없다는 점[C2]. 운영비적자 늘어남[C1]. - 비영리기관의 경우 사업의 만족도 높음 • 사회복지영역에서 반드시 필요한 사업이라는 것을 인지함 [C3].
	3) 사업필요성	반드시 필요한 사업을 제공한다는 긍지가 있어 사업에 대한 필요성은 매우 강하게 인지함
4. 서비스확대 가능성	1) 경쟁가능성 시장형성가능성	- 보건소에서 기관에 이용자들을 균등 분배하고 있어 제공기관 간 경쟁가능성은 미흡[C1]. - 이용자가 한 기관에만 몰리는 것을 원하지 않음[C2]. - 보건소에서 이용기관 지정할 수 없기 때문에 경쟁은 가능하다고 인정[C3]. - 시장형성가능성 불가능[C1] 또는 미흡[C2].

		- 2008년 본인부담금이 책정되면 이용자 줄어 시장형성 불가능[C3].
	2) 일자리창출효과 - 신규직원 - 제공자(사회적일자리)	제공자들은 대부분 새로운 직원으로 일자리 창출효과는 있음. - 사업전담인원 1명 신규채용[C3]. - 기존 서비스를 제공하던 영리기관은 기존 인력이 대체[C1, C2].
5. 바우처효과	1) 바우처 장점	(현재 종이바우처가 시행되는 관계로 전자바우처에 대한 장단점은 예측불가) 종이바우처의 장점보다 단점을 주로 언급
	2) 바우처 단점	- 서류처리업무로 운영비, 제공자 임금지불이 지체되는 경향이 있음. (종이바우처가 서류로 확인되어야 임금이 지불) - 예산부족으로 정산이 안 되는 경우도 있었음[C1, C2].
6. 개선방안	1) 사업의 개선점 또는 개선방향	- 영리기관은 모두 사업운영비 확대강조[C1,C2]. - 비영리기관은 산모들에게 개인부담금 책정 시 너무 높지 않게 책정되어야 함을 강조[C3].

2) 산모・신생아도우미사업 제공자 사례조사 범주화

대분류	소분류	조사내용
1. 서비스내용	1) 제공하는 서비스내용	산모들이 할 수 없는 일 모두 다하며 기본적으로 산모보호, 신생아보호, 가사활동이 주된 서비스
	2) 서비스시간, 기간	시간은 2주간(쌍둥이 3주)이며 9시에서 6시까지이고 토요일은 오후 2시까지이며 공휴일은 휴무가 대체적으로 지켜지고 있음. 하지만 규정에 지정되어 있는 1시간 휴식은 현실적으로 불가능
2. 진행과정	1) 교육	2주간(40시간교육이 기본이며 추가교육에 필요성은 느끼지 않고 있으며 시행되고 있지 않음)
	2) 고용조건: 노동시간, 임금, 이동거리	- 노동시간은 정확히 지켜지는 편이며 이동거리에 따른 보상은 이루어지지 않음. - 사례가 계속 이어지는 경우 여자가 하기에는 적당한 임금이라고 생각 - 비영리기관의 경우 지역적인 고려를 하여 근거리의 이용자 배정[C3]. - 특히 영리에서 일하는 제공자들의 경우 일반고객을 대상으로 일하는 제공자들의 노동조건이 바우처사업의 제공자들보다 훨씬 좋을 것이라고 생각하고 있음[C1].
3. 만족도	1) 일자리만족도	- 일자리로서 이용자가 계속 이어진다면 전반적으로 만족할 만한 수준[C1, C2]. - 노동의 강도에 비해 임금 적지만 대체적으로 만족[C3].
	2) (제공자입장에서의)	- 전반적으로 사업에 대해 만족함.

	사업만족도	- 영리기관에서 일하는 제공자들의 경우 이용자들이 자신들을 파출부정도로 취급하여 막 대한다고 생각[C1, C2] - 일거리는 많아졌으나 임금은 적음[C1]. - 이용자가 많아져 사업만족도 있음[C2]. - 비영리기관에서 일하는 제공자의 경우 산모와 관련되지 않은 일들을 수행하는 것에 대한 불만이 있으며 노동의 강도에 비해 임금이 적다고 생각하지만 여성들 부업으로 적당한 사업[C3].
	3) 사업필요성	서비스를 필요로 하는 저소득층의 산모가 많이 있어 사업의 필요성에 동감하며 일에 대한 보람을 느끼고 있음.
4. 서비스확대 가능성	1) 제공기관으로부터의 대우	영리기관에서 일하는 제공자나 비영리기관에서 일하는 제공자 모두 제공기관으로부터의 불만은 없음 현 대우에 만족
	2) 다른 직장 또는 사업과의 비교	- 영리기관에서 일하는 제공자의 경우 경산의 경우 큰 아이를 돌보는 시간에 대한 임금보상이 전혀 이루어지지 않는 것에 대한 불만이 큼[C1, C2]. - 산모들의 제공자들에 대한 대접이 다르다고 생각하여 기존 영리업체에서 제공되는 이용자를 선호하는 경향이 있음[C2]. - 비영리기관에서 일하는 제공자의 경우 다른 사업과는 달리 산모와의 인관관계가 중요하기 때문에 인간관계에서 어려운 점이 있음[C3].
5. 바우처효과	1) 바우처 장점	- 종이바우처의 장점보다는 단점을 주로 언급[C1, C2]. - 종이바우처 큰 어려움 없음[C3].
	2) 바우처 단점	- 종이바우처의 단점으로 서류정리기간이 길고 급여가 바로 입금이 되지 않고 밀린다는 점을 강조[C1, C2].
6. 개선방안	1) 사업의 개선점 또는 개선방향	- 영리기관의 제공자들은 주로 임금 인상을 강조 특히 쌍둥이인 경우[C2]와 경산인 경우 큰아이 돌보는 것에 대한 추가수당 인정 및 전체 임금 인상 강조[C1, C2]. - 사업이 자원봉사성격이 너무 강하여 불만[C1]. - 비영리기관의 제공자들은 약관(규정)에 있는 대로만 일을 하는 것이 아니고 현실적으로 더 많은 일을 함으로 서비스(사례의 수)를 늘리는 경우 제공자들이 견딜 수 있도록 하는 대책의 필요성을 강조[C3].

3) 산모·신생아도우미사업 이용자 사례조사 범주화

대분류	소분류	조사내용
1. 서비스내용	1) 제공하는 서비스내용	- 음식준비 등의 가사서비스와 산모관련서비스 - 영리기관에서 서비스를 제공받는 이용자들의 경우 일반이용고객과 정부지원서비스이용고객에 대한 서비스의 질이나 내용이 다르다고 간주하기도 함(정부지원서비스의 질과 내용이 일반서비스보다 더 나쁠 것으로 생각[C2-다1].
	2) 서비스시간, 기간	규정과 같이 쌍둥이인 경우 3주 일반 산모의 경우 2주 간 서비스 받음.

	3) 이용경로	- 사전에 사업이 있음을 알고 있었던 이용자들은 없었으며 주로 보건소에 갔다가 우연히 알게 됨[C1-다2, C3-다2]. - 친구나 주변의 권유[C1-다3/C2-다2,다3/C3-다1,다3]. - 인터넷 등에서 정보 얻음[C1-다1, C2-다1].
2. 진행과정	1) 이용시간 및 이용 횟수의 적절성	- 이용시간에 대해서는 개인비용으로 서비스를 받을 때보다 퇴근시간이 너무 빠름[C1-다1]. - 퇴근시간을 너무 정확히 지키는 점 지적[C1-다3]. - 삼칠제의 풍습을 감안하여 일주일간 서비스가 더 지속되기를 원함[C3-다1, C2-다3]. - 기본적으로 2주가 부족하다고 생각[C3-다3].
	2) 추가구매의사	- 개인비용으로 서비스를 더 받은 경우[C1-다1]. - 구매의사가 있는 경우도 있음[C1-다3]. - 추가구매의사는 전체적으로 부담이 되는 금액으로 생각하여 의지가 약함[C1-다2 / C2-다2,다3 / C3-다1,다3]. - 제공자에 대한 불만으로 추가구매의사 없는 경우도 있었음[C2-다1].
	3) 제공받고 싶은 서비스	- 전반적으로 기존 서비스에 만족함. - 추가서비스로는 좌욕서비스 원함[C2-다2].
3. 만족도	1) 서비스만족도: 삶의 변화	- 서비스는 대부분 이용자들이 대체적으로 만족할 만한 수준임. - 하지만 정부지원과 개인비용으로 서비스를 모두 받아본 이용자의 경우 영리기관의 제공자들이 개인비용으로 서비스를 받을 때보다 한 시간정도 퇴근이 빠르다는 것을 지적하였음[C1-다1]. - 또한 정부지원으로 서비스를 받은 이용자중 제공자와 세대차이가 나고 서비스가 무료라 마음대로 일도 못시키는 것에 대한 불만이 있었음[C2-다1].
	2) 관리자 및 제공자에 대한 만족도	- 제공기관과 제공자들에 대해서 대체적으로 만족하였음. 특히 제공자들에게 정신적으로 의지가 되어 정서적 지지효과 있었음[C2-다2]. - 하지만 제공자가 제공하는 서비스에 대한 견해의 차이나 가사서비스를 더해 주었으면 하는 기대는 가지고 있었음[C3-다1]. 또한 일 시작 전에 제공자에 대한 정보나 서비스내용 등을 공지하지 않은 경우도 있었음[C2-다1].
	3) 사업필요성, 권유의사	- 간단한 가사일 만을 도와주더라도 도움이 되기 때문에 사업의 필요성은 모두 인정 - 대체적으로 다른 사람에게 서비스이용에 대한 권유의사를 가지고 있었음.
4. 서비스확대 가능성	1) 본인부담금	- 대부분 서비스이용료의 10%정도는 적당하여 본인부담의사가 있었음. - 본인부담금이 생기게 되는 경우 경제적으로 부담이 되며 부담액의 액수에 따라 서비스이용 의사결정[C3-다3]. - 본인부담금이 있을 경우 경제적 부담으로 서비스를 받지 않겠음[C3-다1].
	2) 선택권확대가능성	- 기관을 선택하는 경우가 거의 없고, 보건소에서 지정해 주

		는 기관을 선정한 경우가 대부분, 기관에 대한 정보를 모르는 경우가 많았음[C1-다1,다2,다3 / C3-다2]. - 무료서비스라 선택권이 있는지 알았지만 보건소에서 지정한 곳으로 결정[C3-다3] 또는 남은 기관이 한군데 밖에 없어 선택의 여지없음[C2-다2]. - 이용자들은 제공기간에 대한 선택보다는 제공자에 대한 선택을 원하였음[C2-다3].
5. 바우처효과	1) 바우처 장점	- 종이바우처는 전반적으로 크게 편리한 점은 없으나 관리하기가 현금보다 편리함[C3-다3, C1-다2]. - 돈으로 주면 서비스를 받지 않는 경우도 생겨 바우처가 현금보다 편리함[C1-다1].
	2) 바우처 단점	- 제공자에게 서류절차로 지원금(임금)이 늦게 나오는 경우 피해가 아이에게 돌아갈 수 있다는 우려감 지적 - 현금이 아닌 종이(바우처)로 서비스이용료를 지불하는 것에 대한 인간적 미안함 지적[C2-다2]. - 도우미에게 직접 현금으로 서비스이용료를 지불하고 싶음을 강조[C2-다1]. - 또한 어떤 경우는 보건소에서 이용자에게 종이바우처를 주지 않고, 직접 관리하는 곳도 있어 바우처를 모르는 이용자도 있었음[C2-다3, C1-다3].
6. 개선방안	1) 사업의 개선점 또는 개선방향	- 집안 청소 등 가사서비스의 확대 원함[C3-다1]. - 자격조건이 까다로워 서비스를 받고 싶은 산모들이 모두 서비스를 받고 있지 못한 점을 지적(자격조건완화) [C2-다2/C1-다1,다2]. - 3주로 서비스의 확대필요성을 강조(서비스기간확대) [C3-다1,다2,다3/C2-다3]. - 좋은 사업이나 홍보 부족하여 서비스가 필요한 많은 산모들이 서비스를 잘 모르고 있어 홍보개선을 강조[C3-다2,C2-다2]. - 무료라는 부담을 덜기 위하여 제공자에게 부담금을 직접 제공자에게 현금으로 지급하는 것을 강조하기도 함[C2-다1]. - 도우미교육과 저녁시간 위해 1시간 정도 퇴근시간 연장을 요구하기도 함[C1-다1].

4. 지역사회서비스혁신사업

1) 표준형사업

(1) 지역사회서비스혁신사업(표준형) 제공기관 사례조사 범주화

대분류	소분류	조사내용
1. 서비스 내용	1) 서비스내용	- 방문 : 실 교재, 책 읽기 같이 제공[D1]. - 독서관련정보제공, 독서지도방법 교육[D2]. - 체력측정, 건강식단, 구기종목 위주의 운동[D3].
	2) 서비스시간, 기간	- 주 1회, 20분 제공. (수업 15분, 부모 상담 5분)[D1] - 주1회, 25분 제공. 월 4권 책 제공. (수업 20분, 부모상담 5분)[D2] - 주 2회, 1시간 제공. 월 1회 체력측정. (주 1회시 2시간 제공)[D3]
	3) 서비스관리자 및 제공자수	- 관리자:5명, 제공자:48명, 이용자:600-680명[D1] - 관리자:3명, 제공자:103명, 이용자:3,000명[D2] - 관리자:1명, 제공자:3명, 이용자:40명[D3]
	4) 서비스중복제공여부	- 서비스 중복이나 부정수급 사례 없음.
	5) 이용자선정절차	- 4인기준 의료보험료 8만원 이하, 월 소득액 300만원 미만 가정 중 3-7세 아동. (2007년:한 가구 1자녀 서비스 지원 → 2008년:한 가구 2자녀 지원, 지차체 예산 및 주민 비율에 따라 서비스대상자 정함[D1]. - 평균소득 이하, 만 0-6세 아동, 구청에서 이용자 명단 받아 상담 통해 선정[D2]. - 비만도 20% 이상 아동 중 신청자 명단을 시청에서 받아 선정[D3].
2. 진행과정	1) 사업홍보	시, 군, 구 어린이집, 유치원에 안내문 발송 - 아파트현관에 안내문 투입, 홍보테이블 설치[D1]. - 동사무소, 구청에 홍보물 비치. 기관 홈페이지 통해 홍보[D2]. - 카탈로그 이용, 홍보물 보건교사 전달[D3].
	2) 제공자 교육방법	- 매주 고객만족 강화(수업방법, 예절, 복장 관련)교육, 신입 직원은 주 5회(월~금, 오전)교육[D1]. - 처음 2박 3일 오리엔테이션, 주 2회 2시간씩 책 읽어주는 방식과 연령별 특징에 따른 상담법 교육[D2]. - 강사자율에 맡김[D3]
	3) 제공인력확보방법	- 면접, 유 경험 교사 채용. - 유아전문교사[D1]. - 독서지도사 자격증[D2]. - 관장과의 연고[D3].

	4) 이용자개별상담의 적절성	- 전화 상담 - 매주 수업 후 상담[D1][D2]. - 인터넷 상담[D3].
	5) 지역주민 욕구반영 (불만사례처리)	* 팀장 참관수업으로 이용자 욕구 확인[D1]. * 해피콜(무작위 만족도확인)[D1][D2]. - 불만사례처리 * 교사불만사례 경우 : 사과, 직원교육 시행[D2]. * 먼 거리(교통문제)로 서비스 제공 어려움 : 서비스 제공 못함[D2]. * 남학생 위주의 운동에 불만 : 여학생 위주 운동을 신규 사업에 보강 예정[D3].
3. 만족도	1) 사업운영비적절성	- 적절함[D1][D2]. - 현재는 적자, 이용자 확보방안 모색[D3].
	2) 사업만족도	- 만족하는 편임. - 교사들에게 경제적 도움 (기존 교사의 경우 부가수입), 자부심을 줌[D1]. - 관리측면(회원모집에 신경을 덜 가져도 됨)[D2]. - 운영이 어려워 만족도 저하(이용자 100명은 되어야 현상유지, 현재는 40명으로 적자), 아이들이 운동하는 모습을 보며 보람[D3].
	3) 사업필요성	- 필요성 높음. - 선진국사례·논술지도 경험상 독서교육 필요성 높음[D2]. - 보는 스포츠에서 활동하는 스포츠로 전환, 건강한식습관 형성(채식위주)[D3].
4. 서비스확대 가능성	1) 경쟁가능성 시장형성가능성	- 기존의 진행을 바탕으로 서비스 강경화[D1]. - 신규회원 차단하고 제공기관 증가하면 과열경쟁 우려[D1][D2]. - 비만관리는 기관별 제공 서비스가 달라 경쟁 가능성 없음. 비만아동 증가로 시장형성 가능성 높음[D3].
	2) 일자리창출효과 - 신규직원 - 제공자(사회적일자리)	- 일자리 창출 효과 있음. - 인지능력향상서비스학생 증가로 아동지도사 및 일반 교사 충원됨[D1]. - 서비스 제공으로 80명 신규채용함[D2]. - 학생 증원되고 수업방식의 변화되면 교사 충원 가능함[D3].
5. 바우처효과	1) 바우처 장점	- 안전(현금 분실 사고 예방)[D1]. - 신용카드와 유사하여 편리[D3].
	2) 바우처 단점	- 학부형들의 분실로 결제일이 지나가 버림[D1][D2]. - 자부담은 현금으로 받아서 본사에 붙여야 하므로 불편[D3]. - 초기 등록자 이름, 번호 잘못기재[D2].
6. 개선방안	1) 사업의 개선점 또는 개선방향	- 서비스 받아야 할 사람이 받을 수 있도록 홍보, 정보 제공 되어야 함[D1]. - 정부 시행계획 예고[D2]. - 서비스(독서, 운동)의 인식개선[D2][D3]. - 보건복지가족부 사업이지만, 민간 운영 학원으로 생각하여, 학교에서 홍보협조 부족. 학교장의 협조 필요함[D3].

(2) 지역사회서비스혁신사업(표준형) 제공자 사례조사 범주화

<table>
<tr><th>대분류</th><th>소분류</th><th>조사내용</th></tr>
<tr><td rowspan="2">1. 서비스내용</td><td>1) 제공하는 서비스내용</td><td>- 책 읽고 아동과 이야기 나눔. 워크북 그림.
한글을 뗀 경우 격주로 책과 한글 수업[D1].
- 책 읽고 아동과 이야기 나눔. 1:1 독서지도,
독서노트 정리, 내용 토대로 부모와 상담[D2].
- 학교체육활동부터 구기(기본기 훈련)운동[D3].</td></tr>
<tr><td>2) 서비스시간, 기간</td><td>- 주 1회, 20분 제공(수업:15분, 상담:5분),
아이들에 따라 차이 있음[D1].
- 주1회, 25-30분 맞추려고 함,
실제 더 많은 시간 소요[D2].
- 주 2회, 하루에 1시간(주 1회시 2시간)[D3].</td></tr>
<tr><td rowspan="2">2. 진행과정</td><td>1) 교육</td><td>- 매주 목요일 9:30~12 교재교육, 손 유희, 조별 토의식 회의 거쳐 수업방식 결정[D1].
- 사업시행 처음 2박 3일 교육.
(아동 연령별 지도방법, 부모에게 아동과 책 읽기 교육)[D2]
- 부모 책 읽어주는 방법[D2].
- 없음[D3].</td></tr>
<tr><td>2) 고용조건: 노동시간, 임금, 이동거리</td><td>- 강사는 계약직으로 4대 보험 없음.
- 사례 : 18사례,
수당 : 사례 수에 따라 60-150만원(지역권별 차이 있음),
정해진 지역 내 이동[D1].
- 사례 : 16사례,
수당 : 건당 17,118원
이동거리 15분 정도로 적당[D2].
- 강사료 : 시간당 5만원,
이동거리는 이용자 센터 방문[D3].</td></tr>
<tr><td rowspan="3">3. 만족도</td><td>1) 일자리만족도</td><td>- 만족도 높음.
* 학생수에 따라 부가수당 50-60만원 추가[D1].
* 바우처 사업으로 학생유치 스트레스 없고, 가정과 병행하는 여성의 일자리로 적합[D2].
- 아이들의 활동 저조시 만족감도 떨어짐[D3].</td></tr>
<tr><td>2) (제공자입장에서의) 사업만족도</td><td>- 서비스에 대해 교사, 학부모 적극적이고, 서비스 제공에 대한 자긍심 느낌, 현실성 있는 사업이라 생각하며, 경제적으로 도움됨[D1].
- 내성적인 비만아동의 성격변화 시 만족[D3].</td></tr>
<tr><td>3) 사업필요성</td><td>- 사교육비 절감 및 미래에 대한 투자.
- 저 소득층으로 서비스 제공받지 못하는 아이들에게 서비스 제공[D1].</td></tr>
<tr><td rowspan="2">4. 서비스확대 가능성</td><td>1) 제공기관으로부터의 대우</td><td>- 불만 없음.
- 기존 교사와 차이 없음[D1].</td></tr>
<tr><td>2) 다른 직장 또는 사업과의 비교</td><td>- 보건복지가족부 사업으로 사명감을 가지고 일을 함[D1].</td></tr>
</table>

5. 바우처효과	1) 바우처 장점	- 월급으로 받고 있으므로 모르겠음[D2].
	2) 바우처 단점	- 단말기 사무실 배치[D1]. - 바우처 카드 신청절차의 번거로움[D3]. - 2주에 걸쳐 결제- 번거로움[D1]. - 분실위험[D2].
6. 개선방안	1) 사업의 개선점 또는 개선방향	- 서비스 필요한 사람들이 서비스를 받게 하며, 사업 시행계획의 예고[D1]. - 부모 독서지도 교육의 필요[D2]. - 학교장의 협조로 비만아동 서비스 권유 필요, 방과 후 학교에서의 서비스 제공으로 전환. 바우처 카드 등록의 번거로움 해결, 서비스 사업체의 확대. 사업시행 시 홍보 부족[D3].

(3) 지역사회서비스혁신사업(표준형) 이용자 사례조사 범주화

대분류	소분류	조사내용
1. 서비스내용	1) 제공하는 서비스내용	- 독서교육[D1][D2]. - 한글수업[D1]. - 독서노트 기록[D2]. - 다양한 스포츠 활동[D3].
	2) 서비스시간, 기간	- 주 1회 수업, 15-20분 제공[D1]. - 주 1회 수업, 20-25분 제공[D2]. - 주 2회(수, 토)수업, 1시간씩 제공[D3-다1,2]. - 주 1회(토) 수업, 2시간 제공[D3-다3].
	3) 이용경로	- 기관 안내 * 웅진씽크빅 선생님을 통해 알게 됨[D1-다1]. * 아이북랜드 일하는 친척소개[D2-다3]. - 기타 * 이웃을 통해 알게 됨[D1-다2]. * 아파트 게시판 안내문[D1-다3]. * 동사무소에 일하는 친구 안내[D2-다1]. * 인터넷 책 카페, 보건복지가족부 사이트[D2-다2]. * 학교에서 안내공문 받음[D3].
2. 진행과정	1) 이용시간 및 이용 횟수의 적절성	- 적절함 * 아이들이 집중시간 고려 15분이 적절. 일주일에 1번 정도 가정 경조사로 밀리는 경우 책이 오고 밀리는 거 봐줌[D1- 다 1]. - 조정요구 * 수업시간, 이용횟수 증가[D1-다3]. * 주 1,2회 1-2시간으로 운동이 되지 않음[D3]. * 수업 날, 휴일이 있어 월 2회 빠지는 경우도 있었음[D2-다 3]. * 노는 토요일 수업이 불편함[D3-다2].
	2) 추가구매의사	- 진도 나가던 것이 있으므로, 서비스 종결되더라도 지속할 예정임. 동생도 3세가 되면 시킬 예정, 사교육비 들여서라도 서비스 이용[D1-다1].

		- 진도 나가던 것이 있어 종결할 수도 없고, 애매함[D1-다3]. 책을 주지 않고, 사업체 서비스들 중 원하는 것을 들을 수 없음. 책만 받아 읽어줄 의향 있음[D2-다1]. - 추가 구매의사 없음 * 자비들여 학습지 시킬 여유가 없음[D1-다2,다3] [D2-다2]. * 기존에 하고 있는 것이 있음[D2-다2]. * 타 학습지에 비해 싸지 않음. 다른 것을 2가지시킴[D2-다3]. * 활동량에 비해 비싸다고 생각됨[D3-다1]. * 운동 수준이 안 맞다고 아이가 거부[D3-다2].
	3) 제공받고 싶은 서비스	- 사교육비로 사용되는 과목들로 확대[D1][D2-다2]. - 사고력 향상 서비스 병행[D1-다2][D2-다1]. - 다양한 과목(수영, 테니스, 영어병행 스포츠)[D3-다1,2].
3. 만족도	1) 서비스만족도: 삶의 변화	- 다양한 분야의 책에 관심 가짐[D1] [D2-다1,다3]. - 책 읽는 범위가 넓어지고, 체계가 잡힘[D2]. - 책 읽어주는 시간 증가했으며, 제공되는 책 선택 만족[D2-다3]. - 평소 운동을 싫어하나 초기 몸무게 변화가 있었으며, 운동에 흥미를 보임[D3]. - 아이가 운동 수준이 자신과 맞지 않다고 하며 그만두고 싶어함[D3-다2]. - 기타 * 경제적인 부분에 도움[D1-다1]. * 내성적인데 대답도 잘하고 장난도 함, 글자를 인지하고, 선생님이 집에 온다는 것에 좋아함[D1-다2]. * 아이가 질문이 많아졌으며, 일찍 아이에게 교육을 제공할 수 있어 만족[D1-다3]. * 가격에 비해 제공되는 서비스 만족[D2-다2]. * 아이와 함께 하는 시간 증가, 애정관계 좋아짐[D2-다3]. * 함께 서비스 받는 아이들이 욕을 하여 서비스이용 원치 않음[D3-다1].
	2) 관리자 및 제공자에 대한 만족도	- **만족도 높음.** - 선생님이 아이와 잘 맞는 것 같아 믿고 맡기며, 선생님이 추천하는 대로 함[D1-다1] [D2-다1]. - 선생님과 책 보는 시간을 더 잘 기억함[D1-다1]. - 선생님이 노력하고 경험이 많음[D1-다2]. - 아이와 관계를 잘 맺어 수업[D1-다2] [D2-다2]. - 수업방식에 만족[D1-다2][D2-다3]. - 목소리가 활기차고 명랑, 애들이 좋아하며, 아이에게 관심을 많이 가져줌[D1-다3]. - 아이와 눈높이 대화[D2-다1].
	3) 사업필요성, 권유의사	- **사업 필요함.** - 아이 교육에 도움 되는 정보나 새로운 소식 접함[D2]. - 지원금이 있어 일찍 한글을 가르쳐 줄 수 있어 필요하다고 봄[D1-다3]. - 집에서 아이에게 책 읽어줄 시간이 없는데, 책을 읽고 이야기를 나누어 주니 도움이 됨. 아동인지를 위해서도 필요한

		사업임[D1-다2]. - **권유의사 있음.** 서비스가 있는지 몰라서 못하는 사람 있어 서비스 시행할 때도 권유를 했었고, 지금도 권유하고 있음.
4. 서비스확대 가능성	1) 본인부담금	- **비용 만족도 높음.** - 자부담 1만 3천원 내고 있음[D1-다1,3]. - 3만원 지원. 괜찮다고 생각함[D1-다1,2]. - 더 많이 지원해 주면 좋겠음[D1-다2]. - 부담 없음[D1-다3]. - 3만 9천원에 9천원 부담. 만족[D2-다1,2]. - 5만 3천원에 4만원 지원 1만 3천원 본인 부담에 만족[D3]. - 본인 부담금이 좀 더 늘어나더라도 타 체육관에 비해 싼 편임[D3-다2].
	2) 선택권확대가능성	선택정보 부족 - ES 클럽에서만 연락 옴[D3-다2,3]. 선택 기준 - 선생님과 아이가 잘 맞아야 된다고 생각[D1-다1]. - 기존에 웅진씽크빅 하던 상태로 다른 사업체는 알아보지 않음[D1-다1]. - 동사무소 신청 후 두 곳에서 연락 옴[D1-다2][D2-다1]. - 아이북에서 책만 받아보고 있어, 웅진선택[D1-다2]. - 아이가 어리고 한글에 관심을 보이고 있어 선택[D1-다2,다3]. - 이용자가 기관에 연락, 설명 듣고 선택[D2-다2]. - 아이가 어려 글자공부보다는 책 읽어주는 것을 선택[D2-다2,다3].
5. 바우처효과	1) 바우처 장점	- **카드 결제로 편리.** - 사업체에서 카드 보관, 본인 부담금은 현금 또는 자동이체, 결제 후 문자로 승인 연락 옴. 편리함[D1]. - 본인 부담금은 선생님에게 현금지급[D1-다2].
	2) 바우처 단점	- 현금서비스 겸용카드 사용 시 문제[D1-다1]. - 결제시 카드 주고받는 것이 번거로움[D1-다3]. - 집 주변에 국민은행 없음[D2-다1]. - 본인 부담금 선생님에게 현금지급[D3-다2].
6. 개선방안	1) 사업의 개선점 또는 개선방향	- **서비스의 기간 및 대상 확대** - 수학, 영어 교육, 의료서비스 등 서비스 종류 확대[D1-다1][D2]. - 초등학교 들어가기 전까지 지속적인 서비스를 바람[D1-다1,다3]. - 한 집에 2-3명 서비스 제공하며, 초등학교 저학년(1,2,3)은 서비스를 받을 수 있도록 했으면 함[D1-다2,3]. - 셋째 아이에게 의무적으로 서비스에 대한 우선권 제공[D1-다3]. - 서비스 기간이 남았는데, 취학아동이라 하여 종결하지 말고, 통일된 서비스 기간 제공[D2-다1].

		- 서비스 사업체가 없는 지역에서나, 서비스 받을 수 있는 사업체가 먼 지역은 애들이 현재 이용하고 있는 사업체에 지원을 받아 다닐 수 있도록 했으면 함[D3-다3]. - 부담금 인하 - 토탈 할인 20-30%도 고려바람[D1-다1]. - 소득에 따라 지원금을 차등 지원[D2-다3]. - 표준화된 서비스 - 본인 부담금이 모든 사업체가 동일했으면 함[D1-다2]. - 기타 - 연휴로 인해 수업이 빠지면 보충해 주길 바람[D2-다3]. - 운동 수준을, 학년별로 구분 또는 개인별 운동 수준에 맞추어 운동 시행[D3-다1, 2].

2) 자체개발형사업

(1) 지역사회서비스혁신사업(자체개발형) 제공기관 사례조사 범주화

대분류	소분류	조사내용
1. 서비스 내용	1) 서비스내용	- 난타/음악놀이체험, 생태환경체험활동 1개만 선택 가능, 가족대상 프로그램[E1-가]. - 둘째 주: 종이접기 2개 반, 과학놀이 2개 반 넷째 주: 외부 체험활동 중심[E2-가]. - 언어치료(70%), 그 외 심리, 놀이, 작업, 미술치료 제공[E3-가].
	2) 서비스시간, 기간	- 둘째, 넷째 놀토 때[E1, E2] - 난타/음악: 오전 9시 30~12시 30(3시간) 생태체험은 3시간부족, 6~7시간소요[E1-가]. - 둘째 놀토: 오전 9시~11시, 11시~1시 넷째 놀토: 하루 종일 (점심포함) - 주 2회 방문수업 1회당 40분 수업[E3-가].
	3) 서비스관리자 및 제공자수	- 관리자 3명, 제공자 11명, 이용자 약 250명[E1-가] - 관리자 1명, 제공자 4명, 이용자 약 130명 (체험활동 시 자원봉사 약 20명 참여)[E2-가] - 관리자 1명, 제공자 18명, 이용자 52명[E3-가]
	4)서비스중복제공여부	- 기존센터 난타프로그램과 대상자 다름[E1-가]. - 기존복지관 이용자 중 30% 중복 - 대상자는 같으나 중증장애인활동보조와 서비스내용은 중복불가[E2-가].
	5) 이용자선정절차	- 전국가정평균소득이하 가정대상, 동사무소에 신청/심사 → 업체에 자료 보냄 → 업체에서 홍보안내[E1-가]. - 동사무소 신청, 대상자선정(1차 계약), 북구 3개 기관 중 선택 후 기관과 계약(2차 계약)[E2-가]. - 인원미달로 자격기준 변경, 읍사무소신청 → 군에서 적합성 판단 → 기관에 명단제공/ 이용자통보 → 기관에서 이용자

		들에게 전화로 정보제공 → 이용자선택 또는 기관 간의 합의로 기관선정[E3-가].
2. 진행과정	1) 사업홍보	- 읍, 면, 동사무소에서 전적으로 홍보하는 것을 원칙으로 함(각 업체 홍보자료 제공). – 초기 사업 이용자 확보의 어려움으로 각 기관에서 자체 홍보실시 · 기존이용자 홍보, 지역사회 연계, 홈페이지, 입소문, 안내전화, 팸플릿 등 [E1-가]. · 군에서 명단 받아 전화홍보 및 기관선택[E3-가].
	2) 제공자 교육방법	- 전문가들이기 때문에 서비스전문교육은 실시하지 않음. - 바우처사업의 취지 및 수업진행에 관한 간단한 오리엔테이션 - 수업내용 사전검토 및 의견조율[E1-가] - 수시로 관리자 모니터링, 수업 후 간단한 논의만 가능[E3-가]. - 소양교육 필요성 인지하지만 시행 못함[E3-가].
	3) 제공인력확보방법	- 기존 자원봉사자 및 강사를 포함하여 제공자 전문 집단의 인터넷 홍보 등. - 과학강사는 관리자 추천[E2-가]. - 치료사들의 인적네트워크 활용[E3-가].
	4) 이용자개별상담의 적절성	- 개별요청상담은 1:1상담, 설문조사 또는 전화조사를 통해 만족도 조사를 하고 있음. - 아이들과 함께 활동하면서 만족도 조사[E2-가]. - 카드 정산시 가정에서 간단하게 상담[E3-가].
	5) 지역주민 욕구반영(불만사례처리)	- 제공자보다는 이용자의 입장에서 해결하도록 노력함. - 앙케이트조사 후 고객의 소리 반영[E1-가]. - 부모님을 설득하여 이해시킴[E2-가].
3. 만족도	1) 사업운영비적절성	- 여유는 없지만 운영가능 - 초기 투자비용의 지원 부족[E1-가]. - 수익남기지 않고 이용자를 위해 소비하는 것 원칙[E2-가]. - 2008년 제공기관 증가로 운영비 어려움 예상, 이용자 수 확보가 중요함[E3-가].
	2) 사업만족도	- 만족도 높은 편임. - 가족치료 효과, 공연 문의 증가, 이용자들의 만족감, 사회적 기여에 대한 심리적 만족[E1-가]. - 일자리로서 시간에 비해 적은 수당 아님, 자체수익은 없어도 복지관 홍보효과, 지역주민의 욕구가 잘 반영되었음[E2-가]. - 초기 이용자, 제공자 확보에 어려움이 있었지만 이용자들의 만족도는 높음[E3-가].
	3) 사업필요성	- 이용자들이 만족하고 사업이 연장되길 바람. - 가족과의 유대, 정서적 안정, 지역사회에 봉사[E1-가]. - 서비스 질적 향상 위해 필요[E2-가]. - 복지전달체계 패러다임(수요자중심)의 변화의 초기단계로 인식[E3-가].
4. 서비스확대 가능성	1) 경쟁가능성 시장형성가능성	- 현재 제공 업체 간의 경쟁구도는 약함. · 제공업체간 교류로 이동시 합의함[E1-가]. 북구지역(칠곡) 독점하고 있는 상태[E2-가].

		제공자 및 이용자 확보 어려움으로 업체간 협력[E3-가]. - 시장형성가능성은 가능하다고 봄[E1, E3]. - 2008년 제공 업체에 증가에 따라 경쟁가능성 예상[E3-가].
	2) 일자리창출효과 - 신규직원 - 제공자(사회적일자리)	- 전업보다 부업으로서 일자리창출 효과 있음. - 전업으로 일자리창출 가능성을 위한 제시 · 이용날짜의 유동성[E1-가]. 이용시간 제한 없음[E2-가]. 이용자 수 증가[E3-가].
5. 바우처효과	1) 바우처 장점	- 긍정적으로 생각함. · 선택의 폭 넓힘[E1-가]. 적은부담으로 많은 혜택[E2-가]. 카드제도의 합리화[E3-가].
	2) 바우처 단점	- 이용자들의 카드 소홀 및 카드인지 부족 - 이용자 수 예측의 어려움[E1-가]. - 자부담금에 대한 불만[E2-가]. - 단말기 카드결제 위해 직접 방문해야 함[E3-가].
6. 개선방안	1) 사업의 개선점 또는 개선방향	- 운영방침 변경시 일자리창출 효과 기대 - 바우처사업에 대한 교육기회 확대 필요 - 시간의 자율화, 초기 악기구입비용 지원, 효율적 운영을 위한 업체 모임, 결제일 준수, 제공자들의 적극성[E1-가]. - 지역주민의 변화되는 욕구에 미리 대응해야 할 자세 필요[E2-가]. - 제공자 수익보장을 위한 예산확보, 적절한 운영을 위해 이용자 100 이상 확보필요[E3-가]. - 달성군 분포면적 및 외곽지역을 고려하여 제공자의 확보와 적절한 분배[E3-가]. - 바우처 구매권의 융통성[E3-가]. (영역, 기관 제한 없애기) - 바우처 단점 보완을 위해 인터넷 결제방법[E3-가].

(2) 지역사회서비스혁신사업(자체개발형) 제공자 사례조사 범주화

대분류	소분류	조사내용
1. 서비스내용	1) 제공하는 서비스내용	- 가족과 함께하는 서비스제공: ・생태체험학습, 난타/음악게임[E1-나]. - 종이접기 수업 ・학년별 수준에 따라 난이도 다름[E2-나]. - 심리치료제공: 정서적 안정, 기초학습태도, 부모와의 상담, 학습지도, 놀이치료도 병행[E3-나].
	2) 서비스시간, 기간	- 한 달에 2, 4째 주 놀토(한 달에 두 번) 생태학습(하루 종일), 난타/음악(3시간)[E1-나]. - 매달 2째 주 노는 토요일(한 달에 1번) 오전9~오후1시까지(4개 반 연속 수업)[E2-나]. - 40분 수업(상담포함 1시간), 일주일에 2번, 이동거리는 대게 15~20분, 원거리(30분~1시간)[E3-나].
2. 진행과정	1) 교육	**- 유자격, 경험자로 서비스내용에 대한 교육은 따로 안함** **- 바우처에 대한 간략한 설명 들었음.** - 이용자 중심으로 문제 해결하도록 교육함[E1-나]. - 종이접기 협회세미나 교육과정에 참여[E2-나]. - 제공자간의 회의 없음. 자격증 유지를 위한 연수는 개별적임[E3-나].
	2) 고용조건: 노동시간, 임금, 이동거리	**- 분야별 전공자** - 고용보험가입, 경력정도에 따라 보수 책정, 점심제공[E1-나]. - 4명 강사 임금 동일, 월 40만원(재료비 포함) 구두상으로 12월말까지 계약[E2-나]. - 1회당 2만 5천원 수당 받음[E3-나].
3. 만족도	1) 일자리만족도	**- 아이들을 좋아하는 마음이 먼저이고, 저소득층 자녀를 위한 사회봉사의 의미로는 만족함.** - 온가족이 함께 참여하는 것, 아이들이 밝아지는 것에 만족, 아이들을 위하는 원장님 정신에 만족[E1-나]. - 고용조건이 너무 열악함(참여인원대비 강사료부족, 무리한 노동시간)[E2-나]. - 바우처사업은 시간적 여유를 가질 수 있음, 혜택 받지 못 하는 지역을 위함에 만족감 느낌, 4대보험이 안 되는 것 불만 [E3-나].
	2) (제공자입장에서의) 사업만족도	**- 사업만족도 높음.** ・아이들과 함께 할 수 있는 일 - 자신이 가진 능력으로 사회에 기여하는 것에 감사하고 만족함[E1-나]. - 기회만 되면 사업은 지속하는 것이 좋음. 단 1시간에 애들이 만족하는 작품 만들기 어려움 [E2-나]. - 혜택 못 받는 지역의 아이들을 위한 서비스로 좋음. 어머니와의 상담으로 아이의 문제행동 해결에 도움 되는 것에 만족[E3-나].
	3) 사업필요성	**- 필요한 사업이고 지속되어야 함.** - 계속해 주길 바라는 아이들 위해 필요[E1-나].

		- 아이들의 발달에 긍정적 영향을 주기 때문에 필요함[E2-나]. - 복지관 접근성 어려움으로 서비스제공을 받지 못하는 경우, 개인시설에도 갈 수 없는 사람들을 위해 꼭 필요함[E3-나].
4. 서비스확대 가능성	1) 제공기관으로부터의 대우	- 기관 적자라도 강의료는 밀리지 않음, 제공기관과의 원활한 의사소통이 가능함[E1-나]. - 이용자 인원, 수당, 불만사항에 대해 고려하지 않음, 제공되는 교육 없음, 관리자와 만나는 시간 부족[E2-나]. - 임금부분협상 어려움, 관리자와 자주 만나 의사소통은 잘됨, 기관에서 제공자들과의 만남 소집했으나 무산됨, 기관소속 제공자들과의 불신[E3-나].
	2) 다른 직장 또는 사업과의 비교	- 수입 면(수당)에서 부족함[E1, E2]. - 근로조건이 열악함, 임금에 대한 불신감도 있음[E2-나]. - 이전 직장과 같은 스트레스가 없어 딱 맞는 일이라고 생각함[E3-나].
5. 바우처효과	1) 바우처 장점	- 기관에서 관리하기 때문에 잘 모름.
	2) 바우처 단점	- 관리하지 않기 때문에 잘 모름[E2, E3]. - 본인부담금을 부담스러워하는 부모 있음, 절차 복잡, 이용자의 카드소홀로 결제가 밀림[E1-나].
6. 개선방안	1) 사업의 개선점 또는 개선방향	- 홍보부족, 적극적인 권유 필요, 카드만 만든 회원의 원인분석, 자부담금 없애기. 이용자들의 약속시간 엄수, 제도적으로 자율성보장(시간 연장)[E1-나]. - 성취감, 만족감을 위해 수업 시간 연장, 인원수 20명 적당, 임금은 시간당 15만원 적정, 단계적인 수업진행 원함[E2-나]. - 이용자가 제공자를 선택할 수 있어야 함, 이용자의 기초정보 필요, 서비스표준화 필요, 장애에 따라 시간책정, 수당 3만원이 적정[E3-나].

(3) 지역사회서비스혁신사업(자체개발형) 이용자 사례조사 범주화

대분류	소분류	조사내용
1. 서비스내용	1) 제공하는 서비스 내용	- 난타, 음악치료[E1-다1] - 자연생태체험[E1-다2, 다3] - 종이접기, 과학놀이[E2] - 이용자의 장애종류에 따라 서비스제공 언어치료[E3-다2], 심리치료[E3-다3], 작업치료[E3-다3]
	2) 서비스시간, 기간	- 한 달에 두 번(2, 4째 주 놀토) [E1, E2] - 하루에 6시간 정도[E1-다2]. - 2째 주 토요일 오전: 과학교실, 종이접기 4째 주 토요일 종일: 체험학습[E2-다4]. - 1주일에 주 2회, 1회당 40분 서비스제공[E3]. - 직접 가정방문하여 치료[E3-다1].
	3) 이용경로	- 동사무소 홍보 · 바우처사업에 대해 동사무소에서 보낸 홍보책자 받고, 가족과 할 수 있는 프로그램 찾았음.

		- 기관 안내 · 문화센터에서 원장님의 안내로 아이 편으로 서류를 받음[E1-다3]. · 복지관 공부방에서 알려줘서 엄마가 신청해주었음[E2-다1]. · 복지관 담당 사회복지사 선생님이 말하는 것을 듣고 재미있다고 생각되어서 엄마를 통해 신청함[E2-다3]. · 복지관 선생님에게 전화로 자세한 정보에 대해 안내 받음[E2-다4]. · 복지관 무료서비스는 대기자가 많아 기관측에서 정보를 알려줌[E3-다2]. - 기타 · 학교에서 안내공문 받음, 이용자 각자 바우처카드 발급[E1-다1]. · 현수막 보고 군청에 가서 문의 후 신청함[E3-다1]. (구청문의→신청서작성→기관에서 연락→계약) · 아파트 게시판 통해 정보제공 받음[E1-다2].
2. 진행과정	1) 이용시간 및 이용 횟수의 적절성	- 한 달에 놀토 때 2번 가는 것이 가장 적당함[E1, E2]. - 일주일에 한번 만나는 것은 부족[E1-다1]. - 오전 9시 수업은 일찍 일어나기 힘들어서 가기 싫음[E2-다2, 다3]. - 원하는 시간에 서비스 받을 수 없고, 제공자 스케줄에 맞춰야 함[E3-다2].
	2) 추가구매의사	- 추가구매의사 있음. · 개인으로 체험 프로그램 이용 것보다 나음 경비가 절약되기 때문 [E1-다1, 다2]/아이들이 원하면 자부담으로도 추가 구매함[E2-다4]. - 자부담이라면 추가구매 의향 없음[E1-다3]. - 직접 찾아와 서비스 해주니 개인부담금 100%내에서라도 추가 구매의사 강함[E3-다1, 다2].
	3) 제공받고 싶은 서비스	- 기존 제공되는 서비스 외에 다양한 치료가 추가되길 원함(특히 미술치료)[E1, E2, E3]. - 가족과 함께 할 수 있는 영어마을체험[E1-다2]. - 제한된 생태체험의 영역을 확대하여 박물관 등 다양한 체험 기회로 제공[E1-다3].
3. 만족도	1) 서비스만족도: 삶의 변화	- 가족들과 함께 하는 프로그램에 만족함[E1]. - 관심 없던 식물에 대해 스스로 공부함[E1-다2, 다3]. - 종이접기보다 과학놀이 시간을 더 좋아함[E2]. – 아이들의 표정이 밝아져서 좋음. – 기대했던 것보다 더 서비스에 만족함[E3]. – 큰 변화는 아니지만 아이가 더 밝아지고 선생님 또는 수업 시간을 기다리는 것으로 만족함을 알 수 있음[E3].
	2) 관리자 및 제공자에 대한 만족도	- 제공자에 대해서는 이용자 모두 만족한 상태임. - 가족과 함께 하는 프로그램이어서 좋음[E1-다1]. - 기관장의 적극적인 홍보에 만족함[E1-다2]. - 이사를 가더라도 기관의 서비스를 받고 싶어 함[E2-다4]. – 제공자가 오늘 수업한 내용, 아이의 관찰사항에 대해 설명해 줘서 더 신뢰함[E3]. – 가정을 직접 방문해서 서비스 제공해 주는 것에 감사함

		[E3]. - 복지관 선생님들보다 실력이 부족하다고 인식함[E3-다3] - 아이에게 해가 될까봐 제공자에 대한 불만을 토로할 수 없음[E3-다3].
	3) 사업필요성, 권유의사	- 사업에 대해 대부분 필요하다고 느끼고 주위사람들에게 지속적으로 권유하고 있음[E1]. - 저소득층, 장애아동에게도 평등의 기회가 주어져야 하고 그들도 행복해줄 권리가 있으므로 나라에서 제도적으로 뒷받침해 줘야 함[E1-다1]. - 놀토에 집에 있는 것보다 낫다고 생각하여 서비스 제공 받음[E2]. - 사업이 연장되면 지속적으로 이용자들이 하고 싶어함[E2]. - 부모로서 해줄 수 있는 것은 한계가 있기 때문에 필요함[E2-다4]. - 필요한 사업이고 사업이 연장, 지속되어야 함을 강조[E3]. - 장애인위한 정보제공 기획 확대를 위해 필요함[E3-다1]. - 가족 중 장애판정자가 있어도 아직 별다른 혜택을 못 받았기 때문 필요함[E3-다2]. - 일반가정에서도 바우처 서비스를 욕구가 강하기 때문에 확대되어야 함을 강조[E3-다3].
4. 서비스확대 가능성	1) 본인부담금	- 많은 금액은 아니어서 부담금에 대해 만족하나 그래도 더 낮아지길 원함. - 참가비를 내는 것이 더 의의가 있음[E1-다2].
	2) 선택권확대가능성	- 기관선택의 기회가 있다는 것조차 몰랐고, 선택에 필요한 구체적인 자료도 준비되어 있지 않음[E3]. - 제목으로만 기관을 선택해서 실패 본 경험이 있어 신중하게 생각함[E1-다1].
5. 바우처효과	1) 바우처 장점	- 카드사용으로 편리할 결제수단이기는 하나 바우처에 대해서 잘 모름.
	2) 바우처 단점	- 잃어버릴 염려가 있음.
6. 개선방안	1) 사업의 개선점 또는 개선방향	- 바우처 사업에 대한 적극적이고 효율적인 홍보가 필요 - 생태체험 프로그램 시간 늘려주길 원함[E1]. - 장애아동에 맞는 교육시스템이 증가되어야 함. 재미있고 흥미를 유발할 수 있는 프로그램이어야 바우처가 지속가능함.[E1-다1]. - 사람들의 욕구를 조사하여 프로그램에 반영되어야 함[E1-다2]. - 자격기준에 대한 점검이 필요, 계획대로 운영할 수 있도록 계획단계에서 신중하게 검토, 생태체험 장소확대[E1-다3]. - 2개 치료서비스를 동시에 받을 수 있으면 좋겠음[E3-다1]. - 사회성 향상을 위해 1:1보다 집단치료가 필요. 자격기준보다 실제 형편을 고려한 대상자 선정이 필요[E3-다2]. - 시간의 효율을 높여 많은 혜택을 받을 수 있도록 해야 함(미술치료 받고 싶으나 시간이 겹침). 재미있는 수업준비[E3-다3].

제 3 절 사례조사 결과분석

1. 노인돌보미사업 결과분석

1) 서비스제공기관

(1) 서비스내용

제공기관이 제공하는 서비스는 청소, 빨래, 반찬 만들기와 같은 가사지원서비스, 병원동행, 신변처리 등 대부분 동일한 서비스였으며 서비스시간은 2007년 기준으로 기본 1회 3시간, 일주일에 두 번 방문, 한 달에 27시간이었다.

> 총 27시간으로 해서 주 2회 정도 평균적으로 들어가게 되시고 한 번 가시면 기본 3시간 활동하시죠...기본적으로 신체수발하고 가사. 두 가지가 가장 많이 차지한다고 봐야죠(A2).

> 이미용 동행...병원 일도 많고...가사 서비스도 구체적으로 빨래, 청소, 반찬...목욕서비스도 있어요(A1).

서비스 이용자 선정절차는 읍・면・동사무소에 신청하여 자격심사를 통해서 보건소 방문간호사가 등급판정을 내리고, 제공기관이 가정방문을 통해 초기상담을 하고 서비스내용을 계획하는 절차로 이루어졌다.

> 저희 기관으로 신청을 하셔도 되고 ...면사무소에다 신청을 하면 면사무소에서 거기 사회복지 담당공무원이 가서 아 이 사람은 경제력도 어느 정도 떨어지고 장애도 이 정도 되니까 돌보미 대상이 되겠다고 선정을 해서 그 인원을 우리들한테 저 통보를 해주면 저희가 가서 조사를 하고 이제 돌보미가 나가서 어떤 서비스를 주면 좋을지 그 사람하고 상담을 해서 기록을 한 다음에 돌보미가 나가게 되는 겁니다(A3).

이용자는 관공서에서 결정하기 때문에 제공기관에서의 부정수급자나 서비스의 중복지원은 없는 것으로 나타났다.

그런 거는 있을 수 없어요. ~~부정수급자는... 서비스를 받는 분들은~~ 관에서 결정을 하니까(A2).

중복되게 서비스는 안 나가지요. 일단 여기서 하다가 바우처 등록되서 오면 금방 알잖아요. 기관이 같은 사무실이고 직원이니까. 이 분 넘어왔습니다. 그러면 넘겨주고 가파에서 손을 떼는 거지요(A1).

(2) 진행과정

사업의 홍보는 주로 전단지 배포, 명함, 경로당 및 가정방문, 관공서 등을 활용하여 홍보하였으며 서비스를 담당하는 제공자에게 최소 120시간의 교육(이론 3주, 실습1주)을 시행하였다. 제공인력을 확보하기 위하여 현수막광고, 관공서를 통한 홍보, 가정봉사원을 통한 홍보를 활용하였다. 서비스를 제공받는 이용자들을 관리하기 위하여 수시로 전화 모니터링과 개별가정방문을 통하여 이용자들과 관계형성을 시도하였다. 하지만 제공기관의 업무과다와 전담인력의 부족으로 전화 모니터링이 많이 이뤄지고 있어 체계적인 사례관리는 이루어지고 있지 않았다. 서비스와 관련된 불만사례로는 본인부담금과 제공자에 대한 불만족, 서비스 이용시간의 부족이 많았고, 대부분의 기관에서는 이용자 중심으로 불만을 해결해 나가고 있었다.

120시간... 이론은 3주하고 실습을 1주하고 그래서 4주 동안에 교육을 받도록 그렇게 돌보미들을 보내고 그 교육비는 국가에서 지원을 해줬기 때문에. 보건복지가족부에서 지원을 해줬기 때문에 그 교육비로 충당을 했습니다(A3).

현수막도 그렇고, 팸플릿하고 각 동네나 가서 말로...(A1)

돌보미 모집홍보는 저희가 자원봉사자 교육을 받거나, 또 그 지금까지 간병인으로 활동했던 경험이 있거나 이런 분들에 대해서, 여기는 시골이기 때문에 개인적인 홍보, 알음 알음으로 이렇게 홍보를 하는 게 제일 홍보 효과가 좋아요. 성주군내에. 그래서 거기에 소식지를 통해서 이렇게 홍보를 했고, 그 다음에 이제 여기 주로 보면 공공기관이죠. 면사무소, 농협 이런데다가 저희 홍보하는 문구를 거기다 비치를 해놓고 그런 식으로 해서 돌보미들을 모집을 했습니다(A3).

모니터링을 지난달에 10분 정도 했구요. 직접 팀장님하고 소장님하고 세 사람이 개별 방문을 지난달에는 10건 이상한 거 같아요... 전화로도 하고 방문 모니터링 해서 방문도 하고. 방문은 12월 말에는 많았어요...지금은 문제 있는 데부터 먼저 찾아다니고... 전화모니터링을 주로 하죠...(A1)

이용시간에 대한 부분, 내가 필요한 시간에 이용하지 못하는 부분. 그리고 시간이 적은 거...(A2)

본인 부담금. 돈 때문에 젤 많은 거 같아요(A3).

(3) 만족도

전반적으로 사업의 만족도에 있어 제공기관들은 가족관계가 소원하고 거동이 불편한 노인에게 가족의 역할을 대신해 주는 돌보미 사업에 대한 필요성을 인정하고 있었으며 사업에 대한 만족도 역시 높았으나, 기관운영경비와 이용자판정과정에 대한 불만이 나타났다. 서비스 이용자를 판정하는 과정에서 이용자의 특성을 잘 이해하고 있는 제공기관의 참여가 제외되어 있는 점에 대한 불만이 높았다. 운영비 측면에서는 이용자 수에 따라 수익이 달라지는 현 상황에서 이용자 수가 적은 기관과 농촌지역의 영세 기관은 운영비적자가 계속 증대되고 있었고, 전반적으로 다른 기관들 역시 전담인력 인건비와 돌보미 교통비 및 식대 지원의 어려움을 호소하며 운영경비에 대한 불만이 매우 높게 나타났고, 경비에 대한 증액을 요구하였다.

작년에 시작할 때 교육비 지원하고 기본적인 비품 좀 살 수 있는 초반기 운영비를 받고 지금은 이 수익에서 발생하는 거에서 다 쓰라고 하거든요. 지금 제가 영리를 목적으로 하는 입장 같으면 아마 이 일 안할 겁니다(A2).

현재로서는 많이 어렵죠. 이용자 한 분한테 나오는 것 가지고 돌보미 드리고 남는 걸로 사무실 운영비 제 월급 다 나와야 되요.. 초기 시작할 때는 돈이 부족해서 전담 관리자 월급도 못 줬다 하더라고요... 차 가지고 다니는 분들도 기름값도 달라고 하고,...우리 기관에서 하나도 안 남기고 될 수 있는 대로 돌보미 선생님들한테 다 돌려준다고 방침을 그렇게 세웠어요. 그렇게 하고 있는데, 그래하고 이제 기관에서 남는 게 없어요. 남겨놓을 이유도 없구요...인건비하고 만약에 이게 자체 사업만으로 운영을 한다고 하면 이게 우리 가파 사업하고 병행되면서 해서 사무실도 같이 쓰고 ...도와주고 하기 때문에 견디고 가잖아요. 그러면 자체 사업해라 하면 어렵잖아요(A1).

운영비의 비용은.. 인원이 정해져 있거든요. 저희는 작은 기관이니까 적고, 우리 기관에는 국가에서 한 27명만 하라고 해요. 포항 같은 큰 데는 50명하라 그러거든요. 아무래도 인원이 많을수록 운영비가 조금 더 낫겠죠(A3).

제공 기관은 아무 상관없고, 제가 신청하러 가도 왜 거기서 왔습니까? 아들이나 어른이 와야지 이렇게 얘기하거든요...사무실에서 대신 해달라고 할 때가 있단 말이에요. 그래서 가져갔는데, 거기서 왜 기관에서 왔느냐 이렇게 얘기하거든요. 누가 하던지 필요하니까 왔을 거 아닙니까...(A1)

필요한데. 지금 대상자를 선정하는 과정에도 전혀 일절 관여를 못하고 명단 받아서 주러 가는 게 단데(A2).

시실 바우처 사업은 필요한 사업이고, 효과적인 사업은 분명합니다...이르신들 같은 경우에는 아주 적은 비용으로 내가 필요한 도움을 받으니까... 특별히 자손들이, 자녀들이 내가 못해주는데 여기서 해주니까...돌보미 분들 같은 경우에도 이걸 통해서 자기가 일을 하게 되니까...전문적 서비스를 제공할 수도 있고 내가 앞으로 이런 걸 통해서 자기 계발이라든지, 경제적인 면에 가족들한테 도움을 줄 수도 있는 것 같고 그런 면에서 장점이 있는데...(A3)

(4) 서비스확대가능성

제공기관 간의 경쟁측면에서는 현재 서비스 이용자나 제공기관이 많지 않아 기관끼리 협조적인 관계에서 사업을 시행하고 있는 것으로 나타나 경쟁은 유발되지 않고 있었다. 그러나 앞으로 사회서비스에 대한 예산이 줄어들고 민간기관의 참여가 확대되면 이용자 발굴을 위한 시장형성가능성이 확대될 것을 우려하였다.

서로 경쟁보다는 협조를 많이 하는 편이죠. 일단은 이게 초창기니까...맡아야 되는 어르신이 있으면 이 기관에서 맡는 게 좋다고 해서 서로가 협조해서 맡게끔 하는 거죠(A3).

지금은 아닌 거 같은데요...경쟁은 필요한 사람들이 많아지면 되겠지요. 근데 지금은 필요를 느끼면서 원하는 대상자가 많이 없거든요(A1).

민간이 들어온다는 것은 영리를 추구할 수 있는 틈을 만들어 놨기 때문에 시장논리에서 해 봐라는 의미가 좀 담겨 있거든요. 그러면 돈을 벌기 위해서 달려들게 되면 결국 부작용이 나올 수밖에 없다는 거죠. 그런 부작용이 나오게 되면 복지라는 의미는 없어지고 하나의 돈으로 되는 현상이 되는 거죠(A2).

사업의 일자리창출효과는 제공자(돌보미)들을 확보하고 있다는 점과 제공기관들이 사업을 위한 신규전담직원을 채용하고 있다는 점에서 긍정적으로 생각할 수 있으나 제공자들의 경우 이용자수의 감소로 퇴사나 이직이 잦았으며 농촌지역의 경우 제공인력확보에 어려움이 있는 것으로 파악되었다. 대체적으로 일자리는 남성위주의 생계형일자리라기보다는 주부들의 부업정도로 인식하고 있었다.

이건 뭐 하나의 사기극이라고 봅니다. 돌보미로 참여하시는 분 숫자가 나오잖습니까. 그거는 실업인구에서 빠지거든요. 그거는 4대 보험에 가입을 시켜야만 빠집니다. 일용직 저임금 신분보장이 안 되는 노동자를 양성해놓고는 실업인구 이마이 죽이고 유효일자리 창출 이마이 했다는...이직률하고 같이 나오는데. 거쳐 가는 거지 안정적인 직업은 아니라는 거지. 전담인력도 마찬가지고 계약직이거든요...사업이 어떻게 될지 모르는데 이 일만 해가지고 여기서 발생하는 비용으로 임금을 주고 하는데. 어떻게 안정적인 급여를 보장해 주는 정규직으로 뽑을 수 있냐는 건지...일용직, 비정규직,

3D 업종에서 일하시는 분들이랑 같다고 보면 되죠(A2).

농촌지역은 거리상을 보면 우리가 여기서 골짜기 골짜기 있는 분이 신청을 합니다. 아주 산골에 위에, 거기 있는 분들은 사실은 안 가줄 수가 없거든요. 그러면 그런 분들에 대한 교통비 지원이 되면 몰라도, 그거를 한정된 범위 내에서 그 분들한테 줄 수가 없거든요. 돌보미들이. 농촌지역에 있는 분들이 차가 있고 돌보미로 활동할 수 있는 인력들이...구하기가 더 어려워요. 그래서 농촌지역이 사실은 돌보미사업이 참 필요하면서, 왜냐하면 독거노인이 많기 때문에. 이런데 지역적으로는 할 수 있는 인력들이 많지가 않고, 농촌들의 특성들 때문에 돌보미들이 차가 있어야 된다던지, 또 어느 정도 여기 젊은 분들이 다 60댄데 사실 그런 분들. 저희는 60대 미만으로 돌보미를 구해야 하거든요. 그러니까 그런 분들 구한다는 게 굉장히 쉽지가 않죠.(A3)

그래서 아주 소규모로 늘어날 수 있는 일자리라는 전망을 가지고 있죠.(A3)

현재 임금이라면 여성들은 가능할 수 있는데 남자들은,,, 남자들 몇 명 뽑혔는데 다 포기하고 갔어..(A1)

(5) 바우처효과

서비스 급여가 즉시 입금이 되는 점을 장점으로 지적하였으나, 전반적으로 바우처의 장점보다는 단점에 대한 지적이 많았다. 단점으로는 단말기 오류와 미승인 거래가 잦은 것이 가장 많았으며 농촌지역의 경우 수신이 잘 안 되어 업무처리에 많은 어려움이 있는 것으로 나타났다. 이용자의 경우 입금을 요구하는 문자나 전화로 놀라는 경우가 많고 카드사용의 번거로움과 국민은행의 부재로 수수료 부담이 있는 것으로 나타났다. 이것은 국민은행이 부재한 농촌지역에서 높게 나타났다.

장점은 바로바로 입금 된다는 거...(A1).

지불방식은 굉장히 괜찮습니다. 저희들 입장에서는 편리합니다. 일일이 돈 받으러 가고 할 필요 없이(A2).

대상 어르신들은 매번 사회 서비스센터에서 문자로 날라 간다 그래요. 몇 월 며칠까지 이 계좌로 입금하라 카는데. 연세 많으신 분들은 들어오면 깜짝 놀랍니다. 돈 내라 그러면, 매번 카드를 이용하고 카면 번거로움이 있습니다... 국민은행 계좌에서 이 바우처 계좌로 이체가 안 된다고 하더라구요... 자동이체를 하실려고 해도. 그러니 직접 가셔서 농협이나 대구은행서 송금하셔서 1,600원씩 물어 가시면서 해야 되고(A2).

정말 카드 불편해 죽겠어요...신청 재발급 하기가 힘든 게 어른들이 전화를 못 받잖아요... 집에 잘 안 계시잖아요... 카드가 오면 제대로 받아 놓는 분이 없는 거예요. 카드가 왜 오는지도 모르는 거예요. 설명해도 카드에 대해서는 모르거든요. 돌보미 선생님들이 챙겨 안 받으면 안되거든요... 아예 단말기 자체가 안 켜지는 경우도 있데요. 미승인 거래 같은 경우도 종종 일어나고..(A1)

(6) 개선방향

사업의 개선방안으로 제공기관들은 사업운영비(전담인력 인건비, 제공자 교통비와 식대)의 증액을 가장 시급한 개선방안으로 지적하였다. 또한 2008년 7월부터 시행될 노인장기요양보험제도에서 등급 외 판정으로 탈락될 대상자에 대한 우려가 높았다. 대상자 선정에 제공기관의 참여가 필요함을 주장하였고, 제공자 교육 측면에서 대인서비스라는 특성을 고려할 때 자활보다 사회복지와 관련된 교육, 안전교육, 대화기술에 관한 내용이 포함되어야 한다는 점을 지적하였다. 또한 서비스 내용과 시간 등 서비스 시행 지침 개정 시 제공기관의 소리를 반영할 수 있는 공청회나 간담회가 이뤄지길 바라며, 제공기관이 개정된 시행지침에 준비할 수 있는 시간적 여유가 필요함을 지적하였다.

대상 어르신들 따라 차이가 있기는 한데. 제대로 하실려면 주에 최소 3회 정도는 받으셔야 되고. 신체수발 받는 분들은 실제적으로 거의 매일 보셔야 하니까... 아무래도 시간이 더 필요하지 않냐고 봅니다(A2).

한 집 당 최소 주 3회, 4회 정도 잡혀 있으면 도우미하고 안정적으로 연결을 해 놓기 때문에 탄력적으로 시간대 조정이나 움직일 수 있다는 거죠(A2).

지금 올 해 7월이 굉장히 관건입니다. 지금 시스템의 모습이 장기요양보험하고 굉장히 닮아 있습니다(A2).

7월 달되면 장기요양보험제도가 되면은, 1급에서 3급 사이만 혜택을 받을 수 있어요. 그러면 지금 혜택을 받는 사람이 장기요양보험제도가 되면 탈락이 될 수가 있는 거예요. 지금 도움을 받고 있다가 7월부터 장기요양보험제도가 돼서 재조사를 하니까 누락이 됐다.. 그래서 내가 안 된다 이렇게 된다면 그런 부분들은 또 불만이 더 많을 거니까 그런 부분들도 보건복지가족부에서 생각을 해줘야 될 거 같고.(A3)

일단 서비스 대상을 선정하는 부분들은 제공기관 해야 된다고 저는 보고 있고 그 다음에 최소 인력에 대한 인건비는 지원해 줘야 된다고 생각합니다(A2).

단말기 사용료 있고 또 돌보미들한테 활동비 주고. 이렇게 그 안의 금액 내에서 국가에서 보조를 전혀 안 해주고... 비용이 부족하다는 거죠. 복지관 자체에 우리 센터에서 조금 여유 있게 사용할 수 있도록 풀어주면 좋겠어요. 전담 관리자가 우리 센터에 오시는 어르신들은 재발급 신청하고 할 때 여유를 좀 줬으면 좋겠어요(A1).

돌보미 교육은... 어차피 대인 서비스기 때문에 복지 이런 부분들이 필요하고 그 쪽이 좀 더 강화되어야 하지 않을까 싶죠(A2).

일 하는 사람들 입장에서도 생각 해가꼬 정책을 좀 편안하게 했으면 좋겠고... 일단은 이 제도를 관리하는 분들이 표본을 좀 뽑아가지고 현장을 좀 가봤으면 좋겠는 거고, 또 어떤 변경을 하고 할 때 사전에 어떤 공지를 일정기관 줘서 준비를 할 수 있는... 충분한 검증이나 특정 지역을 가지고 시뮬레이션을 가지면 아 결과가 어떻게 나오겠구나 볼 수가 있겠는데. 좀 안타깝죠(A2).

규모가 작은 곳은 영세적인 부분이 많은데 그런 부분들은 감안을 해서 운영적으로 지원하는 것을 감안 해 주지 않으면 앞으로 성장해 나가기도 어렵고... 그런 것들이 있기 때문에 소리를 잘 듣고 정책적으로 입안해 주시고... 현실적으로 돌보미사업도 지역이나 환경에 따라서 굉장히 차이가 나거든요. 도시는 수요가 막 넘치는데 여기는 수요가 없고. 농촌이나 도시의 차이점. 이런 부분들을 고려해 주셔야죠...(A3)

(7) 요약

◇ 전체적으로 노인돌보미사업에 대한 제공기관들의 만족도는 높았지만 이용자선정에 있어 해당 지역 이용자들의 특성을 가장 잘 알 수 있는 제공기관들이 배제되어 있다는 점과 기관운영경비가 절대적으로 부족함을 불만족으로 지적하였다. 사업의 필요성에 있어 이용자들에게 반드시 필요한 사업으로 대부분의 제공기관들은 인정하고 있었지만 사업지침에 대해서는 불만이 있는 것으로 나타났다.

◇ 시장형성가능성은 매우 낮았으며 기관 간 경쟁은 이루어지고 있지 않았다. 하지만 이용자들의 수에 따라 운영비액수가 결정되기 때문에 이용자들을 확보하기 위한 경쟁(대상자 발굴경쟁)이 있는 것으로 나타나 서비스 질적 향상을 위한 경쟁과는 거리가 먼 의도하지 않은 경쟁이 있는 것으로 나타났다 그리고 제공기관에 민간참여를 확대하는 경우 복지이념이 사라질 것에 대한 우려가 있었다. 따라서 경쟁과 시장형성의 목표는 노인돌보미사업과 거리가 있었으며 보다 나은 노인돌보미사업을 위해서는 지역특성과 지역주민들의 사정을 잘 알고 있는 지역기관들과의 협력과 조정이 보다 필요한 것으로 보인다.

◇ 전자바우처 사용에 있어서는 전체적으로 불만이 많았는데 특히 단말기사용에 있어 단말기 수신불능, 오작동 등의 문제점이 많이 지적되었으며 카드사용에 있어 국민은행이 없는 농촌지역의 경우 이용자가 이체수수료를 지불해야 하는 상황까지 발생하고 있었다.

◇ 개선방안으로 가장 많이 지적된 사항은 운영비의 증액이있으며 제공되는 서비스에 대한 분명한 지침(특히 목욕서비스)을 요구하는 경우도 있었고 기관들이 이동 불가능한 이용자를 대신해 서비스를 신청할 수 있도록 하는 등 이용자선정에 있어 기관이 관여할 수 있도록 하는 방안에 대한 요구가 많았다. 또한 장애를 가진 이용자들에 대한 추가시간 요구와 전체 서비스시간의 확대를 요구하기도 하였다.

2) 서비스제공자

(1) 서비스 내용

제공자가 제공하는 서비스는 청소, 빨래와 같은 가사지원서비스, 병원 동행과 같은 이동서비스 등 대부분 동일한 서비스였으며 서비스시간은 주 2회, 1회 3시간, 한 달 27시간이었다.

가사돌보미인데, 가사 돌보미를 하면서 이제 느끼는 게 노인들이 원하는 거는 가사돌보미죠(A2).

집안청소하고 세탁하고 병원동행 하고 목욕동행 대화하고, 인제 뭐 병원하고 목욕 동행도 중요하지만 가면 인제 첫째 외로워하시거든(A1).

일주일에 두 번이죠 두 번이면 인제 27시간 아닙니까? 가가주고 인제 보면 2시간에서 3시간 하잖아요(A1).

(2) 진행과정

제공자들은 3주에 걸쳐 120시간 교육을 받는데, 이론교육 2주, 실습 1주로 이루어진다. 특히 이론교육보다 실무교육의 필요성을 강조하였다. 노동시간은 월 평균 80시간-130시간이었으며 3명-5명 정도를 담당하고 있었다. 평균 이동거리가 30분-40분가량 되었으나 이동시간에 대한 보상은 이뤄지지 않았다. 4대 보험에 가입이 되어 있는 기관도 있었으나, 제공기관의 운영비 부족으로 국민연금, 국민건강보험 등 2대보험에 가입이 된 기관도 있었고 전혀 가입되어 있지 않은 경우도 있었다.

3주. 그러니까 2주하고 1주는 실습하고. 하루 8시간씩 5번 잡으면 될 거에요(A3).

그리고 이론상으로 배우는 것보다는 실습이 그래도 더 나은 거 같아요(A3).

9시에서 6시까지....하루 9시간 5군데 하면 90만원 안 되지 싶어요(A3).

나는 지금 세 가정을 방문하고 있는데요...하루에 9시간.. 일주일에 30시간(A2).

4대 보험은 들어가 있죠(A1)...

재해나 차 사고에 대한 보장...그런 거는 있다 들었어요. 저희가 일하다 보면 할머니들한테 손해 끼치는 거에 대해서는 보상이 있는데...

보통 20분 잡으면 되요. 왕복하면 40분 정도...포항(하루에 인제 키로 수로 따지면 평균 한 50 키로 되죠(A1).

최고 먼 거리가 한 30분 정도. 아마 더 걸리는 사람도 있을 거예요(A2).

기름값은...뭐 지원 조금 받죠, 뭐 받는 둥 마는 둥(A2).

전체적으로 봤을 때는 낮다고 보죠. 생계라면 이거 못하죠. 생계 책임지는 입장에서 한 150 만원은 되야 한다는...시간요? 뭐 시간도 괜찮아요(A2),

이동하다보면 또 차 사고가 날 수 있거든요... 일하다보면 또 우리가 다칠 수 있거든요. 근데 그런 거에 대해서는 아직 없는 걸로 알고 있는데..(A3).

(3) 만족도

대체적으로 사업의 필요성이나 만족도는 높은 것으로 나타났으나, 일자리 만족도에서는 제공자들이 아르바이트나 소일거리로만 여기고 생계형 일자리로는 부적합하다고 생각하고 있었다. 하지만 개별적인 상황을 고려했을 때 건강상태가 좋지 않은 제공자나 주부인 경우 시간이 자유로워 아이양육과 집안일을 겸하며 할 수 있기 때문에 일자리로서 적절하다고 평가하였다.

10점 만점에 9점. 제 나름대로 보람을 느끼니까. 해도 행복하고 제 나름대로 이제 그런 걸 느끼니까. 저는 이 일이 좋아요. 노인돌보미는 자유로운 면도 있어요. 이제 저 같은 애 있는 엄마 입장에서는 여유 있게 시간을 뺄 수 있거든요(A3).

만족도요, 한 60점 되겠네요... 필요하죠...몸 못 쓰는 노인들 병원에 동행 시켜드리고 대화해 주고 삶의 활력을 주니까, 내 몸에 맞춰서 갔죠. 내 건강을 위해서...(A1)

만족도면 한 4점정도? 글쎄 집에서 부업하는 정도? 노후가 있으니까 내가 이제 노후가 됐을 때의 경우를 생각해서...준비 비슷한 성격으로 생각한 거죠...나는 이제 이 일을 계속 했으면 싶어요. 왜냐하면 내가 이제 내 건강 조건이라든가 그 전의 조건을 비교 했을 때 내가 눈이 안 좋고 이러니까 내가 뭘 들여다보고 하는 게 힘든 거예요. 그래서 신경 안 쓰고 단순노동 쪽으로 해야지만 내가 좀 괜찮지 않나 싶은 거죠(A2).

요즘 시대에 맞춰서 생각을 해보면 그러니까 우리 동기들도 인제 보면 2/3가 타지에서 살거든요. 부모님이 인제 같이 따라 갈 수가 없잖아요. 그러면 인제 연세 드신 분들 우얍니까? 우리 같은 사람이 있어야지 앞으로 이런 게 활성화 돼야 됩니다. 네 자식들이 인제 부모 뵈러 올라하면 경비가 많이 든다구요. 그런 부분도 있고, 하여튼 뭐 여러모로 경제적이고 합리적이고.(A1)

일단 할머니들은 사람이 그립잖아요. 그러니까 저 가는 것만 해도 좋아하시니까(A3).

(4) 서비스확대가능성

제공자들은 모두 제공기관으로부터 정당한 대우를 받고 있다고 생각하고 있었다. 공식적인 모임은 활성화되지 않았으나 제공기관과는 빈번하게 전화통화로 의사소통을 하고 있었다.

정당한 대우요? 여기 형편에 맞게 받아요. 정당한 대우가 안 된다 해도 여기 형편에 맞게..불만 없어요... 일주일에 뭐 두 번씩 만나서 얼굴보고..저는 뭐 돌보미니까 제일 자주 오죠...(A1)

저 같은 경우에는 무슨 일 있으면 전화를 잘 하는 편이거든요(A3).

제공기관에 관해서는 만족해요(A2).

다른 직장과의 비교측면에서 월급제인 간병인과 비교했을 때 안정성이 떨어지고, 이용자수에 따른 급여책정으로 임금수준이 낮은 것에 대한 불만이 있었다.

노동 시간으로 따져도 간병인이 더 낫지 않나 싶어요. 저 같은 경우에는 차 안에서 밥을 먹거든요. 이동거리를 빼야 되니까. 이거는 세 시간 또 꼬박해요. 또 할머니 분들마다 다 틀리니까. 간병인은 그래도 중간에 쉬는 시간이 많잖아요. 또 대상자마다 다 틀리니까(A3).

간병인들은 한 병원에서 한 병실만 책임지면 되는데 저 같은 경우는 한 분이 계속 안 바뀌거든요. 적응하기도 힘들고. 친해지기 전까지는 서로 불편하거든요. 그냥 생계로 따지면 요양병원이나 이런데 안정성을 찾겠죠(A3).

(5) 바우처효과

정확한 시간 계산이 가능한 점을 장점으로 지적했지만, 단말기 오류가 잦고 수신이 잘 안 되는 점, 들고 다니기 불편하다는 점, 단말기 작동에 대한 어려운 점 등을 대부분의 제공자들이 단점으로 지적하였다. 특히 노인들은 카드에 대한 거부감이 있고 수수료(이체수수료) 등의 문제점도 나타나 바우처를 매우 형식적인 제도라고 생각하는 경우도 있었다.

> 굉장히 좋은 거 같아요. 왜냐면 시간을 좀 안 지킨다거나 뭐 좀 자유롭게 들어올 수가 있잖아요. 근데 이거는 기계가 확인을 하고 하는 거니까(A2).

> 좀 불편하죠, 챙겨 다니기도 불편하지만은 안테나도 잘 안 잡히거든요. 종이 안 넣고 하면 되는 거, 카드를 넣고도 인제 프로그램 안에 입력이 다 되는 거, 그것두 체크하기 좀 그렇고 어떤 집에 가면은 또 종이 필요해서 다시 사무실에 와가지고 다시 가서 또 그 시간 못 찍고.(A1).

> 단점은 뭐 처음에 그 기계를 갖고 다니고 해야 되니까 그게 불편하고. 처음에 작동을 못시켜가지고 익숙해지기가 조금 힘들었고(A2).

> 저는 별로 큰 의미가 없다고 생각해요. 할머니들은 처음에 이 카드를 신용카드인 줄 알아요. 제 딴에는 낭비라고 생각하는데 나라 입장에서는 확실하게 시간 계산을 하기 위해서 필요 한 거 같은데.. 이게 안 터져요. 그리고 저 같은 경우에는 시간에 쫓기니까 이거를 끊고 할 시간이 없어요. 오류도 많이 생기고 하니까. 그래서 저는 저녁에 미뤘다가 저녁에 한꺼번에 하는 거죠. 제 나름대로는 짜증도 나고 시간에도 쫓기고(A3).

> 시골에는 국민은행이 없으니까. 어르신들이 농협은 전국적으로 다 있는데 왜 굳이 국민은행을 해서... 그러고 수수료도 1,600원이 나오는데 어르신들한테는 그 돈이 큰 돈이거든요(A3).

(6) 개선방향

제공자들은 대부분 차량지원 혹은 교통비 지급을 시급한 개선방안으로 지적하였으며, 임금수준 상향조정을 요구하였다. 특히 이동거리가 멀고 교통이 불편하여 차량이 필요하였으나 현재 차량제공기관이 없고, 서비스제공자 개인 차량에 의존하고 있기 때문에 제공자 이동을 위한 효율적 방안 마련이 요구되었다. 제공자들을 파출부나 청소아줌마로 보는 이용자의 의식변화를 위해 이용자들에 대한 교육의 필요성이 제기되었고, 형식적인 수료증보다 자격기준 강화를 위한 자격증 제도 도입을 제기하였다.

문제섬이 있는데 흥해나 화원 쪽으로 가게 되면은 인제 도우미 분이 없어요. 그 쪽에 있는 할아버지 할머니들은 인제 그 쪽 분들한테 받으셔야 하는데 없어요. 이런 부분이 문제죠. 거기까지 갈라면 기름 값 때문에 좀 그렇고 같은 보수를 받아도 좀 그것 때문에 좀 마찰이 생기죠...돌라고 해야 되겠죠...(A1)

대구 같은 경우에는 노인돌보미 하시는 분들이 많은데 시골은 없어요. 시골에는 이런게 좀 차량지원은 너무 과분하지만 신청자가 많으면 한 구역만이라도 차가 있으면 좋겠죠(A3).

파출부로 안 봐줬으면 좋겠다는 거죠. 청소하는 아줌마로.. 저 같은 경우에는 이거 하기 위해서 교육을 다 받고 파견 되었다는 걸 잘 이해를 못 하시죠. 그저 자식 분들이 청소를 아마 해줄거야 그렇게 얘기를 해서 청소만 해주는 아줌마로 아는 거죠. 그래도 그걸 인정을 해주시고 존경을 해 줬으면 좋겠는데. 그런게 좀 안 좋죠. ..이거는 형식적인 수료증이거든요. 자격증제도로 하면 좋겠죠(A3).

그것도 금전적으로 지원을 많이 해주고. 시간을 좀 더 줄여주고. 그래 하면은 더 좋겠죠. 그 외에는 딴게 뭐가 있겠어요(A2).

(7) 요약

◇ 전반적으로 제공자들은 사업의 필요성에 공감하고 있었으며 이론교육보다 실무교육의 필요성을 강조하였다.

◇ 일자리에 대해 제공자들은 전반적으로 주부들에게 적당한 일자리로 인식하고 있었으며 생계형일자리로서는 부적절함을 강조하였다. 제공자의 입장에서 돌보미사업이 이용자들에게 정서적 지지, 삶의 활력 등을 제공하는 것에 만족하였으며 이용자들에게 꼭 필요한 서비스를 제공하기 때문에 매우 필요한 사업이라고 생각하고 있었다.

◇ 제공기관으로부터는 적절한 대우를 받는 것으로 나타났으며 다른 직장과의 비교에 있어 돌보미는 월급제인 간병인에 비해 안정성이 없는 것으로 인식하고 있었다.

◇ 바우처 카드는 대부분의 제공자들이 이용자들이 사용하기에 불편해할 뿐 아니라 단말기오류와 수신불능 등의 불편함을 호소하였다. 그러나 정확한 시간계산이 가능하다는 점을 장점으로 지적하였다.

◇ 개선방향으로 제공자들이 가장 많이 지적한 문제는 차량지원이나 교통비지원이었으

며 자격증제도 도입과 이용자교육의 필요성을 제기하였다.

3) 서비스이용자

(1) 서비스내용

이용자가 제공받는 서비스는 청소, 빨래, 반찬서비스 등 대부분 비슷한 서비스를 제공받고 있었다. 서비스시간은 일주일에 두 번, 하루에 3시간씩 한 달에 27시간 서비스를 제공받았다. 서비스 이용경로는 주로 가족이나 이웃의 권유로 정보를 획득하여 서비스를 신청한 경우가 대부분이었고 정부나 기관홍보물을 통하여 서비스를 알게 된 경우는 드물어 홍보에 대한 문제점이 지적되었다.

청소도 해 주시고, 빨래도 해주시고. 일주일에 두 번에 세 시간 정도(A2-다1)

운동하고 자전거 타고. 밥 해주고 설거지 해주고(A2-다2)

그 때 아들이 좀 쓰자 캐가(A2-다1)

목사님 부부 추천으로(A2-다3)

미용사, 머리 하러 갔드만 그래 얘기를 하드라고 그래(A1-다1)

며느리가 신청을 해 줬어요(A3-다1).

동사무소에 신청하라 캐서... 방문간호사님 하고 거 오셔서 조사해 가시드라고요. 조사해가니까 또 머 뒤에 구청인가 통해가꼬 또 오셨드라고요(A1-다3).

(2) 진행과정

이용자의 대부분은 신체기능 저하와 장애로 인하여 일상생활에 어려움이 있어 지금보다 더 많은 서비스 시간을 원하지만 경제적 부담으로 인해 서비스에 대한 추가구매의사는 매우 낮은 것으로 나타났다. 추가해서 더 받고 싶은 서비스로는 목욕서비스, 물품지원, 물리치료 등을 원하고 있었다.

우리는 돈이 없었으며 좋겠지. 그냥 노인 도우미는 내더라도 장애자 도우미는 안내야 되지... 시간을 추가라도 더 해야지(A2-다2).

이 할머니는 또 목욕을 자주 하는 할머니거든요. 세가 올 때까지 또 밥을 안 드시고 계시니까 와서 밥까지 차려 드리고 하면은 시간이 좀..(A3-나1)

내가 내라카마 치아뿌라. 내가 그거 낼 형편 되면 내가 머한데 부리겠노(A1-다2).

나는 돈을 더 낼 힘도 없어요. 돈을 벌어야, 돈을 누가 줘야 내 놓지(A1-다1).

지금은 돈이 없잖아. 그래도 정해 놨는 거라서 줘야이 우야겠노(A3-다3).

우리 같은 경우에는 매일 올 수는 없지마는 이틀에 한 번 정도 이렇게 오면은 참 좋을 거 같애(A2-다3).

물품 없지. 머. 올 가을에 김장 그거는 한 번 받아봤네. 받아 보고 한 달에 한 번씩 밥 주는 거 그거도 한 달에 한 번씩 아직(A1-다1).

(3) 만족도

이용자들은 서비스에 대해 대체적으로 만족하고 있으며 특히 제공자들로 인해 집안 청결과 정서적 지지의 역할에 효과가 있는 것으로 나타났다. 하지만 제공자의 잦은 교체와 간병기술과 대처능력 부족에 대해 불만을 가지고 있는 경우도 있었다. 제공기관에 대한 만족도는 높으나, 활발한 교류는 없는 것으로 나타났다.

뭐, 할마시 일 가고 나면 내 혼자 심심한데 말벗도 되고, 모든 것이 좋았지(A1-다2).

우리 딸보다 낫다...불편한 거 아무 것도 없다...만족해요..(A2-다1).

예. 필요해요. 내 장 봐다 주고 가고 반찬도 해 주고 가고(A1-다1).

올 때 되면 기다려지지. 내가 혼자 있으면 심심한데...내가 맘이 쫌 좋아. 오면 내가 좋아요. 외롭다가 이래 오면 좋잖아...새댁이 좋아. 비위를 잘 맞춰줘(A1-다2).

으응 잘 해 줘. 며느리 보다 낫다니깐(A3-다1).

도우미 혼자 그거 치우지도 모하고. 그 날도 복지관에 전화 할라 캤다드만. 그런 것도 다 내가 치아야 되고(A2-다2).

고래 만약에 일 하는 게 빨래하고 이런 것도 빨리 빨리 하면 두 시간 반쯤 되잖아요. 오시는 분도 사정도 있는데 한 가지 더 멀 반찬이라도 쪼끔하고 싶은데 시간이 모자랄꺼 같으면 우리도 말 못하고 이래 일 하시는 분도 그래 마 대충대충 얼른 해가 가시야되고 그런 아쉬움도 쪼끔 있고(A2-다3),

이용자들 대부분은 가족이 돌봐줄 수 없거나 거동이 불편한 노인에게 꼭 필요한 사업이라고 강조하였으며 다른 사람에게도 권유할 의사가 매우 높은 것으로 나타났다. 노인부양책임이 가족에서 사회로 의존하는 추이를 보이는 현대에서 노인 돌보미로 인해 자녀의 책임 부담감 감소에는 도움이 되지만 가족간의 의사소통기회는 점차 줄어들 가능성이 함께 나타났다.

예, 만족해예. 이분들도 봉사하는 분인데. 혼자 가만히 있을 때는 진짜 고독하고 세상 살기 싫고 그런데. 도우미 와가 얘기도 해주고. 사람이 외로운데 와가 얘기도 해주고 청소도 해주고 하니 기다려 지지..도우미 때문에 살맛이 난다 카면서.. 나이 많은 사람들한테는 굉장히 필요한 겁니다. 자식들은 저거는 안 오니까 좋아하지. 안 오니까. 부모한테 안 올 수는 없고 저거한테는 부담을 안 주니까(A2-다1).

혼자 계시는 이런 분들은 노인정 가시는 분도 있지만 안 가시는 분들은 진짜 하루 종일 말 한마디 할 사람이 없잖아요. 정신적으로 좀 의지가 될 수 있고 안 그렇겠어요(A2-다3).

(4) 서비스확대가능성

본인부담금은 현재 3만 6천원이 적절하다고 응답한 이용자가 많았지만, 장애를 동반한 이용자의 경우 근로능력이 없기 때문에 경제적 부담감이 큰 것으로 나타났다. 농촌지역 노인의 경우 가족이 본인부담금을 내고 있어 이용자는 비용에 대해 전혀 인지하지 못한 채 서비스를 제공받고 있었다.

우리는 그 정도 같으면 괜찮다 생각해요. 그래 내니 우리도 부담이 적고, 알맞고 적고...더 이상 더 하마 부담스러워서 못하지마는..(A2-다3)

돌보미는 1급 있는 장애자 있는 집에는 돈 안주고 써야지(A2-다2).

확대하면 좋지요... 확대되가 마이 도와주면 좋겠다(A3-다3).

이용자들에 의한 기관선택은 거의 이루어지지 않았으며 가족의 신청이나 동사무소에서 제공기관을 지정해 주므로 선택기관에 대한 정보를 가지고 있지 않는 경우가 대부분이라 선택의 여지가 없었다. 하지만 제공기관 선성에 대한 불만은 없었으며 현 체제를 유지하고자 하였다. 현 사업이 독거노인을 비롯하여 닫혀진 사적 공간으로 집에 홀로 있는 노인의 사회소통 창구 역할을 하고 있지만 점차 사회관계형성을 위한 지원 방안을 함께 실천할 필요가 있는 것으로 나타났다.

불만이 없어(A2-다1).

아, 복지관 거서 보내줬지. 기관에 뭐 바라는 게 있겠어요(A2-다2).

복지관, 군청에서 ○○복지관으로 의뢰를 했는지는 모르겠어요. 거기서 이제 자신들이 알아서 파견을, 보내주시는 거지. 우리가 선택의 여지는 없고... 정직한 사람들이라면 누가와도 상관없잖아요(A2-다3).

(5) 바우처효과

이용자들은 제공자의 정확한 시간계산과 약속시간을 정확하게 할 수 있다는 점을 장점으로 지적하였다. 하지만 본인부담금을 정해진 기간 내에 납부하는 것에 대해 부담감을 느끼며 서비스를 받는 도중에 시간제약으로 중단해야 하는 것을 안타까워했다. 또한 농촌지역의 경우 단말기 수신이 되지 않아 사무실에서 일괄처리 하다 보니 이용자가 바우처에 대해 전혀 모르고 있는 경우도 나타났다.

시간이 나오기 땜에 정산이 되니까 시간이 나오니께네 정시에 딱 오시고 그런게 있드라고(A2-다3)

저 국민은행에 갖다 내야 된다 카데예... 번거롭기도 하고. 날짜도 몰라서 못 내고 그렇지(A2-다2).

시간제한이지. 시간 딱 맞춰서 긁고 가고... 그 분들이 좀 불편한기 시간 남겨두고도 안 해주면 담에 해야 안 되나(A2-다3).

카드, 할머니 앞으로 카드가 나오는 게 있는데 사무실에서 단말기가 몇 대가 지금 안 된데요. 그것도 정부 지원에서 많이 안 되가지고 몇 개를 가지고 조달을 해가지고, 그게 뜰 때가 있고, 안 뜰 때가 있고 그런가 봐요. 복지사님이 사무실에서 일괄적으로(A3-다1).

(6) 개선방향

제도적으로 노인을 위한 사업(돌보미사업)이 지속되고 확대되기를 원하였으며 근로능력이 없는 노인과 장애를 동반한 노인은 본인부담금을 없애 경제적 부담이 줄어들기를 원하고 있었다. 또한 이용자들은 신체적·정신적으로 건강한 제공자를 원하였고 정서적 지지가 가능하도록 제공자에 대한 교육의 필요성과 더불어 남자제공자의 필요성도 언급하였다.

> 나는 이런 사업을 정부에서 좀 많이 해서 내 같이 외로운 사람들 좀 도와줬으면 좋겠어(A2-다1).

> 우리 어르신...우야든동 먹고 살도록 좀 해줘야지...장애가 있고 많이 어려우신 분들 같은 경우에는..무료로 해주면 영 수월치요(A2-다2).

> 도우미 하시는 분.. 좀 건강하신 분. 일하러 와가지고 아야 아야 하면 그것도 우리가 얼마나 미안해요. 건강하시고 그러신 분들. 일 뿐만 아니라 이렇게 우리는 식구들이 있으니까 이야기하고 좀 더 마음을 기쁘게 해드릴 수 있고 위로도 해 줄 수 있는 마음의 여유가 있는 그런 분들, 그런 교육을 시켜서라도 그런 걸 좀 해주시면 정신적 면을 좀 그게 난 중요한 거 같애. 장기적으로 할 수 있는 사람을 보내주는 기관에 바라는 거...남자 도우미분도 필요할거 같은데(A2-다3).

(7) 요약

◇ 전반적으로 노인돌보미서비스 **이용자들은** 서비스의 내용에 만족하였고 사업의 확대를 요구하였다. 대부분의 이용자들이 주변의 권유로 사업정보를 획득하여 서비스를 제공받고 있는 것으로 나타나 사업의 홍보를 위하여 범정부적인 차원에서의 노력이 필요한 것으로 나타났다.

◇ 서비스의 내용에는 대체적으로 만족하였지만 돌보미를 파출부 정도로 인식하는 경우도 있어 이용자들에 대한 서비스교육의 필요성이 제기되었다. 장애를 가진 노인들의 경우는 서비스이용시간의 확대가 필요한 것으로 파악되었으나 경제적 부담으로 인해 본인부담으로 추가구매의사는 거의 없는 것으로 나타났다. 추가서비스로 이용자들은 목욕서비스를 원하는 경우가 많이 있었으며 일반 복지기관이나 시설에서 제공하는 물품지원과 같은 서비스를 원하는 경우도 있었다. 이는 서비스 본질에 대한 교육의 필요성을 다시 한 번 확인하는 것이라고 할 수 있다.

◇ 돌보미서비스는 특히 노인들의 정서적 지지에 효과가 있는 것으로 파악되었다. 돌보미들의 잦은 교체와 대처능력부족 등에 대한 불만도 있었지만 사업을 적극적으로 주변에 권유할 의사가 있었으며 사업의 필요성을 인지하고 있는 것으로 나타났다.

◇ 본인부담금은 이용자들이 모르는 경우가 많았으며 본인이 부담하는 경우는 현 부담금이 적절하다고 생각하는 경우도 있었지만 장애를 가진 노인이나 차상위계층인 경우는 부담금의 감액요구가 있었다. 결국, 부담금은 노인들의 생활수준이나 건강상태를 반영하는 것이 적절한 것으로 파악되었다.

◇ 기관에 대한 선택은 전혀 이루어지지 않았으며 기관에 대한 정보를 사전에 알고 있었던 이용자들은 거의 없었던 것으로 나타났다. 하지만 동사무소에서 기관을 지정해주는 것에 불만을 가지고 있는 경우는 없었으며 대부분 현 체제에 만족하고 있었다.

◇ 바우처카드는 노인이라는 특성상 사용에 제한적이었으며 기관이 카드를 관리하는 곳도 있었고 특정 은행 카드만 사용하여야 한다는 사용에 대한 불편함과 본인부담금의 납부기간 등으로 본 사업에서는 많은 불만들이 있는 것으로 나타났다.

4) 제안점

◇ 노인돌보미사업의 이용자선정에 있어 제공기관을 참여하도록 하는 정책적 제도개선이 필요한 것으로 나타났다.

◇ 안정적인 운영과 사업활성화를 위하여 사업운영비를 좀 더 지원하여야 할 필요가 있으며 운영비증액 시는 지역간 편차(도시지역과 농촌지역)가 고려되어야 할 것이다.

◇ 지역에 따라서는 제공자들에 대한 차량지원이나 별도의 교통비지급이 필요하였다.

◇ 이용자들에 대한 서비스교육이 필요한 것으로 나타났으며 제공자교육에는 실무교육이 강화되어야 할 것이다.

◇ 노인돌보미사업의 경우 바우처카드 사용의 효과는 미비하였고 오히려 단말기 사용의

불편함이 있어 제도적 개선이 필요하였으며 이용자들의 카드사용이 가능한 금융기관이 국민은행을 포함하여 농촌지역의 주민들의 편의를 고려하여 농협을 지정기관으로 확대할 필요가 있는 것으로 나타났다. 특히 노인들은 바우처카드에 대한 거부감 등이 있어 전면적인 제도개선이 있어야 할 것으로 보인다. 지불제도에 대한 대안이 필요하다(예를 들어 지로이용, 타은행확대, 인터넷지불 등)

◇ **이용자들의** 기관 선택은 전혀 이루어지지 않고 있었으며 기관에 대한 정보를 사전에 알고 있었던 이용자들은 없었던 것으로 나타났다. 따라서 정책적 과제로서 기관을 선정하는 선택권을 강조하는 것보다는 이용자들의 만족도와 사업필요성이 높은 본 사업에 대한 보다 적극적인 홍보전략이 개발되어야 하며 운영비의 현실적 증액 등을 통해 보다 많은 기관이 사업에 참여하도록 유도하는 것이 보다 중요한 정책우선순위인 것으로 보인다.

◇ 본인부담금은 노인들의 건강과 생활수준 등을 고려하여 차등부담하게 하는 것이 보다 바람직한 방향이라고 생각된다.

2. 중증장애인활동보조사업 결과분석

1) 서비스제공기관

(1) 서비스내용

제공기관이 제공하는 서비스는 대부분 가사지원, 일상생활 및 사회활동을 포괄적으로 지원 하는 동일한 서비스였으며 서비스기간은 장애에 따라 4등급으로 구분하여 월 20시간에서 80시간까지 제공되고 있었다. 이용자 선정 시 관공서(읍・면・동 사무소, 보건소, 시・구청)에서 등급판정을 내리고 전산처리가 되기 때문에 중복이용의 가능성은 없는 것으로 나타났다. 전반적으로 관공서에서 이용자들을 선정하기 때문에 제공기관들은 이용자선정권을 가지고 있지 않았다.

가사 도우미도 되고요, 목욕 도우미, 외출 도우미, 머 은행 업무, 병원 다 예 그렇게 하고 있어요(B2).

읍, 면, 동을 통해서 일단 신청을 하고요. 활동 보조인들이 몇 분이 의뢰를 해도 안 되는 경우가 있거든요. 읍, 면, 동에는 보드는 공무원들이 많거든요. 현수막은 붙여 놨지만. 거기에 의뢰를 하더라도 조사는 남구청에 방문 간호사가 하기 때문에. 거기서 시간을 배정하고 이렇게 하죠(B1).

보건소 방문 간호팀이 조사를 해서 판정위원회가 결정하는 문제이니까(B3).

(2) 진행과정

사업의 홍보는 대부분의 기관에서 주로 현수막을 활용하였으며 구청홈페이지, 관내 홍보물, 전단지 등을 활용하기도 하였다. 서비스를 담당하는 제공자들에게 40시간 교육이 이뤄지며 20시간 자체교육, 20시간 보수교육을 시행하였다. 제공자 인력을 확보하기 위하여 현수막, 관내홍보물을 활용하였으며, 지체장애인협회의 경우 장애인 회원을 인력으로 활용하고 있었다. 서비스를 제공받는 이용자들을 관리하기 위하여 수시로 전화 개별상담과 방문상담을 시도하여 이용자들과 관계형성을 시도하였다. 개별상담의 필요성은 인정되나, 사업진행과정에서는 시간적 여유가 없어 제대로 사례관리가 이루어지지 못하는 점을 제공기관에서 안타깝게 생각하고 있는 것으로 나타났다(사례관리부족). 중복지원은 현재로서는 불가능하다고 했으며 대부분 기관에서 불만사례는 이용시간(서비스시간의 부족)에 대한 불만, 제공자가 약속시간을 지키지 않는 것에 대한 불만이 높았다.

활동보조인이 40시간을 우리가 이제.. 교육을 의무적으로 받고 20시간을 기간에서 자체 교육이 20시간을 받고, 총 60시간을 받아야 되거든요. 그리고 또 보수교육이 있고 한데, 보수교육을 20시간인가 받고 있습니다(B3).

활동 보조인은 수행기관의 교육이 대부분이거든요. 저희는 자체교육을 안 했거든요. 올 해 상반기 하반기는 잡아 놨는데 작년 5월부터 했기 때문에. 근데 간담회는 매 달 했습니다(B1).

실천적인 교육이 필요한 것이지.(A3).

자체적으로. 투석환자 같은 경우에는 쇼크사 같은 것은 어떻게 대처해. 응급 대처법 같은 거 정말 주지를 시켜야 되요(A2).

현수막도 걸고.. 구청 홈페이지에 또 했고. 관내 홍보물을 붙여 놓고. 아마 작년 하반기까지 붙여놨을 거예요..(B1)

일단 문서라든지, 1회성, 행사성으로 홍보를 하거든요. 근데 현수막 같은 거는 지속적으로 계속 붙어 있어야 된다고 생각하거든요. 리플렛 이런 거는 나오는데.. 11월 말 되니까 박스로... 리플렛 작업 딱 해가 큰 전단지까지 만들어가 가져오는데 뿌릴 수가 없잖아요. 그걸 뿌립니까? 찾아가면서 해야지 소개를 해야지(B2).

개별 상담, 정말 그것도 필요하거든요. 사실 저희들 자체 기관에서 시간이 그렇게 안나요. 마음은 굴뚝같습니다. 지금 서비스 모니터링 서비스 양식은 한 달에 한 번씩 하라, 한 달에 한 번씩 하기는 해요. 그기 방문 해가지고 이래 서로 마주보고 해야 되는데 그게 정말 못 쓰는건데 이거 머 시간이 없으니까 전화가지고. 유선 모니터링을 하거든요. 아무래도 내용이 부실하지 않나(B2)

시간 약속. 활동 보조인들하고의 시간개념. 날짜개념 이런거죠..(B1,B2)

클라이언트들은 하루 종일 시계만 쳐다보고 있는 사람들이거든요. 근데 이동 거리도 있고 시간도 있고 서비스를 제공하다 보면은 딱 정확한 그 시간에 마치기가 정말 어렵거든요. 이동하는데 걸리는 시간이 30분을 벗어난다 해도 거리가 한 시간 정도 되고 하니까 시간 약속 안 지켰다고 막 카는 거야... 코디들이 시간을 배치를 했는데 너무 빡빡하게 배치하면 이런 얘기가 나오는 거라. 그러니까 시간을 좀 걸쳐서 배치를 해버리면 한두 시간이 적으니까 수입이 적어진다는 거거든요(B2).

중복되는 거는 없는데요(B1).

(3) 만족도

전반적으로 제공기관의 사업 만족도와 서비스 필요성은 높게 인식되고 있으나 제도적 목적이나 지침에 대한 불만, 운영비 부족으로 인한 어려움이 나타났다. 즉, 서비스 대상인 1급 장애인은 장애정도가 심하여 서비스 목적인 사회적 자립을 달성하는 것은 현실적으로 불가능하므로 서비스 제공이 간병서비스에 국한되는 경우가 많아 혼란을 겪고 있었다. 또한 농촌지역의 경우 이용자수 부족으로 전담인력을 둘 수 없어 서비스에 대한 욕구는 높으나, 체계적인 사업운영에 어려움을 나타내고 있었다.

당연하죠... 많으면 많을수록 좋습니다..(B2).

이 사업에 대한 것보다도 저희가 이 사업을 하면서 참 모르는 사람이 많았구나 싶고, 수급자 아니신 분들 중에서도 복지 기관들이 관심을 가지고 접근할 수 있으면 좋겠다 싶죠(B1).

그런 사업이 중증 장애인한테는 반드시 필요한 사업이라고 생각이 들고. 이런 사업마저 없으넌 저희들도 뭐... 세가 사업을 하시난... 정말 중증 장애인들... 누워있는 못 움식이는 상애인들을 소홀히 했습니다. 사실은 소홀히 한 부분도 있었고 서비스 한 부분도 있는데. 이런 사업이 도입이 되고 장애인들 다시 한 번 돌아보는 그런 계기가 된 것 같고, 우리가 반성도 하고 그런...(B3)

부대경비하고 이런 게 지원되는 게 첫 작년에는 5백만 원인데 올 해는 전부 어려워서 수익금으로 충당하라 이래 나오거든요. 그러면 이거 할 사람 아무도 없어요. 수익금 자체가 부대 경비를 다른 사람들 운영비가 안돼요. 식비도, 활동 보조인 하면서 도시락 싸가지고 다닌다고 해도 이기해도 사실은 어렵습니다. 후원금이 조금 있으니까 후원금 처리해서 막 쓰는데 후원금 없으면 하도 못해요(B2).

저희들은 지금, 현재로 봐서는 그런 생각은 가지고 있지만은 현실상으로 어렵습니다. 저희들이 활동 보조인을 할 때 8천원에 서비스 단가가 정해져 있지만은. 거기에 중개 수수료를 떱니다. 중개 기관이니까. 그래서 저희들 계획에는 그런 것을 정립을 해서 나중에 어느 정도 돈이 모이면 계약직을... 이 사업을 전담할 수 있는 계약직을 채용을 해서 그렇게 운영을 하면 더 좋은 서비스가 안 되겠나 싶어서, 그런 계획은 있지만... 사실, 여유 있는 건 안 되고..(B3)

자기 차로 움직이거든요. 이동하는 거리가 상당히 멀거든요. 버스를 타고 다니는 것은 상당히 힘들고, 저희들도 활동보조인을 선정을 할 때도 그런 조건을 가진 사람을 우선적으로 설득을 해서 선정을 하는데, 사실 그분들이 어떤 그 활동 하는데 사실.. 7천원 8천원 받아서 기름값에 다 들어가는 그런 현실입니다(B3).

(4) 서비스확대가능성

제공기관 간 경쟁은 현 시점에서는 불가능한 것으로 조사되었는데 이는 제공기관의 업무수행력에 한계가 있기 때문에 많은 수의 이용자를 관리할 수 없고, 제공기관 역시 많지 않기 때문에 제공기관 간의 협력이 이루어지는 것으로 파악되었다.

경쟁은 없습니다. 지금 자활 같은 데서는 지체장애인협회에 좀 해달라고 부탁하거든요. 그래도 못해요. 여력이 없어요. 저희들도 마찬가지고. 저희들도 노인 회원들 있잖아요. 해 달라 캐도 여력이 없어요(B2).

복지부에서 폐지를 하지 않는 이상 경쟁은 저희가 안 이루어지고 조화가 된다고 생각하거든요. 지금 현재로서는 조화롭게 되는데 내년에 하나를 줄인다. 그러면 그 경쟁 자체가 굉장히 불합리하고요(B1).

일자리창출면에서 전담인력은 창출효과 있으나, 1년 단위의 사업이기 때문에 저임금, 계약직으로 비정규직 고용이라는 모순점을 안고 있는 것으로 나타났다. 실질적으로 사업초기 이용자 수가 저조하여 전담인력이 인건비를 받지 못하는 경우가 있었고 이런 이유로 이직률이 높았던 것으로 파악되었다. 제공자의 경우 임금 면에서 생계형일자리로 부적합하고 시간이 늘어나면 적절한 일자리가 될 수 있음을 지적하였다.

전담 인력은 채용할 만큼은 아직까지 안 돼요. 확보가 되어도 이 사업 자체가 1년 단위로 하기 때문에 직원 채용을 해도 비정규직으로 해야 되요. 그러니 정식 직원, 아까 고용창출 효과가 있느냐, 되긴 되죠. 모순되는 일자리가 되죠(B2).

작년에도 1명을 채용했는데 활동 보조 전담은 아니었고, 올해 채용한 직원은 전담입니다. 장애인 복지 생활시설처럼 정해진 것은 아니고 일단 계약직으로(B1).

일단 시간하고 금액하고 많이 주어지면 효과가 많이 있지 않겠습니까. 돌보미 본인은 직장이라는 개념을 안 가질 수도 있는데. 근데 작년에 열심히 해가지고 160시간 하신 분도 계시고요. 80시간 하시는 분들도 100시간은 해야 안 되겠나 싶고(B1).

평균 70만원. 적게 가져가시는 분은 50만원(B2)

사실 돈 받고 한다는 생각을 버리고 자원봉사 한다. 그런 마음을 갖고 여기 일을 하면 마음이 편하다. 돈 생각 하면 수입이 20만원 30만원 밖에 안 되지 않습니까.. 제일 많은 사람이... 자기 차를 가지고 그런 활동을 하면 기름 값이 더 많이 들어갑니다. 그런 부분이 좀 해소가 되어야 되는데 최소한 한사람이 100시간 이상 관리를 해야만 어느 정도 수입이 나오죠(B3).

(5) 바우처효과

바우처는 단말기 오류가 잦고 조작이 힘든 것이 가장 큰 단점으로 지적되었다. 특히 40~50대 제공자의 비율이 높아 단말기 작동을 어려워하는 것으로 나타났다. 또한 기계가 커서 이동시에 불편하고 종이 용지 사용이 번거롭다는 것을 단점으로 지적하였다. 이동이 편하도록 단말기 기계 간편화와 단말기 작동법에 대한 정기적인 교육이 필요할 것으로 보인다.

비인간적인 거 같아요. 그카고 그걸 왜 할 수밖에 없는지는 들었는데, 차라리 그걸 유선으로 해가 확인하는 서비스 관리 센터를 하면서 모니터링을 객관적으로 다는 못해도 사업 기관 별로 그렇게 해서, 우리도 카드 그거 신경 안 쓰고 하면... 산 밑에 가버리면 전화기는 되는데 이거는 안돼요. 환장해요. 갔다 와서 끊으면 시간이 안 맞잖아요(B2).

그 단말기가 적용이 안 되시는 분들도 있거든요. 조작에 힘드신 분들도 있고. 평균적으로 단말기를 적용하면 3시간 정도 적용되고. 기계가 휴대폰보다도 크니까 그리고 용지를 저희가 매일 체크를 해 줘야 하니까 어려움이 있죠. 그 다음에 마음만 먹으면 다 할 수 있단 말입니다(B1).

40~50대이다 보니까 우리가 지금 단말기를 가지고 활동보조인이 나가서 시간 체크를 하면서 일을 하고 있는데, 사실 단말기 다루는 법이 상당히 까다로워요. 힘이 들고. 카드를 양쪽에다가 하고... 번호를 몇 번 눌러야 되고... 저희들도 처음에 해보니까 안 되더라구요. 상당히 어려운데... 보통 연령 때가 40~50대 분들이 이런 걸 하라고 하니까.. 못해가... 지금도... 몇 달을 했는데도 지금도 헤매요. 작동하는 걸 간소화해서 나왔으면 하는... 지난번에 건의를 했습니다(B3).

(6) 개선방향

제공기관들은 전담인력의 인건비와 제공자 교통비 지원과 같은 사업운영비의 증액을 가장 시급한 사업의 개선방안으로 지적하였다. 또한 사회서비스에 대한 민간과 공공기관의 협력을 중요시하며 공무원교육의 필요성을 주장하였다. 현재 공공기관, 민간법인이 협력하여 서비스를 제공하여 사업의 효율성을 위해 노력하고 있으며 사회서비스에 대한 개별 공무원의 복지관련 전문성 제고가 요구된다. 중증장애인 활동보조사업의 궁극적인 목적은 사회적 자립이지만 이는 거동이 불편한 1급 중증장애인에게 현실적으로 불가능한 제도의 목적임이 지적되었다. 만약 제도의 목적이 사회적 자립이라면 1급 장애인에게만 서비스를 국한시키지 않고 서비스 대상자를 확대하여 장애유형과 정도에 따라 서비스 내용을 전문화, 차별화하여 사회적 자립을 도모하는 형태로 수정되어야 함을 주장하였다. 장애정도가 심하여 의료적 지원이 필요하나 이동이 용이하지 못하여 적절한 치료를 받지 못하고 있는 장애인의 경우 재활전문가가 팀을 이뤄서 정기적인 가정방문 서비스를 제공할 수 있도록 개선되길 바라고 있었다.

이 사업이 가장 주 목적이 재활, 혼자서, 도와주겠다는 그게 분명하지 않고 이 사업 주체가 재활로 갈건지 수익으로 할건지 그게 지금 상당히 왔다갔다. 이 장애인들한테 이렇게 해줌으로 해서 혼자서 자립 의지가 생기고 혼자서 뭘 해보겠다는 그 쪽으로 몰아 부치는데 이 사람은 평생 이러니까 평생 죽을 때까지 도움을 받고 살아야 된다...이 사업의 주체가 그리 가서는 안된다카이. 1급이 꼼짝 못하는 1급이 있어요. 그 사람 24시간동안 못 일어나요. 카면 이 사람들한테 멀 해줘야 되겠어요? 손 움직이지도 못하는데 취미생활이 무슨 소용 있습니까? 훈련을 만들어가지고 서비스 자체를 분리해가지고 이 사람들 재활 쪽인가, 가사 지원 쪽인가, 3급이라든지 조금만 도와주면, 출근만 시켜주면 일할 수 있는 사람이 있거든요. 그러면 출근 보조를 해줘야 되요. 하면 이 사람은 혼자 살 수 있는 거거든요. 1급에 국한되지 말고 정말 필요한 사람에 대해서 국가가 제공해야 된다..동기 부여 같은 거는 정말 큰 겁니다. 그런데 이게 1급에 한해서 이런 사람들은 아무리 해도 자립, 자활 개념이 상당히 어려워요(B2).

전문적인 스포렉스, 스포츠 마사지, 이런 재활 의학이라든지, 재활공학 이런 쪽으로 전문 팀들이 팀을 운용하면 한달에 한 번이라도 돌면서 같이 운영을 해 줄 수 있다면 정말 좋겠어요(B2).

적어도 운영비 정도는 지원이 되야 되지 않을까... 코디 1명 정도의 인건비. 그 다음에 수행기관에 차가 있든지 없든지 간에 차에 들어가는 한 달 평균 10만원, 20만원 정도는 지원되야 하지 않을까. 그리고 교육기관도 없는 사람들 위주로 하는 게 맞는 거 같고요. 교육기관과의 연계는 관에서 알아서 해야 할 문제니까. 그리고 민간과 공공이 함께 갔으면 좋겠습니다. 2008년 지침 안내는 나와 있습니다만 담당 공무원들은 다 알겠습니다만 담당이 아닌 사람들은 모르지 않습니까. 공무원들을 교육을 하는 그런 과정이 있었으면 좋겠습니다(B3).

(7) 요약

◇ 장애인활동보조사업은 제공기관의 입장에서 필요성이나 사업에 대한 만족도가 매우 높게 나타났으며 대부분 사업이 확대되어야 함을 강조하였다. 하지만 자활이 불가능한 1급 장애인에게만 서비스가 제공됨에도 사업의 목적이 자활에 있음으로 목적불일치를 지적하는 경우가 많았다.

◇ 이용자선정과정에 지역의 장애인특성을 잘 알고 있는 제공기관이 배제되어 선정과정에 대한 불만이 나타났다.

◇ 농촌지역의 경우 이용자 수의 부족으로 운영비가 확보되지 않아 전담인력을 확보하지 못함으로 이용자들에 대한 사례관리와 체계적 운영이 이루어지지 않는 것으로 나타났다.

◇ 제공기관의 부족과 인력부족 등으로 제공기간 간에 경쟁은 현실적으로 불가능하였으며 오히려 이용자들에게 서비스를 제공하기 위하여 기관 간 협력과 협조가 이루어지고 있었다.

◇ 일자리 창출효과는 전담인력이나 돌보미등을 통해서 일자리가 창출되는 긍정적인 효과가 있는 것으로 나타났지만 대부분의 제공기관들은 돌보미일자리가 단가가 낮아 생계형 일자리가 될 수 없음을 강조하였다.

◇ 전반적으로 사업운영비의 부족에 대한 불만이 높았으며 돌보미들의 교통비와 사업전담인력의 인건비 등에 대한 보조 등 지원이 필요하다는 것을 강조하였다.

◇ 전자바우처는 비인간적인 면이 있음을 지적하는 경우도 있었으며 오류가 잦고 작동이 안 되는 경우가 많아 불편함을 호소하였다.

2) 서비스 제공자

(1) 서비스내용

제공자는 가사지원, 이동서비스, 식사도우미, 대소변처리, 운동, 투석, 장보기 등 일상생활 전반에 관한 포괄적인 서비스를 제공하고 있었다. 서비스 내용이 장애 특징에 따라 차이가 있으므로 서비스제공자를 대상으로 한 교육이 필요하다.

> 지체장애인들의 경우 몸이 불편하시다든가 아니면 투석하시는 환자들을 위해서 이동 서비스 하구요, 식사 도우미라든가, 자택에서 청결, 청소, 정리 정돈이라든가 아니면 집수리 부분이라던가, 실제적으로 다른 곳에서 하지 못하는 집수리 관계라던가 저희들 여건에 맞으면 그런 부분을 지원해드리고 있거든요. 가장 많이 제공되는 서비스는 가사 지원, 취미활동 지원(B2)

> 투석하고 방 청소하고, 밥 차려 드리고, 똥 해주고. 이게 매일 반복이 되는 거죠. 이 살림살이를 내가 다 맡아서 하는 거지(B1).

서비스 시간: 이용자의 서비스 시간은 20시간-80시간이 제공되고 있었고, 제공자의 서비스 제공시간은 평균 하루 3시간 - 9시간 정도를 지원하고 있었다. 중증장애인의 경우 시간이 부족하므로 제공자의 봉사시간이 산정되는 것보다 장시간 제공되는 경우가 흔하게 발생하였다.

> 일주일에 2회 이상, 보통 최소한 자택 방문을 하면 2인 1조 이상 방문을 하거든요. 한 사람은 주방을 한다든가 밖에서 청소를 해드린다거나 하죠. 보통 짧게는 1시간 길게는 3시간 정도...(B2)

> 3시간부터 12시까지. 하루 9시간인 거죠. 하루 전 종일 나와서 봉사생활하는 거지...(B1)

> 제가 네 분을 맡고 있는데 지금 100시간이거든요..일주일에 네 가구인데, 보통 일주일에 두 집, 두 집은 아니고, 한 집을 일주일에 두 번씩 나가니까 그게 겹쳐서 나갈 때가 있어요(B3).

(2) 진행과정

제공자 교육: 제공자들은 40시간 교육을 받고 서비스를 제공하였으며 이론교육보다 실무교육에 대한 필요성을 강하게 느끼고 있었다. 서비스제공자가 자체교육을 강화해 달라고 요청하는 사례가 확인되어 고무적인 변화로 보인다. 제공자들은 적극적 대처로 전환되는 경향을 보이며 서비스제공자로서의 직업의식이 나타났다.

하루 40시간...기관 교육을 한 달에 1회 이상 하고 있습니다. 자체적으로(B2).

작년에 처음 시작할 때 그 때 교육 받았죠. 40시간 교육을 받았죠(B3).

교육은 이론적으로는 도움이 되었구요. 실무적인 거는 미비한 점이 없지 않아 있더라구요... 이론적인 교육보다 실무적인 교육을 많이 했으면 좋겠다고. 우리가 이론을 많이 들어도 실제적으로는 많이 다르다고(B2).

활동 보조인들 교육을 받으러 가면 대부분 내용은 이론 중심이거든요...나이 드신 분들이 더 많기 때문에 이론 중심으로 가는 거 보다는 장애인들이 가지고 있는 어려움들을 자기들이 직접 느껴볼 수 있기 때문에 좀 더 서비스를 할 때 질이 높아지지 않을까 그런 생각을 하거든요.

노동시간 : 한 달에 80시간-100시간 서비스를 제공하며 임금수준은 30만원-50만원 정도로 나타났다. 4대보험 가입여부는 제공기관에 따라 달랐으며 제공자들 대부분이 생계형일자리로는 임금수준이 낮고 봉사정신 없이는 힘들다고 지적하여 생계형일자리로서의 가능성은 높지 않았다.

제가 생각하는 두 가지 쪽으로, 한 가지 방향은 아르바이트 식으로 시간이 몇 시부터 몇 시까지, 주업 부업 따로 있듯이 하는 경우가 되고요, 또 한 쪽으로는 전문직종으로 해서 전업직으로 해야되지 않나(B2).

임금이 너무 약하다고 생각해요... 80시간 하면 저기서 나오는 거는 시간 당 7천원씩 오게 되있더라고. 근데 그 시간 당 천원씩 떼더라고... 80시간 하니 8만원을 떼는 거잖아요. 한 달 해야 고작 40몇 만원 밖에 더 되냐고요(B1).

12월까지 세 집을 했는데 33만 6천원... 아직까지 저는 제가 안고 돌아야 될 분은 없기 때문에 저는 덜하지만 정말 그런 분이 생기면 여자 입장에서는 힘들어요. 남자 분들도 안고 업고 하기는 힘든데, 장애인분들은 앉아서 계시는 분이 많기 때문에 상대적으로 체격이 크신 분들이 많기든요. 남자분이 좀 있었으면 좋겠어요(B3).

이동거리 : 도시지역 제공자의 이동거리나 교통수단은 용이한 편이나, 농촌지역 제공자의 이동수단은 자차운행 혹은 기관의 차를 이용해야 하고 평균 이동거리도 왕복 30km 가량 되었다.

아, 저는 그 자전거를 주로 많이 해요. 우리 집에서 여기 오면은 한 30분 정도?(B1)

평균 이동 거리는 읍내 같은 경우는 5km 안팎이고 외곽 쪽으로는 30km에서 40km 왕복으로(B2).

평균 다 비슷하다 그죠. 왕복으로 치면 한 30km 정도...지금 시골은 거리가 멀다보니까 차량이 없으면 솔직히 버스타고 다니기 힘들거든요...(B3)

(3) 만족도

대체적으로 제공자들은 일자리보다 봉사의 의미를 두고 활동하고 있었으며 중증장애인의 경우 노동 강도가 높고 하루 종일 간병을 요하는 대상자가 많아 활동시간 이외에 추가로 자원봉사활동을 하는 경우가 많아 서비스제공시간도 일정하지 않은 것으로 나타났다. 봉사활동에 대한 보상체계마련이 시급한 것으로 보인다. 생계형일자리로는 부적절하나 주부들의 일자리로는 시간이 자유로워서 가사나 아이양육과 병행하기에는 적합하다고 하였다.

생계를 위한 일자리가 된다면, 사람마다 틀리겠지만 봉사하는 마음이나 정신이 강한 분들이라면 어느 정도 급여에 만족하고 생계유지가 된다면 가능하겠구요. 다른 집에 가서 머슴처럼 설거지 해주고, 그게 도내 연관되어가지고 안된다면은 어쩔 수 없이 이런 분야에 없다고 보고요(B2).

뭐 돈 벌로 댕기는 것도 아니고 봉사하러 댕기는 것도 아니고. 그래서 나는 이렇게 할 바에는 봉사를 딴 데 가서 하면 인정이 되는데 이거는 뭐 해도 보람도 안 되고. 봉사정신이 아니면 이 일을 못 해요. 저 같은 경우도 봉사정신이 있으니 이걸 하지. 제가 뭐 이걸 돈 벌로 온 거는 아니죠...생계를 위한 일자리로는 생각이 안 되죠. 그거 가지고 무슨 생계가 되겠어요. 아니, 무슨 한 달에 24만원 가지고 생계가 안 되는 거지. 말도 안 되는 소리지(B1).

사업 만족도, 필요성 : 대부분의 제공자들은 사업의 만족도는 높은 편이며 작은 손길 하나가 절실한 장애인을 위해 꼭 필요한 사업임을 강조하였다.

그 정도 여건이 충분히 된다면 계속할 수 있을 거 같아요...저는 괜찮은 거 같아요(B2).

제가 느끼는 거기 때문에 만족도는 8점? 사실은 크게 힘든 일이라고 생각하자면 힘들고 생각의 차이점인데, 저는 하루 2시간 정도면 괜찮은 거 같아요. 왜냐하면 저도 주부이기 때문에 하루 종일 매달려서 일하는 것보다, 짧은 시간에 하고 끝낼 수 있고 집에서 제가 할 일 하고 애들 돌볼 수가 있으니까. 저는 개인적으로는 좋아요(B3).

당연히 필요하구요, 신체 수발이나 개인 생활수준, 질, 작게는 청결 정리정돈 상태라든가 아니면 문화생활도 할 권리가 있고... 별 5개 다 주고 싶어요. 우리가 복지사회국가 실현을 위해서 당연히 할거구요. 힘없고 약하고 불편한 사람들이 받아야 될 당연한 일이라고 생각하구요(B2).

장애인 분들이 대부분 생활이 고립되어 있는 분들이 많기 때문에 누가 찾아 온 거만으로도 기다려지고 되게 좋아하시더라고요. 그냥 단순히 가서 가사 지원만 해드리는 걸로 끝나는 게 아니라 거기서 조금 더 확대되면 장애인 분들이 사회에 좀 더 참여할 수 있지 않을까? 그런 거 생각하고 있어요. 왜냐면 외부 소식을 전해들을 수가 없고 누가 나한테 찾아와주지 않으면 내가 내 발로는 못가니까 가서 외부에 어떤 일이 있었는데 이런 얘기를 하면 또 자기네들은 전혀 몰랐던 소식에 대해서 듣게 되니까 그게 일종의 사회 참여의 방법에 하나인 거 같아요(B3).

(4) 서비스확대가능성

제공자들은 제공기관으로부터 임금수준이나 봉사시간에 대한 보상체계에 대한 불만을 제외하고는 정당한 대우를 받고 있다고 생각하였다. 정기적인 제공자들 모임은 없으나 개별적으로 제공기관과 연락하여 서비스과정을 의논하고 있었다. 제공기관과 제공자의 의사소통이 원활한 경우 서로 만족도 증대되어 일자리창출 가능성을 보일 것이다.

40시간 그대로 하더라도 나머지 시간은 그냥 봉사시간으로 하겠다고 하니 처음에는 그래 하라고 하더니 나중에는 그게 없어지더라고. 그래가 10월 달인가? 그 담당 복지사도 바뀌고 새로 되면서 뭐 봉사시간은 하나도 없다고 하더라고. 우리는 이런 걸 하게 되면 봉사시간이 ○○센터에 올라가거든요. 근데 여기는 그것도 없고.(B1)

문의 사항 있으면 관장님한테 전화해서 바로 묻고 관장님도 저한테 물어보실 꺼 있으면 바로 저한테 묻고 이렇기 때문에 의사소통이나 이런 거에는 전혀 문제가 없어요. 모임은 없어요. 이런 걸 제가 주로 하는 편이고 서비스를 받으시는 분들은 서로 전화 연락을 하고 이런 게 있어요(B3).

다른 직장과의 비교측면 : 시간이 자유롭고 틀에 박히지 않고 일할 수 있는 점은 장점으로 평가되었으나 임금수준이 낮은 것과 온전한 봉사나 일자리가 아닌 것(하나의 일자리지만 임금이 낮아 완전한 일자리라고 할 수 없고 그렇다고 임금을 받으니 봉사도 아니라는 의미)에 대한 회의 때문에 불만을 나타내었다.

지금 현재 급여 수준 정도면 부업 정도...직종으로 가정주부들은 이게 가능하거든요. 저 같은 사지가 멀쩡하고 봉사하러 가면 막말로 공사장 가서 하면 7,8만원 받거든요....한 10년 전에는 괜찮은 기업에서, 전문직종은 150 이상 되어야 되지 않나 싶구요, 자기 일하고 겸업한다면 100 정도(B2).

뭐 돈벌이도 아니고 봉사하는 것도 아니고. 죽도 밥도 아니라는 거지(B1).

정말 돈을 보고 시작을 할 부분이 아닌 거 같아요. 저는 오전만 하니까 아르바이트 한다고 샘 치면 괜찮으니까 하루에 2시간 정도 하고 굳이 시간을 오래 먹는 일도 아니니까 괜찮지만 생계를 책임져야 될 분 같은 경우에는 어림도 없거든요. 물론 남편이 있지만 애들 교육비정도 도움이 되니까 좋지만, 정말 절실한 사람은 힘들죠(B3).

사무직원이죠. 틀에 맞춰서 딱딱 맞춰야 되는 이런 거는 있지만 굉장히 정확하고 이런 거는 요구해야 되는 부분이고 또 일 자체는 어떤 일종의 구속은 없죠. 이거는 이 분이 상황이 이러니까 내가 조금 더 해드려야 되지 이런 마음이 생길 수가 있기 때문에 일정한 틀보다는 거기에서 벗어나서 할 수가 있으니까(B3).

(5) 바우처효과

제공자들은 일한 만큼 일정한 금액이 일정한 날짜에 입금되는 것을 장점으로 지적하였으며 잦은 단말기 오류, 나이가 많은 제공자의 단말기 작동 어려움, 제공자 1명당 단말기 구비가 안 되어 있어 바우처의 의미가 없는 것을 단점으로 지적하였다.

너무 기계로 체킹해서 기계에 대한 비인간적으로 보이구요, 사무실에서 기계를 끊고, 현장가서 잘하면 다행이지만 나름대로 이런 저런 사람도 있을 거 아니에요. 장점이라면 급여 관리, 시간관리가 잘 됐다(B2).

단말기 자체가 굉장히 불안정한 상태... 매뉴얼이 사실 있지만 아무래도 시골에는 학력 수준이 낮잖아요. 그거 보는 거 자체를 싫어하시거든요. 나이가 있으신 분들은 기계에 대한 두려움이 많기 때문에 단말기 자체 조작을 쉽게 해주신다면 좋아하실 거 같고, 조작하기를 쉽게 해줬으면 좋겠고, 일한 만큼 일정한 날짜에 금액이 통장으로 들어오니까 지불 방식은 괜찮은데 일하시는 분들은 단말기를 제일 어려워 하시더라구요(B3).

이거를 원칙적으로는 매일 해야 된다고 하더라고요. 근데 일은 안 한걸 가지고는 했다고 하지 않을 거예요. 근데 이게 귀찮기만 할 뿐이지 큰 의미는 없는 거 같아요(B1).

(6) 개선방향

제공자들은 파출부가 아닌 전문적인 활동보조인으로 인정받기 위해서는 공인 자격제도를 실시하는 것이 개선방안이 될 수 있음을 지적하였고 이론중심보다 실무중심의 활동보조인 교육이 필요함을 강조하였다. 제공자들의 정기모임 활성화와 서비스 제공 도중 발생하는 재해나 상해에 대한 보상을 원하였다. 교육내용에 장애인활동보조업무와 기존 간병인을 구별하여 정체감형성과 복지인식에 대한 교육이 필요하다. 재해 상해보험 관련 교육을 통하여 제공자의 권리와 역할 및 의무 관련된 교육을 추가할 필요성을 제기하였다.

이용자에 대해 바라는 부분은 이용자도 교육 받아야 한다고 생각해요(B2).

중증 장애인에 해당되는 그 분들한테 운반 중에 안전사고 이런 부분은 보호자라든가 의료보험이나, 상해보험 이런 것도 하지만은 세부적으로 요런 것들을 감안해야 되지 않나 싶어요(B2).

이제 복지관이 없으면 안 되죠. 근데 어느 복지관에서나 양성을 하는 게 그걸 할 적에 교육을 이론 쪽으로만 하지 말고 실습을 좀 많이 시켜줬으면 좋겠다는 거죠. 이게 어렵거든요(B1).

활동 보조인은 단순히 40시간 교육 받고 수료를 하면 수료증이 나오기 때문에 노인돌보미 분들이랑은 조금은 차이가 나름대로 생각을 하거든요. 만약 활동 보조인도 어느 정도 교육을 받고 시험을 쳐서 자격이 주어진다면 내가 전문적인 자격을 가지고 있는 사람이라는 그것을 느낄 것이고 그렇다 보면 뭔가 배우려고 하지 않을까? 그런 생각을 해봤어요(B3).

자격도 자격이겠지만 서비스 받으시는 분들도 이 분이 도와주러 오는 분이지 내 맘대로 해도 되는 그런 분이 아니라는 거를 인식을 시켜줘야 되겠죠?(B2)

(7) 요약

◇ 제공자들은 전반적으로 사업에 대한 만족도가 높았고 장애인들을 위해 본 사업은 반드시 필요한 사업이라는 생각을 가지고 있었다.

◇ 제공자(돌보미)들은 실무교육의 필요성을 강조하였으며 전문인으로 인정받을 수 있도록 자격증을 강화하는 것을 원하였다.

◇ 제공자들은 일자리를 생계형일자리로 보지 않고 있었으며 봉사정신으로 일하는 경우가 많았고 근무시간 외에 일하는 경우가 많았는데 이는 장애인들에 대한 서비스시간의 확대 또는 봉사활동에 대한 보상체계가 마련되어야 한다는 필요성을 나타내는 것이라고 할 수 있다.

◇ 제공자들은 전체적인 단가의 상향조정을 원하는 것으로 나타났으며 전업인 경우 시간과 임금 등을 조정하여 한 달에 150만원 정도의 수입을 얻을 수 있기를 원하는 것으로 나타났다.

◇ 제공자들은 가정봉사원활동의 경우 봉사시간에 대한 보상으로 보람이 있었으나 활동보조사업은 임금이 낮아 일자리로도 부족하고 그렇다고 이전처럼 봉사활동으로 인정을 받지도 못하는 애매한 사업으로 인식하고 있었다.

◇ 바우처카드에 대한 장점으로 임금이 바로 지급되고 시간관리가 잘된다는 점을 지적하였지만 전반적으로 불만이 높았다. 특히, 제공자당 단발기가 지급되지 않아 바우처카드가 제대로 기능을 못하며 오류가 잦고 작동이 안 되며 다루기가 복잡하며 비인간적이라는 문제점을 지적하였다.

◇ 대부분의 제공자들은 본인들은 이용자들이 전문인으로 인정해 주는 의식수준의 개선을 원하였다.

3) 서비스이용자

(1) 서비스내용

이용자가 제공받는 서비스는 가시지원서비스, 운동, 투석, 식사, 대소변처리, 이동서비스, 취미생활지원 등 일상생활전반에 관한 포괄적서비스를 지원받고 있었다. 판정에 따라 20시간에서 80시간의 서비스를 제공받으며 주로 제공기관의 권유나 가족의 소개로 신청하게 되어 이용자선정권은 행사되지 못하였다.

서비스 내용은 머 청소하고, 빨래하고, 반찬 같은 거 많이 하고 그렇죠(동일)...시간. 옷 입히고, 옷 벗기고 세수까지. 또 밥 먹는 거까지 다 해 줘야 되고. 서예하고 그림도 그리고 글도 쓰는데 컴퓨터로 하기 때문에, 붓글씨 쓸 때 먹물 갈아주고 붓 씻어 주고 골라주는 거, 종이 접어주는 거, 그림 그릴 때 저는 유화로 하기 때문에 짜주는 것부터 기름을 빨고 닦고 할 일이 많아요(B1-다1).

제가 몸이 불편하니 지금 움직이지를 못해요. 그래서 조그마한 심부름 해주고 예. 그리고 일어나고 체위 변경해 주고 예. 그 다음에 제가 말하는 가사 도우미 해주고. 모든 면에서 다 해줘예(B1-다2).

월, 수, 금. 3시간 하는 데여..우리는 올 해 10시간 더 받아 가꼬 50시간 받고 있거든요(B3-다2).

한 달에 80시간(B1-다1).

한 달에 40시간입니다(B3-다1).

매일 와요. 시간은 턱 없이 부족하지만 그 시간만 도와 줄 수는 없잖아요. 그 시간 외에는 다 도와 주거든요. 봉사로, 나머지 3, 4일은 그냥 와서 도와주고 있으니까(B2-다1).

장애인 복지관이 아니고, 신문(B1-다1).

친척 소개로(B1-다2).

의성 분관에 거서 분관장님이 이런 서비스가 있다꼬 와서 갈켜줘서 그래 받았어요...면사무소 사회복지과 거기서 다 해주데예 복지관에서 연락이 오셔가지고 면사무소에 사회복지 담당하고 보건소에서 같이 오셨어요(B3-다3).

처음에는 군청에서 그 통지서가 날아왔어요. 그래 제가 자활 도움을 받고 있었는데, 자활을 포기하고 이걸 하실 수 있으면 이걸 신청하라 하데예. 그래가꼬 제가 사회복지과로 면사무소에 전화하니까 이런 게 있다 카드라고요. 그래 제가 장애 협회로 전화했드만 바로 오셨드라고요(B3-다3).

(2) 진행과정

이용자들은 대부분 혼자서 일상생활이 불가능한 중증장애인으로 이용시간을 확대해 주기를 원했다. 현재 최대 80시간으로는 부족하며 100시간 이상의 서비스가 제공되는 것을 원하였다. 이용자들은 본인부담금을 내고 추가 구매하는 것에 경제적인 부담을 느끼고 있는 것으로 나타났다. 추가적인 서비스로는 관절운동, 물리치료, 운동을 원하였다.

내 같은 경우에는 아무리 작아도 150시간(B1-다1).

시간은 적지... 40시간 같으면 얼마나 적노(B3-다1).

내한테는 100시간 이상이 되야... 투석만 단지 받으러 댕기는게 아니구요...고령서 대구까지 갈라니까 100시간도 작은 기라...(B2-다2).

그 시간예. 그 시간을 너무 적게.. 80시간인걸 알면서 제가 밤 12시까지 아저씨를 붙잡고 있으이...(B1-다3).

저희 부담금이 더 많아지고, 뭐 어느 정도까지는... 근데 경제적으로 더 부담이 되면 그건 어렵지요. 불편을 감소하는 게 낫지, 사실 금전적인 면으로 열악하게 생활하거든요...(B1-다2).

돈 벌어올 능력이 없으니까 자꾸 못하죠. 지금 그대로 밖에 못 쓰는 거지. 안된다면(B3-다2).

근데 많으면 못하지만 저희가 정부 보조로 생활을 하잖아요. 부담이 많지 않으면, 힘들죠. 생활이 쪼달리죠(B3-다3).

난 목욕 서비스 제일 받고 싶다. 목욕 차량이 안 와도, 목욕 시켜주는 사람이 집에 목욕통이 있으니까 좀 깨끗하게 씻겨줬으면. 1주일에 한 번씩(B3-다1).

저는 지금 운동을 제일 필요하거든요. 관절 운동. 다리가 부러져서. 물리치료 서비스를 많이 받고 싶어요(B3-다3, B1-다1).

(3) 만족도

대체적으로 이용자들은 제공되는 서비스에 대해 만족하고 있었으며 이전에는 혼자 할 수 없었던 외부활동이 가능하여 사회참여가 가능하고, 주변의 환경이 청결해진 것이 삶의 변화라고 지적했다. 제공자의 서비스로 인하여 정서적으로 안정되고, 삶의 의지가 생겨 자신감향상에 도움이 되었다고 하였다. 이용자들은 제공기관에 대한 만족도가 전반적으로 높았고 서비스 받은 이후 신체적・정신적으로 건강해졌다고 하였다.

가정이 남이 들다봤을 때 깨끗하다 카는 거, 도우미가 해 주면은 혼자 사는 것 같지 않고 깨끗하다. 진짜 좋은 사업이라 카면서. 우리 같은 경우에는 고맙지(B3-다2).

입상도 많이 하고, 동상도 몇 번 받고 지금은 완전히 많이 변했어요(B1-다1).

제가 자신감이 생기고, 예전에는 막 누워서 외출한다고 생각만 하지 못 나가잖아요. 대인 관계도 많아지고. 그래 마음껏 얘기할 수 있고(B2-다1).

경제적인 게 많이 도움이 됐고요. 말동무도 해 좋고 좋지. 우울증 같은 건 있을 수가 없어예(B1-다2).

오기 전에는 바깥 구경은 못하거든요. 엄마가 아파서 들지도 못해가지고, 오시니까 제가 휠체어에 탈 수가 있잖아요. 그러니까 가끔 밖에 나가보고 그러거든요. 그러면 참 기분이 좋고. 갇혀 있다가 가끔 나가고 하면 기분이 참 좋습니다.(B3-다3).

활동 보조 오는 아줌마가 40댄데 많이 해 주고 있어요. 바쁜데도 생색내지도 않고(B1-다1).

근데 새댁이가 좋아요(B3-다2).

국장님도 그 시간 이외에는 봉사라도 해줘라 또 그카니까 국장님하고 우리 이쪽 도우미들하고 마음이 참 잘 맞아요(B2-다1).

우리 분관에서는 다 잘 해주니까, 더 잘 해 돌라고 칼꺼도 없고 다 잘해주니까 더 잘해 돌라꼬 할꺼도 없고(A3-다1).

서비스 제공자들은 장애인에게 정서적 지지가 되고 노후에 대한 두려움을 덜어주는 장애인활동보조사업이 앞으로도 꼭 필요한 사업이라고 강조하며 대체적으로 다른 사람에게 권유할 의사가 있는 것으로 나타났다.

필요하죠. 나이가 많으면 활동하는 거는 점점 더 모할끼고 가사 돌봐주고 이래 청소해 주고 빨래도 좀 참말로 힘든 거는 내가 모하는 거는 또 해주고 계속 해주면 좋죠. 확대되어야 되죠(B3-다2).

모친이 항상 계신 게 아니거든요. 제가 혼자 돌아눕지도 못하거든요. 욕창 보실려면 가끔 돌아 눕기도 해야 되고(B3-다3).

꼭 필요해요. 진짜 필요해요. 우리 장애아들을 바깥으로 내 놓을 수 있는 길이구요, 또 자신감을 갖게 할 수 있고, 또 자활도 되고 진짜에요. 그래 너무 고립된 생활을 많이 했더라구요. 한정되고, 항상 한정 돼 있는 요게 다니까(B2-다1).

(4) 서비스확대가능성

본인부담금에 대해서는 농촌과 도시지역의 이용자들마다 차이가 있었으나 본인부담금을 내는 경우 4만원이 적절하다는 응답이 더 많이 나타났다. 60대나 농촌지역 이용자의 경우 본인부담금을 낮추어 2만원 정도 부담하는 것이 적절하다고 생각하여 불만을 갖는 경우도 있었다.

> 적절해요...(B2-다1).

> 내 개인적으로는 좀 비싼 편이다고 생각해요. 내 나이가 지금 60이 넘었는데 뭐 한 번 두 번 주다가는 요금이 떨어져가...(B1-다1).

> 지금도 4만원 내고 있는데 또 더 내라꼬? 그것 4만원도 부담스러운데, 머 한 2만원 정도 내면 좋겠다(B3-다1).

이용자들에 의한 기관선택은 기존부터 이용하던 제공기관을 선택하는 경우도 있었으나 대부분 관공서에서 제공기관으로 바로 연락하여 가정방문을 하도록 하므로 이용자의 기관선택은 이루어지지 않았다. 특히 중증장애인은 거동이 불편하므로 능동적으로 기관선택을 하기보다는 가족이나 제공기관, 관공소의 권유에 의해 수동적으로 기관을 선정하는 경우가 많은 것으로 나타났다. 이용자들은 중증장애인을 위한 서비스가 지속적으로 확대되기를 바라고 있었다.

> 선택을 우리가 할 수 없죠. 처음에 보건소에서 와가 됐다고 카디 복지관서 전화 오디 아저씨랑 같이 왔대요(B1-다3).

> 그럼요. 확대 되야지요. 권유 해야지요. 모르는 사람은 알려야지요. 이 좋은 제도를 왜 활용을 안 해요. 몰라서 못 하는 거지..(B2-다1).

> 국가에서는 세 정권이 들어서도 변동 없이 이 제도를 확대시켰으면 좋지 축소시키지는 말았으면 싶고요. 장애인들 목소리를 좀 오셔서 듣고 많이 확대 되었으면 좋겠어요(B1-다2).

> 장애인 사업을 앞으로도 더 확대시켜주고 우리 같은 장애인들을 지금도 잘해주지만 앞으로도 더 잘해주면 좋고, 진짜 고마워요. 고맙게 생각하고 있습니다(B3-다1).

(5) 바우처효과

지체부자유한 이용자들은 본인부담금을 납부일자를 맞춰 입금하는 것에 대한 부담감을 가지고 있었으며, 기한이 넘어 납부하지 못했을 시 서비스를 받지 못하게 될 수 있다는 불안감을 가지고 있는 것으로 나타났다. 또한 농촌지역의 경우 국민은행이 부재하므로 자동이체 수수료에 대한 불만이 높았으며 단말기가 구비되지 않거나 수신의 문제로 사무실에서 일괄적으로 처리하고 있어 이용자들이 바우처에 대해 잘 알지 못하는 경우가 많은 것으로 나타났다.

바우처는 28일날 돈을 은행에 못 집어넣으면 받아주지도 않고예. 그 다음 1일에서 5일인가? 6일까지인가? 그 안에 지불해야 되는데. 장애자들은 활동이 부자연스러운데 날짜를 그래 잡아놓고 그 때까지 안 넣으면 두 달을 그래 넘기가 활동 보조인을 못 받는다 카는 그런 제도가 있어요. 너무 불편해요. 장점은 없으예(B1-다2).

3천원 붙더라고 수수료가. 그래가 우리 애가 이래 보니까 3천원이면 너무 비싸다 카믄서 엄마 자동이체 해주께 그래가 자동이체 했어(B3-다1).

국민은행이 봉양에는 없거든요. 의성에 있거든. 의성에 있으니까 그게 좀 불편하고 농협에서 국민은행으로 하니까 수수료가 돈 2만8천원 보내는데 수수료가 1천 5백원씩이니까...(B3-다2).

정확한 시간에 찍어야 되고 마치는 시간에 찍어야 되니까, 일하다 보면 시간이 흘러버리고 그래가꼬 신경이 좀 쓰여요(B2-다1).

(6) 개선방향

대부분의 이용자들은 추가시간과 자부담률 낮추는 것을 시급한 개선사항으로 지적하였다. 대소변처리나 힘을 요하는 운동 및 이동서비스가 종종 필요한 점을 고려하여 남자활동보조인 채용이 시급하다고 하였다. 활동보조인의 처우개선으로 서비스 질 향상을 모색해야 한다고 지적하였으며, 운동이나 물리치료에 대한 욕구를 충족시킬 수 있는 전문의료인력의 배치가 필요함을 강조하였다.

바라는 거는 시간을 좀 많이 줬으면 좋겠고(공동).

활동 보조인들 처우 개선 좀 해 줬으면 좋겠어요. 장애인한테 딱 붙어 있으면 지정된 시간 외에는 꼼짝을 못 하거든요, 그에 비해서 활동 보조인 비용이 좀 적은 게 아닌가(B2-다1).

개선해야 될 거는 우리는 수급권은 안 받고 있지만 자부담이 없었으면 좋겠죠. 병원 같은데 가는 거 의료 지원도 좀 받고 싶고(B3-다2).

여자 분이니까 힘이 남자보다 많이 딸리니까, 운동 같은 거는 거의 기대를 못하고 있는 실정입니다. 제가 또 하체를 못 쓰고 대소변을 못 가리거든요. 그러니까 하체를 항상 이렇게 벗고 있습니다. 그러니까 운동할 때가 많이 불편합니다. 물리치료 서비스를 많이 받고 싶어요(B3-다3).

(7) 요약

◇ 이용자들은 사업에 대해 만족도가 매우 높았으며 장애인들에게 반드시 필요한 사업으로 사업이 확대되기를 원하고 있었다.

◇ 이용자들은 사전에 사업에 대한 정보를 가지고 있지 않았으며 주변의 권유나 소개로 서비스를 받는 경우가 많았다.

◇ 이용자들은 모두 이동이 불가능한 중증장애인으로 서비스기간이 부족하다는 점을 강조하였으나 경제적 부담이 된다고 생각하여 추가구매의사는 낮게 나타났다.

◇ 대체적으로 이용자들은 서비스이용으로 인해 사회참여와 삶의 태도변화, 정서적 안정, 자신감 향상 등을 경험하여 서비스효과는 매우 긍정적으로 나타났으며 다른 사람에게 사업을 권유할 의사가 있음을 나타내었다.

◇ 본인부담금은 소득수준에 따라 차등 적용하는 것이 바람직한 것으로 나타났다. 특히, 노동능력이 없는 60세 이상의 장애인들에게는 현 부담수준이 너무 높다는 의견을 제시하였다.

◇ 이용자들에게 서비스를 선택할 수 있는 선택권은 행사되지 못하는 경우가 많았지만 본인 의사에 따라 본인이 알고 있던 기관을 선택하는 경우도 있는 것으로 나타났다. 그러나 선택이 기관들 사이의 서비스 질이나 내용에 의해 이루어지는 경우는 많지 않다는 것을 알 수 있었다.

◇ 기관이 카드를 관리하여 바우처카드나 단말기에 대해서 알지 못하는 이용자들도 있

었다. 카드를 이용하는 경우 국민은행이 없어서 발생하는 수수료문제나 오류가 잦은 점과 부담금납부기간에 대한 부담 등을 문제점으로 지적하였다.

4) 제안점

◇ 전반적으로 본 사업은 만족도가 높으며 서비스를 원하는 장애인들이 많아 사업이 확대되어야 할 것으로 보인다.

◇ 사업의 이용자선정에 있어 지역 장애인들의 현실을 잘 파악하고 있는 제공기관을 참여하도록 하는 정책적 제도개선이 필요한 것으로 나타났다.

◇ 운영비와 전담인력확보를 위한 인건비 등에 대한 보조금의 증액이 필요한 것으로 나타났다.

◇ 서비스시간을 전체적으로 확대되어야 할 것으로 보이며 특히 장애인의 생활환경에 맞추어 탄력적으로 운영되어야 할 것으로 보인다.

◇ 제공자교육에 있어 실무중심의 활동보조적인 교육이 추가되어야 할 것으로 보이며 제공자들의 전문성을 위하여 돌보미자격을 강화할 필요성이 있다. 특히 제공자들의 근로조건을 개선하여 생계형일자리로 전환가능하도록 노력하여야 하며 노동강도가 높아 남성들이 필요한 경우가 많으므로 생계보장의 방안을 모색하여 남성들이 많이 지원하도록 유도하는 것이 필요한 것으로 나타났다.

◇ 제공자들의 봉사시간을 노동시간으로 인정해 주는 보상체계마련이 필요하다.

◇ 이용자들이 부담하는 자부담을 생활수준에 따라 다르게 부담할 수 있도록 하는 방안이 필요한 것으로 나타났다. 특히 차상위계층에 대한 부담액은 낮추고 소득수준이 높은 이용자들은 부담액을 높이는 방안을 고려하는 것이 바람직한 것으로 나타났다.

◇ 바우처카드 사용의 효과는 미비하였고 오히려 사용의 불편함(단말기 수의 부족, 오류, 미작동, 소지 불편함, 용지체크 불편함 등)이 있어 제도적 개선이 필요하였다. 이용자

들의 카드사용에 있어 국민은행을 포함하여 농촌지역에서는 농협을 지정기관으로 확대할 필요가 있는 것으로 나타났다. 은행에 납부하여야 하는 부담금납부기간도 문제점으로 지적되었다. 결국, 전자바우처에 대한 전면적인 제도개선이 있어야 할 것으로 보인다.

3. 산모 · 신생아도우미사업 결과분석

1) 서비스제공기관

(1) 서비스내용

제공기관은 산모관련서비스와 가사서비스 등 대부분 동일한 서비스를 제공하였으며 서비스시간은 기본이 2주간(쌍둥이 3주)이며 9시에서 6시까지이고 토요일은 오후 2시까지이며 공휴일은 서비스가 제공되지 않았다. 전반적으로 보건소에서 이용자들을 선정하기 때문에 제공기관들은 이용자선정권을 가지고 있지 않았다.

예, 하나부터 열까지 다... 근데 우리 지금 서비스 내용이 어떻게 돼 있냐면 산모 신생아 관리는 전문적으로 중점적으로 되는데..우리 산모 회복프로그램.. 다 있고 신생아도 체계적인 관리가 있어요. 그런데 가사부분을 어디까지 욕심을 내냐면. 기본적으로 산모 방청소, 거실 뭐 기본적인 것만 들어가야 되는데 전체적으로 화장실청소, 냉장고 청소, 한마디로 찌든 묵은 빨래까지 다 해달라는 산모도 있어요〈C1-가〉.

예예 2주, 12일간, 일요일은 휴무니까 쉬는 걸로 하고, 그리고 중간에 공휴일이 끼거나 이러면 그 날짜는 빼먹고 넘어가는 게 아니고 그 날짜를 뒤로 미뤄서 채워서, 보통은 해드리는 거죠〈C1-가〉.

(서비스)내용 소개는 보건소에 비치해두는 리플렛을 참고하시면 되구요.. 일년간 실적은 지역마다 자료를 뽑아야 하는데...〈C2-가〉

(서비스 이용)자격기준은, 지금 산모가, 조리 받는 산모의 기준은 의료보험대상자가 3인가족, 4인 가족, 5인 가족 이렇게 다 구분이 되어 있습니다. 그거는 의료보험료가, 얼마. 남편 보험료에 대상자가 되면, 산모님들이 보건소에 가가지고, 월급 명세서라던지, 보험영수증을 가지고 가면 고게 합당 대상자가 될 것 같으면 보건소에서 접수를 받거든요. 받으면 보건소에서 접수를 해가지고 저희 쪽으로 팩스로 자료가 넘어오면, 우리가 그 조리날짜에 맞춰가지고 자료가 팩스로 넘어오면 일단은 산모님과 전화를 통해서 여러 가지 우리가 병원이라던지, 예정일이라던지 정확하게 기재가 되서 넘어오지만, 어느 병원에서 분만하는지, 언제부터 조리를 들어가야 하는

지 그 날짜도 대충 잡아놓고, 아니면 예정일보다 땡길 수도 있고 늦출 수도 있고. 예 그 날짜를 어~ 산모님이 병원에서 분만을 하고 전화를 하거나 몇 일 날, 몇 일 날 들어와 달라는 전화가 옵니다. 오면은 저희들이 그 날짜에 맞춰서 최대한 우리 산모님들이 불편함이 없도록, 원하는 날짜에 맞추도록 최대한 노력을 하거든요〈C1-가〉.

(이용자선정권)우리는 뽑을 그게 없어요.. 그냥 보건소에 신청 받아서 넘겨주는 그 자료만 가지고 하는거에요〈C2-가〉.

(2) 진행과정

사업의 홍보는 주로 지역신문이나 인터넷 또는 전단지배포 등을 활용하였으며 서비스를 담당하는 제공자들에게 최소 2주간 40시간의 교육을 진행하였다. 제공인력을 확보하기 위하여 지역신문에 돌보미 채용광고를 게재하였으며 비영리기관의 경우는 지역자활센터의 사업단을 주로 활용하였다. 서비스를 제공받는 이용자들을 관리하기 위하여 영리제공기관은 자체적인 운영방안(해피콜 등)을 활용하여 수시로 전화접촉을 시도하여 이용자들과 관계형성을 위해 노력하였고 담당자가 이용자의 집을 방문하는 경우도 있었다. 하지만 비영리기관의 경우 특별한 경우를 제외하고는(불만사례접수 등) 이용자들에 대한 개별관리는 인원 및 운영방안 부재로 이루어지지 않고 있었다. 대부분 기관에서 서비스와 관련된 불만사례는 일 년에 한두 건으로 매우 적었으며 불만이 일어나는 경우는 산모의 입장에서 문제를 해결해 나가고 있었다.

그거는 보건소에서 신청을 하면, 참사랑 홍보물이 우리가 보건소에 갖다 놓습니다. 보건소에 신청하면 자활에 해당되면 자활 꺼를 주고, 참사랑 꺼를 할꺼면 참사랑 꺼를 주고, …… 거의 인터넷 얼마나 밝습니까.. 어디라고 딱 치면 바로 나오니까 …… 아니면 보건소에서 균등하게 줄 경우에는 보건소에서 지정하는 데로 가지요〈C1-가〉.

프린트 같은 게 팸플릿이 손수건 자체에서 정부에서 지원 사업을 한다고 안내를 되어 있구요. 교차로나 이런데도 다 나가거든요〈C2-가〉.

예.. 산모님들이 산모교실이나 이런데 가면 산모님들한테 홍보를 하거든요〈C2-가〉.

(홍보자료) 다 보내죠.. 발송이 되죠. 각 기관으로. 보건소에도.. 군에도 다 가요.. 공문자체로 다 나가죠〈C3-가〉.

(제공자교육)그러니까 지금 2007년도는 40시간을 정확하게 맞춰야 되고, 2008년도는 80시간.. 그게 규정이 있어요〈C1-가〉.

왜 그러냐면은 80시간 이라는 게, 산후도우미로서 일단은 자질을 갖춰야, 그리고 이론과 실기. 모든 육아상식, 의학상식 이런 기초적인 기본적인 부분은 다 교육을 받아야 이 일을 할 수가 있지, 교육 안 받고는 절대 할 수가 없는 일이에요. 가사도우미는 뭐 들어가서 청소하고 빨래하고 이것만 하면 되지만, 애기를 어떻게 돌봐야 될지, 어떻게 목욕을 시켜야 할지, 산모를 어떻게 케어해야 될지 그거를 잘 모르잖아요. 산후도우미니까 전문 의료인은 아니더라도 거기에 산모를, 신생아를 관리하는데 있어서는 그래도 막힘이 없어야 되니까〈C1-가〉.

교육 몇 일 날 자체는 지금 2주 풀타임으로 아침에 오면은 거의 6시 정도까지... 조금 당겨질 수도 있고... 늦춰질 수도 있고... 조금 부족하다 싶으면 연장이 되구요〈C2-가〉.

행정적으로 서류도 중요하지만 현실적으로는 산모가 불편하지 않게 조리를, 질 높은 서비스를 받아야 되는 게 그게 최고 아닙니까.〈C1-가〉

그렇죠. 인성교육을 보면 항상 첫 스타트 때 인성교육을 하루를 잡아서. 그만큼 날짜를 지체하더라도. 그거는 중요한 거거든요〈C1-가〉.

(모집광고를)우리가 교차로에나 소식지에 내 가지고, 아니면 현수막에 붙이던지 자체적으로 모집을 해서 도우미를 모집하지요〈C1-가〉.

광고 모집 하는 경우도 있고 저기.. 그거 할 때는 플랜카드 같은 거... 교차로 광고는 계속 나가고〈C2-가〉.

공개채용도 있지만 지금 참여하고 있는 분들, 다른 사업장에 참여하고 있는 분들 통해서 이런 사업 하실 분이 계신지 추천해서 받는 경우가 저희들은 한 80프로 정도〈C3-가〉

그렇죠. 거의 잘 조리를 잘 마치고 나오지만, 그래도 산모가 불편하면 안 되니까... 그래서 더 해피콜을 해봅니다... 해봐서 불편사항이나 에로사항이 없는지 항상 우리가 서비스 시작부터 3, 4일쯤에 해피콜을 하죠〈C1-가〉.

개별관리는 때에 따라서는 직접 방문을 할 때도 있고..예 관리를 해야 되니까요. 직접 현장에 나가죠〈C1-가〉.

그런 상황(불만상황)이 생기면 우리 관리사분들이 전화가 와요. 이런 이런 상황이라고. 혼자서 해결이 안 되면 보고가 들어오면 그때그때 보고 들어가죠〈C1-가〉.

(이용자불만접수시)도우미한테는 일단은 돌려서 말을 할 때도 있구요. 우리 도우미가 정말 택도 아니다 해가지고, 도우미사례로 클레임이 나는 경우도 있지만 산모사례로 클레임이 나는 경우도 있거든요. 도우미는 도우미 역할을 다 했는데 산모가 무례한 요구를 했다거나, 정말 사

소한 경우에 서로 감정 건드려서 그럴 수도 있으니까. 일단은 나가면 산모한테 무조건 미안하다. 어쨌든 간에 우리 도우미한테 제가 딱 그래요. 일단은 산모하고 인간관계 형성이 니가 생기는 일이기 때문에 니 자신이 잘못한 거다라고 얘기를 해요. 일단 일을 떠나서 산모하고 유대관계 형성만 잘되고 친밀관계만 맺어놨다면 니가 일을 하나도 안하고 거기에 가서 누워 자고 오더라고 클레임이 발생하지 않는다고, 얘기를 하거든요. 그러니까 그건 내가 꼭 한번은 돌아보라고 얘기를 해요. 저는 봅니다... 그니까 고게 한 타임 돌아가면 그 다음에 지장이 가지 않으면 지난 번 사례에서 이런 일이 발생했으니까 요거 좀 더 조심해줬으면 좋겠다. 한 번 더 싶어주고〈C2-가〉.

뭐 전체를 다 한다고 볼 수 없고. 그리고 뭐 제가 이제 산모들 의뢰 받아서 우리 도우미하고 시켜주면... 도우미들이 다 이수되었고 인력이라고 봐야 되요.. 지금 이미.. 2006년부터 이미 2년이나 했기 때문에 도우미들을 믿고 맡겨주는 거죠〈C3-가〉.

지금 이제 제가 이제 2년 정도 했지만... 한 3건 정도 밖에 없어요. 굉장히 만족합니다. 지금 2년 정도 사업했다면 굉장히 건수가 많거든요. 제가 지금 건수 데이터를 내보진 않았지만... 그러면 2년 동안 민원건수 3건이라면 흔쾌히 만족합니다〈C3-가〉.

(3) 만족도

전반적으로 사업의 만족도는 제공기관에 따라 견해가 달리 나타났는데 비영리기관의 경우 산모돌보미사업이 사회복지영역에서 반드시 필요한 사업이라는 것을 알고 있어 사업의 필요성은 모두 인정하고 있었으며 사업에 대한 만족도 역시 매우 높았다. 반면에 영리기관의 경우는 사업의 필요성에는 공감하였지만 사업의 만족도는 운영비적자가 계속 증대되고 있고 이윤이 남지 않기 때문에 운영경비에 대한 불만이 있었다. 특히 사업이 전자바우처로 개편되는 경우 단말기구입비, 단말기유지비 그리고 카드수수료와 영리기관인 경우 부가가치세 등을 지급하도록 되어 있어 운영경비에 대한 증액요구가 매우 높았다.

운영비의 확대요구는 모든 제공기관이 원하는 영역이라고 할 수 있지만 영리기관과 비영리기관과의 입장의 차이가 명확히 드러나고 있다. 두 군데의 영리기관은 모두 사업운영비가 적어 증액이 필요하다고 주장하였지만 비영리기관은 적절한 대상자의 수가 운영비 확대문제보다 더욱 중요함을 강조하였다.

그러니까 어차피 우리가 이 서비스를 해야 되고 산모한테 해야 되고 내가 가서 홍보하는 거나 우리가 서비스를 해서 전체적으로 입소문을 해서 알리나 별반 차이가 없어요. 대신에 수익면에서는 솔직히 보건소 낼 거 내지만... 수익 면에서는 없어요.

그니까 산모한테 들어가는 물품 자체가 일반 서비스랑 똑같이 들어 가구요, 도우미는 8시간 근무조건이기 때문에 시간상 줄어들고 인건비가 크게 차이가 나지 않지만, 우리 사무실에서는 49,000원이라는 경비가지고 물품비 다 들어가야 되구요. 전화 콜 보통 3번, 4번은 하거든요. 산모랑 그렇게 통화를 해야 되구요. 제가 움직여야 되구요. 그러니까 그런 제반 경비를 뺀다면 건당 우리한테 떨어지는 그 차액부분 자체에 대해서 수익부분은 없는 거죠..〈C2-가〉

작다고 볼 수 있지 않겠어요? 아직 시행은 안 해봤지만... 시작은 안 해봤지만 아마 본인부담금에 대한 염려는 하지 않지만.. 염려 하지 않지만 염려는 되거든요? 그렇게 되면...〈C3-가〉

예. 적다고 보여 질 수밖에...인원이 감소되면 돈이 적어진다고 보면 되죠〈C3-가〉.

그런데 지금 현재 567,000원에서 4대 보험이 가입되야 되고, 46,000원.. 물론 산모 이용자부담금이 있지만, 전체 비용으로 봤을 때 613,000원이거든요. 그러면 거기 4대 보험에 뭐가 문제냐면 전자바우처로 바뀌면서 산모카드를 긁는단 말이에요. 그러면 바로 전체비용이 다 떠버리잖아요. 그러면 우리가 부가세를 내잖아요. 부가세가 면세부분에서 그런 쪽으로 면세가 될 수 있는데, 이제는 100% 다 노출돼 버리니까...전체비용에서 567,000원에서 다 도우미카드를 긁잖아요. 그러면 그거 세금은... 그걸 내고... 4대보험 가입하고. 바우처 수수료 15,000원 내고. 단말기 수수료 내면 이거는 계산을 따져봤을 때, 한 건당 한 8만원 정도 적자라고 보면 되요..〈C1-가〉

예. 그러고 솔직히 안하면 모를까 어차피 내가 봐야 되는 산몬데. 예. 우리가 해서 좋은 평 얻으면 산모한테 도움이 된다면 그보다 더 좋은 일은 없는 거니까.〈C2-가〉

만족도는...제가 백프로를 고려한다면 90프로는 줄 수 있어요. 저는 굉장히 좋은 사업이라고 봅니다〈C3-가〉.

예 지금 제가 하고 있는.. 사업이... 제가 만족도가 그 정도 되지요.
대상자들하고 항상 만나고, 만나지 못하면 전화를 하고. 굉장히 의지를 해가는 상황이라서 만족도는 90프로 됩니다. 100프로라면 약간 어폐도 있겠지만.〈C3-가〉

굉장히 도우미들이 정부지원 저는 또 어떻게 하냐면은 정말 정부지원을 받아야 될 산모들이 정말 너무너무 형편이 어려운 산모들이 있습니다. 그럴 때는 내 집에서 내꺼를 갖다가 주고라도 해줘라. 내 반찬을 하면서 요만큼 양을 더해서라도 해줘라. 그런 마음이여야 된다. 저는 너무너무 열악한 상황에 조리를 해서. 정말 요즘 상황에 이불도 면이불이 없어요. 우리 집에 덥던 이불도 진짜 영 낡은 거 같으면 제가 갖다 줬겠습니까. 면이불 까는 거 덮는 거 다 다시 세탁해서.. 고무장갑도 없어요. 먹는 거 이런 거 한차를 제가 실어서 우리 산모집에 갖다 준 적도 있고.. 아주 어려운 그런... 봉사하는 마음이 없으면 운영자체를 할 수가 없고 도우미들도 쉽게 일을 하고 돈을 많이 벌려고 하면 이 일을 하면 안 되지요. 인성 자체가 이미 벌써 산모 돌보고 애기 돌본다고 마음을 먹었으면 저는 기본은 착하다고 봅니다.〈C1-가〉

이거는 정부에서 이미 시작했잖아요. 그런데 산모들도 굉장히 이거를 도움이 필요한 시기에 도움을 주기도 하고 가장 출산하고 난 뒤에 요즘은 친정엄마 시어머니들 계시지만 전문성이 없단 말이에요. 친정 엄마들이 그렇다고 조리원에 다 들어갈 순 없잖아요. 그럼 그런 산모를 위해서는〈C1-가〉

예. 그리고 뭐 지금 일하고 계시는 분들도 계속 연계해서 일자리 창출도 된다는 거고 이미 이제 경력을 쌓아서 전문 현장에서 얼마든지 할 수 있고...무한하다고 봅니다...〈C3-가〉

(4) 서비스확대가능성

제공기관 간 경쟁은 현 시점에서는 불가능한 것으로 조사되었는데 이는 보건소가 기관의 형평성을 고려하여 산모들을 기관에 균등 분배하고 있기 때문이었다. 또한 기존에 서비스를 제공하고 있었던 민간영리기관들의 경우는 기존에 서비스를 받고 있는 고객들을 고려하여야 하고 월평균 산모들의 수가 일정하지 않아 자기관으로만 산모들이 몰리는 것을 꺼려하고 있어 역시 경쟁효과는 거의 없는 것으로 파악되었다. 또한 운영비문제가 해결되지 않으면 다른 기관들이 사업에 뛰어들지 않으므로 시장형성가능성은 매우 낮은 것으로 나타났다.

그러면 하고 싶어도 한마디로 산모들이 참사랑을, 어디를 민간업체를 원해도 못 해주는 거에요. 그런데 정부... 보건복지가족부 쪽에서 이미 이 사업을 지금 시행을 하고 있잖아요. 그러면 산모들한테 이왕이면 만족스럽게 조리 끝나는 게 그게 포인트 아닙니까. 맞잖아요. 그러면은 영리든 비영리든 다 해가지고 질 높은 데로 선택을 해줘야 되는 거에요.〈C1-가〉

그렇죠. 맞죠 근데 그런 거를 이런 관계(운영비적자문제)를 해결 안 해주면 우리가 제대로 된 서비스를 해주고 싶어도 못해주는 거에요. 어떻게 이런 적자를 보고..〈C1-가〉

일단은 업체 자체를 2군데를 찍었다면 산모가 찍는 거는 문제가 있다는 거죠. 똑같은 기관에 똑같은 서비스라면 산모가 찍어도 문제가 안 되겠지만 솔직히 일반 산모하고 우리 산모하고. 놓고 봤을 때 업체를 2군데 찍으라면 쌤같애도..(면담자) 참사랑... 〈C2-가〉

그러면 우리만 죽어나는 거에요... 그러면 산모가 기다려야 된다는 얘기가 나와요. 내가 몇 건이라면 몇 건 정도 조절해주는 중간에 기관이 필요해요. 그니까 지금처럼 담당자가 이렇게 이렇게 분산을 시켜주면 한 쪽으로 쏠리는 경향은 없겠지만.. 이거 반드시 쏠리거든요.. 이렇게 쏠렸을 때 거기에 대한 대책은 없다는 거죠..

그러면 만약에 너무 많아서 도우미들을 다 뽑았어요. 그래서 교육을 막 했어요. 하고 있다가 어느 순간에 딱 없어지면 그 많은 사람에 대한 일자리는 어디로 가냐는 거죠〈C2-가〉.

근데 대체 이게 얼마나 갈지 의문이에요. 이 제도 자체가 좀 짧지 않겠니... 그니까 길게 볼 장기 서비스는 아닌 거 같애〈C2-가〉.

영리기관이든 비영리기관이든 일자리 창출로서는 어느 정도 효과가 있는 것으로 나타났다. 특히 사회적으로 고용기회가 적은 40대, 50대 주부들의 일자리로 적절하다고 보고 있다. 영리기관의 경우는 기존 기관에서 일하고 있는 사람들이 대부분 그대로 하고 있지만 일이 늘어남으로써 수익이 늘어날 수 있었다. 비영리기관의 경우는 100% 신규채용을 하고 있다.

가계에 그렇죠. 보탬이 많이 되죠.. 그리고 나이 대가 전부 우리가 지금 30대 후반부터 50대까지 뽑는데... 사실 가정주부들이 남편 봉급 하나 바라보고 산다는 건 사실 많이 빡빡하게 삽니다.. 그래도 내가 한 달에 한 번, 두 번 씩 일하고 나면 어느 정도 수익이 있기 때문에 좀 더 여유롭게 살 수가 있죠.. 고런 그런 일자리 창출도 중요하고... 그리고 그 나이되면 일자리가 사실 많이 없습니다. 근데 산모도우미는 할 수 있는 부분이 어느 정도 출산한 경험이 있고 살림을 살고 다 했기 때문에 이 일은 전혀 생소하지 않아요. 그런데 교육을 의학상식, 육아상식 다 배워서 나가고 내가 출산해 본 경험이 있고... 여기서 전문성을 더 키워주면 나는 자신있게 일을 할 수 있거든요.. 그러고 굉장히 보람... 보람을 가지고 일하시는 분들이 많으세요. 너무너무 애기가 이쁘고... 애기가 새로 새삼스럽게 이쁘단 말이에요. 내 자식 키울 때는 킨지도 모르고 키우다가 애기가 새삼스럽게 이뿌다고요. 그리고 애기를 보면은 입꼬리가 올라갈 수밖에 없어요. 그 정말... 한마디로 이 세상에 오염되지 않은 애기잖아요. 그런 애기를 매일매일 볼 때는 집에 퇴근해서도 눈에 애기가 삼삼하데요. 그만큼 힘든 것도 물론 있지요. 산후 뒷바라지가 쉽지는 않잖아요. 그렇지만, 나는 정말 너무너무 "소장님 저는 천직입니다" 그런 분들도 많으세요〈C1-가〉.

많죠. 작년에 40명 정도. 추가로〈C2-가〉

일자리 창출로는 괜찮아요〈C2-가〉.

예.. 저희 사업 2006년 사업 시행하면서 거의 신규죠.. 100프로 신규(제공자)라고 봐야죠. 지금 뭐 도우미 어떤데 어떤 기관에서 개인적으로 도우미 하신 분 없잖아요〈C3-가〉.

(일자리창출효과) 예 괜찮다고 봐요〈C3-가〉.

(5) 바우처효과

산모돌보미사업은 다른 사회서비스사업과는 달리 종이바우처로 사업이 진행되고 있었으며 제공기관들은 종이바우처가 서류작업 등으로 정산이 빠르게 이루어지지 않는 점을 단점으로 지적하였다.

바우처 사업을 했을 때 애로사항이 그... 2007년도에는 애를 먹었는데.. 저 뿐아니고 바우처사업하고 있는 쪽에서는 아마 그랬을 거에요... 정부에서 예산이 부족해가지고, 8, 9월 달에는 예산이 부족한 상태에서 바로바로 조리 정산이 안됐어요. 그래서 인제 항상 그 돈보고 급한 사람들이 일을 하잖아요. 돈보고 일하는데 근데 계속 미룰 수가 없습니다. 그러면 돈을 미리 땡겨주고, 정산이 되면 또 거기서 정산을 하고, 근데 일반 이제 산모는 항상 바로 종료 하루 전날 계좌이체 시켜주거나, 조리 끝나면 시켜주기 때문에 바로 조리비용을 도우미한테 정산을 해줄 수가 있잖아요. 근데 요 바우처 사업은 조금 그런 부분이.... 아마 2월 1일부터 전자 바우처로 바뀌고 나면 그런 부분은 없을 거에요..〈C1-가〉

(6) 개선방향

사업의 개선방안으로 제공기관들 특히 영리기관들은 사업운영비의 증액을 가장 시급한 개선방안으로 지적하였으며 비영리기관의 경우는 산모들이 지불하여야 하는 부담금이 너무 높게 책정되지 않도록 하여 많은 산모들이 경제적 어려움 없이 서비스를 제공받을 수 있어야 한다는 점을 강조하였다.

그렇죠.. 그리고 남아야 투자를 할 수 있고, 남아야 조금이라도 산모한테 보탬이 될 수 있고, 적자를 보는데 계속 이끌어 갈 수는 없는 거에요〈C1-가〉.

바라는 점은 아까도 말했듯이 좀 더 질 높은 서비스를 위해서는.. 뭔가가 민간이 참여를 할 때는 수익 쪽으로 이익이 되는 부분이 있어야 더 질 높은 서비스를 할 수도 있고 아무리 사랑과 봉사하는 마음이 투철하다지만 적자 쪽에서는 될 수가 없는 거잖아요〈C1-가〉.

그니까 전체적으로 잡는 그 비용이.. 운영자 한사람. 뭐 한 사람. 내가 아까 숫자놀이라고 이야기 한 자체가 저희들한테 들어가는 홍보 비용이 전화비라던가. 우리가 움직이는 비용이라던가. 그러고 유축기라던가 거기에 필요한 물품들. 그런 제반경비들이 전체적으로 포함을 시켜서 계산을 해줘야지 운영비 자체가 나와 주는 거거든요. 거기에 대해서 우리 이윤이 적어도 10퍼센트 정도는 감안을 해줘야지. 적어도 어느 정도 적정수준이 되어줘야지 되지〈C2-가〉.

근데 산모의 부담금은 어림잡아 한다 해도...부담금 조금 늘였으면 좋지 않을까..
그렇게 되면 산모도 부담이 없고 저희들도 운영하는데 부담이 없기 때문에 서비스개선도 교육을 우수교육을 들어간다던지.. 고런데서 더 확률이 높아지지 않겠어요.〈C3-가〉

(7) 요약

◇ 제공기관입장에서 전반적으로 산모돌보미사업에 대한 **만족도와 사업의 필요성**이 매우 높게 나타났으며 이러한 조사결과는 산모돌보미사업의 확대되어야 하는 필요성을 지적한다고 볼 수 있다.

◇ 제공기간에서 자체적으로 이루어지는 **사업에 대한 홍보**는 인터넷이나 전단지 등의 배포 등으로 이루어지고 있었지만 대부분의 산모들이 사업에 대해 알지 못하는 것으로 나타나 적극적인 사업의 홍보가 범정부적 차원에서 이루어져야 할 것으로 생각된다.

◇ 산모와의 의사소통은 주로 전화를 통하는 경우가 많았으며 특별히 산모를 관리하는 **개별사례관리방안**은 없어 제공기관과 제공자 그리고 산모와의 의사소통개선을 위한 방안이 필요한 것으로 보여진다.

◇ 산모돌보미사업의 **일자리 창출효과**는 긍정적이라고 보여지는데 이는 비영리기관의 경우 돌보미사업을 전담하도록 하기 위하여 신규인원을 채용한 사례가 있었으며 제공기관에서 새로운 돌보미(제공자)들을 확보하였기 때문이다. 영리기관인 경우는 기존의 사업과 병행하는 관계로 특별한 서비스전담신규인원채용은 없었으며 돌보미의 증가보다는 돌보미들의 산모돌보미서비스제공건수가 더욱 많아져 수입이 향상되는 효과가 있었다.

◇ 사업에 참여하고 있는 제공기관의 수는 지역에 따라 편차는 있겠지만 대구, 경북의 경우 한 지역에 세 군데 이상 참여하는 기관이 없어 기관의 수가 제한적이고 보건소에서 서비스제공기관편중을 우려하여 기관을 대부분 지정해주는 관계로 이용자들의 기관에 대한 **선택권**은 거의 없었으며 이러한 결과로 산모서비스의 **시장형성가능성**은 기대만큼 밝지 않다고 할 수 있다.

◇ 영리기관들의 경우 운영비의 증액이 확보된다면 사업으로 유입될 가능성이 있어 운영비지급여부가 시장형성가능성에 밀접한 연관이 있었다. 결국 산모서비스제공기관의 수가 부족하고 기관편중을 고려하여 이용자들의 선택권이 확보되지 않고 있는 현 입장에서는 서비스제공기관 간 경쟁을 유도하기보다는 영역별 협력 및 협조체제를 구축하여 서비스의 내용과 질을 향상시키도록 하고 기관에 사업운영비를 별도 지급토록 하여 많은 기관들이

사업에 유입되도록 하는 것이 장기적인 시장형성을 위한 기초토대인 것으로 보인다.

◇ **전자바우처**는 산모서비스의 경우 아직 도입이 되지 않았으며 현재 사용 중에 있는 종이바우처에 대한 제공기관의 입장은 종이바우처가 이용 및 관리가 용이하지만 서류작업에 대한 불만이 높아 서류작업 등의 절차적인 면을 수정 보완하여 할 것이다.

◇ 제공기관의 입장에서 **서비스개선방안**으로 가장 비중있게 지적한 부분은 운영비지급문제라고 할 수 있다.

2) 서비스제공자

(1) 서비스내용

제공자가 제공하는 서비스는 산모관련서비스와 가사서비스 등 대부분 동일한 서비스이었으며 서비스시간은 기본이 2주간(쌍둥이 3주)이며 9시에서 6시까지이고 토요일은 오후 2시까지이고 공휴일에는 서비스를 제공하지 않았다. 특히 점식휴식시간을 지키는 경우는 거의 없는 것으로 나타났다.

> 음 인제 산후체조도 시켜주고 산후복부마사지.. 모유 먹여줄 때 유방마사지해주고 신생아 마사지해주고 신생아 목욕시켜 주고... 우리가 할 수 있는 최대한 할 수 있는 거는 그게 중점적으로 들어가죠..〈C2-나〉
>
> 일단 산모 신생아 관련해서.... 그들의 집에서 할 수 있는 제반적인 일을 저희가 파견이 돼서...가정 일하고 그 다음에 이제 산모하고 신생아에 대한 전문적인 일들이 있잖아요? 고런 부분을 하고 있어요〈C3-나〉.
>
> 아니요 토요일은 두 시까지〈C3-나〉
>
> (면담자: 아 토요일은 두 시까지고 그다음은 아홉시부터 여섯시까지고 일요일은 안하는 거구요?) 예 예 〈C3-나〉.

(2) 진행과정

제공자들은 최소 2주간 40시간의 교육을 받고 서비스를 제공하였으며 기존 민간기관에서 일하던 제공자들의 경우 특별한 교육없이 바로 현장에 투입되었으며 제공자들은 일단 2주 기본교육 후에 추가교육에 대한 필요성은 느끼지 않고 있었다. 노동시간(아침 9시 오후 6시)은 대체적으로 지켜지는 편이었으며 이동시간에 대한 보상은 이루어지고 있지 않았다.

(보수교육) 음, 없어요〈C1-나〉

기존에 하셨던 분들은 그냥 나가죠... 첨들어오면은..교육을 받아서 나가고... 처음에 하면은 자격증을 따고 나가고〈C2-나〉

교육이... 2주간 40시간〈C3-나〉

(보수교육)조금 보충했으면... 글쎄요. 저는 크게 못 느꼈어요〈C3-나〉.

예예 한 차로 30분 정도...〈C3-나〉

(3) 만족도

대체적으로 사업은 필요하고 지속되어야 한다고 생각하고 있었고, 제공자들은 돌보미일이 계속 이어지는 경우 돌보미일자리를 주부가 할 수 있는 적당한 일자리라고 생각하고 있었다. 하지만 제공자들 중에 영리기관에 속한 제공자들은 자신들이 파출부취급을 당하고 있다고 생각하고 있었으며 비영리기관에 속한 제공자들은 규정에 없는 가사노동을 시키는 것에 대해 불만을 표현하였다.

근데 정부지원으로 들어가면 공짜로 받으면서도 왜 파출부취급하면서 사람을 좀 업신여긴다고 해야 하나. 콧대를 좀 높이면서 사람을 좀 무시하더라고〈C1-나〉.

없지요... 자기들이 돈을 그만큼 주고 하는 건데.. 안 그렇죠.. 산후도우미로 들어가면 자기 복부마사지 유방마사지 애기 봐주고 이러면 고마워하잖아요.. 근데 정부지원 딱 들어가면. 근데 그것도 개개인마다 틀리니깐... 어떤 집에 가면 대우가 좋고 어떤 집에는 싸가지가 없고. 파출부취급을 당하고 막. 그렇더라고요. 보니까... 다른 점으로 생각할 꺼 같으면. 그런 일 없지 않아 있어요〈C2-나〉.

그런데 저는 뭐 아무튼 다행인지 그렇게 막 .... 일을 요구하는 그런 거는 없었는데.. 없었는데 인제 이렇게 뭐 파견을 하다보면 친정집에 와서 하는 경우가 있어요. 어차피 내가 들어가서 일을 하니깐. 친정식구들에 그 전반적인 일을 하게 되지요. 그런 거는 뭐 어떻게 보면은 신생아 산모 관련한 일이라고 볼 수도 없잖아요..〈C3-나〉

(일자리지속)정부지원하면서 바빠요. 예 해요.〈C1-나〉

그런 집도 있지만 안 그런 집도 많으니깐요. 고마워하고 잘 지내는 집도 많아요〈C1-나〉.

일은 많아요 저희 업체는... 도우미가 없어서 못나가는 경우도 많은데..〈C1-나〉

지금 일은 많죠〈C2-나〉.

일자리...는 괜찮은 것 같아요〈C3-나〉.

음.. 첫째는 뭐 요 지역에서 고렇게 일을 할 수 있고, 그리고 뭐 출근시간, 퇴근시간도 일하는 시간도 적당하고〈C3-나〉.

근데 정부지원 들어 가보면 가난하니까 미역도 왜...일반들은 큰 거 이런 거 사먹는데... 그냥 슈퍼에 파는 거 쪼매난 거.. 그거 사서 끓여먹고 그래요. 그러니까 도와줘야 되요〈C1-나〉.

진짜 오늘도 들어 가보니까, 진짜 힘들더라. 정말.. 들어갔는데 거짓말 아니고...소쿠리가 없어요. 그래가 내가 하나 가져가야 되요〈C2-나〉.

근데... 정말 필요한 사람도 있고... 그러니깐 친정부모도, 시부모도 아무도 돌봐줄 수 없는.. 그런 상황... 예 그런.. 산모들은 정말 일을 해주러 와줘도 보람이 있어요. … 〈C3-나〉

(4) 서비스확대가능성

제공자들은 모두 제공기관으로부터 적당한 대우를 받고 있다고 생각하고 있었다. 특히 민간영리기관에 속한 제공자들도 돌보미사업에 투입되기 전과 비교하였을 때 별 차이 없이 대접을 받고 있다고 생각하고 있어 제공기관에 대한 불만은 특별히 가지고 있지 않았다.

다른 직장과의 비교측면에서 영리기관에서 일하는 제공자들은 경산의 경우 큰아이를 돌보는 시간에 대한 임금보상이 전혀 이루어지고 있지 않은 것에 대한 불만이 있었으며 또한 산모들의 대접이 다르다고 생각하여 기존 영리업체에서 제공되는 이용자를 선호하는 경향이 있었다. 비영리기관에서 일하는 제공자의 경우 다른 사업과는 달리 산모와의 인간관계가 중요하기 때문에 인간관계를 특히 강조하였다.

기관에서는 차이 없어요. 기관에서는 똑같이 그렇게 도우미로 해주니까.〈C1-나〉

어떻게 보면 여기서 일하는 사람이 더 힘들죠. 전화 받고 클레임걸리고 막 막으러 가야 되고... 일하러 가는 사람보다는... 소장님도 힘들죠.〈C1-나〉

예 우리 소장님 좋아서 다 들어줘요. 다 들어줘요. 이랬다 속상했다 그런 거 뭐〈C2-나〉

예..눈치 볼 필요 없어요. 골고루 다해요. 이 집은..〈C2-나〉

여건... 예 일단은 좀 받아주시고 이런 편이...〈C3-나〉

일단은 알고 있어야 되지요. 이쪽에.. 그래서 뭐 더 큰문제가 발생하지 않기 위해서는.. 여기 담당하시는 분이 계시니깐.. 연락을 하고. 요런 상황을 있다는 것을 이야기 하고 그러면 나중에 뭐.... 민원이 생겼다든지 할 때도 인제 문제를 해결하는데...〈C3-나〉

그렇죠. 당연히. 아니 모르는 상태에서 한 거 같으면.. 모르고 하겠는데... 우리 같은 경우는 2가지 들어가잖아요. 일반도 들어가고 여기도 들어가고 하면 차이점이 대반 나잖아요〈C1-나〉.

그니까 경산부 이런 거.. 좀 돈 주고 해줬으면 좋겠어. 첫 애, 둘 째 이런 거... 돈이 이게 생각보다 임금이 적어요〈C2-나〉

우리가 일하는 거에 비해서 정부지원에 대해서는 그게 안 되잖아.. 첫 애, 둘 째...셋 째 이래 있는 게 일이 힘드는 만큼 보수가 없잖아. 무조건 50만원, 40만원 밖에 못 받으니까〈C2-나〉.

글쎄요. 뭐 파견해서 일을 하다보면 뭐 어려움이 안 있겠습니까. 인간관곈데.. 인간 대 인간인데...고런 면에서는 쫌 힘들 때도 있는데.. 괜찮아요〈C3-나〉.

(5) 바우처효과

산모돌보미사업은 다른 사회서비스사업과는 달리 종이바우처로 사업이 진행되고 있었으며 제공자들은 종이바우처가 서류작업 등으로 정산이 빠르게 일어나지 않아 임금을 늦게 받는다는 점을 단점으로 지적하였다.

근데 정부에선 그게 좀 그래요...둘 째 낳으면 얼마, 셋 째 낳으면 얼마 주면서.. 그런 건 주는데 우리는 왜... 그라고 왜 일하면 재깍재깍 돈을 줘야지 보름 있다 주고 왜 그런디야. 일끝나면 일반 같은 경우에는 바로 돈이 딱 나오잖아요.. 근데 보름 있다 기다렸다 한 달 기다렸다 막 이래요.〈C1-나〉

그게 좋을 거 같다. 쿠폰으로 하니까 돈이 밀리더라고.. 나는 정부지원 하면 돈이 거의 백만원씩... 밀리고 이랬지 두 달치 밀리고 뭐...〈C1-나〉

돈 바로 주는 게 낫지. 정부지원은 그냥 쿠폰으로 이제 자기들이 보건소 신청하면 쿠폰 50만원짜리 주잖아요. 그러면 일 끝나는 날 줘요 그거를 우리한테... 그러면 우리가 이제 받아서 사무실로 갖다 주면 그게 이제 서류가 들어가면 그게 보건소로 들어가니까... 그러니까 기간이 좀 걸리지〈C2-나〉.

(6) 개선방향

영리기관에 속해있는 제공자들은 주로 쌍둥이인 경우 일은 더 많지만 임금은 같은 점 그리고 경산인 경우 큰아이를 돌보는 것에 대한 임금보전이 안 된다는 점 등 임금문제를 개선방안으로 지적하였으며 영리기관에서 일하는 제공자의 경우는 약관(규정)에 나와 있는 서비스만 제공하는 것이 아니고 현실적으로 더 많은 가사서비스를 제공하는 것에 대한 대책마련을 강조하였다.

근데 솔직히 일당이 적어요. 정부지원은 일당이 적어.〈C1-나〉

2배로 움직여야 돼... 정부지원은 조금...쌍둥이는 진짜 편의를 좀 봐줘야 돼.〈C2-나〉

그니까 경산부 이런 거.. 좀 돈 주고 해줬으면 좋겠어.. 첫 애, 둘 째 이런 거.. 돈이 이게 생각보다 임금이 적어요.〈C2-나〉

그러니까 바로바로 돈을 주고.. 경산부같은 경우에도 수당이 좀 있었으면 좋겠어요. 일하는데 비해서..〈C2-나〉

근데.. 산모.. 그.. 지금 현재는 약관이 딱 나와 있어요. 해야 되는 범위가 나와 있잖아요. 근데, 이게 우리 파견.. 우리 직장이, 2주 동안 개인 가정이잖아요. 가정에서 일을 하다보면 약관에 나와 있는 대로 고렇게 뭐 일이삼사 딱딱 할 수가 없어요. 나가서 아까 처음에 말씀을 드렸듯이 가정에 뭐 전반적인 일을 산모가 해야 되는 일을 우리가 전반적으로 다 같이 봐주고 있기 때문에 거기서 더 이상 범위를 늘린다면 우리 도우미들이 어떻게 거기서 뭐 견뎌 낼 수 있는.. 그런 돌파구는 또다시 마련을 해줘야 안 되겠습니까..〈C3-나〉

(7) 요약

◇ 서비스를 제공하는 제공자의 입장에서 산모돌보미사업은 저소득층뿐만 아니라 모든 산모들에게 반드시 필요한 사업이라는 공감대가 형성되어 있었지만 임금과 업무 등에 대

해서는 불만을 가지고 있는 것으로 파악되었다.

◇ 제공하는 서비스와 시간은 대부분 동일하였지만 규정에 없는 가사서비스의 경우 제공자의 개인적 성향에 따라 서비스가 다르게 이루어지고 있었다.

◇ 근무시간 중 1시간의 점심 및 휴식시간은 거의 지켜지지 않아 노동강도는 매우 높은 것으로 나타났다.

◇ 임금의 단가는 대체적으로 낮다고 인식되고 있었지만 일이 계속 이어진다면 여성이 할 수 있는 적합한 일자리라고 생각하고 있었다. 제공자 대부분 돌보미일자리가 생계형일자리라기보다는 부업수준으로 적당한 일자리라고 생각하고 있었다.

◇ 사업에 대한 만족도는 소속기관에 따라 다르게 나타났다. 영리기관에 소속되어 있는 제공자들은 대부분 자신들이 파출부취급을 당한다고 불만을 가지고 있었으며 비영리기관에 속한 제공자는 주로 규정에 없는 가사서비스제공 요구에 불만이 있는 것으로 나타났다. 하지만 전반적으로 사업에 대한 개인적 만족도는 높았으며 계속 일할 의사가 있는 것으로 나타났다.

◇ 종이바우처 대해서는 임금지급이 서류작업으로 늦어지는 점을 문제점으로 지적하였다.

◇ 다른 직장과 비교해보았을 때 민간기업에 소속되어 있는 제공자들은 기존 민간기업들은 경산의 경우 큰아이돌보는 것에 대하여 제공자들에게 보상을 주었지만 돌보미사업은 큰아이돌보는 것에 대한 보상이 전혀 이루어지지 않는다는 문제점을 지적하였고 비영리기관에 속해 있는 제공자들은 산모돌보미사업이 다른 직장과는 다르게 산모와의 인간관계형성이 매우 중요하지만 관계형성이 매우 어렵다는 점을 지적하였다.

결국, 비영리기관에서 일하는 제공자의 경우 다른 사업과는 달리 산모와의 인관관계가 중요하기 때문에 인간관계에서 어려운 점이 있음을 강조하였고 영리기관에서 일하는 제공자들은 주로 인간관계보다는 이용자들의 대접의 차이와 이용료상의 문제를 주로 지적하여 비영리기관에서 제공된 제공자들이 현실적인 임금이나 노동환경보다 이용자들과의 인간관계를 형성하기 위하여 보다 노력하고 있음을 알 수 있다.

◇ 사업에 대한 개선방안으로 영리기관의 제공자들은 주로 임금인상, 특히 쌍둥이인 경우는 노동강도에 대한 노동기간 단축과 경산인 경우 큰아이 돌보는 것에 대한 수당인정을 강조하였다. 이는 영리기관에서 일하는 제공자들의 경우 이미 기존 사업에서의 처우에 익숙하여 노동조건 등에서 비교가 가능하지만 비영리기관에서 일하는 제공자들은 임금 등과 같은 노동조건에 대한 비교가 불가능하기 때문에 주로 인간관계 개선이나 제공자들의 서비스영역의 구분 등에 대한 대책을 강조하였다.

◇ 전반적으로 제공자입장에서 보았을 때 임금인상 등의 노동조건개선 그리고 제공되는 서비스 내용에 대한 산모사전 교육 등이 필요한 것으로 보여졌다.

3) 서비스이용자

(1) 서비스내용

이용자가 제공받는 서비스는 산모관련서비스와 가사서비스 등 대부분 비슷한 서비스를 제공받았지만 영리기관에서 서비스를 제공받는 이용자들의 경우 일반이용고객과 정부지원서비스이용고객에 대한 서비스의 질이나 내용이 다르다고 생각하는 경향도 있었다. 즉, 정부지원서비스의 질과 내용이 일반서비스보다 더 나쁠 것으로 생각하고 있는 경우도 있었다.

> 시간적인 것도 그렇고 좀 이렇게 아.. 음.. 말 그대로 돈을 줬으니까~ 그런 서비스가 있겠지만 돈을 안줬으니까 몰라... 이렇게 조금은 다른 거 같아요. 서비스, 우리가 보통 적으로 알고 있는 거랑은 또 보건소니까... 돈을 안내고 그런데 제가 생각하기에는 보건복지가족부에서 그만한 돈을 줬는데도 해택은 다른 거 같아요. 제가 생각 할 때는...〈C2-다1〉

> 예 그렇죠, 그렇죠. 자기 돈을 들여서 하면은 그게 참사랑 어머니의 회사 측에서 그게 가방으로 택배로 날라온다.. 그러데요. 에 그런데 여기는 순수 도우미만 나오셔가서 이렇게 하고 〈C2-다2〉

> 음... 큰 애기 봐주고... 운동시켜 주고, 유축기로, 젖 유축할 수 있도록 해주고, 배맛사지, 아 얼굴 근육 맛사지도 해주셨어요... 또 큰애 작은애 다 봐주시드라구요... 작은애 기저귀 다 봐주시고, 청소, 밥, 빨래, 반찬... 애기 다 재워주고요...〈C3-다3〉

서비스기간은 2주이며 쌍둥이인 경우는 3주간 서비스를 제공받았으며 제공자에 따라 더 많은 시간 서비스를 제공받는 이용자도 있었지만 대부분의 경우 기본적으로 9시에서 오후 6시까지 서비스를 제공받았다.

그렇지요...딱 2주간 해주데요... 시간은 9시부터 6시까지 딱 맞춰서요...(강한어조)〈C1-다3〉

(면담자: 아 그러면 한 3주였네요... 쌍둥이라~ 지금 첫 애기네요) 아.. 네〈C2-다1〉

네 맞아요. 토요일은 일찍 가시고 해서 2주 동안 받았구요. 시간은 5시던가? 6시던가?? 그랬어요.. 암튼〈C2-다3〉

시간도 9시부터 6시까지인데도, 아침에 8시 반까지 오셔가지고. 우리 큰 딸 유치원 때문에 일부러 그때 오시는 거에요... 그래서 가실 때는 알아서 일찍 보내드리기도 했어요...〈C3-다3〉

서비스이용경로는 주로 주변사람들의 권유나 개인적인 관심 등으로 정보를 획득하여 서비스를 신청한 경우가 대부분이고 정부나 기관홍보물을 통하여 서비스를 알게 된 경우는 드물어 홍보에 대한 문제점이 지적되었다.

예 그때 왜 칠곡에서 둘째 셋째 낳으면 애기 급여나온다고.. 그거 알아본다고 알아봤는데 그게 되더라구요.. 그래서 그때 가르쳐줘서 신청했어요. 미리.. 12월달에〈C1-다2〉

어...친구통해서... 친구가 보건소에 신청하니깐 산후조리 지원이 나오더라...그 다음에 너도 한번 받아 봐라 이래가지고.〈C2-다2〉

주위 사람한테 듣고 첫 번째는 제가 보건복지가족부나 그쪽에 들어가서 한번 봐봤죠 복지가 어떻게 되는지?〈C3-다1〉

보건소에서 갔다가 우연히 알게 됐어요〈C3-다2〉.

(2) 진행과정

이용자들은 대부분 이용시간보다는 특히 이용기간에 있어 불만을 나타났는데 2주간의 서비스를 한국현실(삼칠제의 풍습)에 맞추어 3주간 서비스가 제공되는 것을 원하였다. 서비스에 대한 추가구매의사는 매우 낮았는데 이는 부담금액에 대한 경제적 부담 때문인 것으로 나타났다. 서비스에 대해서는 전반적으로 만족을 표시하였으며 개인비용으로 서비스를 받을 때와 동일한 서비스에 대한 욕구와 추가적인 서비스로 좌욕서비스를 원하는 경우도 있었다.

예 좌욕에는 그거는 자연분만 해서 받았으면 좋았을 건데..그렇게 생각했었어요〈C2-다2〉.

추가를 했으면 좋겠는데 자부담을 들여서 추가를 못하니깐 그거는 정부에서 조금 지원을 해주면..반틈을 지원을 해주면 그 반 정도는 부담을 해서 하면 좋죠〈C2-다2〉.

그러나 기간이 좀 더 길었으면 좋겠어요,, 한 3주 정도로요,, 우리나라는 삼칠일 동안 출입을 금기시 하는데 왜 하필이면 2주간인지 몰라요〈C2-다3〉.

안 그래도 자부담금을 들여서 1주 정도를 더 해 볼려고 했는데 알아보니깐 비용이 너무 비싸드라고요.. 그래서 그냥 안하고 말았어요...〈C2-다3〉

네 2주간 정확하게 해주던데요... 시간도 정확하게 지키시고...〈C3-다2〉

(3) 만족도

대체적으로 이용자들은 제공되는 서비스에 대해 만족하였지만 정부지원과 개인비용으로 서비스를 모두 받아본 이용자의 경우 영리기관의 제공자들이 개인비용으로 서비스를 받을 때보다 한 시간정도 퇴근이 빠르다는 것을 지적하였으며 또한 정부지원으로 서비스를 받은 이용자 중 서비스가 무료라 마음대로 일도 못시키는 것에 대한 심적 부담이 있음을 나타냈다.

근데 시간이 빠르니까 좀 더 힘들더라구요. 6시까지 하면 좀 더 나은 것 같아요. 저녁도 차려주고 부랴부랴 가셔야 하니까. 저희 신랑 올 시간이고.〈C1-다1〉

예 솔직하게 맞잖아요. 돈을 안주니까 부담스러워서 시키지도 못하겠고 그러니까.〈C2-다1〉

어디서 이렇게 자기가 돈을 내고 하는 게 아니고 거기서 해주는 거니깐 어떻게 해달라고 말도 못하고 요렇게 해 달라 할 수도 없는 거잖아요〈C2-다2〉.

정말 너무 감사해요. 끝나고 가실 때는 눈물까지 흘렸어요. 저는...
지금도 연락해요... 이모하고는요... 엄마처럼... 막 그랬어요. 제가 멀 할려고 하면 그런 거 하면 안된다면서 야단도 치고.. 제가 할께요 하면 하루 이틀 하는 일이 아니라며... 부담도 없었고.. 불편하지도 않았고. 정말 서먹하지도 않았어요. 가족처럼... 지냈어요...〈C2-다3〉

제공기관과 제공자들에 대해 이용자들은 대부분 만족감을 나타냈으며 특히 제공자들의 역할이 산후 겪게 되는 우울증을 극복하는 정서적 지지역할에 대한 효과가 있는 것으로 나타나 돌보미사업이 산모들의 삶의 변화에 긍정적인 역할을 하는 것으로 나타났다. 이용자들은 제공자가 제공하는 서비스에 대한 견해의 차이나 가사서비스를 더해 주었으면 하는 기대를 가지고 있는 경우도 있었다. 또한 일 시작 전에 제공자에 대한 소개나 어떤 서비스가 제공될 것인지 등에 관한 정보를 제공하지 않는 것에 불만을 갖는 경우도 있었다.

크게 원칙이라는 거보다는요. 그걸 가르쳐 주는 게 별로 없었어요. 음! 그냥 몇 시에 퇴근하고 몇 시에 하고 그게 저는 뭘 할 수 있고 뭘 하고 이런 말이 별로 없었어요.. 솔직하게 그래서 저도 처음에는 몇 시에 퇴근하는지 몰랐어요. 그냥 아.. 집에 갈 때 다 되가지고 우리 뭐 6시에 퇴근합니다.. 물어보고 가고 이랬어요〈C2-다1〉.

그니까 뭐 그래 특별하게 와서 왜 뭐... 우리 처음 왔으면.. 그냥 여기 뭐 도우미왔다 해서 크게 뭐 이런 거 없었어요. 그냥 뭐.. 그때그때 말하고 따로 이렇게 차례라는 그런 거 없었어요. 책으로 설명하자면 차례가 있고 머리말이 있고, 이렇듯이 그런 거 없이 이런 거 있잖아요.. 그냥 그때그때 있잖아요...〈C2-다1〉

되게 편하게 잘 해주셨어요. 친언니처럼 오셔가지고 이야기도 많이 하고... 그냥 할일만 하고 가는 것도 아니고. 저도 언니라 부르고 이런 저런 이야기도 하고 세상사는 이야기도 하고 애기 낳고 하면 우울증 비슷한 게 오거든요. 그런데 가끔 그런 이야기도 하고 하니깐 먹고 싶은 것도 많이 만들어 주시고 하니깐.〈C2-다2〉

불편했던 거는 시간이 딱 정해져 있으니까... 그 시간이 되면 서로가 바빠지고 일이 조금 더 있으면 서로 불편하드라고요.. 그거 빼고는 별 다른 거 없어요.〈C2-다2〉

이용자들은 대부분 산모돌보미사업이 출산과 이에 따르는 육체적 제한을 극복하는데 있어 매우 필요한 사업이라고 강조하였으며 대체적으로 다른 사람에게도 사업을 권유할 의사가 매우 높은 것으로 나타났다.

예예 트러블은 없었고, 많이. 좀 많이 이해해주시고 하니까...제가 이야기를 하면...〈C1-다1〉

네... 필요하다고 봐요... 저처럼 필요한 사람들이 더 받을 수 있으면 좋겠네요〈C1-다3〉.

예.. 우선은 권유를 해야죠. 저처럼 이런 상황이 이렇다면 조금이라도 그냥 솔직히 완전히 싫어하는 것도 아니였거든요. 빨래하나 해주는 건 좋았어요〈C2-다1〉.

필요는 한데 그게 홍보가 안 돼 있는 거 같아요.. 제 생각에〈C2-다2〉

당연히 필요하죠. 돈을 3, 4만원 쓰더라도... 전문으로 하는 되면... 하는 게 낫죠...〈C3-다3〉

(4) 서비스확대가능성

본인부담금이 있을 경우 경제적 부담으로 서비스를 받지 않겠다고 대답한 응답자도 있었지만 전체적으로 서비스이용료의 10%정도는 본인부담의사가 있었음을 볼 때 본인부담금이 생기게 되는 경우 부담액의 액수에 따라 서비스이용의사가 결정될 수 있을 것으로 보인다. 따라서 동일한 액수의 본인부담보다는 차별적용의 본인부담이 필요한 것으로 보인다.

(본인부담금) 예 괜찮아요...보통...〈C1-다2〉

그 정도 돈 같으면... 49,000원, 5만원 정도 같으면.. 고것만 내고 하면 사람들이 뭐 괜찮을 거 같은데...〈C1-다2〉

이용자들에 의한 기관선택은 거의 이루어지지 않았으며 보건소에서 지정해 주는 기관을 선정한 경우가 많았고 선택기관에 대한 정보를 가지고 있지 않은 경우가 많아 선택의 여지가 없는 경우가 많았다. 하지만 무료로 서비스를 받는다는 입장에서 제공기관 선정에 특별한 불만을 가지고 있지는 않았다. 특히 제공기관에 대한 선택보다는 대부분의 이용자들이 제공자에 대한 선택을 원하는 것으로 나타났다.

예.. 참사랑 이쪽에 신청이 돼따꼬. 참사랑에서 연락이 왔드라꼬예... 그래서 했죠머.〈C1-다3〉

은지요~ 몰랐지요.. 안갈쳐 줬는데...그냥 가라고 해서 갔고 연락왔었는데요.〈C1-다3〉

아무래도 그래야겠죠.. 경력이 있는 사람 위주로 선택하게 되겠죠.〈C1-다3〉

아니요, 그런 거 없고요 참사랑 하라면서 이렇게...〈C2-다1〉

네 전혀 듣지 못 했구요. 전혀 선택할 수 없는 상황이었어요.〈C2-다3〉

아니오 전혀 그런지는 몰랐죠. 그냥 여기 전화번호를 가르쳐주니까.. 일로 한거죠....그런 선택 같은 거 없었는데....〈C3-다2〉

네 안 그랬던 것 같이요....신청은 2달 전에 했는데... 그니깐 7월말에요... 제가 6개월 때요.. 근데 연락은 9월에 왔어요... 8개월 들어설 때요... 나라에서 돈을 제때 안주니깐.. 하는 사람들이 다 빠져나가서... 사람이 없었다고 하드라고요.... 회사 한 두개가 있는 게 중요한 게 아니라... 도우미가 있어야 할 것 같아요...〈C3-다3〉

(5) 바우처효과

이용자들은 종이바우처가 전반적으로 크게 편리한 점은 없으나 관리하기가 현금보다 편리하다는 점을 지적하였으며 특히 현금으로 주면 서비스를 받지 않는 경우도 생겨 바우처가 현금보다 편하다는 이용자도 있어 바우처가 사용자에 따라 표적효율성이 있음을 나타냈다.

그게 더 괜찮지 않나요? 돈보다 괜찮은 거 같은데...〈C1-다2〉

하지만 종이바우처는 제공자에게 서류절차 등으로 지원금(임금)이 늦게나오는 경우 피해가 아이에게 돌아갈 수 있다는 우려감을 지적하였으며 현금이 아닌 종이(바우처)로 서비스이용료를 지불하는 것에 대한 인간적 미안함을 지적하는 경우도 있어 도우미에게 직접 현금으로 서비스이용료를 지불하고 싶음을 강조하였다. 또한 보건소에서 이용자에 종이바우처를 주지 않고 직접 관리하는 곳도 있어 바우처를 모르는 이용자도 있었다.

예, 되게 민망해요. 그게 되게 한 장 달랑 있는 거고. 이러니깐〈C2-다2〉.

아뇨... 쿠폰이요? 받은 적 없는데요. 쿠폰.〈C2-다3〉

글쎄요. 뭐 제가 주는 입장에서는 나쁜지 어떤지는 잘 모르겠어요. 받는 입장에서는 뭐 쿠폰제를 나쁜지 어떤지..모르겠는데요. 그거는요〈C3-다1〉.

쿠폰에 대해서 별다른 생각은 안 해봤는데... 옷장 안에 계속 넣어 놨어요. 돈이었으면 통장에 넣겠죠...쿠폰이니까..처음 받아서 한번보고.. 마지막에 이모드릴 때 그때 두 번째로 본 거에요...근데 정말 고생해주셨는데.. 그것만 드리고 정말 부담스럽드라구요〈C3-다3〉.

(6) 개선방향

대부분의 이용자들은 현실을 감안하여 서비스를 3주간 제공하는 것을 원하였으며 사업자체는 매우 필요한 사업이지만 홍보가 이루어지지 않아 많은 산모들이 서비스를 받고 있지 못함을 지적하여 정부차원에서 홍보에 대한 개선이 필요함을 강조하였다. 또한 서비스를 제공받을 수 있는 이용자 자격기준의 까다로움을 지적하여 자격기준에 대한 수정이 필요한 것으로 파악되었으며 서비스 이용시간에 있어 제공자들이 저녁을 준비할 수 있도록 근무시간을 조정해야 할 필요성도 있는 것으로 파악되었다.

그래서 한 시간 정도 늦춰주면 좋을 거 같아요〈C1-다1〉.

사람들이 많이 받고 싶어 해요. 저 아는 사람들이 저 받았다고 하니까... 많이 신청하는데 안 되는 사람들이 많더라구요. 의외로...〈C1-다2〉

그러니깐... 홍보가 하나도 안 돼 있는데 어떻게 하는지 알 수가...
그리고 홈페이지를 들어가 봐도 우리가 젊다고 홈페이지를 들어가 봐도.. 그래도 우리는 젊다보니깐 인터넷하고 하니깐 노인 분들은 못하지만 홈페이지를 들어가 봐도 홈페이지에도 홍보가 제대로 반짝하고 안 떠오르니깐 맨 날 들어가 보는 데만 들어가 보고 이러니깐..〈C2-다2〉

홍보가 많이 안 되서 모르는 사람이 너무 많아요.. 애기 낳는데 돈이 얼마나 많이 드는데요.. 이렇게 지원받아서... 받을 수 있는 사람은 모두 받아야 되요.. 산부인과나. 병원에 홍보가 필요하죠.〈C3-다2〉

이모님들 같은 분들한테..머.. 바라는 거 없어요... 다 마음에 들어서... 좋은 일 많이 하자나요... 제가 볼 때... 도우미 이모들... 머리써도... 오기도 하는데... 별도로 차비라도 줬으면 좋겠어요...헤헤...그런 분도 돈 40만원 번다고 다니는데...〈C3-다3〉

(7) 요약

◇ 이용자들이 제공받는 서비스는 대부분 비슷하지만 제공자에 따라 추가적인 가사서비스가 제공되는 경우도 있었다. 또한 영리기관에서 서비스를 제공받는 이용자들의 경우 일반 고객에게 제공되는 서비스와 돌보미사업에서 제공되는 서비스가 다를 것이라는 의문을 제기하는 경우도 있었지만 두 서비스를 모두 경험한 이용자의 경우 서비스에 별다른 차이가 없음을 나타내었다.

◇ 전체적으로 서비스이용기간에 대해서는 2주간의 서비스에 의문을 제기하였으며 본인부담으로 추가구매할 의사는 없는 것으로 나타났다. 또한 서비스가 본인부담금제로 변화되는 경우 서비스를 위해 부담할 수 있는 부담금액은 개인의 경제적 상황에 따라 다름을 나타내 일률적인 본인부담액보다는 본인부담액의 차별적 적용이 필요하였다.

◇ 전반적으로 이용자의 입장에서 산모돌보미사업은 필요성은 높았으며 대부분의 이용자들이 주위의 산모들에게 사업을 제공받도록 권유할 것이라고 대답하여 만족도도 매우 높아 사업이 확대되는 것을 원하고 있었다.

◇ 전반적으로 자격기준에 대해서 불만을 지적하였다. 산모들은 저출산이라는 사회문제를 해결하기 위한 지원정책으로 사업이 확대될 수 있도록 자격기준을 완화하는 정책수정이 필요한 것으로 나타났다.

4) 제안점

◇ 이용자들은 이용기간에 대해서도 2주보다는 3주간 서비스가 제공되기를 원하여 서비스제공기간에 대한 수정이 필요한 것으로 보여진다.

◇ 대부분의 이용자들은 산모관련 이외의 가사서비스를 원하는 것으로 나타나 표준서비스내용에 대한 이용자교육이 필요함을 나타내었다.

◇ 서비스이용자격에 대한 완화가 필요한 것으로 나타나 자격기준에 대한 정책적 수정이 필요하다.

◇ 본인부담금을 책정하는 경우 지역별, 임금수준별 격차가 있어야 하기 때문에 수준에 맞는 부담금책정이 필요한 것으로 보인다. 또한 일정소득수준 이상의 산모들에게 이용료를 일률 적용하는 경우 많아도 본인부담금은 전체 서비스이용료의 10%선을 넘지 않는 방향으로 결정되는 것이 바람직한 것으로 나타났다.

4. 지역사회서비스혁신사업 결과분석

1) 표준형사업

(1) 서비스 제공기관

① 서비스내용

아동인지 사업은 주 1회 가정을 방문하여 20-25분 정도 독서지도와 학부모 상담서비스를 제공한다. 비만관리 사업은 월 1회 체력측정, 온라인 건강 식단 정보제공 및 점검, 주당 2시간 구기 종목 위주의 운동 서비스를 제공한다. 아동인지 서비스는 4인기준 의료보험료 8만원 이하, 또는 평균소득이하 가정의 아동을 대상으로 동사무소에서 신청 심사를 거쳐 선발한 사람들에 서비스가 제공되고, 비만관리사업도 비만도 20% 이상 아동 중 신청자 명단을 시청에서 받아 선정되므로 서비스의 중복이나 부정수급사례는 발견되지 않았다.

아이들한테 그 독서 부분이라든지 이런 부분에 있어서 도움이 될 수 있는 형태로 프로그램이 운영이 되고 있거든요 되고 있고, 그래서 지금 현재 운영하는 게 월 4회죠. 월 4회, 주 1회 기준으로 방문을 해서 어 이제 아이들 집집마다 방문을 해서 어 아동인지부분을 담당하고 교사분들께서 계시구요. 그 다음에 교재 부분이라든지 이런 부분에 있어서는 실 교재부분하고 아이들한테 읽을거리 제공 책하고 프로그램이 같이 운영이 되고 있어요[D1].

시간을 보면은 인제 학부형과 상담을 항상 하거든요? 그래서 수업부분 포함해서, 그리고 학부형 상담. 집에서 어떻게 지도하시면 가장 효율적이다 라는 상담 이렇게 해서 20분정도 운영을 하고 있습니다[D1].

한 달에 한 번 체력측정을 하거든요. 건강이 나아졌느냐 고것도 집에서 다 결과가 나타납니다[D3].

고게 아까 인터넷상에서 개인 홈페이지가 다 있습니다. 자기 아이디하고 비밀번호를 넣으면 집에서 내 건강 체질 맞는 식단이 집에 인터넷상에 나타납니다. 아동에 대한 체질에 대한 식단이 짜여져 있습니다. 고거 인쇄해 가지고 고대로 100%는 모 하겠지만은 고에 좀 맞차가 하시오 하는 전화는 서로 상담을 하고 있죠[D3].

지금 수요일, 토요일 두 번해 가지고 4시, 6시 두 타임하고 있습니다. 그것도 지금 애들 하는 시간이 안 되가지고 토요일만 두 시간 하는 애들이 삼분일 되고요[D3].

우리는 하라고 하는 데로, 본사에서 취지가 그렇더라고 협동심을 기르는 게 우선이고, 구기 종목으로 운동을 시켜라 그래 시켜보니까 단점이 뭔고 하면은 남학생들은 잘 따라 하는데, 여학생들은 취미가 없더라고요[D3].

대상자들은 보면은 4인 가족 기준으로 봤을 때. 지금 의료 보험료 기준으로 보면 작년 같은 경우에는 받았던 대상이 8만원 이하 되는 가정이였거든요? 그러니깐 월 소득액이 300만원 미만 되는 그 정도 되는 가정 기준이였구요[D1].

20%가 되면은 해당 어머니들이 동사무에 신청을 하고 동사무소 신청이 시청에 올라가면 시

청 담당자가 연락이 옵니다. 그럼 제가 명단을 가지고...등록을 합니다[D3].

② 진행과정

사업홍보는 원칙적으로 시, 군, 구에서 담당하며 동사무소, 구청에 홍보물이 비치되어 있으며 어린이집, 유치원에 안내문 발송, 아파트현관에 안내문 투입, 홍보테이블 설치, 기관 홈페이지 등을 통해 적극적으로 홍보가 이루어진다. 인지사업의 경우는 제공자(방문교사)를 대상으로 초기의 오리엔테이션과 매주 고객만족을 강화할 수 있도록 교육이 이루어지지만 비만관리사업은 인터넷 식단 제공과 아동과의 면담이외 운동은 강사의 자율에 맡겨져 있고 별도의 교육은 이루어지지 않는다. 인지사업의 경우 초기에는 먼 거리의 교통문제로 바우처 신청 후 서비스가 제공되지 못하거나 아동의 연령을 고려하지 않은 서비스의 제공을 원하거나 약속시간의 번복 등의 문제가 발생하였으나 현재는 대부분 문제가 해결되고 안정화되고 있다. 비만관리 사업은 남학생 위주의 운동에 불만이 여전히 남아 있지만 여학생 이용자가 확보되면, 요가, 재즈댄스 등 여학생을 위한 운동을 보강할 예정이라고 하였다.

회원들 월별로 숫자만 하면... 구미시 같은 경우에는요. 타 지자체와 다르게 7월에 접수를 거의 다 받았어요. 거의 98프로. 빨리 마감이 됐어요. 그러니깐 적극적으로 홍보가 구미시에서도 들어 갔었구요. 구미시에서 어린이집 유치원 쪽으로 안내문 다 발송 하셨구요. 다 발송하셨고, 담당자 분께서 그래서 지자체 그 담당하시는 주민생활지원에 직원이 보니깐 안내문 발표를 신속하게 했더라구요. 그래서 홍보가 빨리됐어요. 빨리됐고, 그다음에 저희가 업체로 지정된 요 시점에 기존 아이들한테 해당되는 아이들한테도 그 굉장히 많이 홍보를 했었거든요? 그렇게 되다 보니깐 한 달 내에 그냥 마감이 다 끝났어요[D1].

테이블에서 그 부분에 궁금해 하시는 분들한테 설명도 해드렸어요. 설명도 해드리고 안내도 해 드렸구요. 그 다음에는 그 프로그램에 대해서 그냥 정보가 없으신 분들은 잘 모르시잖아요. 모르니깐 어린이집이나 유치원부분에 안내문 발송은 구미시에서 했었구요. 나머지 현장에서 홍보하는 거는 저희들이 홍보를 했었어요. 교사들께서 홍보를 많이 하셨어요. 교사들하고 같이. 저희 자체에서 안내문도 만들어서 배포도 하고 아파트 투입구에 투입도 하고 그 다음에 테이블 펴놔놓고 아파트 입구에서 이런 이런 부분에서 보건복지가족부에서 이렇게 서비스 운영합니다라고 그런 부분에 대한 홍보들도.[D1]

일반하고 저희들 기준으로 봤을 때 일반적으로 해오던 부분하고 바우처로 하는 부분이요? 일단은 그 부분에 대한 차별 부분을.. 굳이 분리시키게끔 교사들을 교육하진 않구요. 일단은 뭐냐 하면 사실 요즘 보면은 한명 한명의 고객이 너무너무 중요하잖아요? 중요하니깐 그러니깐 기존 고객에 대한 서비스 부분들도 요즘은 보면 고객만족 부분에 있어서 그런 부분을 굉장히 많이 강화해서 교육을 하고 있구요. 그리고 바우처 아동인지 부분으로 들어온 우리 접수 된 친구들 같은 경우에는 별도의 부분들은 교사들 교육부분에 그 프로그램을 조금 더 강화시키죠. 아무래도.. 그리고 프로그램은 프로세스 자체가 동일하게 운영되잖아요? 들어오는 시기가 비슷하고 이렇게 되다 보니깐 운영하는 시기가 동일하니깐 그 부분에 대한 교재부분이라든지 수업수법이라든지 이런 부분에 대한 교육들이 매주 마다 하고 있어요[D1].

체육과 학과 출신 선생님이 되가지고 애들이 운동에 흥미를 느끼게 하기 위해서 오락 비슷하게 그렇게 하고 있어요[D3].

연령을... 그리고 아이들 독서부분과 연계가 되고 한글과 연계가 되면 일반적으로 아이들 키우는 어머니들은 만 3살 정도는 되어야 프로그램 운영이 될 수 있다 생각하시는데 초보엄마들 같은 경우는 거기에 대한 선이 없으세요. 그러니까 접수를 한다니까 옆집에도 하고 이러니까 막 같이 하세요. 빨리 서비스를 받아야겠다는 욕심에, 그런데 저희가 이제 아이들을 지도하는 입장에서 보면 해서 효율적일 수 있는 아이가 아닌데 무턱대고 접수를 받을 수 없잖아요. 막 돌을 지난 아이 같은 경우를 지도할 순 없잖아요. ...그냥 놀아주는 경우밖에 안되잖아요. 그런 경우는 학부모들을 설득을 시키죠. 조금 더 애기가 크면 어머니 서비스 받으시라고 그런 경우가 있었어요[D1].

젤 처음 사업을 시작을 했을 때...요즘 신세대 엄마들이 10개월만 좀 넘어도 서비스를 받기를 원하세요. 그러면 이제 동사무소에서 접수를 12개월, 14개월 된 아이들을 접수를 받았는데 저희가 들어가는 경우에는 프로그램이 수업을 진행이 안 되는 거에요. 될 수가 없는 거죠. 그러면은 그 어머니 같은 경우는 바우처 카드는 발급은 받는데 실질적인 수업 운영은 안 되잖아요. 그런 부분은 불만을 토로하신 경우가 있었어요. 그런 경우는 저희가 안내를 했었어요[D1].

이용자들의 불만사례는 초기에는 많았으나 지금은 안정적이다. 대부분은 시간변경과 관련된 불만이었으며, 거리가 너무 멀어 서비스를 제공할 수 없는 경우도 많았다[D2].

요즘 애들이 전부 개인주의적으로 되다 보니깐 자기가 싫으면 안 해요....무슨 여학생이 축구를 하느냐 이래 가지고 그냥 놀다가는 학생도 있고(하하), 그래서 앞으로 개학을 하게 되면 여학생들이 좋아하는 요가나 발리, 스포츠댄스 이 세 가지 추가를 해가지고 여학생들도 호응이 좋아지도록 할 예정입니다[D3].

③ 만족도

인지사업은 운영비가 적절하다고 여기며 교사들에게 경제적으로 부가수입의 기회와 자부심을 제공하고 있어 만족도가 매우 높다. 반면 비만관리사업은 현재 적자이므로 만족도가 지하되어 있지만 방과 후 교실 등의 새로운 방안을 모색 중이다.

...좋은 점 같은 경우는 일단은 회사에 대한 입지. 이런 부분이 구축될 거라고 생각을 해요. 그래서 아무래도 사회서비스 사업에 동참하는 지정업체가 되는 거니까 그 부분에 대한 교사들의 프라이드 의식도 강해요. 그래서 그런 부분에 대해서 시너지 효과가 발생될 수 있거든요. 실질적으로, 그러니까 아직 긍정적으로 생각하죠. 지정된 거에서 굉장히 기쁘게 생각하죠[D1].

...전 만족 못하죠. 머 전 어렵게 운영을 하고 있으니깐...내가 적자 운영을 하더라도 애가 선생님 하면서 따라 붙는 거 보면 그 재미로 할 수도 있고 그렇습니다[D3].

방과 후 수업이 있는 학교가 있고 없는 학교가 있습니다. 그러면 여학생 같은 경우에는 방과 후 수업이 있는 학교 아이들은 전화를 해가지고 방과 후 참여를 할 수 있도록 할 계획입니다... 안하는 학교는 또 계획을 세워봐야 될 것 같아요[D3].

④ 서비스확대가능성

아동인지사업은 우리나라 학부모의 교육열과 결부되어 시장형성가능성이 매우 높다. 반면에 비만관리는 기관별로 제공 서비스가 달라 경쟁 가능성 없지만 비만아동 증가로 앞으로의 전망은 긍정적으로 보인다. 현재 예산삭감으로 신규회원의 신청은 차단하고 제공기관은 증가하게 되면 지나친 경쟁으로 질적 향상보다는 경품들의 부수적인 서비스 경쟁의 가능성도 예상된다. 그러나 사업의 필요성에 대하여는 모두가 공감을 하고 있으며 신규직원의 채용으로 이미 일자리 창출 효과는 나타나고 있다.

...저도 학부형 입장이지만 워낙 인제 좋아하세요...아는 연고 되시는 분들도 인제 전화하고 물으시는 게 사회서비스 예전에 신청을 못했는데 그걸 인제 신년인데 신청 안 받냐고, 그거 할려면 어떻게 해야 되냐고 어디서 소리를 얘기를 들으셨나봐요. 그러니깐 이제 아이 자녀에 대한 교육에 대한 관심도 등은 학부형들께서 워낙 많으시잖아요[D1].

경제성이요? 있다고 보죠. 비만아동이 늘어나는 추세니깐...이게 하나의 성인병 예방이잖아요 어릴적부터 생활화가 되가지고 운동 하는 게 어른이 되기 전에 성인병의 예방하는 취재 아닙니까. 보건복지가족부 요새 의료보험 적자 운영이라 케샀는데 어릴적부터 잡아 놓으면 성인이 됐을 때, 보건복지가족부에서도 좋고, 개인적으로 봐서도 좋은 사업이라고 봅니다[D3].

경쟁은 앞으로는 굉장히 클 거라고 생각을 하거든요. 앞으로는 경쟁이 치열하지 않을까 생각하구요. 그리고 지금 이제 선택의 권한은 결론은 시민들이 갖고 있는 거죠. 이용자들이. 그러니까 앞으로 경쟁이 치열할거라는 생각을 하고 있구요. 이 사회서비스 자체가 많이 활성화되어야 하는 부분은 맞다고 생각을 하구요, 그리고는 이제 아무래도 경쟁업체들이 이렇게 서로 우위를 다투면서 많이 선의의 경쟁을 하다보니까 저도 업체에서 일하는 한사람으로 생각할 때 더 서비스를 강화해야겠다라는 생각을 강하게 갖고 있어요[D1].

관리자 충원을 할 때는 현장에서 아동지도사는 2명을 채용했겠지만 바우처사업을 시작하면서 증원된 교사 수는 더 많아요...저희 같은 경우에도 일자리창출에서는 엄청 도움이 된다고 봐요. 아동인지 부분으로 지도해야 될 아이수가 많아지면 당연히 그 아이들을 지도할 교사가 필요하고 교사부분 일자리 창출이 되고나면 그 분들을 코칭하실 팀장이 필요하죠. 그런 쪽으로 이제 계속 고리고리 연결이 되는 거죠. 연결이 되니까 그 부분에 있어서는 분명히 도움이 많이 된다고 봐요. 아동인지 부분에 들어오신 선생님들이 많으세요[D1].

기관간의 사업경쟁이 지금까지는 없었다. 동사무소에서 대상자를 보내주면 두 기관에서 의논하여 결정해 왔으나 앞으로는 신규는 없고 제공기관이 8개로 늘어나면 기존 회원을 통해 지분 나누기가 불가피하여 과열경쟁의 우려가 있다[D2].

⑤ 바우처효과

바우처카드의 사용으로 현금 분실 사고를 예방하고 사용이 편리하지만 학부모들의 카드 분실로 결제일이 지연되는 경우가 있다. 초기에는 카드에 등록자 이름, 번호 잘못기재 등으로 오류가 발생하였으나 현재는 많은 문제가 해결되었다. 비만관리 사업은 자부담은 현금으로 받아서 본사에 부치고 보조금은 카드로 처리하는 이중처리로 불편을 겪고 있다.

비용은 따로 들지 않는 걸로 알고 있고요...그러면 선생님이 바우처카드를 받아서 결제를 해야 되는 날짜가 있는데 그 부분 기다린다고 날짜를 넘어가버리거나 그런 부분이 있죠. 그런 부분은 조금 불편해요. 그리고 다른 부분에서는 좋은 부분에서는 일단은 바우처 부분에서는 신용부분은 제외하고 실질적인 바우처 기능 부분만 들어가는 게 맞다고 보거든요. 실제로 그렇게 운영을 하고 있고. 그 부분에 있어서는 문제가 발생되거나 사고가 있는 건 전혀 없으니까 그 부분에 있어서는 안전하고 좋다고 생각해요[D1].

전자카드 분실이 가끔 있고 그런 경우 지불이 늦어지기도 한다...인터넷을 통해 지불하는 것도 좋은 방법이지만 어머니 중에 인터넷 사용자가 많지 않다. 요즘은 문제가 많이 없어졌지만 초기에는 등록자 이름이나 번호가 잘못 기재되어 문제가 있었다[D2].

장점은 편리하죠 머 학부형들이 아이들을 통해가 보내면 분실될 위험이 있지만은 카드만 가져와서 결제하면 되니깐 그건 장점이고, 단점은 이제 추가금이 있죠. 만 삼천원 이걸 엄마들이 직접 집에서 보내도록 되어 있습니다. 프로그램자체는 근데 아직 이제 구미에서는 내가 받아가 내가 직접 본사로 부치고 있거든요....집에서 가상계좌카면서 그게 이제 홈피에 드가면 있습니다...아직 홍보가 안 되가지고 안하고 있구요[D3].

⑥ 개선방안

서비스 필요성과 확대에 대하여는 대부분 공감하고 있으며, 서비스 받아야 할 사람이 받을 수 있도록 홍보 및 정보 제공이 무엇보다 중요하다. 사업의 시행과 계획 변화 등에 대한 정책의 전달이 원활하게 이루어져서 사업의 준비가 철저히 이루어져야 한다. 독서지도나 운동을 통한 비만관리 등의 필요성에도 불구하고 학부모들의 욕구는 학문적 성취를 우선시하는 학부모의 인식개선을 위한 정부의 노력도 병행되기를 바란다.

국가의 예산액이라든지 지자체 예산이라든지 시민의 세금을 거둬서 운영을 하는 거잖아요.... 주변에서 보면 오히려 받아야 될 사람이 못 받고 안 받아야 될 사람이 받고 하는 걸 간혹 봐요. 그래서 그런 부분들이 이제 조금 개선되야 되지 않겠느냐하는 생각이구요[D1].

개선점 부분에서는 음... 일단은 지금 현재 진행하고 있는 부분에서는요. ...이용자의 입장에서 생각하면 정보가 없는 사람들도 정보를 들을 수 있는 꺼리들이 있어야 되지 않을까 그런 생각이 들어요[D1].

현재 30%정도 삭감안 발표 8곳으로 신규서비스 제공기관 늘린다는 이야기를 들었다. 부담금 부분보다는 이 서비스가 지속 가능성에 대한 의견이 분분하다. ...지역별 서비스가 원래 12월말에 끝난다고 했다 1월말이라고 했다 하는 등 비속적으로 변화되고 변경내용에 담당공무원에게까지 전달되는 과정이 늦어 진행에 어려움이 많다. 매뉴얼의 숙지가 어렵고 전달체계에서의 혼란이 실무자로서는 제일 어려운 문제이다[D2].

어머니들의 교육이 필요하다. 아동의 독서지도는 선생님만 하는 것이 아니라 부모가 관심을 갖는 것이 필요하다. 말 한마디라도 어떻게 하는가가 아동의 성장에는 차이가 많다[D2].

운동보다는 공부가 우선이다. 어머님들의 생각을 좀 바꿔야 하지 않겠나 저는 그래 생각합니다. 현재 엄마들 인식이 좀 바뀌어야 되고 애들도 컴퓨터 오락에서 인터넷 홈피 들어가면 하도 재밌게 되어 있던데 영어공부도 노래라든가 공부에 흥미를 느낄 수 있도록 참 잘되어 있더라구요. 엄마들이 인식이 되면은 호응도가 아마 안 좋아지겠습니까[D3]?

참 예민해요. 이건 말씀 드려야 되는데 오늘 우리가 이제 해당 어린이들을 알 방법이 없지 않는가...속된 말로 소비자가 어떤 어린인지 모르니깐...보건선생님 찾아가면은 이게 이제 국책사업이면서도 민간인이 한다는 얘기죠, 학원들, 학원을 권장을 한다면 자기들도 좀 엄마들한테 연락하기가 좀... 엄마들한테 싫은 소리 듣기도 싫고, 해도 해도 그만 안 해도 그만이니까[D3].

(2) 서비스 제공자

① 서비스 내용

구체적으로 제공되는 서비스는 씽크빅 방문교사의 경우는 책 읽고 아동과 이야기 나누거나 그림을 그리고, 한글을 뗀 경우 격주로 책과 한글 수업을 한다. 아이북랜드의 교사는 1:1 독서지도를 위해 책 읽고 아동과 이야기 나누고, 독서노트 정리하고 그 내용을 토대로 부모와 상담을 한다. 이에스클럽의 체육교사는 학교체육활동부터 기본기중심의 구기운동 훈련을 한다.

> 저희들이 아이들 이제 유아 단계에서 유아단계에서 제일 많이 하는 수업 자체는 한글이라던지, 수 인지. 이런 부분으로. 창의력 수업 요런 쪽으로 나눌 수가 있는데요....한글 수업을 진행을 하면서 독서 읽기 프로그램이 같이 진행이 되요....이 책을 읽고 어떻게 생각하는지 선생님이랑 같이 이야기를 나누고, 그 책에 관한 이야기를 같이 워크북으로 그림을 그려 본다던지 이런 식으로 하고, 한글을 다 떼고 국어 수업을 하는 아이들 같은 경우에는 격주로 본교재로 수업을 진행하고 그 다음 주는 독서 프로그램으로 그러니까 단계별로 책의 수준이 조금씩 올라가게 되겠죠[D1].

> 4대 사회서비스 사업의 일부이며 아동인지향상을 위한 독서지도를 담당하고 있다. 매주 방문하여 25분 동안 일대일 독서지도를 한다. 매주 독서노트 정리해주고 그 내용을 토대로 부모와 상담한다[D2].

> 학교 체육부터 시작해가지고 구기운동 전반적으로 다 하고 있습니다[D3].

② 진행과정

씽크빅교사의 경우는 매주 교재교육과 조별 토의식 회의를 통해 수업방식 결정하고, 아이북랜드의 경우는 사업시행 초기 2박 3일 교육과 주별 아동 연령별 지도방법, 부모에게 아동과 책 읽기 교육을 받는다. 강사들은 계약직으로 4대 보험에 가입이 되어 있지 않고, 현재 씽크빅교사는 18사례, 아이북랜드 교사는 16사례(수당은 건당 17,118원)를 담당하고 있으며, 체육교사는 40명 정도 체육교육을 실시하지만 인원에 상관없이 시간당 5만원을 받는다.

> 저희들도 기존에 없던 책이 투입되었기 때문에 거기에 대해서 정확한 커리큘럼이라던지 어떤 내용의 책들이 들어가 있다라는 것을 모르고 했기 때문에 저희들이 처음부터 끝까지 훑어보

고 하지는 못하거든요. 글자, 글자 끊어 가지고 3, 4수차씩 묶어서 전체적인 수업에 들어가는 동화에 대해서 훑어보는 걸 하구요. 그리고 거기 동화에 입각한 동요, 손유희. 이런 것 하구요.... 이 책을 읽고는 아이에게 표정에 대해서 이야기 할 수 있도록 해주자. 어떤 것이 좋겠다 하는 게. 하나의 정형화된 틀로 나오는 게 아니구요. 토론으로 인해서 요런 게 좋겠다. 조별로 토론식 회의를 거쳐서 목요일마다 토론식 회의를 거쳐서 그렇게 진행이 되고 있거든요[D1].

교육, 처음 2박 3일간의 교육이 있지만 개인적인 교육이 필요하다. 책읽어주는 방법이나 아동의 연령별 지도 등의 내용은 도움이 많이 된다. 부모와의 상담에서는 책읽어주는 방법이나 아동의 연령별 지도 등의 내용은 도움이 많이 된다. 부모와의 상담에서는 책 읽어주는 것이 교사에게 맡기기보다는 부모가 관심을 가지고 대화를 하도록 유도하며 이것이 관계형성으로 발전되도록 노력한다[D2].

저희들은 여기 일반 방문교사 같은 경우에는 계약직이에요...관리자로 들어가는 팀장급부터는 정식 직원으로 등록이 되기 때문에 그때부터 4대 보험이라든지 퇴직금 같은 것들이 있고, 지금은 계약직으로 없어요[D1].

고용조건 사회보험은 계약직이라 없으며 보통 1시부터 9시 반까지 근무하게 된다[D2].

저는 제가 소화를 다 할 정도로 그러니까 바우처 18사례랑, 그렇게 많지는 않아요...선생님들 사이에도 지역별 편차가 있거든요. 저 소득층 아동들이 많은 지역을 담당하고 계신 선생님들 같은 경우에는 아무래도 지원인구가 많기 때문에 다 소화를 못하세요...바우처 선생님들이 보건복지가족부 수업만 진행을 할 수 있도록 해놨거든요[D1].

4대 사회서비스 사업의 일부이며 아동인지향상을 위한 독서지도를 담당하고 있다....평균적으로 교사들은 40-50명을 담당하며 본인은 16케이스 논술지도와 31개의 독서지도를 담당한다. 건당 17,118원을 받는다[D2].

지금 시간으로 하는데 시간당 오만원 받고 있습니다[D3].

③ 만족도

세 명의 제공자 모두 기관과의 관계는 원만하고 사회서비스를 제공한다는 자부심을 가지고 있어 일자리만족도는 매우 높았다. 아동인지사업의 경우 교사들은 학생 수에 따라 부가수당을 받고 있으며, 무엇보다 바우처 사업으로 학생유치 스트레스가 적고, 가정과 병행하는 여성의 일자리로 적절하다고 느끼고 있다. 반면에 체육교사의 경우는 비만아동들의 경우 다른 아동에 비해 활동이 저조하여 만족감이 낮지만 내성적인 비만아동의 성격이 변화되는 등의 보람을 느끼고 있다.

...저희들 같은 경우는 처음에는 아르바이트로 생각을 했었거든요. 아르바이트 대우는 아니에요. 대우는 정직원 같은 대우를 해주는데, 대신에 할려면 정직원이 하는 교육 시간을 지켜야 되는 적어도 지국에서 나가는 방향하고는 같이. 나는 알바니까 이정도로만 해야지 이게 아니고 지국하고 나가는 방향은 같이 할 수 있도록. 그 정도로만 해주시면 전혀 부당한 대우는 없죠. 오히려 더 많이 선처를 해주죠. 지국에서도 그 선생님들한테는...[D1]

...시행표가 있으니까 상당히 자부심이 있었습니다. 그리고 보건복지가족부에서 긍정적인 사업체들 하고도 긍정적인 유대관계가 형성이 되어가지고 잘 시행되었으면 해요...[D1]

...그리고 교사들 자체도 사회사업을 할 수 있다는 자체도 자긍심을 가질 수 있구요...[D1]

상당히 괜찮죠...근데 집안 사정상 또 직업 특성상 학습지 같은 경우에는 늦게까지 일을 해야 되거든요. 수업시간 자체를 내가 정할 수 없는 노릇이고 회원에 따라서 맞춰가야 되기 때문에 정해져 있는데, 그래서 일을 계속 하지 못하신 선생님이셨어요....바우처 사업의 얘기를 듣고 시작을 하셔서 지금은 나름대로는 굉장히 사명감을 가지고 일을 하시더라구요. 그래가지고 그 선생님 같은 경우에는 만족도가 높으시더라구요....한 번당 임금으로 계산을 해버리면 굉장히 높아요. 그러니까 거의 여선생님들이 많잖아요? 여선생님들이 많은데, 요즘 학력 여하를 떠나서 요일별로 일을 하는데 고정적인 수입이 나오기가 힘이 들거든요. 그래서 저희 지국에 계신 선생님들 같은 경우에는 만족도가 굉장히 높으시고, 기존 선생님들 중에서 바우처 사업을 많이 하시는 분들 같은 경우에도 임금이 많이 플러스가 되거든요. 그 선생님들은 기존의 자기가 가지고 있는 월급에서 한 50~60만원 정도는 플러스 되니까 상당히 높은 거죠[D1].

시간당 페이도 굉장히 높고 솔직히 학습지 같은 것 이런 것 영업이잖아요. 그런 부분에 많이 실적이나 이런 부분에 많이 스트레스를 받을 수 있는데, 바우처 사업은 그게 아니잖아요...그래서 선생님들 같은 경우에는 정말 수업에 열정을 갖고 해요[D1].

본인은 이일에 매우 만족한다. 여성들의 일자리로는 좋은 직장이라고 생각한다. 여자들이 우선 자신의 가족을 챙기면서 할 수 있는 일이며 아이들이 변하는 모습(책을 밟고 다니던 아이가 책을 가지고 오는 것, 아주 어린아이도 소리에 반응하거나 따라하는 것 등)을 보는 것도 좋고 개인적으로 어머니들과의 대화도 만족스럽다. 사회서비스 사업으로 위원유입이 많아져 일이 더 많아졌지만 즐겁게 하고 있다[D2].

아무래도 다른 거 할 때가 조금 더 그렇죠...제가 요렇게 가르켜 줬을 때 그 만큼 올라가는 성취도가 보이니까 이제 이 학생들은 안 움직이는 학생들 움직이도록 하는 그런 거니까 억지로 하는 애들 집에 갈 때 뭐 흠뻑 젖어 가는 애들 있으면 아 이놈 많이 움직였구나 하는 그런 거죠 뭐 그렇게 만족감이 높다고는 할 수 없죠[D3].

...제 생각에는...자꾸 밖으로 어울리고 노는 게 뭐 애들 정서적으로도 좋고 저희 뭐 수업하러 오는 학생들 같은 경우에도 축구하는 애들 보면은 내성적으로 왔다가 1~2개월 후면 성격 활발히 바뀐 애들도 있고 그런 애들 보면은 자꾸 이렇게 하는 게 애한테 좋은데 고걸 안 한다는 게 조금 그렇죠. 저도 이런 애들 보면은 같이 어울리고 장난치고 하는 게 자꾸 성격을 바꿔준다고요. 특히 이런 애들 같은 경우는 더 내성적인 애들이 많아요. 피하려 하고 어떤 애들은 처음에 와서 말 한마디 안하고 가는 애들이 있어요. 이야기 하면 웃기만 하고 지금은 말도 잘하고 장난도 잘치고 지들이 와서 장난도 치고 하니까 그렇게 바뀌는 거 보면은 좋죠[D3].

④ 서비스 확대가능성

아동인지와 비만관리는 저소득층으로 서비스 제공받지 못하는 아이들에게 사교육비 절감과 미래에 대해 투자를 하는 필요한 사업으로 인식되고 있으며 만족도도 높아 서비스의 지속적인 제공과 확대 가능성이 높다.

...미래의 아이들을 위한 사업이다 보니까. 지금 현재가 아닌 미래에 투자를 하는 개발도상국이나, 대구 같은 경우는 아직 먹고 살기가 급한데 미래에 대한 투자, 아이에 대한 투자라고 해서 저희들도 상당히 조금 분위기는 와~ 이런 정책까지 시행이 되는구나....선진화된 선진화 교육 같은 그런 느낌을 많이 받았었어요[D1].

...바우처학생들은 바우처 사업만 받는 아이들이 대부분이기 때문에 있다가 가셔서 보셔도 아시겠지만 그 또래 쯤 되면 어린이 집이나 다니기 시작하는 때인데도, 요 아이들은 집에 있어요. 요 아이들은 이 선생님만 보고 있는 아이들이 많기 때문에 모든 걸 이 선생님한테 거는거죠[D1].

...기존의 있는 시스템으로 봐서는 적절치 못했을 텐데 이렇게 다 굉장히 긍정적인 반응도 많으시고 6개월 해본 결과로는 보건복지가족부에서 상당히 현실성있고, 직접적인 도움이 될 수 있다 라는 생각을 가지게끔 해준 것 같다 요런 생각을 했거든요...[D1]

뭐 우선은 장단점이라고 하면은 부모님들 사교육비가 절감 되고 참 좋은 교육입니다. 사교육비 절감이라고 하는 게...그래도 그게 외부에서 학원 다니는 거 보다 훨씬 더 좋죠...[D3]

그렇죠 이제 제가 봐서는 인제 다른 사업도 하고 있는데 특히 뭐 건강관리나 이런 쪽으로 상당히 도움이 많이 되고 있어요... 유독 비만관리 이것만 이렇게 인원이 적거든요[D3].

...앞으로도 교육의 미래에 대한 투자인 만큼 이 사업이 지속되었으면 좋겠다[D2].

⑤ 바우처효과

제공자들은 바우처에 대해 잘 모르거나 단말기가 사무실에 배치되어 있어 번거롭고, 분실위험 등으로 인해 부정적으로 평가하고 있다.

지불방식이 바우처 카드로 지불을 하세요. 카드로 지불을 하고, 카드를 저희가 일괄적으로 수거를 해 와서 저희 사무실에서, 말하자면 카드 지급기 있잖아요? 그걸로 저희들이 승인을 하거든요.... 그래서 저희들 같은 경우에는 매달매달 카드를 긁고, 다시 갔다 드리고 굉장히 번거롭거든요. 그리고 어머님들이 보관하시면 분실의 우려가 굉장히 커요. 그래서 일괄적은 선생님들의 보관을 원칙으로 하겠다. 이렇게 하겠다. 이렇게 애기를 했는데 어머님들이 현금 기능이 있으니까. 솔직히 말해서 선생님들한테 현금기능이 있는데 맡겨드리는 그렇다. 이런 말이 나왔었어요. 그래서 번거롭다. 왜 이렇게 했을까. 그런 식의 말이 있었어요. 그런데 어머님들이 선생님들하고 유대관계가 있고 하니까 선생님들이 설마 카드를 쓰겠어 하면서 주시고 하는데, 받는 제 입장도 사실 조금은 껄끄럽잖아요[D1].

본인은 회사에서 월급형태로 받으니까 별로 불편한 것을 모르겠다. 카드결제가 분실의 위험이 있다고 들었다[D2].

애들 저기 금액 지불하는 문제가, 학부모들이 제일 쉽게 접근하려 하면은 번거로움이 없어야 되요. 근데 카드 따로 끈고 만 삼천원 따로 내고 지금 다른 바우처 듣기로는 집에서 매달 국민은행에서 문자가 옵니다. 자기 가상계좌로 넣어주십시오 하면 인제 은행에 송금하면 그걸로 끝이거든요...[D3]

⑥ 개선방안

서비스가 필요한 사람들이 서비스를 받을 수 있도록, 사업 시행계획이 미리 예고되면, 교사양성과 프로그램의 질적 향상이 이루어질 것이다. 현재 서비스 업체의 확대와 사업지속성에 대한 예고가 늦어 일부 사업의 진행이 제대로 이루어지지 않는다. 아동의 독서지도는 환경의 조성과 함께 부모 교육이 함께 이루어져야 한다. 비만관리 사업의 확대를 위해서는 학교장의 협조와 방과 후 학교시설을 이용하는 서비스로의 전환이 필요하다. 바우처 카드 사용과 함께 다양한 지불방식이 검토되어야 한다.

확대되었으면 좋겠다. 분발했으면 좋겠다. 이런 부분인데요... 일을 하면서 보니까 이런저런 이유를 혜택을 못 받는 아이들은 실질적으로는 혜택을 받아야 하는 아이인데 이런 저런 이유로 제외되는 경우가 있어요... 그런 것처럼 받아야 하는 아이가 최대한 혜택을 누릴 수 있게끔 정책적으로 받지 않아야 될 사람이 받게 되는 건 어떻게 할 수 없지만 꼭 받아야 할 사람아이까지는 받을 수 있도록 그게 제일 중요한 것 같애요... 조금은 체계가 빠르게 끊임없이 어머님들은 질문하시고, 계속 동사무소로 연락하시고, 시청으로 문의하시고, 인터넷 뒤져보시고, 끊임없이 하시는데, 왜냐하면 기간은 다 되가는데 뭐라고 말이 없으니까 시행 자체가 너무 촉박하게 흘러가니까 어머님들이 어머님대로 계속 선생님한테 얘기를 하는데 저희들도 들은 바는 없고, 시에서는 무슨 말이 없고, 그러니까 대안이 있는 건지 생각을 하고 있는 건지, 연말 같은 경우에는 바빴잖아요. 그러니까 밀리는 것 같은 느낌도 들구요. 수업을 가면은 어머니들이 선생님들은 왜 여기에 대해서 그렇게 말이 없지요? 다른 거 생각하신다고 이런 것 생각 안하시는 것 아니에요? 이렇게 있잖아요. 급급하게 급하게 내려오는 지침 자체도 조금은 불만 사항인 것 같더라구요. 저희들도 조금은 여유로운 이런 시간을 두고, 많이 심사숙고 해가지고, 시행을 한다라는 느낌이 드시면 좋겠는데, 아직 정해진 것이 없습니다. 없습니다. 계속 그 반복만 하다가 이렇게 되었습니다. 통보를 갖다가 해드리는 경우도 있더라구요[D1].

부모님들의 교육이 이루어지면 좋겠다. 부모가 변화가 아동의 독서지도로 인지발달에 미치는 영향이 매우 크다. 대학 입시 후 우등생들을 보면 책을 많이 읽었다고 하는데 사실이라 생각한다. 책을 읽는 것을 통해 말 한마디라도 어떻게 해 주는가가 독서량 보다 중요하다고 생각한다[D2].

...어느 정도 학교에서 비만 판정이 나면은... 학교장의 이름으로도 충분히 가능 하니까 그렇게 하는 게 아마 더 학생들을 많이 수급 할 수 있고 그게 더 효율적일 거 같아요[D3].

...그리고 또 학교 에서도 이름 자체가 비만 이렇게 들어가 버리면은 제들은 비만애들 모임 이렇게 되 버려요. 그러니 인제 그런 걸 없애고 비만애들도 그렇고 다른 애들도 그렇고 같이 수업을 할 수 있는 뭐 방과 후 활동이라도 비만애들도 받고 일반 애들도 받고 이래 해야 누가 봐도 아 그냥 애들이 와서 운동을 하는갑다 고렇게 되면은 아마 많이 와서 운동을 하지 않을까[D3]?

...바우처 카드를 등록하는 문제가 가장 크죠. 학교에서 받아서 다시 동사무소 가서 카드를 국민은행에 신청을 해야 되고 이런 번거로움이 있으니까 어디 한 군데서 일률적으로 다 받을 수 있으면 그게 가장 좋죠[D3].

(3) 서비스 이용자

① 서비스내용

구체적으로 제공되는 서비스는 씽크빅의 이용자는 독서교육과 한글수업을 병행하고 있으며, 아이북랜드는 책읽기와 함께 독서노트 기록이 이루어진다. 이에스 클럽 이용자는 다양한 스포츠 활동에 참여하고 있다.

..갖고 와서 읽어주고 그거 가주고 놀아도 주고, 책을 주더라고요. 가주고 가는 게 아니고 [D1-1].

선생님이 오면...처음 노래하면서 분위기가 노래로 분위기를 업을 해주시니까 '씽크빅' 노래가 있는 것 같더라구요... 선생님이 책을 한권을 다하진 않으시는 것 같더라구요. 중간 중간에 선생님하고 해서 효과가 있을 만한 거 그런 거만 딱 딱 집어서 해주시는 것 같더라구요... 오늘은 독서고 또 그 왜 학습지..한글 깨치기 있거든요. 그것도 해주시고...어떤 날은 책하고 한글하고 두 개 같이 하실 때도 있고, 책만 애하고 잼있게 읽어주고[D1-2].

네. 하고나서 독서수첩에 선생님이 적어주시고...선생님이 오시면, 미리 온 책을 보면서 애들이 그냥 그림만 보고 넘어갔던 책들 있잖아요. 그런 거 설명 해 주시고 하니까. 그렇게 수업이 진행이 되더라구요[D2-1].

...선생님 오기 전에 그 내용을 알고 수업을 들으니까. 자기가 하고 싶은 것은 선택을 해 둬요. 그럼 선생님 오시면 그 책을 위주로 읽어 주시고, 다른 책들도 부가설명 하면서 같이 연계를 해서 읽어 주세요[D2-2].

선생님이 오시는 게 아니고... 그분이 책을 갖다놓고 가면 선생님이 오시는 날에 오셔서 그 책을 가지고 4권을 다 읽고 책 내용을 간단하게 물어보고 수첩이 있거든요. 거기다가 주○이가 했던 말 중에 좀 의미있는 말들이나 그런 것들을 적어 주시더라구요. 그리고 애기에 대해 잠깐 얘기도 하고[D2-3].

뭐. 수업내용을 알려주는 것도 아니고, 일정표가 나오는 것도 아니고, 운동 다녀온 날 이야기 하는 거 들어보면, 배드민턴 많이 하는 것 같고요. 배구도 하고, 요즘에는 골프하고 어제는 올림픽 기념관에서 달리기 했다 하던데? 탁구도 하고 스포츠 종류는 다양해요[D3-1].

이용자들이 신청하게 되는 경로는 기관의 안내, 아파트게시판, 동사무소의 홍보, 인터넷 정보 및 학교의 안내문 등 매우 다양했다.

여기 게시판에 붙었더라고. 아파트... 엘리베이터 앞에 붙어 있어가 바로 아침에 가서 신청했지. 선착순이라 그러더라고요[D1-3].

..유치원에서 그 소식 듣고 신청을 했어요. 유치원 7세반에서 그거를 보내셨더라구요. 알아보니 오셔도 된다고 해서 제가 동사무소에 신청해서 할 수 있었어요[D1-2].

그냥 요런 사업이 있다고 동사무소에 해가지고 필요한 서류 하라고...그날 아침에 아들 데리고 7시 되가꼬, 그렇게까지 안 해도 되는데 난 안될까 싶어서 우리 혜택 보면 좋잖아요. ...선생님이 말해줘 가지고 동사무소 전화 하니까 이런 게 있다 하더라고, 서류준비해가 가가 그래 했어요[D1-1].

아 저는 보건복지가족부 사이트에 들어가 봤구요. 인터넷 책 카페 통해서 알게 되어서 동사무소에 전화해서 신청을 했거든요[D2-2].

저는 친구가 동사무소에 알바 하는 친구가 있었어요. 등본을 떼러 갔는데 그 친구가 이런 게 있는데 신청을 해 보라더라구요[D2-1].

아이가 학교에서 안내문을 가지고 와서 알게 됐어요. 안내장 하고 다 읽어본 뒤에 우리는 해야 되겠다 싶어가지고 동사무소로 가서 신청을 했죠[D1-2].

학교에서 안내장을 가지고 왔어요. 안내장이 비만 애들한테만 왔어요. 경도비만 이상부터 지원 해 준다고 안내장이 여러 장 왔었는데, 그걸 인제 읽어보고 신청을 해야겠다. 했죠[D1-1].

② 진행과정

이용시간과 횟수에 대해서는 일부 이용자는 아동의 집중력을 고려하여 적절하다고 생각하고 있으나 일부는 수업시간, 이용횟수 증가나 서비스를 받지 못하는 경우 보충할 수 있는 기회가 주어지기를 원하고 있었다.

공부하는 것도 한 시간 한다고 붙들고 앉아 있다고 다 잘 하는 거 아니거든요.... 딱 정말 30분이지만 둘이가 잘 맞는 거 같아요... 선생님하고 한 30분하는 게 지 딴에는 더 기억을 잘하고 잘하는 것 같아요... 오히려 일주일에 한 번 오는 거 한 달에 4번 오지만은 가정 경조사 있고 이러면 한 번 밀릴 때가 있거든요 그러면 못 봐주니까 한 번 또 쉴 때 책이 오고 이럴 때는 또 그 주는 앞에 밀렸던 거 또 봐 줄 수가 있으니까 고런 거는 좋아요[D1-1].

...그런데 공휴일이 선생님이 오시는 날이면 많이 빠지게 되요. 여기는 보강이라는 개념이 없더라구요....그런데 보강 그런 게 없는 건 좀 아쉬운 거 같아요[D2-3].

...일주일에 최소한 세 번은 했으면 좋겠고요... 그리고 이 서비스가 살빼기 위해서라고 알고 있는데요. 전혀 도움이 안 되는 거 같애요. 살을 빼는 목적으로 하면 매일 해야 되는데, 일주일에 두 시간 가지고는 도움이 안 되는 거 같아요[D3-2].

...저희 애 같은 경우는 비만이 좀 심해서 운동을 꾸준히 좀 해 줘야 하는데 여기는 시간이나 가는 날이...횟수도 일주일에 딱 두 번 두 시간이니까 솔직히 저희는 여기도 보내고 또 매일 운동을 보내고 있으니까...할 꺼 같으면, 여기 다 맡겨놓고 할 수 있도록 일주일에 시간을 좀 늘였

으면 하는 생각도 있는데요[D3-3].

추가 구매의사는 아동인지 서비스 이용자는 높았으며 사교육비로 사용되는 과목들로 확대되기를 원한다. 반면에 비만관리 이용자는 수영, 테니스, 영어병행 스포츠 등 다양한 종목을 원하지만 추가구매의사는 낮게 나타났다.

수학이죠. 한글 하니까 기본이 한글하고 수학이잖아요.... 근데 한 번 했는데 안되면 원래 돈 주고 하자니 가격이 부담되잖아요. 그렇다고 안 할 수도 없고 하자니 그렇고, 좀 애매하더라고요...[D1-3]

...저는 5세니까 아직 그 단계를 못 봐서 그런지 모르겠는데, 이렇게 애하고 책에 대해서 확장되도록 책의 내용을 가지고 그런 확장되는 작업을 할 수 있도록 그런 게 있었으면 좋겠더라구요. '마인드맵'식으로 사고가 확장되도록 인지능력 국어에서 이제 최소한 수학하고, 요즘 국제시대니깐 영어까지 그렇게 확대가 되었으면 좋겠어요...엄마가 해 줄려니깐 부담이 되고...[D1-2]

...이런 혜택을 좀 더 많이 늘렸으면 좋겠어요. 국어하고 한글에만 한정되어 있잖아요. 이왕이면 수학도 좀 해주면 좋고... 엄마들 입장에서는 그게 사교육비고 하니까 더 과목을 확대했으면 좋겠어요...3만원 이래 혜택보고, 수학 같은 경우는 한 달에 4만 5천원이더라구요. 그걸 다 낼려고 하니, 일주일에 한번 오는데 그것두 만만치 안잖아요. 국어에만 국한 되지 말고 수학도 좀 해줬으면 좋겠어요... 한 20~30%라도 해주면 필요한 거니까 어차피 혜택을 못 받아도 해야 되는 거니까 할 생각은 있어요[D1-1].

이게 다른 학습지에 비해 싼 게 아니거든요. 그러니까 아마 자부담으로 해야 한다면. 그 돈을 나누어서 다른 거 2가지 정도 시킬 꺼 같아요. 문화센터라던가...뭐[D2-3]

과목을 조금 늘렸으면 하는 바램은 있어요. 애기가 이제 한글을 벗어나서 더 크게 다양한 과목들을 할 수 있도록 했으면 좋겠어요. 음악, 미술, 과학, 수학, 이런 식으로[D2-2]

돈을 다 내야 된다고 하면... 특별히 책을 주는 것도 아니고, 그렇다고 그 사업체 수업들 중에서 제가 할 수 있는 것을 다 할 수 있는 것이 아니니까 안 할꺼 같애요...한 달에 만 얼마를 내면, 그래서 제가 읽어주던지 해서 하면 괜찮을 것 같지 돈을 다 내고 계속 받을 생각은 없어요...[D2-1]

영어도 같이 한다고 해서 거기에 솔깃해서 신청을 했는데, 영어는 지금 안 되고 있다고 하더라고요. 운동하면서 영어를 같이 했으면 좋겠다 했는데, 엄마들은 영어 하는 거 많이 기대하잖아요... 저는 수영을 생각하고 있는데요. 조금 전문적으로 운동을 하면 어차피 5-6학년이 되면 운동을 시켰으면 하는 마음이 있거든요. 애는 테니스를 하고 싶어 하는데...비싼 편은 아니죠.

만 삼 천원 내니까. 지금 현재 부담금에 조금 더 본인 부담금이 늘어난다고 해도 다른 체육관에 비하면 어느 정도 싸니까...이 서비스 비용이 조금 더 비싸다 하더라도 정부에서 지원이 되니까 다른데 보내느니 여기가 낫다고 생각이 들어요[D3-2].

...어차피 살 빼려고 비만 관리를 위해 운동을 할려고 다니면, 운동을 하는 거 같이 해야죠. 근데 우리 아는 너무 시키면 안가지 싶다... 비만인 애들한테는 수영이 좋다고 하긴 하던데, 여기서도 애들 수영장 가서 가르쳐 주면 가르쳐 주는데로 하거든요. 그렇게 좀 해주면... 내 돈을 오만 삼 천원 다 내고 이 서비스를 받는 다면...글쎄요. 현재 사 만원 지원이 되니까 크게 부담감 없이 하는 거지[D3-1].

③ 만족도

아이의 관심이나 태도에서의 변화와 함께, 가정의 재정적 도움으로 서비스에 대한 만족도는 높았다. 구체적으로 다양한 분야의 책에 관심이 증대되고 독서체계가 잡혔으며 질문이 많아지고 아이와 함께 하는 시간이 증가하는 등의 긍정적인 변화가 나타났다.

뭐 굳이 이야기 하자면 지는 더 흥미로워 졌죠. 기존에 하던 거 보다가 책 하나 더 오고, 그 책은 항상 꼽아놓고 그게 책이 되게 재밌더라구요. 그래서 한 번씩 다시 뽑아보고 하니까 그런게 좋아졌다면 좋아진거죠...책도 엄마가 읽어라 읽어라 읽자 읽자 이카는 거 보다도 선생님하고 같이 또 읽고 그 재미가 있는 거 같아요...선생님은 동화구연 하듯이 읽어 주시니까 ...아무래도 책에 대해서 지가 흥미를 가지니까[D1-1].

...'웅진씽크빅' 선생님하고도 처음에 한 한 달 넘게 말을 안 하더라구요. 그래도 유치원에서 일단 그 경험을 했기 때문에 선생님이라는 그 존재는 아는데 부끄러워서 입 밖으로 소리가 안 나오는 거라예. 그래도 선생님이 워낙에 노련하고 경험이 있으시니까 제가 그런 거 귀뜸을 해주니깐 그 선생님하고 이해관계, 자기를 이해했다 싶으면 목소리가 나오기 시작하거든요... 선생님 기다리는 것을 너무 즐거워하구요. 나를 위한 선생님이 온다는 것에 대해서 그런 게 한 번도 없었으니까...애가 선생님이 집에 오시는 것에 대해서 굉장히 뭐라하나. 자기만을 위한 선생님이라 너무 좋아하니깐...[D1-2]

...시키기 전에는 별로 그런 공부에 관심 없었는데 하고 나서는 애가 많이 할라 그래요[D1-3].

...책을 너무 한 쪽에 편중돼서 읽는 그런 느낌이 있었거든요. 그래서 책이 자기스타일이면 유치원 갈 때 가져가서 보고 약간 싫은 스타일이면 안보는 경우가 있었는데 선생님 온 다음부터는 과학 책을 되게 많이 봐요...미켈란젤로가 그린 그림이나 한국 풍속화 같은 그림을 보면 자기가 예전에 읽었던 전래 책을 꺼내면서 닮았다고 하고 그러는걸 보면, 책을 읽는 범위가 넓

어졌다 싶어요[D2-1].

저는 그냥 책을 읽어주기만 했었는데 선생님이 오시면 이렇게 짚어가면서 읽어 주시니까 하나하나 그림도 세밀하게 보게 되구요... 그리고 아이의 책 선택 할 때도 도움을 많이 받는 편이예요... 수업을 듣고 나서 책 읽어주는 데 체계라고 해야 되나 그런 게 좀 잡힌 거 같아요. 그냥 무조건 읽혀 주는 것만 생각했었는데 선생님 보니까 하나하나 짚어주면서 읽어 주시고, 또 질문도 하면서 그렇게 하니까 이해도 애가 더 잘하고 그렇더라구요. 그래서 저도 봐놨다가 선생님이 읽어주는 것처럼 똑같이 하게 되고 그러더라구요[D2-2].

예전에는 집에 있는 책이라도 그냥 피곤하고 그러면 안 읽어주고 그랬는데 이 책은 무조건 일 주일만 보고 줘야 하는 책이잖아요. 그러니까 엄마 입장에서야 많이 읽어줘야 되겠다. 그리고 선생님이 오면 얘기를 해야 되는데 애가 모르면 얘기를 할 수가 없잖아요. 그래서 귀찮거나 이래도 많이 읽어주는 편이예요. 엄마가 애기한테 쏟는 시간이 많아지고, 또 애정관계에도 좋잖아요...[D2-3]

수업방식이나 눈높이 대화 등 제공자에 대한 만족도도 대체로 높았다. 따라서 사업의 필요성에 대해 대체로 공감하고 있으며 주위에 권유할 의사도 많았다.

(환하게 웃으시면서) 저는 만족하죠. 너무 잘하시더라고요... 목소리부터 활기차시고 명랑하고 하시니까 애들이 대개 좋아하고...선생님이 관심을 많이 가져주시니까[D1-3].

저는 모르겠어요. 선생님을 참 잘 만난 것 같아요. 선생님이 워낙에 노련하게 잘 하시니깐... 선생님에 대해선 불만이 없거든요. 알아서 잘 하신다는 생각이 드니깐[D1-2].

...새로운 소식 하나 접하는 것으로도 만족하는데 책도 많이 읽어주시고 눈높이 대화도 많이 해 주시거든요... 네 저는 만족해요. 선생님이랑 애도 잘 맞고... 저는 권유했었는데,...권유는 많이 했죠. 보통 저희는 책을 빌려도 동화책 만원만 주면 빌렸거든요....이정도 가격에 이만큼의 서비스라면 권유를 하죠[D2-1].

네 저는 확대가 되고 홍보가 좀 잘 되서 많은 사람들이 혜택을 받을 수 있었으면 좋겠거든요...[D2-2]

어차피 정부에서 이렇게 마음을 먹고 하는 거 같으면, 솔직히 '우리애가 비만이다. 운동을 시켜야 겠다.' 그런 생각을 하고 있는 엄마들이 많을 거라고 저는 생각을 하거든요...[D3-3]

④ 서비스 확대가능성

본인부담금에 대해서는 대체로 부담을 느끼지 않고 있으며, 다른 교육을 위해 지출할 여력이 생기므로 비용 만족도는 높은 편이다.

...이것만 해도 다른 걸 한 과목을 더 시킬 수 있잖아요...[D1-1]

더 많이 해주시면 좋지만, 못하는 사람이 많으니깐. 대개 미안하더라구요...[D1-2]

만 삼천원이요. 부담은 없죠. 보통은 학습지 하나가 삼만 이천원씩 이래 하니까[D1-3].

그게 만약에 한 달에 두 번 빠지게 되면 2번밖에 안되잖아요. 그런 거는 문화센터 같은 경우도 보장을 해주는데 어떻게 보면 제가 지금 9천원만 내니까.. 그런 생각도 들고 그래서 화가 덜 나기도 했죠. 만약 3만 9천원을 다 내고 들었다면 거의 한 번에 돈이 1만원인데... 급수를 정해서 정말 불쌍한 사람한테는 많이 지원해 주고 그랬으면 해요. 이 서비스는 어느 기준선 이하의 보험금만 되면 서비스를 받을 수 있으니까 서비스 받는 사람들 사이에서도 차이가 좀 나거든요...[D2-3]

네. 뭐~만족하고 있어요. 일단 부담이 없으니까[D2-2].

바우처 카드 그게 금액이 3만 9천원이면 저희가 9천원을 냈었는데, 이제 수업료의 30% 지원이 되니까 1만 4천원 정도 낸다고 그러더라구요...현재는 9천원 내고 있고요. 현재 부담은 안 되니까 그런데 그게 지원을 이만큼 해 주다가 돈을 내 내라고 하면, 느낌에 돈이 많다는 생각이 들고 아까운 마음이 들어서 그렇지 보통 엄마들은 학습지 하면 4만 4-5천원씩 다 하거든요 [D2-1].

네. 원래 5만 3천원인데 사만원 지원을 해 주니까[D3-3].

비싼 편은 아니죠. 1만 3천원 내니까. 지금 현재 부담금에 조금 더 본인 부담금이 늘어난다고 해도 다른 체육관에 비하면 어느 정도 싸니까[D3-2].

만원밖에 안하는데 뭐~ 괜찮다고 봐요. 보내도 부담이 없으니까[D3-1].

반면에 서비스의 접근성이나 기관 선택을 위한 정보제공은 부족한 것으로 나타났다.

네, 저는 이거 하고 나서 동네 친구들하고 모임하면 거의 모르는 친구들도 있고, 또 너무 어린 애들만 한다고 안 한다 길래 7살까지 다 된다고 하라니까 다음부터 해야겠다고 카는 사람도 있고, 거의 모르는 사람이 많더라고요[D1-3].

...몰라서 못하는 애들도 있을거구, 엄마가 인터넷 자료를 못 접해서 못하는 애들도 정말 많잖아요. 그런 애들까지 찾아서 해 줄 수 있을 정도로 그렇게 됐으면 해요[D2-2].

...기관 선택에 있어서는 별로 신경 안 썼어요[D2-3].

다른 기관은 있는지도 몰랐어요. 있어요? 동사무소 신청 후에도 ES클럽에서 밖에 전화가 안 왔었어요[D3-1].

...한 달에 한 번 병원에서 간호사가 나와 가지고 체력체크 해 주는 거....동사무소에 보니까 지원해 주는 데가 두 군데가 있더라고요...그곳에서는 연락도 없었고요[D3-2].

...처음 신청할 때 동사무소에서 바우처 카드 등록을 하면 비만 서비스를 제공하는 업체에서 전화를 한다고 들었어요. 그런데 한 군데에서는 연락이 안 오고 여기 ES클럽에서는 계속 전화가 오더라구요. 그래서 ES클럽에 다니게 됐죠...[D3-3]

⑤ 바우처효과

사업체에서 바우처 카드를 보관하고 결제 후 문자로 승인 연락이 와서 편리하다고 생각하는 것으로 나타났다. 일부 이용자의 바우처 카드는 현금서비스 겸용카드라 분실시 문제가 발생할 수 있으며, 집 주변에 국민은행이 없어 바우처카드의 사용이 불편하다고 느낀다.

예. 그렇죠. 저는 불만이 없으니깐 그냥 선생님한테 카드를 드렸어요. 드리고 매달 마지막 주에 선생님한테 그 다음 주에 들어갈 1만 3천원씩 챙겨 드리고 그렇거든요... 국가에서 입금해서 웅진한테 가는 거니깐 저는 그거에 대해서는 뭐[D1-2].

저는 지금 카드 나온 거 선생님한테 맡겨 놨어요. 선생님이 가져가셔서 매달 나오면 그거 썼다 그러면 문자로 사용했다고 연락이 오더라구요... 오늘 바우처 삼만원 씽크빅에서 사용했다고 문자가 오더라구요. 그러니까 저는 별로 신경 안 쓰죠...불편한건 없죠. 제가 신경 쓸게 없으니까요[D1-3].

장단점은 잘 모르겠어요. 사실 정확하게 바우처 카드의 사용에 대해서 잘 모르거든요. 이게 신용카드 개념인지. 체크카드 개념인지...괜찮아요[D2-3].

...그 카드는 그냥 집 서랍에 넣어 두었다가 선생님 오실 때만 드리고, 평소에 가져다니거나 그러진 않는데, 그냥 선생님께 드리면 편한데 현금기능이 되는 건 또 맡고 드릴 수가 없으니...

카드가 국민은행으로 되어 있던데 지희 동네에는 대구은행, 농협은 많은데, 국민은행은 잘 없기든요. 굳이 또 찾아 가야하고 하니까 그냥 매달 선생님께 카드 드리고...[D2-1].

카드 사용은 편한데, 이용자 부담 이용료를 자동이체로 하거나 좀 어떻게 하면 좋을 것 같은데...[D3-2]

⑥ 개선방안

일부 이용자는 부담금이 더 낮아지기를 원하지만 대다수 이용자들은 서비스의 기간이나 종류가 확대되기를 기대한다. 구체적으로 초등학교 들어가기 전까지 혹은 저학년까지 서비스가 확대되기를 바라며, 한 가정 한 자녀만 제공하는 서비스가 확대되고, 수학, 영어 교육, 의료서비스 등 다양한 서비스가 제공되며, 서비스 사업체가 없는 지역이나, 먼 지역의 아이들에게도 서비스가 확대되어 제공되기를 기대한다.

...혜택을 좀 더 많이 늘렸으면 좋겠어요. 국어하고 한글에만 한정되어 있잖아요. 이왕이면 수학도 좀 해주면 좋고 수학도 해야 되고 하니까 엄마들 입장에서는 그게 사교육비고 하니까 더 과목을 확대했으면 좋겠어요...뭐 한자도 필요하고, 영어도 필요하고 다 필요하잖아요. 솔직히 그러니까, 안 그러면 어디 국한되지 말고 토탈 얼마 해갖고 몇 프로를 할인해 준다던지 이런식으로 해줬으면 좋겠어요...이게 많이 좀 확대 됐으면 좋겠어요... 6-7살 정도 까지만 가면 모르는 애들 늦는 애들도 그 정도 되면 다 알거든요. 최소한 초등학교 들어가기 전까지 7-8살 전까지는 해줬으면 좋겠어요[D1-1].

...근데 이거 해주니까 너무 고맙고 그런데 오빠들까지 초등학교까지 이렇게 확장되어서 한 집에서 2~3명하면 조금 더 내더라도 그 집에 있는 애들 같이 해줬으면 공부 방식으로...바라는 점은 셋째는 무조건 의무적으로 우선권을 준다든지 해서 지원을 받을 수 있게 해줬으면 좋겠고요. 한 집 당 한 명밖에 안되잖아요. 근데 애들이 두 명 있을 수도 있고 세 명 있을 수도 있는데 좀 늘렸으면 좋겠어요[D1-3].

서비스의 종류가 좀 증가되었으면 좋겠구요. 받을 수 있는 서비스의 폭도 좀 넓어졌으면 좋겠어요. 그리고 기간도 1년은 좀... 좀 더 늘었으면 하구요[D2-2].

...서비스 기관이 없는 지역에서나, 서비스 받을 수 있는 기관이 먼 지역은 애들이 현재 다니고 있는 곳에 지원을 받아 다닐 수 있도록, 서비스 기관에 제한을 두지 말고 가까이 다가갈 수 있는 곳에 했으면 좋겠구요. 서비스 기관을 한정 짓지 말고 선택할 수 있도록 하면...[D3-3]

(4) 요약 및 제안점

◇ 아동교육에 대한 관심으로 아동인지서비스에 대한 인지도 및 서비스 확대에 대한 욕구가 매우 높았다. 사회서비스에 대한 시군구의 담당 공무원의 역할이 매우 중요하며, 지역별 서비스의 비율뿐 아니라 정보 제공에서의 편차가 존재한다.

◇ **아동인지사업**의 경우 시장형성의 가능성이 높고, 전업, 부업, 파트타임 등 사회적 일자리 창출의 효과가 나타난다. 그러나 서비스 예산 삭감으로 신규대상자를 받아들이지 못하고 제공기관의 경쟁이 치열해지면 이용자의 선택권은 향상되겠지만 과도한 경쟁에 따른 부작용이 발생할 가능성도 높다고 예상된다.

◇ **비만관리 서비스**는 아동들의 미래를 위해 꼭 필요한 서비스라고 생각을 하면서도 일부 이용자들의 경우 자녀 학습에 대한 욕구가 앞서 서비스 이용률은 낮아지는 경향이 보였다. 반면 비만관리는 사회적 변화에 따른 수요는 증가할 것이지만 **학부모의 인식개선과 프로그램의 변화없이는 사업 확대 가능성은 낮아 보인다.** 비만관리는 사업체간 경쟁이 거의 없고 학교장의 협조나 방과 후 학교시설 이용 등 학교와의 연계가 다양하고 전문적인 운영체계로 전환이 요구된다.

◇ 사업운영비에 대한 만족도는 대체로 높고 서비스제공기관의 경우 홍보효과로 인해 직간접으로 회원확보에 유리하다.

◇ 부모들의 경우 고객부담금이 없기를 원하는 사람 또는 너무 어린 자녀에게 교육기회를 주고자 하는 경우도 있지만, 서비스혜택에 대해 대체적으로 만족한다.

◇ 서비스의 부정이용자는 없고 오히려 정보부족으로 서비스를 받지 못하는 대상자가 많고 서비스 확대에 대한 욕구가 높아 보인다.

◇ 바우처 카드 사용에 대한 의견은 양분된다. 단말기의 부족이나 사용은행이 집 근처에 없다거나, 본인부담금과 보조금의 이중납부 등의 문제에 대한 개선이 요구되며, 새로운 정책에 익숙해지도록 적극적인 관리를 위한 노력과 교육이 필요하다.

◇ 서비스제공 기관별로 제공되는 서비스의 내용이나 요구되는 기록이나 서비스내용의 차이가 존재한다. 정보력이 부족하거나 거리문제 등으로 이용자의 선택권이 제대로 행사되지 못하는 현 상태에서 서비스 경쟁이 질적 향상보다는 과열 홍보나 부가서비스 경쟁으로 갈 수 있으므로 **표준화된 서비스 제공을 위한 관리와 지속적인 노력이 필요**하다.

2) 자체개발형 사업

(1) 서비스 제공기관

① 서비스내용

지역혁신 자체개발형 사업은 2개의 놀토 프로그램과 1개의 장애치료프로그램으로 구성되어 있다. 제공기관에서 실시되는 종이접기와 과학놀이, 난타- 음악놀이체험과 외부체험 행사인 생태환경체험활동은 월 2회 시행되고 있고, 장애인 대상의 언어, 심리, 놀이, 작업 치료는 주 2회 방문, 회당 40여분 동안의 서비스가 제공된다.

시간은... 지역혁신서비스 미래세대비전은 놀토에 하루 3시간씩 그렇게..〈E1-가〉

네, 난타, 음악놀이체험과 생태 및 환경 체험활동 2가지를 하고 있습니다〈E1-가〉.

(면담자: 그러면 종이 접기 하시는 분하고..) 하고,, 과학교실 하시는 분 두 분〈E2-가〉.

주로 이루어지는 서비스는 언어 치료가 대부분입니다. 언어치료가 한 70%정도 이루어지고 있고 그 어떤 내용을 보시더라도 물리치료, 심리치료, 언어치료 학습지도, 미술치료…〈E3-가〉

40분 치료에 월 8회 받고 있습니다. 일주일에 주2회 40분〈E3-가〉.

서비스 관리자는 별도의 채용은 아니지만 전담인원은 있고, 전문제공인력이 확보되었으며 이용자는 증가하는 추세이다. 서비스 신청은 가정의 소득과 관련하여 동사무소에서 신청 심사하며 기관은 이용자가 직접 선택한다. 다만 장애치료의 경우는 대상자의 특성(장애아동)을 고려하여 2개 기관이 협력하여 기관에 적합한 대상자를 선정하고 있다. 서비스 부정제공은 사실상 불가능하고 기존 제공기관의 이용자와 중복되기는 하지만 서비스내용에 있어서의 중복은 없었다.

새로 모집하신 분 있고 저희 문화센터에 소속되어 있는 강사들도 있고 그렇습니다. 생태 체험인 경우에는 우리 경상북도에서 하고 있는 자연환경연수원이 거기 있습니다. 거기에 자원봉사 교사들이... 전문 인력이 있거든요. … 그 중에서도 열성도 있고, 전문지식도 갖추고 있고 애들을 사랑하는... 그런 분들을 선발해 냈습니다. 선발을 해서 본인 동의하에 그렇게 지금 활동을 하고 있습니다〈E1-가〉.

(신청)절차는... 여기 대상자가 되어야 되거든요. 대상자들이... 전국 가정 평균 소득 이하 학생들입니다. 요것.. 선정을 어떻게 하느냐 하면 소득 기준 가지고도 하구요, …… 4인가족인 경우에는 건강보험료가 84,230원 이하의 경우, 만약에 지역가입자 같은 경우에는 101,980원 이하이면 해당이 되거든요. 해당이 되면 구비서류를 갖춰가지고 동사무소에 가면 거기서 심사를 해서 .. 신청을 해서 국민은행에 자료를 보내면... 전산은 사회서비스관리센터에 자료를 그쪽으로 보내고 바우처 카드에 필요한 자료는 국민은행으로 보내고... 그래서 국민은행에서 바우처 카드를 발급해주거든요. 그러면 그 카드를 가지고 서비스를 이용할 수 있습니다〈E1-가〉.

대상자 선정은 전적으로 동사무소에서 하구요. 동사무소에 1차 선정이 된 분들이 …자기들이 보고 그 기관하고 계약을 맺는 거에요. 1차는 동사무소. 2차는 저희랑 계약을 맺고 프로그램을 진행을 하구요. 그쪽에서 마음에 안 들면 계약 파괴를 저희가 못 하구요. 그 쪽 클라이언트들이 위약하실 거면 파괴를 하고.〈E2-가〉

보통 우리가 전화를 드립니다. 명단이 넘어 오면은 그래서 뭐 어떤 치료가 필요하신지 다 물어보고 뭐 나는 뭐 우리 애기는 언어 치료를 받으려고 한다. 그러면 인제 예사랑에서 인력이 가능하면 예사랑 쪽으로 연결하고 또 장애인 복지관이 가까우면 우리하고 계약을 해가지고 뭐 이런 식으로〈E3-가〉

아 대상은 중복될 수가 있겠지만 서비스 내용자체가 전혀 중복될 여지가 아니죠.〈E3-가〉

② 진행과정

사업홍보는 읍, 면, 동사무소에서 전적으로 홍보하는 것이 원칙이며 각 업체별 홍보자료 제공하고 기존이용자 홍보, 지역사회 연계, 홈페이지, 입소문, 전화, 팸플릿 등의 노력을 하고 있었다.

기본 홍보는 시에서 일괄적으로 해줍니다. 팸플릿하고, 학교 공문으로...〈E1-가〉

저희들이 팸플릿도 만들고, 인터넷도 이용하고, 그리고 전화도 하고, 입소문도하고, 여러 가지 홍보 매체는 총 동원했습니다. 요즘 해보니까 인터넷 활용하는 게 가장 빨라요. 동사무소라던지, 각 교회, 학교, 이렇게 직접 기안을 해가지고.〈E1-가〉

…우리 기관을 이용하고 있는 아동들은 어머니께서 신청이 가능하시면 동사무소에 신청을 하라고 그런 안내 전단이 저희는 나가구요〈E2-가〉.

제공자의 대부분은 전문자격증과 유경험자들로 전문영영의 교육은 실지되지 않고 바우처 사업의 취지 또는 수업진행에 관한 오리엔테이션을 제공하며 기관에 따라 관리자의 모니터링이 진행되고 있었다.

……그전에 오리엔테이션을 한.. 두 번 정도 이 프로그램 의 최소 내용을 알고 시작해야 되고, 거창하게 강의를 한다던가 그런 정도는 아니구요. 최소 이 프로그램의 취지라던가 왜 프로그램이 생겨나게 된 배경이라던가 그 정도는 설명을 하고, 이 아동들에 대해서 설명하고 나서 수업 진행 방법, 어떻게 수업 진행해야 될까 토의를 하구요〈E2-가〉.

안합니다. 소양교육은 본래 하게 돼 있는데 저희가 좀 못 했구요. 언어교육은 전부 임상 치료사들...전문가들이니까 따로 지침이 내려올 때 따로 전문교육은 실시하지 않는다. 다만 교육이 있을시에는 위탁교육 형식으로 하겠다. 그런 통보가 내려 왔으니까 하지는 않았습니다〈E3-가〉.

제공자의 확보는 기존 자원봉사자 및 강사를 포함하여 제공자 전문 집단의 인터넷홍보 및 개인적 연고와 다른 치료사의 소개로 이루어진다.

아, 일단은 제가 요 재활치료 전공이 아니기 때문에 우리 여기 재활치료 선생님들 아름아름 통해서 그렇게 많이 했었습니다. 처음에 뭐 작업치료사, 물리치료사, 언어치료사 모임에 관련되는 그런 카페라던지 또 홈페이지에 모집한다는 홍보를 좀 했었구요. 외부 공문 같은 거는 보내진 않았습니다〈E3-가〉.

이제 1개월, 2개월, 3개월 지나다 보니까 요 사업 한다는 게 전해지는가 보더라구요. 언어치료사들끼리 뭐 물리치료사든지...근데 인제 주로 언어치료가 많으니까 언어치료사 선생님 통해서 그런 인적 네트워크를 통해서...〈E3-가〉

기관별로 만족도 조사나 정산시 가정에서의 상담으로 이루어지고 있으며 기록 등은 남아 있지 않았으나 불만처리 시 이용자의 입장에서 해결하려고 노력하는 것으로 보인다.

그거는 앙케이트 가지고 하고, 앙케이트를 보고 불만을 가지고 계신 분들에게는 전화도 하고, 대면도 하고...〈E1-가〉

네. 그렇죠. 수요자 중심이니까 당신들이 원하는 대로 대부분 해주려고 노력을 하고 있습니다〈E3-가〉.

매월 정산 하죠. 돌아다니면서 모니터링 개념으로. 근데 그걸 서류상에 남기지를 못했어요.그래 가지고 지금 전화를 다 하고 있습니다〈E3-가〉.

③ 만족도

사업운영비는 기관에 따라 차이가 있지만 대체적으로 적절하다고 보이며, 이용자 확보를 통한 운영이 확보의 중요성이 점차 인식되고 있다. 제공기관의 홍보효과와 지역주민에게 서비스 제공이라는 자부심으로 인해 사업만족도는 대체로 높았다.

우리 직원들도 그렇고 저도 그렇고, 사실 우리나라 정서가 40대 50대 지나가면 일거리가 없어가지고 일선에서 물러나야 되는데, 저 같은 경우에는요. 바우처 때문에 새롭게 시작하는 인생이라고 이야기해도 될 만큼... 지금 가지고 있는... 지금까지 쌓아 놓았던 정말 능력을 발휘할 수 있는... 정말 행복해요〈E1-가〉.

많은 수입은 아니지만 그런대로 저희들이 생각하고 있는 외적인 수입하고 내적인 사회서비스 남는 심리적인 만족감이라고 해야 하나요. 지역사회에 기여했다는 기여도... 이런 것 때문에 만족스럽게 하고 있습니다〈E1-가〉.

……대부분의 아동들이 70점 이상 되는 아동들이. 보통 이상 만족한다. 매우 만족한다라는 평가가 나왔기 때문에〈E2-가〉.

……기관에 남는 수익금은 거의 없어요. 없지만 이 많은 아동들이 ○○복지관을 알았다는 것. 엄청난 홍보 효과가 되었다는 게 기관에서 좋아할 거구요.……〈E2-가〉

④ 서비스 확대가능성

사회서비스 확대에 대해서는 모두 긍정적인 반응을 보인다. 자체개발 체험학습 사업의 경우 지역사회의 욕구반영과 기반이 중요하여 업체 간 경쟁구조는 약하지만 이용자 확보를 위해 초기협력이 이루어진다면 시장 형성가능성은 매우 높고 전업보다는 부업으로서의 일자리 창출효과가 있을 것으로 예상된다. 장애인 치료프로그램은 2008년 제공 업체에 증가에 따라 제공기관 사이의 이용자선택을 위한 경쟁가능성이 있었다.

……각 학급 학교에 이런 프로그램들을 보급 하게끔... 그렇게 되면 지역 사회의 전문 인력들을 취업 시킬 수 있는... 사회적 일자리를 많이 창출할 수 있는 기회가 될 거라고 보고〈E1-가〉.

그렇죠... 그게 전업이 아니고, 파트타임.. 그렇게 일하는 것으로서는 성과가 있다고 보거든요. 전업인 것 같으면 만족하지 못하겠지만, 파트타임으로 하는 것 같으면 비용도 그 정도 같으면, 적당한 대우 받는 것이라는 생각이 들구요〈E1-가〉.

경쟁이 좀 안 되고 있어요. 거의 저희 복지관이 독점이에요. ……정보를 아시는 분만이 많은 혜택을 받으시는 것 같애요. …〈E2-가〉

…실제로 뭐 일자리가 그래 창출되는 거 같은 느낌은 별로 없어요.〈E3-가〉

그게 보장이 안 되니까... 누가 참여를 하겠습니까? 그러니까 이제 투잡 형식으로..원래 업을 가지고 있고 부업형식으로 참여합니다〈E3-가〉.

…어느 기관이 서비스가 좋으냐에 따라서 파이를 많이 갖고 오느냐 적게 갖고 오느냐 그 뭐 잘 되는 기관은 서비스가 잘되고 호응이 좋은 기관은 살아남을 것이고 적자생존의 원칙이 적용되는 거죠〈E3-가〉.

⑤ 바우처 효과

제공기관은 바우처의 사용자체에 대하여 긍정적인 평가를 하지만 단말기의 부족이나 이용자의 카드관리에 대한 인식부족 등 운영상의 문제가 나타나고, 1명의 관리자가 카드결제를 위해 집집마다 다니는 것은 비효율적이고 한계가 따른다.

저는 바우처라는 도구가 굉장히 좋다고 생각하거든요. 도구는 누구 손에 들려지느냐, 어떻게 쓰느냐에 따라서 달라지는데... 도구 자체로는 참 좋은 도구다〈E1-가〉.

네.. 카드 결제 방식으로 하고 있는데, …… 그런 본인 부담금으로 엄청난 혜택이 간다는 게 정말 프로그램인 것 같구요〈E2-가〉.

프로그램은 이용하시는데 결제 면에서는 조금 늦게 한다던가... 그것을 생각을 잘 안하세요. 분실도 솔직히 많구요. ……관리 소홀히 하는 게 좀 많은 것 같애요〈E2-가〉.

바우처 들고 네 집집마다 돌아다니고 이 단말기 들고 집집마다 돌아다니려 하니까 불편해요〈E3-가〉.

⑥ 개선방안

지역혁신서비스는 지역주민의 변화되는 욕구에 미리 파악하여 대응하는 자세가 필요하다. 사회서비스 사업에 대한 교육기회가 확대되고 효율적 운영을 위한 업체 간 모임이 활성화도록 노력해야 한다. 지역별로 분포면적 및 외곽지역의 제공자들을 위한 정책적 배려가 있어야 하며, 이용자들이 결제일을 준수하고 바우처의 단점을 보완하기 위한 다양한 결제방법을 모색하여야 한다.

그것은 안 했는데, 두 번 정도 시청에서 회의를 했는데, 제 생각에는 이런 모임도 좀 가져서 효율적으로 하기 위한... 그것도 필요하다는 생각이 듭니다〈E1-가〉.

앞으로 3년 4년 봤을 때는 새로운 욕구가 생겨날 것이거든요. 계속 클라이언트 욕구는 계속 바뀌잖아요. 그런 욕구를 어떻게 보면 담당자나 구청에서 캐치해 내서 다음 프로그램을 미리미리 준비해 놓는 것도 그렇게 하는 게 좋지 않을까. 이게 어떻게 보면 개선 사항이에요〈E2-가〉.

(2) 서비스 제공자

① 서비스내용

구체적으로 제공하는 서비스는 구미아트센터의 제공자는 가족과 함께 하는 생태체험학습, 난타/음악게임진행하며 한 달에 2, 4째 주 놀토(한 달에 두 번) 생태학습(하루 종일), 난타/음악(3시간) 서비스를 제공한다.

한 달에 두 번 놀토를 활용하여 오전 9시에 12시까지 2개 분야로 진행〈E1-나〉.

선린복지관의 제공자는 매달 2째 주 노는 토요일(한 달에 1번) 오전 9~오후 1시까지 연속 수업을 진행한다. 달성군장애인복지관 심리치료사는 정서적 안정, 기초학습태도, 부모와의 상담, 학습지도, 놀이치료도 병행하는 심리치료를 사례별(상담포함 1시간), 일주일에 2번, 40분 수업을 제공한다.

집에 찾아가다 보니깐 심리치료의 모든 치료방법을 사용하지는 못하고 있지만은 일단하고 있는 것은 이들 정서적으로 불안한 부분이 있으면 편안하게 해주는 것들이랑, 그리고 아이들이 발달이 워낙 느리다 보니깐 학교 들어가기 전에 기초적인 것, 학습태도 형성 같은 것 해주구요. 어머님들이 가장 어려워하게 아이들에 대한 (문쟁력?)같은 것들, 대처방법이랑 아이들이랑 직접해보고 거기에 대해서 의견 같은 것들도 나누어 드리구요〈E3-나〉.

그리고 발달이 느리니깐 사고력 같은 것 많이 봐주고 심리치료파트긴 하지만 미술치료나, 아이들 학습태도 형성을 위해서는 글자 같은 것 쓸려고 하니깐... 사고력 떨어지면 안되니깐...

그런 사고력 같은 것들도 손을 보고 있어요〈E3-나〉.

지금, 보통 시간은 대부분 40분이거든요, 40분인데, 하다보면 40분이 시간이 딱 맞춰서 끝날 때도 있지만은 아이들이 고집피우거나 그런 상황에서는 대질을 어느 정도 마무리를 짓고서 끝내야 하기 때문에 시간이 걸리는 경우도 있어요. 그러면서 그 외에 어머님하고도 상담하다 보면 거의 1시간은 더 들어간다고 보죠〈E3-나〉.

교육의 필요성은 개인적인 능력향상을 위한 노력에만 의존하고 있으며 계약직이라 1곳을 제외하고는 임금은 강사료로 형식으로 지급되며, 4대 보험은 가입되어 있지 않다.

전문가들이기 때문에 별다른 전공교육은 없음〈E1-나〉.

아.... 그러니까.. 그분들하고 파트 일하는데 있어서 서비스를 제공하시는 분들하고는 연락은 잘 못하고 있거든요. 근데 저 스스로는 필요한 부분이 있으면은 이제... 선배님들이 있으시고 하니깐 케이스 같은 경우를 할애를... 회의 같은 것. 회의라기 하긴 그렇지만 코멘트를 부탁드린다고 하구요. 아니면은 올해는 시간이 그래서 못 가봤는데 연수같은 것 있으면은 갈려고 하구요〈E3-나〉.

페이는... 1회당 (잘 안 들림)기준으로 해서 주신다고 해서... 1회당 2만 5천원 정도 되요〈E3-나〉.

② 만족도

제공자들은 대부분 저소득층 자녀를 위한 사회봉사의 의미, 시간적 여유, 아이들의 성장으로 만족하고 있으나 종이접기 강사의 경우는 참여인원대비 강사료부족, 무리한 노동시간 등의 불만족한 부분은 있지만 지속할 의향을 보였다. 제공자 입장에서 볼 때 이용자를 위해 꼭 필요한 사업이라고 생각하고 있었다.

스스로에게는 적절한 일로 생각함. ...아이와 항상 함께하는 일이기 때문에, 아이들하고 노는 것을 특히 좋아하고 자신이 가진 것들을 가지고 가르치고 사회에 서비스 한다는 것에 대해 자부심 가짐. 개인 스스로가 사회에 서비스할 수 있는 기회에 대해 감사〈E1-나〉.

조건도 아주 열악해요. 왜냐하면 원래 할 때는 인명 당으로 해서 모든 재료비랑 다 포함이거든요. 준비가 되다 보면 반 정도, 또는 1/3 이상 제공되구요. 그리고 세팅이 다 돼야 되니까. 이 일을 위해서 일주일 동안 다 세팅을 해야 되요〈E2-나〉.

그렇죠. 그런 식으로 했었는데, 금액도 어느 정도 모든 게 열악한 편이지요. 그래서 일단은 놀토 프로그램이 이쪽 타 기관에서 보면 돈을 다 받는 게 아니고 그래도 저렴하게 하면서도 효과를.. 만족을 위한 거니까. 저희들도 그 정도는 배려를 해야 된다고 생각하니깐.. 우리가 조금 생각했던 만큼은 아니더라도 봉사식으로.〈E2-나〉

…… 제가 가까이 있으니깐 제 파트하고 상관없긴 하지만은 제가 도와줄 수 있는 부분이 있으니깐 가서 어느 정도 사회서비스를 드리는 게 맞지 않을까 싶은 생각에 하고 있거든요〈E3-나〉.

③ 서비스 확대가능성

제공자 대부분은 제공기관과의 관계는 좋은 편이고, 임금으로서 수당은 부족하지만 시간사용에 있어 자율성과 사회기여감과 같은 보람을 느끼고 있어 서비스를 지속적으로 제공하고자 하는 의지가 있었다.

일단 일을 시작한지 얼마 안됐기 때문에요. 아직까지는 여태까지 했는데... 만약 차후에 계속한다면 인원이라든지. 불만이라든지, 선생님들의 페이에 대한 것 이런 것들 고려해 주셨으면 좋겠어요. 조금 더 생각하셔 가지고 시행을 해야 하지 않을까.〈E2-나〉

음....일자리 창출로... 괜찮을 것 같기는 한데, 아까도 말씀 드렸다시피 우선은 그 사람이 어느 정도 능력을 갖추고 있어야 된다는 것. 자격조건이 되는 그런 것들, 그런 게 있으면은 충분한 일자리 창출로 볼 수 있지 않을까 생각이 들어요〈E3-나〉.

④ 바우처효과

제공자의 경우 기관에서 관리하고 강사료를 지급하는 형식으로 운영되어 바우처에 관하여서는 잘 알지 못하는 듯하다.

관리하는 사람이 단말기를 가지고 다니면서 정산하고 나의 수당은 통장으로 계좌이체가 되기 때문에 이 부분은 잘 몰라요〈E3-나〉.

⑤ 개선방안

서비스에 대한 홍보부족으로 서비스를 꼭 필요로 하는 사람들이 서비스 제공을 받지 못하는 경우가 있었다.

거리가 멀거나 교통 불편 등으로 인한 카드는 발급받고 서비스를 받지 못하는 대상자들에 대한 대책이 마련되어야 한다. 서비스 이용자들의 경우 서비스 제공시간 약속을 철저하게 지키도록 교육이 필요하다고 지적되었다.

> 정보를 몰라서 신청 못하는 경우 상당수. 적극적으로 주위 권유필요〈E1-나〉.

> 서비스 이동시간이나 서비스 제공을 위한 준비 등 사실상 제공되는 시간이외의 시간이 많이 든다〈E3-나〉.

> 이용자들 - 시간약속 잘 지키기〈E1-나〉.

종이접기 교사의 경우는 1시간 내에 작품을 완성해야 하므로 성취감을 높이기 위해서는 시간을 연장하고 학습당 인원이 15-20명 정도로 제한해줄 것을 제안했다.

> 시간적 여유도 조금 있었으면 좋겠구요. 애들도 완성판에 대한 이것도 성취감이나 선생님 손이 전혀 안가고 자기 혼자 할 수 있으려면 시간이 많이 촉박하구요. 인원수도 어느 정도까지... 이게 계속 많다고 되는 게 아니니까... 많아도... 한 20명 정도가 맞을 것 같아요〈E2-나〉.

(3) 서비스 이용자

① 서비스 내용

자체개발형 사업에서 제공되는 서비스 내용은 매우 다양하다. 면접에 응한 이용자들은 난타, 음악치료 이용자, 자연생태체험 이용자, 종이접기, 과학놀이 수강생, 언어치료 이용자, 심리치료 이용자, 작업치료 이용자 등 다양한 수요에 따라 서비스가 제공되었다.

> 난타 치는 거 하고, 장구 하구요. 음악치료 요법으로 율동 같은 것, 악기 음색에 대해서(박자를 치고, 한 쪽에는, 치고 -잘 안 들림) 놀면서 박자 공부도하고, 놀면서 음악 공부도 하고〈E1-다1〉

> 네... 가족 단위로 신청했는데, 애들 아빠는 가기를 거의 뭐, 쉬는 날이 없어요. 애들이랑 어울려서 가기가 쉽지가 않거든요 사실... 그래서 생태체험...그걸로 했거든요〈E1-다3〉.

> 받고 있는 언어치료 외에 놀이치료를 1개 더 추가로 받고 싶어요〈E3-다1〉.

> 언어치료 심리치료는 있는데 미술치료라든지 언어 쪽에 그런 게 많잖아요. 그런데 여기는 두 가지만 있더라구요〈E3-다2〉.

신청을 하게 된 과정 또한 다양하여, 학교에서 안내공문, 동사무소 홍보책자, 아파트 게시판, 제공기관의 안내전화, 복지관 공부방에서의 정보, 길거리 현수막 등을 통해 정보를 접하고 신청서를 작성하고 기관에서 연락이 오면 계약을 하는 방식으로 서비스가 제공되었다.

저는 학교에서 공문이 날라 왔거든요. 애들 바우처 카드 만들어서〈E1-다1〉

동사무소에서 홍보책자가 왔드라고요〈E1-다2〉.

그것은.. 우리애가 여기 문화 센터 강좌를 하나 듣고 있는데, 원장님께서 연락 오셔가지고, 이런 사업이 있으니까 아이 편으로 서류를 받게 되었어요〈E1-다3〉.

우리 애를 복지관의 공부방을 보냈거든요. 이쪽에 바로... 소식을 들은 거죠. 여기서..〈E2-다1〉

안내장을.... 그리고 또 선생님이 직접 전화하셔서 이건... 이런 게 있는데...〈E2-다1〉

군청에 가다가 도로에 붙은 플랜카드를 보고 군청에 가서 신청방법 문의〈E2-다1〉

주 2회 가정에 직접 방문, 1회시마다 40분 수업 진행〈E2-다1〉

복지관 자체에서 말씀 해주셔가지고〈E3-다3〉

② 진행과정

서비스에 제공 시간과 횟수에 대한 반응은 이용자별 차이가 있으나, 제공기관이나 제공자가 시간에 맞추기보다는 이용자들이 원하는 시간에 서비스를 받을 수 없다는 불만이 있었고, 서비스의 영역이 더 확대되어 다양한 치료와 체험 기회가 확대되기를 희망하고 있으며, 추가구매의사 또한 매우 높았다.

난타 말고... 다른 걸 더 부가적으로 넣으면 좋죠. 미술이라든지, 아트니까 예술 쪽이니까 꼭 음악 아니더라도 만들기라든지 다른 것.. 뭐.. 미술 찍기라든지 아이들 표현할 수 있게. 놀토 아니라도 오후에 잠깐이라도. 오후에 한 시간..〈E1-다1〉

네.. 저는 가요. 자부담이 있어도 저는 가고 싶어요. 왜냐하면 자부담이 있어도 개인이 고안해서 가는 것보다 훨씬 저렴하고, 좀 탄탄하잖아요. 자부담이 있더라도 저는... 견학도 하고 새로 체험을 해보고 싶어요〈E1-다2〉.

당연히 있음. 바우처 사업 없을 때도 대구지역까지 아이를 데리고 직접 치료하러 나가곤 했음. 내용은 비슷한데 접근성이 어려워 곤란했는데...직접 찾아와서 해주면 100%자부담을 해서라도 아이를 위해 할 수 있음〈E2-다1〉.

③ 만족도

이용자들의 서비스만족도는 매우 높았다. 체험학습을 통해 식물에 대한 관심이 생기고, 과학놀이 등에 관심이 생겼으며 무엇보다 가족들과 함께하는 프로그램으로 가족간의 유대감 형성에 기여하고 있었다.

오니까.. 치고... 리듬 감각은 어느 정도 알고 있지만.. 이론 같은 것은 미흡해도, 애들이랑 음악적으로 어울리는 것은 꽤 좋아하더라구요. 즐거우니까. 걔도 작은 행복감을 느끼고 있고, 좋아한다니까 아침 일찍 2주 4주 일어나서 오거든요〈E1-다1〉.

긍정적인 측면은...가족들이 일일이 좋은 장소 선택해서 갈려면 인터넷을 하루 종일 찾아야 되고 예약해야 되고, 대게 번거로운데... 여기 가니깐 편하고 좋아요. 또 생태체험이... 무겁고 거창한 줄 알았는데... 소풍 가듯이 가벼운 마음으로 갈 수 있어 좋아요... 그리고 나무를 보면 애들이 처음에는 생소하게 생각했으나 이제는 흥미를 가지고 봐요... 책이나... TV야생화에도 관심을 가지드라구요...〈E1-다2〉

심리치료의 경우 방문서비스에 대해 감사하면서도 복지관에서 일하는 제공자에 비해 제공자의 능력이 부족하다고 생각하는 이용자도 있었지만, 제공기관이나 제공자에 대한 만족도는 매우 높은 수준이다.

예 괜찮다면 뭐... 예예 배가 되도 저는 2만원이 4만원이 되도... 예 선생님이 좀 더 유능하신 선생님이고, 정말 예예 그렇게 해주시면.. 일단 저는 복지관 자체에서 가르쳐 주시는 음. 전문 선생님, 저 복지관 내에 선생님이랑, 나오시는 선생님이랑 다르다고 생각하거든요〈E3- 다3〉.

복지관이 더 좋죠. 복지관에 예예 거기 선생님이 여러분 계시는 게 아니고 한 분밖에 안계시잖아요 그러니깐..〈E3- 다3〉

사업에 대해 대부분 필요하다고 느끼고 있으며 주위사람들에게 지속적으로 권유하고 사업이 연장되면 지속적으로 이용하고 싶어한다.

> 일단 저소득층 애들.. 장애 애들 일단은 부모가 애들을 해낼 능력이 거의 없기 때문에 그 부분은 나라에서 뒷받침이 되 주어야 된다고 생각을 하거든요...〈E1-다1〉

> 같은 또래 가정에 많이 권유를 했다. 그래서 같이 하는 가정도 있지만 신청자가 계속적으로 넘쳐서 대기 중에 있는 가정도 많다〈E2-다2〉.

④ 서비스 확대가능성

본인부담금은 낮아지길 원하는 이용자도 있었지만 서비스 대비 지불비용에 만족하고 있었다. 일부 이용자는 참가비를 내는 것이 참여의지를 높일 거라는 의견도 제시하여 본인부담금에 긍정적인 의미를 부여하기도 했다.

> 저는 내려갈 수 있으면 제도가 더 내려 간다면 뭐. 좋죠. 근데 또. 그런 건 아닌 것 같아요. 더내려간다는 것도 어떻게 생각하면 없지 싶어요. 왜냐하면 ..너무 뭐.. 사람들이 그게 있어야 되잖아요.. 사람들이 좀 가치가 있어야지 좀 의의가 있을 것 같애요...〈E1-다2〉

이용자들의 기관선택은 거의 이루어지지 않았다. 기관선택의 기회가 있다는 것조차 모르거나 선택에 필요한 구체적인 정보가 부족한 실정이었다.

> 그런 건 따로 없죠. 선택의 여지는 없죠. 있었는지 없었는지도 모르겠어요. 그냥 적으라는 것만 적었으니까...〈E2-다1〉

> 제공자(도우미) 자체에 대한 선택의 기회는 없었지만 다만 받고 싶은 서비스 선택에 있어서는 기회가 주어졌다〈E3-다2〉.

⑤ 바우처효과

이용자들은 바우처 카드 사용이 편리한 결제수단이지만 카드를 잃어버릴 가능성이 있다는 단점을 지적하고 있다. 일부는 바우처에 대해서 잘 모르고 있어 교육의 필요성이 제기되었다.

> ……카드 있으면 편리하지 않아요? 아들 과학캠프 갈 때 이것 쓰니까 또... 되더라구요. 그러니까 편리한 것 같아요. 제가 생각할 때는 버리지 말고 잘 챙겨야 되죠.. ……〈E1-다2〉

> 카드로 하는 게 어떤 면에서는 좀 불편한 거 같기도 하고..〈E3-다2〉

바우처 결제힐 때 카드를 꺼내가지고 이런 두 군데 결재한다고 하먼은..〈E3-나2〉

⑥ 개선방안

서비스 이용을 할 수 있는 바우처 사업에 대한 적극적이고 효율적인 홍보가 이루어져서 필요한 대상자가 이용할 수 있어야 하며, 특히 장애인을 위한 정보제공이 필요하다는 점이 지적되었다.

이게 많이 보편화되어야 되죠. 잘 몰라요. … 똑같은 동등한 입장이니까.. 많이 홍보를 해서 올 수 있는 사람 많이 와서 애들도 같이... 다 잘살면 좋잖아요?〈E1-다1〉

비장애인에 대한 정보는 넘쳐난다. 그러나 장애인을 위한 정보는 적고, 정보를 접할 수 있는 기회도 한정되어 있고 전달도 늦기 때문에 더 많은 혜택을 줄 필요가 있다고 생각된다〈E2-다1〉.

체험 프로그램의 경우 시간과 프로그램의 다양성이 요구된다.

불편한 점은 그다지 없어요. 개선은 시간을 늘려 주는 것. 아침 한 9시부터 대 6시까지 이렇게 늘여주면 좋겠어요〈E1-다2〉.

바우처를 보면 과목이 7개잖아요.. 그 중간에 외국어 같은 거 좀 집어 넣었으면 좋겠더라구요〈E1-다2〉.

…꼭 생태가 아니더라도.. 제가 생각하기에는 생태라고 하면 뭐.. 허브 거의 이런 것 위주로 설명을 하시더라구요. 근데 그런 것 말고라도 .. 체험 자체는 좋은 것 같아요〈E1-다3〉.

장애아동에 대한 프로그램은 시간적 안배를 고려하여 2개의 치료서비스를 동시에 받을 수 있도록 하고, 사회서비스의 확대가 이루어져야 한다. 재미있는 프로그램의 제공과 함께 장애아동의 사회성 향상을 위해 1:1 치료뿐만 아니라 집단치료가 효과적일 수도 있다.

서비스를 이용하면서 불편한 점 있어도 아이에게 악영향을 미칠까봐 제공자에게 이야기 못하는 경우도 나타났다.

받으면서 교육 프로그램을 좀 더 구체적으로.. 예를 들면 장르가 많았으면 좋겠어요. 놀이라든지, 놀이 위주의 것을 좀 더 구체적으로 …〈E3-다1〉

그렇지만 2개의 치료를 동시에 받을 수 있는 혜택이 있으면 좋겠음〈E3-다1〉.

예.. 개별 치료만 하는 게, 지금 저희 아이같은 경우에는 개별 치료는 여태까지...그리고 거기 할 때 집단으로 이제.. 여기 이 사업이... 이쪽으로 왔는데 사실 얘는 사회성이 떨어지는 거기 때문에 사회성 쪽으로 좀 많이 했으면 좋겠는데 그게 잘 안되더라구요〈E3-다2〉.

이해가죠. 선생님한테는 말 못하죠.. ……우리 애도 가르쳐 주시고 매일 보고 하시는데 그죠? 예예. 잘 지내야지 예예 으응.〈E3-다3〉

(4) 요약

◇ 자체개발 사업은 지역혁신사업의 확산에 긍정적인 기여를 하고 있다. 체험학습과 장애인 심리치료 서비스는 현재 지역주민의 욕구가 잘 반영되어 제공기관, 제공자, 이용자 모두의 만족도와 호응이 높았다. 체험학습의 긍정적인 효과는 학습에 대한 관심이 높아지고, 사회성이 향상되고, 가족관계에도 긍정적인 영향을 미치는 것으로 나타난다. 그러나 이동시간, 점심시간 등을 고려하면 체험시간이 부족하므로 시간의 확대와 다양한 체험 기회 제공이 필요하다(예, 가족단위의 영어마을 체험이나 1박 2일 생태체험 기회). 그러나 프로그램에 대한 지역주민의 욕구는 변화하게 마련이며 이러한 변화를 정확하게 파악하여 신규 사회서비스를 미리 준비하고 보완하려는 노력이 지속적으로 필요하다.

◇ 제공기관에서는 만족도 조사를 실시해 성과를 점검하고 있었다. 특별하게 정해진 개별상담이나 조사표를 가지고 탐구하기보다는 같이 활동을 함으로써 아이들에게 접근하여 프로그램의 성과와 문제점을 파악하려고 하였다.

◇ 서비스 제공자에 대한 간단한 오리엔테이션 뿐 아니라 지속적인 모니터링과 기술향상을 위해서 교육이 마련될 수 있는 방안이 모색되어야 한다. 대부분의 관리자는 사회서비스를 전담하는 게 아니라 다른 업무와 병행하고 있어 업무과중이 우려되지만 서비스 제공자간의 자조모임이나 사회서비스 센터내의 온라인 교육들을 통한 기술향상도 고려해 볼 수 있을 것이다.

◇ 제공자가 강사자격으로 집단대상으로 서비스를 제공하는 자체개발형 프로그램은 대상자의 수에 따라서 제공자의 수당이 결정되는 것이 아니라 강사료의 개념으로 지급되고 있었다. 자체개발 사업에서 제공자들은 사회서비스 제공에 대한 만족도가 높고 사회적 일

자리 창출의 효과가 있는 것으로 나타났다. 그러나 일자리는 임금이나 고용조건 면에서 정식직업이기보다는 파트타임이나 부업으로의 기능하고 있는 것으로 나타난다. 이를 보완하여 사회적 일자리의 원래 목적에 부합할 수 있는 방안이 모색되어야 한다.

◇ 바우처 사용에 대한 제공기관과 이용자는 대체로 긍정적으로 평가하지만 단말기의 부족이나 이용자의 카드관리에 대한 인식부족 등 운영, 절차상의 문제에 대한 해결노력이 필요하다.

◇ 서비스에 대한 정보의 부족으로 서비스 신청을 못한 사람이나 거리 등의 접근성 문제로 서비스를 제공받지 못하는 사람들에 대한 정책적 대안이 마련되어야 한다.

5. 제안점

1) 2차 사례조사를 위한 제언

◇ 사례별 부족한 내용을 보충하고, 2007년과 2008년 서비스 내용과 변화를 탐색한다.
◇ 업체간 경쟁으로 이용자의 선택권의 강화와 일자리 창출효과의 지속성을 탐색한다.
◇ 자부담금을 줄이고 정부재원 확충을 위한 방안이 있는지를 모색한다.
◇ 바우처제도에 대한 재평가가 필요하다. 지불방식에 대한 불만이 줄어들었는지 다른 대안이 있는지 등을 탐색한다.

2) 사회서비스사업 개선을 위한 제언

◇ 이용자가 제공자를 선택할 수 있도록 서비스 제공기관과 제공자에 기초정보가 제공되어야 할 것이다.
◇ 서비스 내용, 시간, 기록 등의 표준화된 서비스 지침이 마련되어 제공되어야 한다. 특히 아동인지사업의 경우 경쟁업체의 증가를 대비하여 표준화된 정책안이 마련되어야 한다.
◇ 서비스의 질적 향상을 위한 교육과 지속적인 점검이 필요하다.
◇ 한 가정 한 자녀에게 국한된 서비스 이용권을 확대하고, 교통이 불편한 곳이나 서비스제공기관과 먼 지역의 이용자를 위한 서비스를 제공하는 등 서비스의 확대에 대한 욕구가 반영되도록 개선되어야 한다.
◇ 정책의 시행과 변화가 빨리 일선 담당자에게 전달 홍보된다면 제공기관에서는 미리

인원을 예상하여 교사양성과 프로그램 개발을 사전에 준비할 수 있으므로 서비스의 질적 향상에 기여할 수 있을 것이다.

◇ 정보력이 낮은 대상자일수록 서비스의 혜택을 가장 많이 받을 수 있는 대상이므로 사회서비스에 바우처 제도에 대한 홍보를 통해 서비스를 받아야 하는 사람들에게 적절한 서비스가 제공되도록 노력해야 한다.

◇ 바우처 카드 사용의 정착을 위해서는 홍보와 교육이 동시에 이루어져야 한다.

제 4 절 사회서비스사업 1차 사례조사 결론

1. 결과요약

사회복지서비스는 가장 실천적인 영역으로서 정책결정도 반드시 실천적인 입장이 반영되어야 한다는 측면에서 사례조사결과에서 드러난 문제에 대한 보완은 매우 중요하다고 할 수 있다. 이는 현실에 대한 정확한 분석과 반영이 바로 사회복지서비스정책결정에 있어 매우 중요하기 때문이다. 특히 사회서비스영역은 서비스를 제공하는 기관들 사이에 효율성보다는 협력과 조정이 더욱 필요하다는 점에 주목해야 한다. 1차 사례조사에 결과분석을 통하여 다음과 같은 결론이 도출되었다.

◇ 이해관련당사자(제공기관, 제공자, 이용자) 모두가 사업의 필요성을 인지하고 있으며 사업의 확대를 원하고 있다. 서비스의 부정수급자는 없고 초기의 불만은 많이 해소되었으나 여전히 정보력이 부족한 이용자들은 서비스의 혜택을 받지 못하고 있다. 이들이 참여할 수 있도록 사업을 홍보할 필요가 있다. 이용자 확보가 사업의 성과와 밀접하게 연결이 있으므로 사업체들 사이의 경쟁으로 인한 서비스의 질 향상 못지않게 이용자의 확보를 통해 다양한 서비스를 제공할 수 있게 노력해야 한다.

◇ 운영비와 본인부담금은 대체로 적절하다고 받아들여진다. 하지만 소득수준에 따라 부담금을 차등화 하는 방안을 고려할 필요가 있다.

◇ 노인이나, 장애인 그리고 산모돌보미사업의 경우 사업 확대를 위해서나 표적대상자의

서비스제공을 확대하기 위해 자격기준을 완화하거나 시간을 확장 하는 등 재조정해야 할 필요성이 있다.

◇ 노인과 장애인보조서비스의 경우 제공기관이 지역의 잠재적 이용자들에 대한 정보를 많이 가지고 있으므로 신청을 대신하거나 선정과정에 참여할 수 있는 길을 열어줄 필요가 있다.

◇ 바우처 제도에 대해서는 바우처의 장점은 인식하고 있지만 단말기수수료, 단말기 오류, 작동불능 또는 카드분실우려, 특정 은행이용의 불편함, 부담금지불연체 등의 문제점을 보완해야 하며 보다 근본적으로는 다양한 계좌이체, 지로 등 지불대체방법을 모색해야할 필요성이 있다.

◇ 돌보미는 생계형 일자리로는 부족하지만 대체로 일자리 창출가능성은 높다. 생계형 일자리로 전환시킬 수 있는 방안을 모색하고 이들을 위한 보험도 마련되어야 하지만 부업 수준에서 사회적 기여를 위한 기회를 마련하는 것도 고려하여야 한다. 사실상 시간의 자율적 활용과 파트타임을 원하는 제공자들도 있고, 또 교통이 불편한 지역에 있는 이용자들은 지역공동체의 회복관점에서 볼 때 주민이나 비공식망을 활용하여 제공인력을 확보하여 생계형보다는 노동능력이 있는 노인이나 주부들의 부업으로 유도하는 것도 다양한 일자리 창출을 위한 방안이 될 수 있을 것이다.

◇ **이용자의 선택권은 아직 제대로 행사되지 못하고 있다.** 정보의 부족과, 서비스를 신청했으나 제공인력과의 연결이 어려운 경우에 해결해야 할 방안을 시급히 모색해야 한다.

◇ 기관경쟁은 영리기업이 서비스를 제공하는 지역혁신사업의 아동인지능력개발사업을 제외하면 거의 유발되지 않았다고 볼 수 있다. 향후 경쟁가능성이 있는 분야는 산모신생아 돌보미사업을 제외하고는 어려울 것으로 판단되는데, 이는 경쟁에 필수적인 다수의 제공기관이 존재하지 못하는 우리사회 복지인프라의 부족 때문이다. 국가주도의 사회서비스시설이 전무하고 대부분 비영리기관들이 사업에 참여하고 있지만 아직 비영리기관도 지역에 따라 그 수가 절대적으로 부족한 곳이 많은 것이 현 실정이므로 기관 간 경쟁을 유도하기 위해서는 복지인프라구축이 보다 시급하다고 할 수 있다.

2. 정책적 제언

◇ 복지이념이 손상되지 않으면서 시장형성을 할 수 있도록 하는 방안 모색이 필요하다. 사회복지서비스의 수준이 미약한 초기 출발 단계에서 경쟁보다는 기관간 협력 및 협조 체계를 마련하도록 유도하고 정책적 대안을 탐색해야 한다.

◇ 4대 서비스 사업 모두 교통 불편, 또는 먼 거리 이용자의 접근성 확대를 위한 방안 모색이 필요하다.

◇ 사업지침에 대한 정확한 이해를 도와주는 이용자교육을 실시하고 충분한 공고기간을 통해 이용자들이 준비할 시간을 마련하는 것이 필요하다.

◇ 업무별 작업표준화(업무내용, 교육, 점검, 서비스 시간, 수당, 서비스내용, 성과지표, 등)가 이루어져야 한다.

◇ 노인이면서 장애인인 경우, 한 가정의 다자녀, 다양한 서비스를 필요로 하는 대상자들에게 단일 서비스를 제공하도록 되어 있는 정책에 대한 개선방안을 모색해야 한다.

◇ 전자바우처는 특히 농촌의 경우와 이용자들의 특성에 따라 사용에 있어 불편함이 있는 것으로 나타나 전자바우처를 대체할 수 있는 다양한 지불방식을 찾아야 한다.

제 6 장

사회서비스 2차 사례조사

제 1 절 사회서비스 2차 사례조사

1. 2차 사례조사 필요성

2차 사례조사는 1차 사례조사 당시 밝혀졌던 각종 사례결과에 대한 추가 확인과 2008년 사업 환경 변화에 따른 이해관련당사자(제공기관, 제공자, 이용자)들의 사업에 대한 인식의 변화 그리고 1차 사례조사에서 확인하지 못하였던 사항을 확인하는 것이 목적이다. 이러한 목적을 수행하기 위하여 2차 사례조사는 동일한 조사대상자들을 상대로 **종단적**(longitudinal)으로 결과를 추적 검토하였다. 따라서 2차 사례조사는 1차 사례조사를 수행하였던 대상자들을 대상으로 이루어졌다. 하지만 비교조사의 필요성이 제기되었던 가정봉사원파견사업의 경우는 새로운 사례로 구성되었다. 가정봉사원파견사업을 포함하여 대부분의 사례선정은 1차 사례조사 당시 적용하였던 유의표집방식을 적용하였다.

2. 2차 사례조사 대상자선정

1) 2차 사례조사 대상자 선정기준

2차 사례조사를 위한 면접대상자들의 선정을 위하여 아래와 같은 선정기준을 적용하였다.

첫째, **산모・신생아돌보미사업**은 서비스제공기간이 짧아(2주) 2차 사례조사의 필요성은 없었지만 1차 사례조사 당시 전자바우처가 2008년 2월부터 도입되어 전자바우처의 이용 상황을 검토하기 위하여 1차 사례조사 기관 중에서 영리기관 한 곳과 비영리기관 한 곳을 선정하여 비교 조사하였다.

둘째, **노인돌보미사업**은 1차 사례조사 당시 비슷한 사업과의 비교조사의 필요성이 제기되어 가정봉사원파견사업과 비교・조사하였다. 노인돌보미사업과 가정봉사원파견사업은 농촌지역과 도시지역 한군데씩 사례를 선정하여 조사(제공기관, 제공자 그리고 이용자)하였다. 노인돌보미사업은 1차 사례조사에 대한 보충조사로서 1차 사례조사 기관 중에서 제공기관을 도시지역 1군데 농촌지역 1군데 선정하였고 **가정봉사원파견사업**은 제공기관 두 군데(도시지역 한군데와 농촌지역 한군데)와 제공자(봉사원 각 2명씩) 그리고 이용자 두 군데 3명씩 총 6명을 선정하여 조사하였다. 도시지역과 농촌지역으로 사례선정을 구분한 것은 도시지역과 농촌지역 간의 서비스 차이 등을 확인하기 위함이었다.

셋째, **중증장애인활동보조사업**은 크게 변화가 없는 사업이지만 1차 사례조사의 연장 선상에서 2008년 사업의 변화를 검토하기 위하여 농촌지역(농촌지역 두 군데 중 한군데만 선택)과 도시지역 한군데씩 선정하여 조사하였다. 특히 활동보조인에 대한 사례조사는 특별한 변동사항이 없어 생략하고 제공기관과 이용자를 중심으로 조사를 수행하였다. 도시지역과 농촌지역으로 사례선정을 구분한 것은 노인돌보미와 마찬가지로 도시지역과 농촌지역간의 서비스차이를 확인하기 위함이었다.

넷째, 지역사회서비스혁신사업 중 **아동비만관리사업**은 조사에서 삭제하였다. 이는 1차 조사 시 하위집단인 에버케어의 인터뷰 거부로 상위집단인 엑스포웰을 선택하여 조사하였으나, 1차 조사 시 사업 자체가 체계적이지 못하고, 서비스가 잘 이루어지지 않고 있다는 사례조사결과에 비추어 2차 조사에서 변화가 없을 것으로 사료되어 2차 조사에서 삭제하였다.

다섯째, **아동인지능력향상사업**은 경쟁사업기관이 8개 기관으로 확대되었다. 이에 따라 지역 내에서 경쟁이 발생하고 있는지를 확인하기 위하여 1차 사례조사 대상이었던 기존 아동인지능력향상사업기관 두 곳을 선정하여 조사하였다.

여섯째, 지역사회서비스혁신사업 중에서 **자체개발형사업**은 1년 단위의 사업으로 크게 변화가 없는 사업인 것으로 1차 조사에서 판명되었지만 2008년 사업상의 변화를 검토하기 위하여 놀토프로그램을 제공하는 기관 두 곳 중 한 곳과 장애치료기관 한 곳만을 선정하여 2차 사례조사를 수행하였다.

결국 2차 사례조사의 대상자 선정은 위와 같은 선정기준을 적용하여 총 54개의 사례로 확정하여 조사를 실시하였다.

〈표 6-1〉 2차 사례조사 대상자

<table>
<tr><th rowspan="2"></th><th colspan="2">노인비교</th><th rowspan="2">장애인</th><th rowspan="2">산모</th><th colspan="2">지역혁신</th><th rowspan="2">비고</th></tr>
<tr><th>돌보미</th><th>가파</th><th>표준</th><th>자체개발</th></tr>
<tr><td>제공기관</td><td>2</td><td>2</td><td>2</td><td>2</td><td>아동인지
(비만제외)
2</td><td>놀토 1
장애치료
1</td><td></td></tr>
<tr><td>제공자</td><td></td><td>4</td><td></td><td>2</td><td></td><td></td><td></td></tr>
<tr><td>이용자</td><td>6</td><td>6</td><td>6</td><td>6</td><td>6</td><td>놀토 3
장애 3</td><td>자체개발은 놀토프로그램이 중복되어 2차 조사에서는 한 군데만 선정</td></tr>
<tr><td>Total</td><td>8</td><td>12</td><td>8</td><td>10</td><td>8</td><td>8</td><td>총 54</td></tr>
</table>

2) 2차 사례조사 최종 대상자

총 54개의 면접대상자들의 대부분은 1차 사례조사의 면접대상자들이며 2차 사례조사는 1차 사례조사 당시 밝혀졌던 각종 사례결과에 대한 추가 확인과 2008년 사업 환경 변화에 따른 이해관련당사자(제공기관, 제공자, 이용자)들의 사업에 대한 변화를 추적하기 위함이었다. 총 54개의 사례 중 새로 2차 사례조사에 포함된 사례(new case)는 가정봉사원파견사업의 14개 사례로서 가정봉사원파견사업은 도시지역의 기관과 농촌지역의 서비스제공기관으로부터 제공자(봉사원)와 이용자들을 소개받아 조사를 진행하였다. 2차 사례조사를 위하여 사전 전화를 통한 면접대상자들과의 접촉과정에서 예기치 못한 사고 등의 이유로 총 사례는 50사례로 최종 확정되어 2차 사례조사는 진행되었다. **최종적으로 사례는 기존사례 35개와 신규사례 15개 총 50사례**로 확정되었다. 2차 사례조사는 사전조사와 본 조사 등 약 3주간에 걸쳐서 진행되었으며 2차 사례조사를 위한 면접지침서는 3회에 걸친 사례조사회의를 통해 확정하였다. 2차 사례조사 기간은 2008년 3월 10일부터 2008년 3월 31일까지 이루어졌다. 아래의 표는 최종 50개의 사례대상자 선정을 나타낸다.

〈표 6-2〉 2차 사례조사 대상자 2차 사례조사 최종 면접대상자

	노인비교		장애인	산모	지역혁신		비고
	돌보미	가파			표준	자체개발	
기관	2	2	2	2	아동인지 (비만제외) 1	놀토 1 장애치료 1	
제공자		4		2			
이용자	5	6	5	6	5	놀토 3 장애 3	자체개발은 놀토프로그램이 중복되어 2차 조사에서는 한 군데만 선정
Total	7	12	7	10	6	8	총 50

*노인돌보미 가정봉사원파견센터 이용자 1명은 교통사고로 입원하게 되어 조사대상에서 제외되었음.

*중증장애인 활동보조사업에 포항장애인 복지관 이용자 1명은 갑작스런 입원으로 인하여 조사대상에서 제외되었음.

*지역혁신 사업 표준형에서 웅진씽크빅 기관장 1명 인터뷰 거부와 아이북랜드 이용자 1명은 이용자 선정 대상 탈락으로 조사대상에서 제외되었음.

3. 1차 사례조사와 2차 사례조사의 비교

1차 사례조사와 2차 사례조사는 비교조사를 위한 사례(가정봉사원파견사업의 사례)를 제외하고는 종단적 조사방식을 적용하여 조사 대상자가 동일하다는 점을 지적할 수 있지만 다음과 같은 점에서는 차이가 있다.

첫째, 조사 대상자를 최종 50사례로 축소하였다는 점이다. 이는 1차 사례조사에서 대부분 중요한 결과를 획득하였지만 2008년의 지침변경의 변화를 추적하고 이용자들의 서비스 이용 상의 변화를 검토하기 위해 비교 가능한 사례로 사례를 축소한 결과이다.

둘째, 면접지침서는 2차 사례조사를 위해 새롭게 작성되었는데 이는 사업상의 변화를 인식하고 반영하기 위함이었다.

셋째, 2차 사례조사는 노인돌보미사업과 유사사업과의 비교를 위해 가정봉사원파견사업의 사례가 추가되었다.

위와 같은 점을 제외하고는 조사기법과 샘플링 선정 등 대부분의 조사방식은 1차 조사

때와 동일한 방식을 사용하였다.

제 2 절 2차 사례조사 도구

1. 2차 사례조사면접지침서

1) 사회서비스 2차 사례조사 면접지침서

2차 사회서비스사례조사의 최종 면접지침서는 다음의 질문들이 포함되었다.

(1) 목적의 적합성: 4대 사회서비스사업의 목적에 부합되는 서비스가 지속적으로 제공되고 있는가?

사업내용(또는 행동과정)의 변화여부확인
- 노인돌보미사업
- 중증장애인활동보조사업
- 산모 · 신생아도우미사업
- 지역사회서비스혁신사업

(2) 대상자확인: 표적 집단에게 적합한 서비스가 제공되고 있는가?

- 사업이용자확인(사업보고서 및 각종 사업문건확인)
- 이용자선정에 있어 변화여부확인

(3) 사회서비스의 이용계층이 확대되었는가? 이용자의 신규진입이 촉발되고 있는가?
- 사회서비스 이용자집단이 다른 유사서비스와 중복되고 있지는 않는가?
- 같은 영역에 있는 이용자들에게 중복되는 서비스가 제공되고 있지는 않는가?
  사업이용자확인

(4) 이용자가 혜택을 직접 제공받을 수 있는 바우처제도가 공급자직접지원방식보다 효율적인가?

- 이용자들에게 선택권의 보장이 이루어지는가? 이용자들은 다양한 기관을 선택할 수 있는가?
- 기관 간에 경쟁으로 질 높은 서비스가 제공되고 있는가?
- 재정 지출면에서 공급자 지원방식보다 효율적인가?

(5) 사업의 필요성이나 이용의 필요성에 변화는 없는가?

- 제공기관 입장에서의 사업필요성변화
- 이용자입장에서 사업의 필요성변화

(6) 사회적 일자리 창출 효과가 있는가?

- 기관에서 사회서비스사업을 위해 직원을 고용하였는가?
- 돌보미가 인식하는 일자리의 수준은?

(7) 보편적 사회서비스 확대를 위해 개선되어야 하는 점은 무엇인가?

위와 같은 기본질문들을 포함하는 면접지침서는 크게 제공기관용, 서비스제공자(돌보미)용 그리고 마지막으로 이용자용으로 크게 세 개로 나누어진다. **위와 같은 지침에 의하여 최종적으로 확정된 2차 사례조사 면접지침서는 가정봉사원파견제도 사례조사를 위한 면접지침서를 포함하며 다음과 같다.**

사회서비스 2차 사례조사면접지침서

<table>
<tr><td rowspan="3">영역구분</td><td rowspan="2">노인돌보미</td><td rowspan="2">장애인활동보조</td><td rowspan="2">산모, 신생아
도우미</td><td colspan="3">지역사회서비스혁신</td></tr>
<tr><td>표준형사업</td><td colspan="2">자체개발형</td></tr>
<tr><td></td><td></td><td></td><td></td><td colspan="2"></td></tr>
<tr><td>기관명</td><td colspan="6"></td></tr>
<tr><td colspan="7"></td></tr>
<tr><td>구분</td><td>제공기관</td><td>제공자</td><td>이용자 I</td><td>이용자 II</td><td colspan="2">이용자 III</td></tr>
<tr><td>면접시간</td><td colspan="2">시 분 ~ 시 분 (분)</td><td>면접
일자</td><td colspan="3">2008년 월 일 (요일)</td></tr>
<tr><td>면접장소</td><td colspan="6"></td></tr>
<tr><td>면접자</td><td colspan="3"></td><td colspan="3"></td></tr>
<tr><td rowspan="2">피면접자</td><td>성별</td><td>남 / 여</td><td>연령</td><td></td><td>지위</td><td></td></tr>
<tr><td>대상자
상세구분</td><td colspan="5">(예: 초산, 경산)</td></tr>
<tr><td>비고</td><td colspan="6"></td></tr>
<tr><td>참고사항</td><td colspan="6">* 면접시작: 프로젝트 간략히 설명
* 면접 후: 참여에 대한 감사, 비밀보장과 추후면접확인</td></tr>
</table>

2. 서비스제공기관조사

1) 어떤 서비스가 구체적으로 제공되는가?(2008년 사업지침 반영 후 차이점)

- 서비스내용: 시간, 기간, 빈도
- 어떤 서비스가 얼마만큼 얼마나 자주 어느 기간 동안 제공되는가?

2) 총 이용자수: 서비스관리자수, 서비스제공자(돌보미수)

- 이용자는 몇 명이고 총 서비스를 관리하는 사람과 돌보미의 수는?

3) 서비스대상자선정절차에 변화가 있는가?

- 자격기준변화

4) 사업에 대한 홍보는 적절하게 이루어지고 있는가?

- 2007년과 비교해서 바뀐 점은 무엇인가?

5) 서비스제공인력(돌보미)확보 및 교육과 훈련은 어떻게 이루어지고 있는가?

- 2007년과 비교해서 바뀐 점은 무엇인가?

6) 지역사회서비스혁신 사업은 지역사회문제해결중심의 지역주민들의 욕구를 반영하는 사업으로 인정될 수 있는 사업들인가?

- 사업의 성과는 어떻게 평가하는가? 성과지표가 있는가?

7) 제공기관 입장에서 사회서비스사업은 일자리 창출효과가 있다고 생각하는가?

- 현재 사업을 위해 신규직원을 채용하였는가?
- 일자리로서 돌보미일자리는 적당하다고 생각하는가? 일자리창출의 지속가능성은?

8) 이용자, 제공자들로부터 사업과 관련하여 어떠한 불평이나 더 제공되기를 바라는 서비스를 접수하였는가?

9) 사업을 위해 필요한 사업비와 부대 운영경비 등은 적절하게 확보되고 있는가?
10) 제공자의 입장에서 바우처제도는 어떻게 평가하는가? 문제점들은 보완이 되고 있는가?
11) 경쟁업체가 많아지고 어떤 변화가 있는가?
12) 사회서비스시장형성가능성에 어떤 변화가 있는가?
10) 기타 사업에 대한 평가 및 제언

3. 서비스제공자(돌보미)조사

1) 돌보미는 제공하는 서비스를 어느 정도 인지하고 있는가?

- 어떤 서비스가 구체적으로 제공되는가?(면담, 사업계획서, 사례일지 참조) (예 대상아동, 부모) 평균 서비스 제공시간은? 평균이동거리와 평균서비스제공시간(1회당, 한 달에 몇 사례 담당?)
- 2008년 사업에서 대상자의 변화가 있는가?

2) 돌보미의 자격요건은?

- 자격요건에 변화가 있었는가?
- 추가교육의 필요성과 보완점은 무엇인가?

3) 고용조건은 어느 수준인가?

- 임금, 노동조건, 노동시간, 사회보험, 안정성, 생활보장
- 2007년과의 비교

4) 사회서비스일자리의 만족도

- 돌보미들이 돌보미 일자리를 적절한 일자리로 생각하고 있는가?(처음 사업을 시작할 때와 비교)

- 이 일을 시작한 동기와 만족도는?(이용자 면담)
- 이전 직장과의 비교 또는 다른 사업과의 비교, 계속 서비스를 제공할 의사가 있는가? (지속성여부)

5) 사업제공기관으로부터 적당한 대우를 받고 있는가?

- 제공기관과의 의사소통, 임금과 노동시간 등 근로조건, 서비스할당.

6) 직접적 서비스제공자의 입장에서 서비스개선을 위해 필요한 것은 무엇이라고 생각하는가?

7) 직접적 서비스제공자의 입장에서 바우처제도의 문제점들은 보완이 되고 있는가?

- 바우처의 장점과 단점

8) 기타 사업에 대한 평가 및 제언

4. 서비스이용자조사

1) 서비스를 어떻게 알고 신청하게 되었는가?

- 서비스 제공받은 기간 2007년 ___________월~2008년 ___________월까지
- 이용자에 대한 기본정보(특히 CSI 서비스 이용자의 연령, 성별, 비만 경우 체중과 변화)

2) 어떤 서비스를 구체적으로 제공받는가?

- 현재 서비스 이용시간, 횟수
- 서비스내용
- 돌보미에 대한 평가
- 서비스를 받은 후 어떤 변화가 있었는지?

(인지사업의 경우, 부모가 책읽어주는 시간, 관계의 변화가 있었는지?

비만의 경우 식습관, 운동 등의 차이가 있는가?
산모돌보미의 경우 기간 2주에서 3주로 연장하는 것에 대한 의견 조사
노인돌보미와 장애인활동보조서비스의 경우는 구체적인 삶의 변화)

3) 어떤 서비스를 제공받고 싶은가?(서비스 표준화를 위한 질문)

- 현재 받고 있는 서비스 중 꼭 필요한 서비스를 구체적으로 제시한다면?
- 어떤 서비스를 더 제공받고 싶은가?(현재는 제공되지 않지만 더 받고 싶은 서비스는? 왜 이 서비스가 제공되지 않는다고 생각하는지?)
- 현재 받고 있는 서비스에서 불편한 점이나 개선하여야 하는 점은?

4) 서비스이용횟수와 시간은 적절한 수준인가?

- (자부담으로) 추가서비스를 구매할 의사는 있는가? 있다면 어느 정도?
- 서비스 제공자가 바뀌었는지? 이유는? 아닌 경우 만족도는(관계, 시간약속, 서비스의 질 등)?

5) 서비스이용 부담금은 적절한 수준인가?

- 본인이 원하는 이용자 부담금

6) 이용자의 입장에서 제공기관 (돌보미)선택이 가능하고 편리한가?

- 기관이나 제공자에 대한 기본정보가 제공되었는가? 어떻게 이 정보들을 얻었는가?
- 기관이나 제공자에 대한 선택 기준은 무엇인가?

7) 이용자입장에서 현 지불방식(바우처)의 장단점은?

- 이용하기가 익숙해지거나 편리해졌는가?
- (산모돌모미의 경우-제공기관별 임금차이에 대한 정보 수집)

8) 서비스 이용에서 불편하거나 부당한 대우를 받았던 경험이 있는가?

- 구체적인 내용
- 어떻게 대응했는지?
- 처리절차 또는 결과

9) 돌보미와 제공기관 또는 국가에게 바라는 점이 있다면?

-2008년 사업에서 변화를 느끼는가?

10) 기타 사업에 대한 평가 및 제언

가정봉사원파견사업 사례조사면접지침서

<table>
<tr><td>영역구분</td><td colspan="8">가정봉사원파견제도</td></tr>
<tr><td>기관명</td><td colspan="8"></td></tr>
<tr><td colspan="9"></td></tr>
<tr><td>구분</td><td>제공기관</td><td>제공자</td><td colspan="2">이용자 I</td><td colspan="2">이용자 II</td><td colspan="2">이용자 III</td></tr>
<tr><td>면접시간</td><td colspan="3">시 분 ~ 시 분 (분)</td><td>면접
일자</td><td colspan="4">2008년 월 일 (요일)</td></tr>
<tr><td>면접장소</td><td colspan="8"></td></tr>
<tr><td>면접자</td><td colspan="4"></td><td colspan="4"></td></tr>
<tr><td rowspan="2">피면접자</td><td>성별</td><td>남 / 여</td><td>연령</td><td colspan="2"></td><td>지위</td><td colspan="2"></td></tr>
<tr><td>대상자
상세구분</td><td colspan="7"></td></tr>
<tr><td>비고</td><td colspan="8"></td></tr>
<tr><td>참고사항</td><td colspan="8">* 면접시작: 프로젝트 간략히 설명
* 면접 後: 참여에 대한 감사, 비밀보장과 추후면접확인</td></tr>
</table>

5. 가정봉사원파견 서비스제공기관조사

1) 어떤 서비스가 구체적으로 제공되는가(면담, 사업계획서, 사례일지 등 참조)?

- 서비스내용: 시간, 기간, 빈도
- 어떤 서비스가 얼마만큼 얼마나 자주 어느 기간 동안 제공되는가?
- 제공자와 이용자는 어떻게 연결하는가?

2) 총 이용자수: 서비스관리자수, 서비스제공자(돌보미수)

- 이용자는 몇 명이고 총 서비스를 관리하는 사람과 돌보미의 수는?
- 사회서비스 이용자집단이 다른 유사서비스와 중복되고 있지는 않는가?

3) 서비스대상자선정절차는 어떠한가?

- 선정절차에 대한 모니터링
- 선정기준에 있어 노인돌보미사업과의 차이점은 무엇인가?

4) 사업에 대한 홍보는 적절하게 이루어지고 있는가?

- 홍보에 대한 모니터링(홍보자료 확인)

5) 서비스제공인력(돌보미)확보 및 교육과 훈련은 어떻게 이루어지고 있는가?

- 교육자료 확인

6) 이용자들의 개별사례상담은 적절하게 이루어지고 있는가?

- 개별상담 건수, 상담범주(기관면담, 사례상담일지 확인)

7) 사업개시이전 서비스제공계획과 서비스제공이후 변화는 어떤 것들이 있는가?

- 사업 수정내용과 개선방안 등 사업개시이전의 사업계획서와 현 사업에 대한 평가

8) 제공기관 입장에서 사회서비스사업은 일자리 창출효과가 있다고 생각하는가?

- 현재 사업을 위해 신규직원을 채용하였는가?
- 일자리로서 돌보미일자리는 적당하다고 생각하는가? 일자리창출의 지속가능성은?

9) 이용자들로부터 사업과 관련하여 어떠한 불만사례를 접수하였는가?

- 사례 수, 구체적 내용, 기록여부
- 부정이용자(수급자)는 존재하는가?
- 사례 수, 내용, 처리과정

10) 사업을 위해 필요한 사업비와 부대 운영경비 등은 적절하게 지원되고 있는가?

- 국고부담금, 본인부담금, 비율, 기관에서 사업지속성에 대한 견해
- 개선점

11) 노인돌보미사업과 가정봉사원파견제도를 선택할 수 있다면 어느 사업을 선택하겠는가?

- 두 사업 간의 서비스영역중복가능성은 없는가?
- 어느 사업을 보다 선호하는가?

12) 제공자입장에서 현재의 지불방식(공급자 직접지원방식)에 대한 장단점은 무엇이라고 생각하는가?

- 어떤 방식으로 지불되는가?

- 바우처 카드와 비교하여 어떻게 평가하는가?

13) 현 시점에서 가정봉사원파견서비스는 필요한 사업인가?

- 제공기관 간에 사업을 위한 경쟁은 있는가?
- 제공자입장에서 사업의 만족도와 이유
- 개선방향은 무엇이라고 생각하는가?
- 사업의 활성화를 위하여 국가에게 바라는 점이 있다면 무엇인가?

6. 가정봉사원파견 서비스제공자(봉사원)조사

1) 봉사원은 제공하는 서비스를 어느 정도 인지하고 있는가?

- 어떤 서비스가 구체적으로 제공되는가?
- 평균 서비스 제공시간은? 평균이동거리와 평균서비스제공시간(1회당, 한 달에 몇 사례 담당?)

2) 봉사원의 자격요건은?

- 교육여부, 기술, 지식, 경력 등 여부
- 교육경험이 있는지? 교육이 도움이 되었는지? 교육의 필요성과 보완점

3) 고용조건은 어느 수준인가?

- 임금, 노동조건, 노동시간, 사회보험, 안정성, 생활보장

4) 일자리의 만족도

- 봉사원들이 일자리를 적절한 일자리로 생각하고 있는가?

- 이 일을 시작한 동기와 만족도는?(이용자 면담)
- 이전 직장과의 비교 또는 다른 사업과의 비교, 계속 서비스를 제공할 의사가 있는가(지속성여부)?

5) 사업제공기관으로부터 적당한 대우를 받고 있는가?

- 제공기관과의 의사소통, 임금과 노동시간 등 근로조건, 서비스할당.

6) 이 사업은 필요한 사업이라고 생각하는가?

- 이용자들을 위해 정말 필요한가?
- 서비스를 제공받아야 할 사람들이 서비스를 제공받는다고 생각하는가?
- 서비스제공 당사자입장에서 가정봉사원파견사업의 만족도와 이유
- 개선방향은 무엇이라 생각하는가?

7) 노인돌보미사업과 가정봉사원파견제도를 선택할 수 있다면 어느 사업을 선택하겠는가?

- 돌보미와 봉사원의 차이점은?

8) 직접적 서비스 제공자입장에서 현재의 지불방식에 대한 장단점은 무엇이라고 생각하는가?

- 어떤 방식으로 지불되는가(공급자 직접지원방식)?
- 바우처 카드와 비교하여 어떻게 평가하는가?

9) 제도개선을 위하여 국가에게 바라는 점, 이용자들에게 바라는 점 그리고 서비스제공기관에 바라는 점은 무엇인가?

- 국가(제도 및 정책 등)
- 이용자들

- 제공기관

7. 가정봉사원파견 서비스이용자조사

1) 서비스를 어떻게 알고 신청하게 되었는가?

2) 어떤 서비스를 구체적으로 제공받는가?

- 이용시간
- 이용횟수
- 봉사원의 질
- 서비스내용

3) 어떤 서비스를 제공받고 싶은가?

- 서비스를 제공받은 이후 삶(사회참여, 태도 등)의 변화는?
  긍정적 측면
  부정적 측면
- 현재 받고 있는 서비스에서 불편한 점이나 개선하여야 하는 점은?
- 어떤 서비스를 더 제공받고 싶은가?

4) 서비스이용횟수와 시간은 적절한 수준인가?

5) 만약 본인부담금으로 추가 서비스를 받을 수 있다고 한다면 추가서비스구매의사가 있는가?

- 본인이 원하는 이용자 부담금은 얼마인가?

6) 이용자의 입장에서 제공기관 (봉사원)선택하지 못하는 것에 불편한 점이 있는가?

7) 가정봉사원파견사업은 필요한 사업이라고 생각하는가? 어떤 이유인가?

- 이 사업을 확대하여야 한다고 생각하는가?
- 다른 사람에게 서비스이용을 권유할 의사가 있는가?

8) 노인돌보미사업과 가정봉사원파견제도를 선택할 수 있다면 어느 사업을 선택하겠는가?

9) 봉사원과 제공기관 또는 국가에게 바라는 점이 있다면?

8. 2차 사례조사 사례분석코드

2차 사례조사를 위한 부호화코드도 1차 사례조사부호화코드와 동일하게 조사의 목적과 면접지침서를 기초로 작성되었다. 기본적으로 코드분석을 위한 부호화는 로직모델을 통하여 확인하고자 하였던 분야를 크게 6범주로 분류한 후(대분류) 다시 제공기관, 제공자 그리고 이용자별로 따로 분류한 소분류항목을 중심으로 나누었다. 대분류는 ① 서비스내용, ② 진행과정, ③ 만족도, ④ 서비스 확대가능성, ⑤ 바우처효과 마지막으로 개선방향이며 각각의 대분류항목은 제공기관과 제공자 그리고 이용자의 특성을 반영하여 다시 소분류하였다.

사례분석코드가 1차 사례조사와 다른 점은 첫째, 대분류항목은 1차 사례조사부호화와 거의 비슷하나 2008년도 사업지침의 수정에 따른 변화를 분류항목에 반영하였다는 점 둘째, 비교사례조사를 위하여 가정봉사원파견제도 부호화코드를 별도로 작성하였다는 점 그리고 셋째, 1차 사례조사와 동일답변가능성이 있는 제공기관의 서비스중복 제공여부 항목과 이용자개별상담의 적절성 항목을 삭제하였다는 점이다. 다음의 표는 2차 사례분석코드를 나타낸 것이다.

〈표 6-3〉 2차 사회서비스 사례조사 사례분석코드

	가. 제공기관(관리자)	나. 제공자	다. 이용자
1. 서비스 내 용	1) 서비스내용(변화여부) 2) 서비스시간, 기간(변화여부) 3) 서비스관리자 및 제공자수 4) 이용자선정절차(변화여부)	1) 제공하는 서비스내용 (변화여부) 2) 서비스시간, 기간(변화여부)	1) 제공받는 서비스내용 (변화여부) 2) 서비스시간, 기간(변화여부) 3) 이용경로
2. 진행 과정	1) 사업홍보 2) 제공자 교육방법 (변화여부) 3) 제공인력확보방법 4) 지역주민 욕구반영 (불만사례처리)	1) 교육 2) 고용조건: -노동시간, 임금, -이동거리, 4대 보험	1) 이용시간 및 이용횟수의 적절성 2) 추가구매의사 3) 제공받고 싶은 서비스 4) 서비스제공자변경여부
3. 만족도	1) 사업운영비적절성 2) 사업만족도 3) 사업필요성	1) 일자리만족도 2) (제공자입장에서의) 사업만족도 3) 사업필요성	1) 서비스만족도: 삶의 변화 2) 관리자 및 제공자에 대한 만족도 3) 사업필요성, 권유의사
4. 서비스 확대 가능성	1) 경쟁가능성, 시장형성가능성 2) 일자리창출효과 -신규직원 -제공자(사회적일자리)	1) 제공기관으로부터의 대우 2) 다른 직장 또는 사업과의 비교	1) 본인부담금(적절성) 2) 선택권확대가능성
5. 바우처 효과	1) 바우처 장점 2) 바우처 단점	1) 바우처 장점: 단말기 2) 바우처 단점	1) 바우처 장점: 전자카드, 은행 2) 바우처 단점
6. 개선방안	1) 사업의 개선점 또는 개선방향	1) 사업의 개선점 또는 개선방향	1) 사업의 개선점 또는 개선방향(불편한 점)

* 기관명코드: A1, A2, A3 등으로 구분함.
* 사업기관구분코드: A는 노인, B는 장애인, C는 산모, D는 표준형, E는 자체개발형임
* 집단코드: 1은 상위, 2는 중위, 3은 하위집단임. 따라서 노인돌보미 상위집단은 A1, 장애인 중위집단은 B2 식으로 분류
* 제공기관(관리자)은 가, 제공자는 나, 이용자는 다1, 다2, 다3
예: A1-나-5.1은 노인상위집단제공자의 바우처 장점이 된다.

〈표 6-4〉 가정봉사원파견제도 사례조사 사례분석코드

	가. 제공기관(관리자)	나. 제공자	다. 이용자
1. 서비스 내용	1) 서비스내용 2) 서비스시간, 기간 3) 서비스관리자 및 제공자수 4) (노인돌보미와) 서비스영역중복 5) 이용자선정절차	1) 제공하는 서비스내용 2) 서비스시간, 기간	1) 제공받는 서비스내용 2) 서비스시간, 기간 3) 이용경로
2. 진행 과정	1) 사업홍보 2) 제공자 교육방법 3) 제공인력확보방법 4) 이용자개별상담의 적절성 5) 불만사례	1) 교육 2) 고용조건: -노동시간, 임금, -이동거리, 4대 보험	1) 이용시간 및 이용횟수의 적절성 2) 본인부담금을 통한 추가구매의사 3) 제공받고 싶은 서비스
3. 만족도	1) 사업운영비적절성 2) 사업만족도 3) 사업필요성	1) 일자리만족도 2) (제공자입장에서의) 사업만족도 3) 사업필요성	1) 서비스만족도: 삶의 변화 2) 관리자 및 제공자에 대한 만족도 3) 사업필요성, 권유의사
4. 서비스 확대 가능성	1) 노인돌비미사업과의 선호도 2) 일자리창출효과 - 신규직원 - 제공자(사회적일자리)	1) 노인돌보미사업과의 선호도 2) 다른 직장 또는 사업과의 비교 3) 제공기관으로부터의 대우	1) 노인돌보미사업과의 선호도 2) 제공기관(봉사원)에 대한 선택제한의 불편한 점
5. 지원방식	1) 현 지원방식 2) 바우처와 비교	1) 현 지불방식 2) 바우처와 비교	
6. 개선방안	1) 사업의 개선점 또는 개선방향	1) 사업의 개선점 또는 개선방향	1) 사업의 개선점 또는 개선방향 (불편한 점)

* 사업구분코드: F(가정봉사원파견제도)로 구분함
* 집단코드: 1은 진명가정봉사원파견센터, 2는 성주파티마가정봉사원파견센터
* 제공기관(관리자)은 가, 제공자(봉사원)는 나1, 나2, 이용자는 다1, 다2, 다3

제 7 장

사회서비스 2차 사례조사 결과분석

제 1 절 사례조사 제공기관 소개

1. 노인돌보미사업 사례조사 제공기관 소개

	지원순위	인원	서비스 내용(프로그램내용, 시간, 선정 절차 등)	대상자 선정기준
노인	○○○○ 복지센터	관리자: 2명 제공자: 8명 이용자: 30명	- 신체수발, 가사지원서비스 - 한 달 27시간-36시간. - 동사무소 신청→ 방문간호사 등급판정 → 구청에서 최종결정 → 제공기관 통보	◦ 전국 가구 평균소득의 150% 이하 (4인가구 기준 530만원) ◦ 노인요양필요점수 40점 이상 · 1-6월 : 40점 이상 · 7월 이후 : 40점 이상~55점 미만 ◦ 본인부담금 차상위 초과 - 월 36시간 : 270,000원 개인부담금 : 4만 8천원 - 월 27시간 : 202,500원 개인부담금 : 3만 6천원 차상위 이하 - 월 36시간 : 294,000원 개인부담금 : 3만 6천원 - 월 27시간 : 220,500원 개인부담금 : 1만 8천원
	○○○○○ ○○○○센터	관리자: 3명 제공자: 4명 이용자: 15명	- 청소, 빨래, 대소변, 신변처리, 병원동행, 의약품 구입. - 한 달 27시간 - 36시간 - 읍면동사무소 신청 → 소득이나 장애를 평가하여 대상자 선정 → 제공기관이 가정방문하여 초기상담.	

2. 가정봉사원파견사업 사례조사 제공기관 소개

(1) 가정봉사원파견사업소개

① 목적

가정봉사원 파견사업은 정신적·신체적인 이유로 독립적인 일상생활을 영위하기 어려운 노인 가정에 봉사원을 파견하여 필요한 각종 서비스를 제공하는 것을 목적으로 한다.

② 대상

첫째, 일상생활 수행능력(ADL ; Activities of Daily Living)에 지장이 있는 자
둘째, 노인성질환 또는 노쇠로 인해 심신의 장애가 있는 자
셋째, 일반질환으로 인해 일시적인 일상생활 서비스가 필요한 자
넷째, 독거노인으로서 일상생활 서비스가 필요한 자
다섯째, 기타 복지실시기관장이 가정봉사원의 서비스가 필요하다고 인정한 자

※ 단, 노인돌보미, 가사간병도우미, 독거노인생활지도사 등 타 서비스를 제공받고 있는 자는 서비스 대상에서 제외한다.

③ 비용부담

재가노인복지시설의 종류는 가정봉사원파견시설, 주간보호시설, 단기보호시설로 나뉜다. 이중 가정봉사원파견시설은 비용부담에 있어 '무료', '유료'를 적용하나, 본 사례조사 기관인 ○○재가복지센터, ○○파견센터 두 곳에는 '유료' 대상자가 없었다. 서비스 '무료' 이용자일 경우 기초생활보장법 수급권 판정기준과 동일하다.

□ 무료

㉮ 65세 이상의 「국민기초생활수급권자」(이하 '수급권자')

㉯ 상기 ①항 이외의 65세 이상인 저소득 노인으로 그 부양의무자로부터 적절한 부양을 받지 못한 자로서 시·군·구청장이 재가복지시설에 이용을 의뢰한 자

④ 보조기준

인건비와 운영비 등 사업비 일부는 지방자치단체에서 보조하고 있으며, 지방비 지원금을 초과하는 부족액에 대해서는 운영주체 자체부담으로 충당된다. 유급가정봉사원은 시간근무제

로 운영하도록 유도하여 효율성을 높이도록 하고 유급봉사원 수당은 시간당 5천원으로 한다. 기관운영비로는 수용기관 경비, 공공요금, 의약품비, 차량유지비, 난방비 등이 지원된다.

⑤ 서비스 내용

첫째, 신체적 수발에 관한 사항

- 세면도움, 구강관리, 머리감기기, 몸단장, 옷 갈아입히기, 목욕도움, 식사도움, 체위변경, 이동도움, 신체기능의 유지 · 증진, 화장실 이용하기 등

둘째, 일상생활 지원에 관한 사항

- 가사지원서비스 : 취사, 생활필수품 구매, 청소 · 세탁 · 주변정돈 등의 서비스
- 개인활동서비스 : 외출시 동행 · 부축 등 개인활동에 관한 서비스
- 우애서비스 : 안부 전화 및 방문, 말벗, 편지 전달, 생활상담 등

셋째, 노화, 질병 및 장애관리에 관한 사항

- 노화, 질병 및 장애 관리를 위한 보조 및 사회서비스
- 생활지도 및 일상동작 훈련 등 심신의 기능회복 및 강화를 위한 서비스

넷째, 상담 및 교육에 관한 사항

- 지역사회 내에서 노인의 자립생활에 관한 상담 서비스
- 질환 및 장애노인 가족을 위한 상담 및 교육

다섯째, 지역사회 복지자원 발굴 및 네트워크 구축에 관한 사항

- 무의탁 노인 후원을 위한 결연사업(1인당 월 10,000원 이상을 3월 이상 계속하여 지원하는 결연사업)
- 지역사회 자원봉사자 등 인적자원 발굴 사업

⑥ 직원 배치기준

서비스 대상 노인 수는 1개 시설 당 80명 이상으로 하며, 직원은 시설장, 사회복지사(1인), 사무원(1인), 보조인 또는 운전기사(1인)를 배치한다. 무급가정봉사원의 경우 가정봉사원의 능력 및 지역여건 등을 고려하여 서비스대상노인을 가정봉사원 1인당 1-5명 기준으로 하고, 유급가정봉사원의 경우 1인당 노인 8명 기준으로 한다.

(2) 가정봉사원파견제도 사례조사소개

	기관명	인 원	서비스 내용(프로그램내용, 시간, 선정 절차 등)	대상자 선정기준
가정	○○○○ 봉사원	관리자: 소장 포함 4명 제공자: 유급 2명	- 가사지원, 일상생활 및 사회생활지원	① 일상생활 수행능력(ADL ; Activities of Daily Living)

<table>
<tr><td rowspan="2">봉사원파견제도</td><td>파견센터</td><td>무급 4명
이용자: 80명</td><td>- 일주일 한 번 밑반찬 배달(목요일)
- 목욕 등 동행 서비스</td><td rowspan="2">에 지장이 있는 자
② 노인성질환 또는 노쇠로 인해 심신의 장애가 있는 자
③ 일반질환으로 인해 일시적인 일상생활 서비스가 필요한 자
④ 독거노인으로서 일상생활 서비스가 필요한 자
⑤ 기타 복지실시기관장이 가정봉사원의 서비스가 필요하다고 인정한 자

※ 단, 노인돌보미, 가사간병도우미, 독거노인생활지도사 등 타 서비스를 제공받고 있는 자는 서비스 대상에서 제외한다.
◦무료서비스제공 이용자일 경우 소득기준은 기초생활 보장법 수급기준과 동일함.</td></tr>
<tr><td>성주○○
가정봉사원
파견센터</td><td>관리자: 3명
제공자: 유급봉사원 1명,
무급봉사원 14명
이용자: 80명</td><td>- 가사지원서비스
- 한 달에 한 번 이・미용서비스
- 분기별 생필품지원 서비스
- 목욕서비스, 결연사업 등</td></tr>
</table>

3. 중증장애인활동보조사업 사례조사 제공기관

<table>
<tr><th></th><th>기관명</th><th>인원</th><th>서비스 내용(프로그램내용, 시간, 선정 절차 등)</th><th>대상자 선정기준</th></tr>
<tr><td rowspan="2">장애인</td><td>포항</td><td>관리자:3명
제공자:50명
이용자:82명</td><td>- 가사지원, 일상생활 및 사회활동 등 포괄적 제공
- 월 30시간-90시간 제공
- 읍면동에 신청 → 방문 간호사 방문 시간배정.</td><td>◦장애 유형 :
등록 장애 구분 없음(15종 전체)
◦중등도 :
『장애인 복지법』에 의하여 등록한 1급 장애인 중, '인정조사표'에 의해 일정 기준 이상인 자</td></tr>
<tr><td>경북</td><td>관리자:2명
제공자:10명
이용자:19명</td><td>- 가사지원, 일상생활 및 사회활동 등 포괄적 제공(집수리, 농사)
- 월 30시간-90시간
- 읍사무소 신청 → 보건소 판정</td><td>◦소득기준 :
소득 수준에 상관없이 지원
◦독거 특례지원 대상자의 경우 다음의 요건 하에 지원
- 주거형태 : 독거
① 주민등록상 단독 가구원일 것
② 현장조사 등에 의하여 실제 독거로 확인될 것
◦소득수준에 따라 본인부담금 차등(정액제)
<table><tr><th>소득수준</th><th>기초수급</th><th>최저생계비 120% 이내</th><th>최저생계비 120% 초과</th></tr><tr><td>본인부담금</td><td>면제</td><td>월 2만원</td><td>월 4만원</td></tr></table></td></tr>
</table>

4. 산모 신생아도우미사업 사례조사 제공기관

<table>
<tr><th></th><th>기관명</th><th>인 원</th><th>서비스 내용(프로그램내용, 시간, 선정 절차 등)</th><th>대상자선정기준</th></tr>
<tr><td rowspan="2">산모·신생아도우미</td><td>○○
어머니회
(영리기관)</td><td>관리자:2명
제공자:25명
이용자:153명
(2008년 총예산 인원)
5월 예약건수 50건</td><td>- 산모, 신생아보호, 가사활동, 큰 아이돌보기
- 2주간(12일) 서비스제공, 평일(오전9시~오후6시: 중간 휴식시간 1시간), 토요일(2시), 일요일/공휴일 휴무
- 보건소 (자격관리, 바우처 카드 발급접수, 2개기관에 대한 정보 제공) → 이용자들에게 문의전화시 통화상담 → 이용자들의 선택에 따라 계약
- 전자바우처에 의해 직접 마지막 종결 날짜에 카드결제</td><td rowspan="2">◦ 소득기준:
전국가구 평균 소득의 65% 이하
(해산급여대상자 제외)

◦ 재산기준:
- 배기량 2,500cc 이상 이고 평가액 3,000만원 이상인차량 소유 가구 제외(단, 장애인용, 생업용 차량은 예외)

※ 배기량과 평가액이 모두 기준 이상일 경우 제외

◦ 출산(예정) 여부
- 출산(예정)일 전 60일 또는 후 30일 이내에 있는 자·사산 및 유산도 포함
(의사의 확인서 또는 소견서 첨부)

본인부담금: 4만 8천원
(일괄적용)</td></tr>
<tr><td>○○
후견기관
(비영리기관)</td><td>관리자:1 명
제공자:25 명
이용자:50명
(2008년 4월 예약건 까지)</td><td>- 산모영양관리(산모식사), 유방관리(유방마사지, 수유법), 신생아돌보기(목욕, 제대관리), 저녁식사상차림, 출산과 산모, 신생아 관련 요청사항.
- 2주(12일) 서비스제공, 오전 9시 출근 ~ 6시 퇴근
- 제공자는 달성군과 서구 거주자로 주로 달성지역을 담당하고 있음.</td></tr>
<tr><td></td><td></td><td></td><td>(대구지역 전체 자활지부 제공자 70명이 가능한 한 전 지역을 융통성 있게 움직임)
- 2008년 2월 이후 제공자 월급 제도입 (4대보험적용, 퇴직금, 월차발생 등)
- 월급제도 도입 후 임금이 1건당 50만원에서 48만원으로 줄었으나 기관과 도우미들의 조정으로 지금은 안정화되었음</td><td></td></tr>
</table>

5. 지역사회서비스혁신사업 사례조사 제공기관

<table>
<tr><th></th><th>기관명</th><th>인 원</th><th>서비스 내용(프로그램내용, 시간, 선정 절차 등)</th><th>대상자선정기준</th></tr>
<tr><td>표준형</td><td>○○○랜드
(인지)</td><td>관리자:3명
제공자:60명
이용자:1,200명</td><td>- 독서지도, 정보제공
- 주 1회/20-25분 수업
- 구청에서 이용자 명단 받아 상담.</td><td>◦소득기준
- 전국가구 평균소득 이하 가구 (4인 가구: 3,705천원, 7인 이상 가구: 소득기준추가)
◦사업별·개인별 자격 기간 기준 (서비스 개시월 +대상자지원기간) 최대 1년 지원원칙 본인부담금 20% 이상(서비스 가격-정부지원금)</td></tr>
<tr><td rowspan="2">자체개발형</td><td>구미
○○○○센터
(음악놀이, 생태환경체험)</td><td>관리자:5명
(신규직원 2명 채용-기획직원, 사무직원)
제공자:11명
이용자:180명
(생태 160명/난타 20명)</td><td>- 매월2, 4째 놀토/가족소득 기준으로 대상자선정
- 자연생태체험(하루 종일):범위확대(지자체 축제연계, 공연관람사업 연계)
- 난타/음악놀이활동(9시 30~12시 30분)</td><td rowspan="2">전국가구 평균소득 이하 가구를 원칙으로 하되, 서비스 성격, 이용자 욕구 등에 따라 지자체별로 확정된 사업계획에 의해 대상자 선정

- 예산초과 등을 대비하여 사업별로 우선순위 설정 가능

*본인부담금
- 놀토프로그램: 5천원
- 장애아동: 2만원(10%) [2008년은 20% 이상으로 인상되었으나 기존 그대로 10% 받고 있음]</td></tr>
<tr><td>○○○
장애인복지관
(장애인 심리치료)</td><td>관리자 2명
(전산입력보조1명 채용)
제공자 19명
이용자 51명</td><td>- 재가치료중심: 언어치료(70%), 물리, 심리, 미술치료(30%)
- 주 2회 40분 수업
- 자격기준 변경: 20세 이하로 기준변경
- 본인부담금 20%가 규정이나 10% 그대로 받고 있음(2만원)
- 제공기관 2개에서 5개로 늘어나면서 경쟁체제로 생각지 않음. 현재 2명이 기존에 알던 곳으로 이동함.</td></tr>
</table>

제 2 절 2차 사례조사 범주화

1. 노인돌보미사업

1) 노인돌보미사업 제공기관 사례조사 범주화

대분류	소분류	조사내용
1. 서비스 내용	1) 서비스 내용	서비스 내용 변동사항 없음(공동). - 이용자의 가사와 일상지원에 국한되어 명시됨(A2).
	2) 서비스 시간, 기간	하루 27시간에서 최대 36시간까지 가능함. 1회 3시간씩(공동). - 이용인원의 20-25% 추가신청(A2) - 15명 중 4명 정도 추가신청(A3)
	3) 서비스 관리자 및 제공자 수	- 이용자 30명, 제공자 8명, 법인인력 1명, 소장 1명(A2) - 이용자 15명, 제공자 4명, 직원(재단) 2명, 소장1명(A3)
	4) 이용자 선정절차	변동 없음(동일). - 시·군·구 예산에 따라 이용자 수를 관에서 정해 제공기관에 일정한 이용자 수를 받도록 지시하고 있음(동일). 대구 북구 66명(A2) - 추가신청 자체를 군에서 닫아두고 있음. 경북 성주 15명(A3).
2. 진행과정	1) 사업홍보	이용자가 찾아와도 서비스 대상자가 될 수 없으므로 별도 홍보하지 않고 있음(동일). - 장기요양보험제도의 도입에 관심이 집중되어 현 사업의 이용자는 유지 관리하는 수준(A2). - 홍보비와 리플렛 지원 안 됨(A3).
	2) 제공자 교육방법	2009년 노인돌보미의 경우 요양보호사자격 취득해야 함(동일). - 2008년 노인돌보미 교육 실시되지 않고 있음(동일). - 경력자로 교육 신청하기 위해서 2008년 5월 이후부터 요양보호사 교육 받을 수 있음(A3).
	3) 제공인력확보방법	노인돌보미 사업의 확대가능성이 낮다고 보기 때문에 현 인력을 유지하는 수준임(동일).
	4) 지역주민 욕구반영 (불만사례처리)	- 목욕서비스의 경우 두 명의 제공자를 원함(A2). - 제공자의 교체에 대한 불만 있음(A3).
3. 만족도	1) 사업운영비적절성	별도 운영비 지원이 없기 때문에 운영의 어려움 있음. 제공자 인건비, 보험료를 제외하면 남는 것이 없음(동일). - 운영의 어려움으로 전담인력 계약해지함(A2).

		- 제공자의 임금을 늘리기 위해 다른 운영비 지출할 수 없음(A3).
	2) 사업만족도	**장기요양보험제도의 실시를 앞두고 노인돌보미사업의 축소를 우려하고 있음(동일).** - 농촌과 도시지역의 경우 형평성 문제 있음. 농촌이용자의 경우 도시이용자보다 본인부담금에 대한 부담이 더 크며, 이동거리, 은행 업무에서 농촌지역 이용자가 접근성이 용이하지 못함(A3). - 노인돌보미 사업을 더 확대하지 않는 분위기 속에서 현재 사업을 유지하고 있으며 관의 입장을 수동적으로 지켜보고 있다고 함(A2).
	3) 사업필요성	**필요성은 인정하나 현재 이용자 수를 막고 있기 때문에 사업의 축소를 우려하고 있음(동일).** - 장기요양보험의 실시로 사회적 약자인 노인돌보미 대상자에 대한 관심이 약해지고 있음. 역차별 우려(A2).
4. 서비스 확대 가능성	1) 경쟁가능성 시장형성가능성	**장기요양보험제도 도입 시 수익구도로 가기 때문에 시장형성 가능성 높음(동일).** - 노인돌보미는 수익사업이 아니기 때문에 복지이념을 바탕으로 기관협력이 가능했음. 경쟁가능성 낮았음(A2). - 신규기관이 생겨도 이용자 수의 제한으로 경쟁 가능성 없음(A3). - 장기요양보험제도가 실시되면 이용자 유치를 위한 각종 편법이 난발할 것임(A2). - 재가시설과 의료기관의 경쟁 심화 예상됨(A3).
	2) 일자리창출효과 - 신규직원 - 제공자 (사회적일자리)	**전담인력 채용 안하고 있음. 재단인력으로 활용(동일). 일자리창출 가능성 낮음(동일).** - 신규직원 채용했으나 기관운영의 어려움으로 전담인력 계약 해지함(A2). - **제공자 생계형 일자리는 아님(동일).** 두 가지 직업을 가져야 생활이 됨(A2), 서비스 확대되어야 제공자 일자리가 확충됨(A3).
5. 바우처 효과	1) 바우처 장점	**장점 : 즉시 입금됨. 제공기관 입장에서 편리(동일).**
	2) 바우처 단점	1차 조사와 동일함. 농촌지역 수신이 여전히 잘 안됨(A3).
6. 개선방안	1) 사업의 개선점 또는 개선방향	- 노인복지분야의 기능과 역할이 중복되는 다양한 제도를 체계적으로 정리할 필요가 있음. 통일된 시스템 구축이 절실함(A2). - 전 국민의 복지라는 개념으로 사회적 약자에 대한 관심이 약해져 또 다른 사각지대 역차별을 만들 수 있음. 노인돌보미와 가정봉사원파견사업은 유지되어야 됨(A2). - 신중한 제도 도입과 실시(A3). - 노인장기요양보험제도에 신경이 집중되어 있는 현 시점에서 기존사업에 대해서도 신경을 써 주길 바람(A3).

2) 노인돌보미사업 이용자 사례조사 범주화내용

	이용자	조사내용
1. 서비스 내용	1) 제공받는 서비스내용	변경된 서비스내용 없음(동일)
	2) 서비스시간, 기간	- 일주일에 두 번 한 달 27시간(A3-다1, A2-다1). - 일주일에 세 번 한 달 36시간(A3-다2, A2-다3) - 종결 사례(A2-다2)
	3) 이용경로	- 가족(딸, 며느리, 동생) 소개 - 위의 내용 A1, A2, A3 모두 동일.
2. 진행 과정	1) 이용시간 및 이용횟수의 적절성	- 현재 시간 적절함(A3-다1, A2-다1, A2-다3). - 추가시간 원함(A3-다2). - 장애가 있기 때문에 더 많은 시간이 필요함(A2-다2).
	2) 추가구매의사	추가구매의사 없음. - 경제적 부담감(A2-다1, A2-다3, A3-다1) - 장애가 심해 추가비용을 더 내야 한다면 병원에 입원시키는 것이 더 낫다(A2-다2). - 딸의 보호부담을 덜기 위해 추가구매의사 있음(A3-다2).
	3) 제공받고 싶은 서비스	- 지금 만족함(동일). - 반찬, 목욕서비스(A2-다3)
	4) 서비스제공자변경여부	- 제공자의 개인적 사정으로 3회 교체(A2-다1). - 1회 교체, 이용자가 교체 요청함(A2-다2). - 2회 교체(부친사망, 이사)-(A2-다3) - 변경되지 않음(A3-다1, A3-다2)
3. 만족도	1) 서비스만족도: 삶의 변화	- 청소와 빨래를 해주니 편하고 말벗이 되어 좋음(A2-다1) - 장애인인 이용자에게는 시간이 절대적으로 부족하고 잠깐씩 가사와 간병 지원해 주는 것은 별 의미가 없어 다시 신청하지 않고 있음(A2-다2). - 시간이 추가 되어 청소와 빨래하는 것이 수월해졌음(A2-다3). - 제공자가 며느리 보다 더 좋음. 하지만 며느리 방문 횟수가 줄어듬(A3-다1). - 다리 불편함이 줄어들고, 사람방문이 좋음, 딸의 보호부담을 덜었음(A3-다2).
	2) 관리자 및 제공자에 대한 만족도	약속엄수하고 있고 제공자와 관리자에 대한 만족도 높음(동일). - 잦은 교체로 서로 적응하는데 어려움이 있음(A2-다3).
	3) 사업필요성, 권유의사	필요한 사업 임, 권유의사 있음(동일). - 혼자 사는 노인에게 정서적 지지가 될 것임.
4. 서비스 확대가능성	1) 본인부담금	- 3만 6천원에 대한 본인부담금이 적절함(A2-다1). - 2만 4천원 적절함(A2-다3). - 가족이 본인부담금을 내고 있어, 이용자가 전혀 모르는 상황임(A3-다1, A3-다2). - 장애가 있는 이용자는 본인부담금을 내는 것이 부당하다고 함(A2-다2).
	2) 선택권확대가능성	선택권 없음, 확대되어야 함(동일). - 칠곡지역의 특성으로 선택할 수 있는 기관이 적음(A2-다3)

5. 바우처 효과	1) 바우처 장점	1차 조사와 동일함. - 정확한 관리가 가능하여 좋다(A2-다1). - 제공자의 정확한 시간계산이 가능하고, 시간약속을 정확하게 할 수 있음(A1-다3).
	2) 바우처 단점	- 1차 조사와 동일. 단말기오류와 안테나가 잘 뜨지 않아서 사무실에서 일괄적으로 관리하고 있어 이용자는 카드나 바우처에 대해 잘 모름. - 날짜를 잘 몰라서 기한 내에 못 내기도 한다(A2-다2). - 시간제약이 있어 아쉬움(A1-다3).
6. 개선 방안	1) 사업의 개선점 또는 개선방향	- 외롭고 병든 늙은이가 국가에 의지해서 살 수 있도록 노인복지제도를 많이 만들어 줬으면 함(A2-다1). - 65세 노인 중 장애가 있을 경우 시간배정과 비용부담을 적절하게 해주길 바람(A2-다2). - 칠곡지역 노인돌보미사업이 더 활성화되었으면 함(A2-다3).

2. 가정봉사원파견사업

1) 가정봉사원파견사업 제공기관 사례조사 범주화

대분류	소분류	조 사 내 용
1. 서비스내용	1) 서비스내용	가시지원서비스제공(공동), 목욕(공동), 이미용(F2), 밑반찬(F1), 생필품지원(F2), 말벗(F1)이나 결연서비스(F2) 등 제공: 주된 서비스는 가사지원이고 다른 서비스는 유동적임.
	2) 서비스시간, 기간	서비스는 일주일에 세 번 제공되는 것이 기준이며 사례에 따라 변동이 있음(F1), 서비스시간과 기간이 정해져 있지는 않으며 사례와 봉사원에 따라(F2) 서비스시간이 정해짐.
	3) 서비스관리자 및 제공자수	총 사례는 80(공동)이었으며 유급봉사원(한명 F2, 두 명 F1)과 무급봉사원이 같이 일하고 있음(공동), 관리자는 4명(F1) 2명(F2)임.
	4)서비스영역중복	노인돌보미와 서비스를 중복해서 제공하는 경우도 있음(장애정도가 심한 7사례 F1). 대상자가 중복해서 서비스를 제공받는 일은 없음(F2).
	5) 이용자선정절차	동사무소에서 의뢰가 들어옴(공동).
2. 진행과정	1) 사업홍보	사례발굴을 위하여 자체적인 홍보를 함(F2)
	2) 제공자 교육방법	교육은 분기별로 제공(F2). 유급, 무급 그리고 1급 2급 등으로 구분하여 교육제공(F1).
	3) 제공인력확보방법	주로 자활로부터 유급봉사원제공받음(F2), 자원봉사자로부터 인력충원됨(공동).
	4) 이용자개별상담의 적절성	개별상담은 월 1회 제공됨(공동).
	5) 불만사례(처리)	불만은 서비스내용보다는 시간약속(F2)이나 반찬(F1)과 관

		련되어 있으며 전반적으로 잘 처리되고 있음(공동).
3. 만족도	1) 사업운영비적절성	운영비는 모두 부족하여 법인으로부터 운영비 지원받고 있음(공동).
	2) 사업만족도	사업만족도는 높음(공동).
	3) 사업필요성	사업이 건강한 저소득층 노인에게 제공되는 유일한 사업으로서 필요성이 매우 높음(공동).
4. 서비스확대 가능성	1) 노인돌보미사업과의 선호도: 경쟁가능성	노인돌보미사업과는 경쟁가능성 거의 없으며(대상자가 구분되어, 공동) 선호도도 본인부담이 있는 경우는 노인돌보미를 선택할 수 있지만 가파이용자들인 경우 경제적으로 어려움이 있어 가파를 선호함(공동).
	2) 일자리창출효과 - 신구직원 - 제공자(사회적 일자리)	일자리는 유급봉사원일자리 창출효과는 있지만(공동) 임금이 적어 실질적인 일자리라고 생각할 수 없음(F1). 관리직원신규채용(F1)효과 있음.
5. 바우처효과	1) 현 지원방식	현 지원방식에 특별히 불만은 없으며(공동) 향후 노인장기요양보험제도 시행이후에 변화에 대해 걱정이 큼(공동).
	2) 바우처와의 비교	바우처가 제공되는 사업은 본인부담이 있어 경제적 능력이 없는 노인들은 반드시 가파사업이 필요함(공동).
6. 개선방안	1) 사업의 개선점 또는 개선방향	서비스의 다양성을 위해 새로운 프로그램개발필요(F1)하며 봉사원들의 서비스 질에 대한 개선도 필요함(F2).

2) 가정봉사원파견사업 제공자(봉사원) 사례조사 범주화

대분류	소분류	조 사 내 용
1. 서비스내용	1) 제공하는 서비스내용	정서적 지원(말벗), 가사지원(공동), 반찬제공서비스, 목욕지원(공동), 동행서비스 등 다양.
	2) 서비스시간, 기간	일주일에 세 사례 한 번에 두 시간(F1-나1, 나2)이지만 사례에 따라 시간과 횟수는 조정됨(공동). 일주일에 1회는 정기적인 방문, 수시로 방문, 전화연락함(F2-나1, 나2).
2. 진행과정	1) 교육	교육은 무급, 유급봉사원으로 나뉘어지며 봉사원에 따라 다름. 실습교육의 필요성 강조(공동).
	2) 고용조건: 노동시간, 임금, 이동거리	노인들이 대부분 가까운 거리에 살고 있어 이동거리는 짧으며 무급가정봉사원일 경우 임금없이 봉사하고(F2-나1), 유급자원봉사원일 경우 임금은 대체적으로 시간당 5,000원 수준이고 사회보험혜택 없음(공동). 노동시간은 평균 두 시간 정도(하루 두 번 방문 4시간 정도)(공동)
3. 만족도	1) 일자리만족도	정규직이라고는 할 수 없으며 봉사라고 생각하고 있음(공동). 현재 임금으로는 생활보조 이외에는 의미 없고 봉사원은 정규직이 아님(F1-나2).
	2) (제공자입장에서의) 사업만족도	봉사원들은 대부분 사업이 매우 필요하며 봉사하는 일이라고 생각하고 있었고 만족도는 봉사업무로서 높았음(공동).
	3) 사업필요성	가족관계가 소원한 저소득층 노인들에게 매우 필요함 사업이라고 강조(공동). 농촌지역 의료기관의 강제입원을 막기 위해서라도 재가복지가 필요하고 가정봉사원의 역할이 중요하다

		고 함(F2-나2).
4. 서비스확대 가능성	1) 노인돌보미사업과의 선호도	돌보미사업경험 없음(공동). 하지만 간접경험을 통해서 노인돌보미와 가파사업을 비교하였음. 무조건적으로 감사해 하는 가파사업의 이용자와는 다르게 노인 돌보미 사업의 이용자는 제공자를 푸대접하고 해달라고 강요한다고 함(F2-나2).
	2) 다른 직장 또는 사업과의 비교	임금을 비교했을 때 다른 사업을 선호(F1-나2), 호스피스와 비교하였을 때 임금격차 큼(F1-나1). 개인적 시간여유와 체력부족으로 요양보호사나 노인돌보미로 활동할 의사는 없음(F2-나1).
	3) 재공기관으로부터의 대우	적절한 대우받고 있음(공동). 매1회 정기적인 회의를 통하여 의사소통함(F2-나1, 나2).
5. 바우처효과	1) 현 지물방식	만족함(공동).
	2) 바우처와의 비교	바우처 잘 모름(공동).
6. 개선방안	1) 사업의 개선점 또는 개선방향	제공되는 서비스 정리필요하며 이용자들에 대한 교육 필요하고 사업운영비증액필요(F1-나1), 대상자자격심사엄격필요(F1-나2, F2-나1). 현물지원 뿐만 아니라 이용자가 원하는 실질적서비스(일자리제공, 의료지원 등)를 제공하길 원함(F2-나1). 정기적인 일자리로 생계비를 벌 수 있었으면 함(F2-나1).

3) 가정봉사원파견사업 이용자 사례조사 범주화

	이용자	조사내용
1. 서비스내용	1) 제공받는 서비스내용	청소, 이・미용, 목욕서비스, 반찬지원, 간식지원(공동) 및 의료품 지원.
	2) 서비스시간, 기간	정해진 시간은 없으나 평균 일주일 3-4번 방문, 잦은 전화연락.(공동) - 주말제외, 평일 거의 매일 방문(F1-다1) - 일주일 3-4번(F1-다2)
	3) 이용경로	제공기관 실태조사에서 발굴되어 신청(공동). 가족(F3-다3), 친구소개(F2-다2)로 신청.
2. 진행과정	1) 이용시간 및 이용 횟수의 적절성	시간과 횟수 적절함(공동). 오는 것에 감사함.
	2) 추가구매의사	본인부담금을 내고 서비스 받을 의사는 없음(공동). 무료봉사에 감사함.
	3) 제공받고 싶은 서비스	현 서비스에 만족하며, 정서적 지지(말벗)의 도움이 가장 큼(공동). 목욕서비스(F2-다2).
3. 만족도	1) 서비스만족도: 삶의 변화	고독하지 않게 말벗이 되어 주어 고맙고 자식의 역할을 해주니 만족한다고 함(공동). 말벗이 되며 가족 도움 없이 목욕지원을 받을 수 있음(F1-다1). 표정이 밝아지고 웃는 일이 많아져 자식 기다리는 마음으로 지낸다고 함(F1-다2). 가사지원이 도움이 됨(F2-다1, F2-다3)
	2) 관리자 및 제공자에 대한 만족도	제공자가 가족의 역할을 해줘서 만족도 높음. 도움을 받는 입장에서 모든 부분 만족함(공동).
	3) 사업필요성, 권유의사	고독한 노인과 가족을 위해 꼭 필요한 서비스임(공동).

		가족의 보호부담을 줄이기 위해 사업이 필요함(F1-다1). 고독한 노인에게 말벗과 물품지원이 도움이 됨. 가난하고 외로운 사람에게 꼭 필요한 서비스 임(F2-다2). 권유의사는 있으나 방문하는 이웃이 없음(F2-다3)
4. 서비스확대 가능성	1) 노인돌보미사업과의 선호도	노인돌보미사업에 대한 지식이 없음(공동).
	2) 제공기관선택에 대한 선택제한의 불편한 점	선택권은 없음. 도움을 받는 입장에서 권리행사를 하지 않으려고 하고 파견해 주는 사람 누구든 만족함(공동).
5. 바우처효과	1) 바우처 장점	바우처에 대해 사전지식이 없음(공동)
	2) 바우처 단점	
6. 개선방안	1) 사업의 개선점 또는 개선방향	지금 현 서비스에 대부분 만족하며 고독한 노인에게 정서적 지지가 되는 현 서비스가 유지되길 원함(공동).

3. 중증장애인활동보조사업

1) 장애인 제공기관 사례조사 범주화내용

대분류	소분류	조사내용
1. 서비스 내용	1) 서비스 내용	가사지원, 일상생활 및 사회활동 등 포괄적 제공. - 농사, 집짓기 이용자 중심의 서비스지원으로 국한됨(변경).
	2) 서비스 시간, 기간	인정 시간은 4등급으로 구분하여 월 30-90시간 제공. 1등급 :90시간 /2등급 :80시간 3등급 :50시간 /4등급 :30시간 독거장애인의 경우 최대 120시간.
	3) 서비스 관리자 및 제공자 수	- 신청자 82명, 이용자 56명, 제공자 50명, 전담인력 1명, 사회복지사 2명(B1) - 이용자 17명, 제공자 10명, 관리자 2명(B3).
	5) 이용자 선정절차	변경된 부분 없음. - 읍면동사무소 신청 → 방문간호팀 조사 →판정위원회 결정.
2. 진행과정	1) 사업홍보	- 활동보조인과 상담원의 구두 홍보(B3) - 팜플렛(B1)
	2) 제공자 교육방법	- 60시간 교육(8시간 실습)(B1) - 교육비 전액 정부 지원(동일). - 자체교육이 교육기관으로 넘어감(B3) - 지역과 기관의 문제점에 소홀해질 우려 있음.
	3) 제공인력확보방법	1차 사례조사와 동일하며, 현재 제공인력 확보가 되어 있어 유지하는 상태임.
	5) 지역주민 욕구반영	- 활동보조인들끼리 경쟁이 생겨 고발하게 되는 일이 종종

	(불만사례처리)	발생함. 기관에 잘 보여 시간 배정을 더 받으려고 하는 경향이 있음(B3). - 활동보조인의 경우 8천원으로 단가가 올랐으나, 실질적으로 수령하는 수준은 6천원이므로 항의가 심함(B1). - 이용자들 불만이 있어도 잘 표현하지 않음(B3). - 장애인으로 서비스 대상을 국한하면서 가족의 서비스를 지원해 주지 않는 부분에 대한 불만이 있음(B1).
3. 만족도	1) 사업운영비적절성	- 2008년 별도 운영경비 지원없이 제공자의 4대보험, 퇴직금, 단말기구매, 수수료부담을 해야 하므로 기관운영이 어려움(동일). - 제공자의 임금을 낮추는 결과를 초래함(동일). 제공자의 인건비가 올랐으나 결론적인 수령액은 같음.
	2) 사업만족도	- 중증장애인에게 좋은 서비스임(B1) - 필요성은 높게 인정하고 있으나, 운영비로 힘들어 함(B3).
	3) 사업필요성	중증장애인에게 절실히 필요한 사업임(동일). - 독거장애인의 경우 추가시간이 필요함. 24시간 내내 서비스가 필요함(B1).
4. 서비스확대 가능성	1) 경쟁가능성 시장형성가능성	- 기관운영의 어려움으로 사업을 반납하려고 하는 기관도 있으며 사업에 대한 부정적인 평가가 많아서 경쟁가능성이 없다고 함(동일). - 수익사업이 아니기 때문에 서로 협력하는 관계임(B2).
	2) 일자리창출효과 - 신규직원 - 제공자 (사회적일자리)	- 신규직원의 일자리 창출효과는 없음. 신규직원 1명 채용했으나, 운영비 문제로 채용 못하고 있음(B1), 운영비 문제로 신규직원 채용 못했음(B3) 제공자 생계형 일자리는 되지 못함. - 생계형 일자리 되지 못함(평균 39만 3천원)(B1). - 주부나 아르바이트로 일자리 창출효과는 있으나 고정적이지 않음(B3).
5. 바우처효과	1) 바우처 장점	
	2) 바우처 단점	- 단말기구입을 강제적으로 하라는 것은 제공기관의 운영부담을 늘리고 있음. 수가청구가 가능하도록 하면서 단말기를 제공자 1명 대 1대씩 구입하라는 것은 효율성이 떨어짐(동일). 안테나가 터지지 않는 지역에서 단말기를 의무구매하고 수수료를 부담하다는 것은 운영부담을 더 늘리는 것임(B3). - 중증장애인 1급의 경우 단말기 싸인이 어려워 비리가 양산될 가능성이 있음(B3). - 안테나가 잘 터지지 않아 무용지물임(B3).
6. 개선방안	1) 사업의 개선점 또는 개선방향	- 별도의 운영비가 나왔으면 함(동일). - 장애종류와 대상자의 특성에 따라 서비스가 세분화되고 내용이 달라져야 함. 현재 가사지원서비스에 그치고 있음(B3). - 중증장애인의 특수성(하루 종일 침대생활)을 고려하여 추가시간을 더 원함. 10시간은 실질적 도움이 되지 않음(B1). - 65세 이상, 중장장애인활동보조사업에서 노인돌보미로 넘

		어 가는 대상자의 경우 장애인활동보조사업에서의 시간과 본인부담금을 적용시켜 주시기 바람(B1).

2) 장애인 이용자 사례조사 범주화내용

	이용자	조사내용
1. 서비스내용	1) 제공받는 서비스내용	- 옷입기, 세수하기 일상생활지원서비스, 서예와 그림그리기(B1-다1). - 투석, 식사, 운동, 대소변처리 등 생활에 전반적인 지원서비스(B1-다2). - 목욕, 은행 병원 이동서비스, 외출 도우미, 가사지원서비스(B3-다1) - 투석을 위한 병원동행(B3-다2) - 목욕, 이동서비스, 외출 도우미, 가사지원서비스(B3-다3)
	2) 서비스시간, 기간	- 월 30시간-90시간 1등급 :90시간 /2등급 :70시간 3등급 :50시간 /4등급 :30시간
	3) 이용경로	1차 조사와 동일함. - 군청에서 통지서를 받아서 바로 신청(B3-다1). - 제공기관에서 연락 혹은 가정 방문함(B2-다1, B2-다2, B2-다3). - 면사무소에서 연락 와서 신청하게 됨. 보건소에서 판정을 위해 다녀감(B3-다2). - 동사무소를 통해 알게 되어 보건소 판정을 받음(B1-다3). - 친척소개로 알게 되어 보호자가 동사무소에 방문. 신체상황에 대해 상세히 기록. 보건소에서 연락옴(B1-다2). - 장애인복지신문을 통해 알게 되어 동사무소 직원, 보건소 직원 와서 판정 받음(B1-다1).
2. 진행과정	1) 이용시간 및 이용횟수의 적절성	중증장애인에게 시간이 절대적으로 부족함. - 손가락 하나 움직일 수 없는 이용자 입장에서 90시간은 절대적으로 부족함(B3-다1). - 혈액 투석 이외 정기검진을 위해서 병원 방문해야 하나 서비스시간이 한 달에 3-4일 정도 부족하다고 함(B3-다2). - 누웠다 일어나는 것도 안 되는 이용자에게 혼자 있는 시간에 겪을 수 있는 위험성에 대비하여 하루 180시간 정도의 서비스가 필요하다고 함(B3-다3). - 최하 120시간이 필요하다고 함(B1-다1). - 활동보조인의 자원봉사(매일, 대부분의 시간) 없이는 절대적으로 시간이 부족함(B1-다2).
	2) 추가구매의사	- 기초생활수급권자, 추가구매 의사 없음(B1-다1, B1-다2, B3-다1). - 투석을 해야 생명유지가 가능하므로 추가구매의사 있음(B3-다2). - 기초생활수급권자, 2-5만원까지는 추가구매 의사 있음

		(B3-다3).
	3) 제공받고 싶은 서비스	**산책과 여행, 취미활동지원을 더 제공받고 싶어 하였음.** - 건강관리를 위한 산책(B3-다2) - 외출, 1박2일 여행(B3-다1) - 여행(B3-다3) - 취미활동지원(서예, 그림그리기-B1-다1) - 컴퓨터와 점자공부(B1-다2)
	4) 서비스 제공자 변경여부	- 제공자가 1회 변경. 불만 없음(B3-다2). - 변경되지 않음(B3-다2, B1-다1, B1-다2). - 2명의 제공자가 부담스러워 이용자가 제공자 1명으로 교체함(B3-다3).
3. 만족도	1) 서비스만족도: 삶의 변화	**사회참여 가능해짐, 심리적 안정, 자신감 향상.** - 경제활동을 해야 하는 가족 입장에서 활동보조인의 병원동행이 고맙고 마음이 편안하다고 함(B3-다2) - 사회활동 참여(교회, 음식점), 이용자와 가족의 자신감 향상, 고립감 감소, 가족관계 좋아짐(B3-다1). - 외로움 감소, 낮 시간 혼자 있을 시 외부인에 대한 두려움이 적어짐, 새로운 기관 방문 가능해짐(B3-다3) - 정서적불안감 감소, 자신감 향상(서예금상 수상) (B1-다1) - 신체기능향상(휠체어 타지 않고 걷게 됨), 사회참여 가능해짐, 성격이 명랑해지고 가족관계 좋아짐(B1-다2).
	2) 관리자 및 제공자에 대한 만족도	**대체적으로 만족함(동일)** - 만족함(B3-다2). - 신뢰도와 만족도가 높음(B3-다1). - 자기 의사표현을 통하여 서로 맞춰가며 만족도를 높여 가고 있음(B3-다3). - 눈빛만 봐도 서로 무엇을 원하는지 알 정도로 신뢰관계가 돈독함. 만족도 높음(B3-다1). - 만족도 높음, 활동보조인이 대부분의 시간을 자원봉사 해주는 것에 미안해 함(B1-다2).
	3) 사업필요성, 권유의사	**중증장애인을 위해 꼭 필요한 사업(동일)** - 꼭 필요한 사업이며 확대되어야 함(B3-다2, B1-다1). - 장애인의 자신감향상과 자활을 위해 꼭 필요함. 권유의사 있음(B3-다1). - 혼자 살아갈 수 없는 1급 장애인에게 꼭 필요한 사업임(B3-다3).
4. 서비스 확대가능성	1) 본인부담금	- 2만원 부담이 적절하다고 함(B3-다2). - 기초생활수급권자 무료(B3-다1, B3-다3, B1-다2), 본인부담금 없음에 미안해 함(B3-다1). - 4만원. 근로능력이 없는 노인에게는 부담되는 금액임(B1-다1).
	2) 선택권확대가능성	- 선택권 없음. 불만 없음(B3-다2, B1-,다2). - 선택권 없음. 현재 4명 → 2명의 활동보조인으로 바뀌길 원함. 미안한 마음에 기관에 표현하지 못하고 있음(B3-다1). - 선택권 행사를 했음. 짧지 않은 시간동안 함께 지내야 하는 제공자를 이용자가 선택할 권리가 있어야 함(B3-다3).

		- 제도에 대해 알고 제공기관에 문의하여 서비스 받게 됨. 선택권 행사했음(B1-다1).
5. 바우처효과	1) 바우처 장점	- 정확한 시간 계산으로 제공자의 역할에 소홀하지 않고 책임감 있게 수행 가능하도록 함(B3-다3). - 매달 입금만 하면 되기 때문에 불편함이 없음(B1-다1).
	2) 바우처 단점	- 개인당 한 대가 구비되었으면 좋겠음. 안테나가 잘 안 터지고 무거움(B3-다1). - 단말기 구비가 되어 있지 않아서 매일 사인하고 월말에 확인해 주고 있음(B1-다1, B1-다2). - 인간서비스를 정확하게 계산한다는 것이 어려움(B3-다3).
6. 개선방안	1) 사업의 개선점 또는 개선방향	- 10시간 추가되었지만 실질적으로 도움이 되지 않음. 중증장애인의 특성을 고려하여 추가시간을 원함(B3-다1, B1-다1, B1-다2). 장애인과 관련된 다양한 제도에 대한 정보를 정기적으로 받았으면 좋겠음(B3-다1). - 사업유지를 원함(B3-다2). - 중증장애인 생활에서 사고위험성을 고려하여 추가시간을 원함(B3-다3). - 활동보조인 자체모임을 통하여 이용자와의 관계 속에서 오는 갈등을 서로 나누어 이용자에게 행사는 서비스가 일관되고 질적으로 높은 서비스가 되길 원함(B1-다1). - 활동보조인의 임금수준 상향조정을 통하여 미안한 마음을 감소시키고 싶어함(B1-다2).

4. 산모신생아도우미사업

1) 산모·신생아도우미사업 제공기관 사례조사 범주화내용

대분류	소분류	조 사 내 용
1. 서비스내용	1) 서비스내용 (변화여부)	제공되는 서비스는 1차 사례조사와 동일함 – 산모보호: 산모식사, 유방마사지, 좌욕, 산후체조 – 산모신생아관련 세탁물관리, 산모신생아방청소 – 신생아보호: 아기목욕, 아기수유, 기저귀관리 – 가사서비스(활동): 방청소, 큰아이돌보기 등
	2) 서비스시간, 기간 (변화여부)	변화: 중간에 휴식이 없으면 5시에 퇴근(모두 5시 퇴근) 12일(쌍둥이 3주)이며 9시에서 6시까지임. 토요일은 오후 2시까지이며 공휴일은 휴무
	3) 서비스관리자 및 제공자수	- 달성자활후견기관(비영리)은 팀장님 1명이 담당 제공자는 달성군 11명, 서구 14명 등이 주로 달성 지역을 담당함. (대구지역 제공자 70명이 융통성 있게 움직임) - 참사랑씨앤이칠곡지부(영리)는 관리자 2명 소장: 산모관리 및 도우미 교육, 결재, 계약 등(주요) 실장: 전화상담 및 안내, 접수(소장님 보조적 역할) 제공자수 약 65명 이용자수 5월 예약 건까지 약 50건(칠곡)

	5) 이용자선정절차	작년까지는 보건소에서 지정했으나 올해부터 본인부담금에 의해 산모들이 직접 제공기관에 대한 정보를 알아보고 선택권을 부여받아 직접 선택함. - 보건소에서 의료보험을 통해 자격기준을 정하기 때문에 자활기관과 YWCA에 중복접수가 불가능함[C3]. - 자격기준 강화: 출산 후 20일내 -> 출산 후 15일내 신청은 출산 전후 30일 이내[C2]
2. 진행과정	1) 사업홍보	홍보지, 카탈로그, 인터넷 홈페이지 - 직접선택권이 주어짐으로 홍보에 대해 더 신경이 쓰임. 홍보용 작은 선물도 준비[C3] - 자체기업 매거진을 산부인과에 비치, 팜플렛이 든 손수건 선물(육아교실, 도우미들이 휴대하여 홍보) [C2]
	2) 제공자 교육방법	2주간 (오전10시~오후6시) - 이용자 중심으로 좀 더 강화하여 교육을 실시[C3] - 돈 벌려고 하는 마음이 크면 교육중단[C2]
	3) 제공인력확보방법	- 도우미들의 임금체계변화: 직원제(월급제)도입, 4대 보험 적용, 퇴직금, 월차 등[C3] - 교차로나 플랜카드 광고 홍보/ 외곽지역은 돌보미들의 소개로 아름아름 [C2]
	4) 지역주민 욕구반영 (불만사례처리)	카드 결제시에 모니터링을 통해 조사를 실시함. 전화 또는 방문을 통해 만족도에 대한 조사 실시
3. 만족도	1) 사업운영비적절성	단말기구입비용, 단말기유지비용, 카드수수료 등으로 운영비 부족에 대한 불만, 또한 결제를 위해 관리자가 다니면 시간 낭비와 교통비 낭비가 심함. - 4대보험 적용[C3] - 은행 수수료 뗀 60만3천원이 모두 소장 통장으로 들어옴 → 그로 인해 부가세 10%(인당 6만원이 나감) → 원래는 수익10만원에 대한 1만원의 부가세가 적당하다고 생각함. 4대보험 적용까지는 상당한 무리임[C2].
	2) 사업만족도	- 영리기관인 경우 사업의 만족도는 낮음. 이유: 세금관련부분, 운영비적자, 자부담금으로 인한 산모들의 까다로움 증대 [C2] - 비영리기관의 경우 사업의 만족도 높은 편임. 이유: 3년간 사업진행으로 신뢰감 쌓임. 사회적일자리로서 가장 적합하다고 판단함.[C3]
	3) 사업필요성	제도적인 측면에서 사업에 대한 필요성은 강함. - 제공자들의 입장에서 일자리창출을 위해[C3] - 이용자들의 입장에서 출산장려정책의 일환[C2]
4. 서비스확대 가능성	1) 경쟁가능성 시장형성가능성	- 민간업체와의 경쟁으로 홍보를 강화하고 있고 교육에서도 이용자 중심형 서비스를 강조[C3] - 이용자 선택권 확대로 자활기관에 비해 이용자들의 몰림 현상이 심함 → 경쟁이 되고 있기는 하나 경쟁을 원하지 않음[C2] - 자부담금으로 서비스가 더 활성화된다면 시장형성이 가능

		하다고 본다[C3]. - 현재 방식으로 시장형성 가능성을 불투명[C2]
	2) 일자리창출효과 - 신규직원 - 제공자(사회적일자리)	제공자들이 계속 증가됨으로 일자리 창출효과 있음. 운영비부족으로 신규직원 채용은 현재 어려움.
5. 바우처효과	1) 바우처 장점	- 한번 만들고 나면 둘째, 셋째 아기까지 사용이 가능함[C3] - 서비스 종료 후 몇 일 안에 바로 입금되기 때문에 제공자의 급여가 밀릴 염려가 줄어듦[C2]. - 종이쿠폰 시에 임금을 위해 직접 준비하던 종이자료의 시간이 현저히 줄어듦[C2].
	2) 바우처 단점	- 담당자가 직접 결재하러 다니는 것에 대한 비용 손실이 큼. - 카드사용에 대한 정확한 정보가 없음. - 일회성 카드 개념이 강함. - 일회성 사용에 비해 발급받는 절차가 번거로움.
6. 개선방안	1) 사업의 개선점 또는 개선방향	- 담당자의 마음가짐이 바로잡아야 함[C3]. - 운영비와 관련해서 세금적인 부분의 해결이 시급, 바우처 카드 사용의 기관 수 확대[C2]

2) 산모 · 신생아도우미사업 제공자 사례조사 범주화

대분류	소분류	조 사 내 용
1. 서비스내용	1) 제공하는 서비스내용	서비스내용에는 변화가 없음.
	2) 서비스시간, 기간	퇴근 시간 변화(6시에서 5시 퇴근) - 2주간 서비스 제공하는 기간은 동일 - 출근시간 9시부터 퇴근 6시까지이었으나 중간 휴식타임을 안하기 때문에 5시에 퇴근함. - 개인적인 일 경우에도 2주씩 휴무가 가능[C2]
2. 진행과정	1) 교육	교육시간에는 변화 없음. - 전자바우처에 대한 설명 들음[C2]. - 건강검진도 받았음(결핵, 간염)설명[C3]
	2) 고용조건: 노동시간, 임금, 이동거리	이동거리가 먼거리에 속함. 기름값에 대한 보상이 없음.
3. 만족도	1) 일자리만족도	아기를 돌보고 여성의 일자리로서는 대체적으로 만족함. - 이용자부담금으로 이용자들이 고마워함이 더 없어짐[C3].
	2) (제공자입장에서의) 사업만족도	- 전반적으로 사업에 대해 만족함. (여성주부가 하기에 적합한 일이라고 생각함) - 산모들에게 혜택주는 일이라 만족, 제공자 입장에서 일이 늘어나서 만족함[C2]. - 주부로서 어려운 지식 없이도 가능한 일이라 만족[C3]
	3) 사업필요성	이용자들의 입장에서도 사업은 필요하다고 생각함.
4. 서비스확대 가능성	1) 제공기관으로부터의 대우	최대한 제공자의 편의를 생각하는 기관의 입장을 이해하는 신뢰감이 쌓여 있음.

	2) 다른 직장 또는 사업과의 비교	현 직장만 하고 있기 때문에 비교 하지 않음.
5. 바우처효과	1) 바우처 장점	서비스 종결 후 임금이 바로 입금됨. 제공자입장에서 바우처카드에 대해 할 일은 없음. - 현금보다 깔끔하고 편함[C2].
	2) 바우처 단점	제공자가 신경 쓸 부분이 없기 때문에 단점 없음. - 다만 제공자가 결제하러 다닐 경우 번거로워짐[C2].
6. 개선방안	1) 사업의 개선점 또는 개선방향	- 산모와 아기를 위해 일해 주는 것에 대해 고마운 마음을 가져줬으면 함[C2]. - 가사도우미와(파출부)와 신생아돌보미를 구분하여 활용해 줬으면 좋겠음[C3].

3) 산모 · 신생아도우미사업 이용자 사례조사 범주화

대분류	소분류	조 사 내 용
1. 서비스내용	1) 제공하는 서비스내용	(서비스 내용에 변화 없음) 음식준비 등의 가사서비스와 산모관련서비스 전반적 서비스
	2) 서비스시간, 기간	6시 퇴근 → 5시 퇴근으로 변경
	3) 이용경로	- 주위에서 서비스를 받는 것을 보고 신청 [C2-다3/ C3-다2] - 주변사람들의 권유로 알게 됨. [C2-다1, 다2 / C3-다1, 다3]
2. 진행과정	1) 이용시간 및 이용 횟수의 적절성	기본적으로 2주가 부족하다고 생각 - 2주간도 고맙게 생각함[C3-다3].
	2) 추가구매의사	몸 상태에 따라 추가할 의사가 있음.
	3) 제공받고 싶은 서비스	대체적으로 생각하지 않았음. - 대여 기구에 대한 자세한 설명 필요 [C2-나2/C3-다3] - 산모와 제공자와의 협의하의 시간조정 가능했음 좋겠음 [C2-다3].
	4) 서비스 제공자 변경여부	제공자와 이용자들 간의 관계가 모두 좋아서 제공자가 변경 된 경우는 없음.
3. 만족도	1) 서비스만족도: 삶의 변화	산모와 아기, 가사서비스에 대한 것들은 대체적으로 만족함. - 첫 애기 때 몰랐던 부분 많이 배웠음[C2-다1]. - 자부담금액의 사용에 대한 정확한 안내가 없음, 보건소에서 서비스기관의 선택에 대한 정확한 정보제공 미비[C2-다2]. - 산모들 조리는 산후조리원이 훨씬 더 나음. 전문적이지 않음. 도우미 신분에 대한 믿음이 없음[C2-다3]. - 제도 자체에 대해 만족함[C3-다1].
	2) 관리자 및 제공자에 대한 만족도	큰 애기를 잘 돌봐주고 전반적인 가사 일에 소홀함에 없었기에 추가구매시 같은 도우미로 할 정도로 관계 형성이 잘 되었음. - 기관, 제공자에 대한 처음 신뢰가 없음[C2-다3].
	3) 사업필요성,	- 큰아이가 있는 경우 산후조리원에 갈 수 없기 때문에 유용

	권유의사	함. 많은 사람들이 혜택 볼 수 있도록 알리려고 노력함.
4. 서비스확대 가능성	1) 본인부담금	대체로 적당하고 생각함. - 사용처에 대해 정확하게 밝히는 것이 중요함. [C2-다2].
	2) 선택권확대가능성	- 선택권 확대를 위해서는 정확한 정보제공이 필요함[C2]. - 2개 기관에 대한 선택권이 있었으나 근접성만을 고려하여 선택함[C3].
5. 바우처효과	1) 바우처 장점	- 한 번 발급으로 여러 번 사용이 편함[C2-다2]. - 불편한 점은 없었음. - 편리하다고 생각되어짐. 한 개의 카드로 다른 곳도 사용 가능하면 더 편리할 것임[C3-다2].
	2) 바우처 단점	- 발급 및 사용에 대한 정확한 정보 제공 미흡 - 사용 후 처리에 관해 알 수 없음. - 일회성 사용을 위한 발급으로 절차가 복잡함. - 마지막 결재수단임을 미리 알지 못함. - 바우처 카드외의 다른 기능에 대해 전혀 모름[C3-다3]. - 결재를 위해 카드를 맡기는 것에 대해 부담스러움[C2-다1].
6. 개선방안	1) 사업의 개선점 또는 개선방향	바우처카드 사용(후 결제건 등)에 대한 정확한 정보전달이 필요함[C2]. 많은 사람들이 이용할 수 있도록 홍보 및 자격기준 완화[C3]. - 나라에서 자체적으로 운영하는 산후조리원을 운영[C2-다1] - 자격기준에 대한 보완이 필요함, 자부담금에 대한 내는 목적 또는 사용에 대해 정확하게 설명, 기관 선택에 대한 정확한 정보전달[C2-다2] - 전문영역의 서비스가 부족함, 협의 하의 시간 조정을 통해 더 합리적인 서비스가 요구, 큰 애기 돌보기서비스 지원 강화[C2-다3]

5. 지역사회서비스혁신사업

1) 표준형사업

(1) 지역사회서비스혁신사업(표준형) 제공기관 사례조사 범주화

대분류	소분류	조 사 내 용
1. 서비스 내용	1) 서비스내용 (변화여부)	- 독서관련정보제공, 독서지도방법 교육 ⇒ 기존 서비스 + book talking 추가 변화.
	2) 서비스시간, 기간 (변화여부)	- 주 1회, 25분 제공. 월 4권 책 제공. (수업 20분, 부모상담 5분) ⇒ 수업시간 20분 내에서 제공자 임의로 수업시간과 부모상담 시간 나누어 제공으로 변화.
	3) 서비스관리자 및 제공자 수	- 관리자:3명, 제공자:103명, 이용자:3,000명 ⇒ 제공자 60명, 이용자 1,200명으로 수 줄어듦.

	4) 이용자선정절차 (변화여부)	- 4인기준 의료보험료 8만원 이하, 월 소득액 300만원 미만 가정 중 만 0-6세 아동, 구청에서 이용자 명단 받아 상담 통해 선정. ⇒ 1-8세로 아동으로 변화.
2. 진행과정	1) 사업홍보	- 시, 군, 구 어린이집, 유치원에 안내문 발송. - 동사무소, 구청에 홍보물 비치. 기관 홈페이지 통해 홍보. ⇒ 기존 서비스 제공자가 서비스 홍보.
	2) 제공자 교육방법 (변화여부)	- 처음 2박 3일 오리엔테이션, 주 2회 2시간씩 책 읽어주는 방식과 연령별 특징에 따른 상담법 교육. ⇒ 변화 없음.
	3) 제공인력확보방법	- 독서 지도사 자격증. ⇒ 변화 없음.
	5) 지역주민 욕구반영 (불만사례처리)	- 해피 콜 (무작위 만족도확인):본사에서 시행 - 서비스 제공자를 통해 주민 욕구 반영.
3. 만족도	1) 사업운영비적절성	- 적절함. ⇒ 서비스 시행계획에 따라 적절하게 사용되어지고 있음.
	2) 사업만족도	- 만족하는 편임. - 서비스 관리자의 향후 비전과 동일
	3) 사업필요성	- 필요성 높음. - 어머니가 책 읽어 주는데 한계 있으므로 필요
4. 서비스확대 가능성	1) 경쟁가능성 시장형성가능성	- 과다 경쟁 생김.
	2) 일자리창출효과 - 신규직원 - 제공자(사회적일자리)	- 일자리 창출 효과 있음. - 여성들의 일자리로서 적절하게 보여짐. - 사업체 증가로 신규직원 모집은 없었음.
5. 바우처효과	1) 바우처 장점	- 처음 시행 시 보다 많이 안정되어짐.
	2) 바우처 단점	- 신생 업체에서 이용자들의 바우처 카드를 가져가 버려 결제를 할 수 없는 경우가 생김.
6. 개선방안	1) 사업의 개선점 또는 개선방향	- 서비스제공자의 근무시간 주 1회에서 월 4회 또는 휴일(명, 임시 공휴일) 제외하도록 함. - 서비스 목표가 명확했으면 함.

(2) 지역사회서비스혁신사업(표준형) 이용자 사례조사 범주화

대분류	소분류	조 사 내 용
1. 서비스내용	1) 제공하는 서비스내용 (변화여부)	- book talking 추가[E2]
	2) 서비스시간, 기간 (변화여부)	- 2007년 12월까지에서 1년으로 서비스 기간 변경
	3) 이용경로	- 2007년과 동일함.
2. 진행과정	1) 이용시간 및 이용횟수의 적절성	- 대체로 적절함. - 수업시간[E2-다2]

	2) 추가구매의사	– 추가구매 의사 있음.
	3) 제공받고 싶은 서비스	- 독후활동[E2] - 부교재의 사용[E1-다2]
	4) 서비스 제공자 변경여부	– 변경 없음.
3. 만족도	1) 서비스만족도: 삶의 변화	– 책에 흥미를 보임. – 책 읽어주는 방법에 대해 알게 됨. – 아이들과 생각 나누는 시간이 증가함. - 한글에 관심을 보임[E1]. - 아이가 다양한 지식을 가지게 됨[E2-다1].
	2) 관리자 및 제공자에 대한 만족도	– 만족도 높음.
	3) 사업필요성	– 경제적인 부분에 도움이 되므로 필요. – 아동의 인지 향상에 도움이 되므로 필요. - 집에서 아이에게 책 읽어줄 시간이 없는데, 책을 읽고 이야기를 나누어 주니 도움이 됨. 아동인지를 위해서도 필요한 사업임[E1-다1].
4. 서비스확대 가능성	1) 본인부담금 (적절성)	– 대체적으로 자부담 적절하다고 생각함. - 자부담이 부담이 됨. 모든 서비스 자부담이 동일해야 한다고 봄[E1-다1].
	2) 선택권확대가능성	- 동사무소에서 안내문이 발송되어짐[E1]. - 기존 서비스 업체로부터 서비스 기관 확대에 대해 들음[E2].
5. 바우처효과	1) 바우처 장점: 전자카드, 은행	- 서비스 기관에서 카드 관리[E1]
	2) 바우처 단점	- 자동이체 후 서비스 기관 이동시 불편함[E2-다2].
6. 개선방안	1) 사업의 개선점 또는 개선방향(불편한 점)	- 서비스의 기간 확대[E1-다1,2] - 서비스 선정 기준(소득수준)이 너무 높음[E2-다1]. - 본인 부담금이 모든 사업체가 동일했으면 함[E1-다1]. - 서비스 질의 향상[E2-다2]

2) 자체개발형사업

(1) 지역사회서비스혁신사업(자체개발형) 제공기관 사례조사 범주화

대분류	소분류	조 사 내 용
1. 서비스 내용	1) 서비스내용	– 난타는 즐거운 음악체험으로 생태체험은 더 확장된 문화체험활동 영역으로 넓힐 계획 구미지역 7개 기관 중 현재 4개 기관만이 사업 진행[E1]. - 언어치료, 미술치료, 심리치료, 물리치료, 학습지도 등 - 2개 기관에서 5개 기관으로 서비스 확대됨[E3].
	2) 서비스시간, 기간	- 둘째, 넷째 놀토 때[E1] 난타/음악: 오전 9시 30~12시 30(3시간)

		생태체험은 하루 종일(시간 연장) [E1] - 주 2회 방문수업 1회당 40분 수업[E3] 사례에 따라 주 1회 2시간 연달아 함.
	3) 서비스관리자 및 제공자수	- 관리자: 3명에서 **5명으로 인원추가** (기획직원 1명, 재무/사무직원 1명 추가) 제공자: 난타, 음악놀이체험 4명 그대로임. 생태체험 제공자 **7명** (2명 교체: 1명은 역사학과대학원생-전문지식활용가능) 이용자: 180명(생태체험 160명/난타 20명)[E1] - 서비스 관리자 수: 팀장님 1명, **전산입력 1명**(아르바이트) 제공자 수: 19명(변동 없음) 이용자 수: 현재 55명(2명 타기관으로 이동) (3명~4명 타기관에서 이동) 현재 예산삭감으로 3월부터 신규신청자 받지 않음[E3]
	4) 이용자선정절차	- (지침이 변경 없으므로 선정절차 변경 없음) 전국가정평균소득이하 가정대상, 동사무소에 신청/심사 → 업체에 자료 보냄 → 업체에서 홍보안내 [E1] - **선정절차 변화: [E3]** 1. 2008년 이전에는 목표인원에 미달되어 자격기준에 대한 소득기준 없애고 나이를 0세~39세로 조정했었음. 장애유형은 정신지체, 발달장애 등 3가지 유형으로 제한 **[자격기준 변경]** → 20세 이하 장애유형에 관계없는 아동청소년 장애인 (2008. 2. 1부터) 2. 5개 기관에서도 기존 이용자확보 방식 그대로 하고 있음. : 지역적인 특성과 장애라는 특성 때문에 기관에서 역으로 대상자에게 전화 홍보함(이용자의 선택권 무의미)[E3].
2. 진행과정	1) 사업홍보	- 신규직원 채용으로 인터넷 홍보활동이 다양해짐. 우편발송, 문자, 인터넷, 홈페이지, 문화센터 등[E1] - 5개 기관 선정가능성에 대한 홍보는 대구시 사회복지과에서 각 8개 시군별로 일괄적으로 홍보 (벽보안내판) E3 제공기관은 신규신청자 받지 않으므로 홍보하고 있지 않음/타 4개 기관은 기존방식 그대로 홍보하고 있음(직접 전화홍보[E3].
	2) 제공자 교육방법	- **전문가들이기 때문에 서비스전문교육은 실시하지 않음.** - 바우처 사업에 대한 교육 필요성 인지하여 11월에 시행 후 아직 하지 못함[E3].
	3) 제공인력확보방법	- **기존 자원봉사자 및 강사를 포함하여 제공자 전문 집단의 인터넷 홍보 등.** - 치료사들의 인적네트워크 활용[E3]
	4) 지역주민 욕구반영 (불만사례처리)	- **제공자보다는 이용자의 입장에서 해결하도록 노력함.** - 만족도 조사를 통해 문제해결[E1]
3. 만족도	1) 사업운영비적절성	- **부족하다고 생각함.** - 영리를 목적으로 하지 않음[E1] - 현행 자부담금 20%인데도 기존 10% 그대로 받고 있음.

		인상 절실히 느낌[E3].
	2) 사업만족도	- 만족도 높은 편임. - 관리자 2명 추가, 제공자 변경으로 만족도 높게 나타남. 영리보다는 사회적 환원의 마인드가 큼[E1]. - 5개 기관 경쟁 속에서도 타 기관으로 이동한 case보다 이동되어 온 case가 많음[E3].
	3) 사업필요성	- 지역사회에 환원하고 다 같이 잘살기 위해서 필요함[E1]. - 5개 기관의 경쟁구도가 지역에 맞는 사업인지 의문을 가짐[E3].
4. 서비스확대 가능성	1) 경쟁가능성 시장형성가능성	- 경쟁가능성 있음. : 경쟁으로 질적 향상제고[E1] 경쟁보다는 지역주민욕구반영을 우선시[E3] - 시장형성가능성 있음: 전략필요[E1] - 시장형성가능성 부정적: 전체 틀만 가능함[E3].
	2) 일자리창출효과 - 신규직원 - 제공자(사회적일자리)	- 신규직원: 신규지원 2명 선출(기획, 재무/사무 업부)[E1] 일자일 창출 효과 있음: 매주사업진행과 시간이 많아지면 정규일자리 가능함[E1]. - 일자리 창출에는 별 효과가 없다고 판단함. : 전업으로 하기에는 수익이 너무 적음[E3].
5. 바우처 효과	1) 바우처 장점	- 간편해서 현금보다 편리함. - 단말기는 휴대용[E1]
	2) 바우처 단점	- 많은 인원 결제에 대한 시간, 공간부족[E1] - 이용자/제공자간의 담합 또는 갈등[E3]
6. 개선방안	1) 사업의 개선점 또는 개선방향	- 기관운영의 자율성 확보 생태체험 시간 연장에 따른 인건비 지급[E1] - 5개 기관 경쟁에 대한 불평등한 출발점[E3]

(2) 지역사회서비스혁신사업(자체개발형) 이용자 사례조사 범주화

대분류	소분류	조 사 내 용
1. 서비스내용	1) 제공하는 서비스내용	- 난타, 음악치료[E1-다1] - 자연생태체험 및 문화체험[E1-다2, 다3] - 언어치료[E3-다2], 언어치료[E3-다2], 심리치료[E3-다3]
	2) 서비스시간, 기간	- 매달 놀토 2회 오전 3시간[E1-다1] 매달 놀토 2회 하루 종일(시간연장)[E1-다2,다3] - 주 2회, 1회당 40분 방문서비스제공[E3-다1,다3] 주 1회 2시간 복지관에서 서비스 받음[E3-다2].
	3) 이용경로	- 홍보물 홍보책자 찾고, 아파트게시판 [E1-다2] 도로 플랜카드 홍보[E3-다1] 동사무소 홍보[E3-다2] - 기관의뢰 및 기관홍보 사회복지기관에서 의뢰되어 옴[E1-다1]. 기관의 홍보물 및 권유[E1-다3/E3-다3]

2. 진행과정	1) 이용시간 및 이용횟수의 적절성	- 한 달에 놀토 2번이 가장 적당[E1]. - 시간이 늘기는 했으나 부족함[E1-다2,3]. - 주 2회 1시간보다 주3회 30분 원함[E3-다1]. 시간조절이 불가능[E3-다2, 다3] 제공자스케줄에 맞춰야함에 불만[E3-다2,3]
	2) 추가구매의사	- 추가구매의사 없음[E1]. 필요시 있으나 현재는 의사 없음[E1-다1]. 개인으로 가는 것보다 저렴하나 현재는 없음. [E1-다2,3] - 추가구매의사 있음[E3]. 방문서비스로 주 3회 늘릴 생각 있음[E3-다1,3]. 주 2회 추가로 늘릴 생각 있음[E3-다2].
	3) 제공받고 싶은 서비스	- 장애아동들을 위한 특별한 프로그램[E1,E3] - 영어마을 체험 등의 고가프로그램[E1-다2] 지역축제(테마별)체험 프로그램[E1-다3] - 장애아동 위한 독서지도/말하기(선생님과의 교감) [E3-다1] 미술치료 등 다방면에 접근[E3-다2,3]
	4) 서비스제공자 변경여부	제공자변경 없음[E1, E3].
3. 만족도	1) 서비스만족도: 삶의 변화	- 가족과의 관계형성을 위한 프로그램으로 만족함[E1]. - 처음 변화속도보다는 떨어지지만 만족함[E1-다1/E3-다1]. 시간 연장 및 여유로움에 만족함[E1-다2,3]. 문화체험 및 제공자변경에 만족[E1-다2] 아이들이 자신감을 가짐[E1-다3]. - 아이의 집중도와 변화에 만족함[E3-다2, 다3]. 선생님과 아이의 교감이 커짐[E3-다3].
	2) 관리자 및 제공자에 대한 만족도	- 관리자에 대한 신뢰감이 큼[E1]. 제공자 변경에 따른 분위기 변화에 만족함[E1-다2,3]. - 전화나 방문을 통해 직접 관리하는 것에 만족[E3-다1] 시간조정할 수 없고 제공자의 스케줄 맞춤에 불만[E3-다2,3] 시간약속 잘 지키고 아이의 욕구에 반응함에 만족함[E3-다3].
	3)사업필요성, 권유의사	- 집을 벗어나 가족과 함께 할 수 있는 프로그램으로 스트레스 해소에 도움이 됨[E1]. 장애아동을 위한 프로그램보다 더 장애아동에게 효과적인 프로그램임[E1-다1] 맞벌이부부나 한 부모가정에서 적합한 프로그램[E1-다2,3] - 사업의 연장 또는 지속되길 원함[E3]. 방문서비스의 편리함[E3]. 장애아동을 가진 가정의 경제적 시간적 부담을 줄여주는 제도로 판단됨[E3-다1].
4. 서비스확대 가능성	1) 본인부담금	- 부담스러운 금액은 아직 아니어서 적당하다고 생각[E1, E3] - 나라에서 모든 지원해 주는 것이 더 맞다고 판단함. 그러

		나 기관의 운영비를 위해 기꺼이 냄[E1-다2].
	2) 선택권확대가능성	- 기관선택의 기회가 확대 되어도 현재 기관에 만족함. 바꿀 의향 없음[E1-다1,3/ E3-다1,3]. - 선택기준에 따라 다른 기관에 대한 조사가 필요함. [E1-다2/ E3-다2]
5. 바우처효과	1) 바우처 장점	- 신용카드처럼 편하고 현금보다도 편리함[E1, E3]. - 특별한 장단점 없음[E1,-다3/E3-다3].
	2) 바우처 단점	- 바우처카드 기능회 특별한 사용처에 대해 잘 모름[E1, E3]. - 지원금 등의 포인트 관리상황을 알 수 없어 답답함[E1-다1]. - 카드 폐기에 관한 정보도 없음[E3-다2]. - 매달 단말기 결제로 계좌이체보다 귀찮음[E3-다3].
6. 개선방안	1) 사업의 개선점 또는 개선방향	- 적극적인 홍보와 자격완화로 많은 이용자 확보[E1, E3] - 바우처 사업에 대한 인식 부족/장애아동을 위한 프로그램 부족 사업이 정책적으로 지속되어야 함[E1-다1]. - 정부지원금이 비율이 증가되길 원함[E1-다2]. - 문화체험으로의 확대에 대해 긍정적 입장[E1-다2,다3] - 바우처 카드 사용에 대한 상세한 정보제공[E3-다2] - 적극적인 제공자들의 치료적 접근[E3-다2,3] - 부모들의 네트워크를 통한 정보공유[E3-다3]

제 3 절 2차 사례조사 결과분석

1. 노인돌보미사업 결과분석

1) 서비스제공기관

(1) 서비스내용

서비스제공기관은 1차 조사에서와 같이 동일한 서비스를 제공하였으며 시간은 사업지침이 변경되어 한 달에 27시간에서 최대 36시간으로 확대되어 서비스를 제공하여 이용자들 중 평균 20% 이상 시간이 증가하여 배정된 것으로 나타났다.

> 서비스 내용은 거의 변동이 없더라고 보고 있고요. 서비스 제공하는 방식이 조금 바뀌었습니다. 작년에 지침이 먼저 나왔었다가 급하게 처리를 했었는데 이제 한 달에 9번 이용하시던 거를 12번 이용하실 수 있고요... 최대 36시간까지..... 신체수발, 가사, 일상생활지원, 그 내용들은 바뀐게 없습니다....(시간배정 늘어난 사람은) 저희 지금 이용하시는 분들 중에서 20~25%정도

(A2).

(시간배정 늘어난 사람은) 4분정도요(A2).

이용자선정절차는 크게 변동이 없는 것으로 나타났지만 이용자수의 제한으로 신규가입의 경우는 서비스를 받기가 매우 어려운 것으로 나타났다.

그것도(이용절차변동) 별로 없습니다(A2).

처음 사업을 시작할 때에는 등급 상관없이 신청하면 되었는데, 요즘에는 어느 정도 몸이 중증이신 분들을 받고 있어요. 근데, 문제점은 중증을 받고의 문제보다도 추가신청자체가 닫혀 있는 상태라서 서비스를 받고 싶다고 요구는 들어오는데 받아주질 않으니까 어떻게 할 수 없으니까 문제죠(A3).

(2) 진행과정

사업홍보는 전혀 이루어지지 않았는데 이는 시군구예산배정에 따라 관에서 인원이 할당되어 신규이용자는 받지 않았기 때문이었다. 따라서 기관들은 현재 이용자를 유지 관리하는 차원에서 사업을 진행하고 있었다. 잦은 돌보미교체에 대해 불만을 표시하는 경우도 있었지만 새로운 돌보미에 빠르게 적응하는 경우가 대부분이었다.

홍보 하나도 안합니다. 그 때 참 보건복지가족부에서 엄청 투자를 했지요. 지금 아직도 저 포스터 붙어 있거든요. 근데 지금은 안합니다(A2). 그렇죠. 홍보를 하려해도 걱정이죠. 찾아오시면 서비스를 제공할 수가 없으니까 못한다고 해야 하는 상황이니까...특별하게 변한 건 없고, 처음 사업을 시작하게 될 때 홍보비로 300만원 있었는데,. 올해는 없는 거죠. 그것 외에 방법에 대해서 바꼈다는 등의 지침의 변화는 없습니다(A3).

지금은 거의 안 다니니까 크게 불평, 불만은 없습니다. 초창기부터 쭉 이용하시던 분들이니까, 어쨌든 간에 돌보미가 서너번 바뀌는 것에 대한 불만은 있는 것 같고요. 그거는 어쩔 수 없는 부분이니까. 그 외에는 없습니다(A2).

불평은 돌보미가 왜 한명밖에 안오느냐라는 그런 불만이 좀 있었어요. 그러니까 목욕, 뭐...한분이 하셨는데...목욕을 그분이 좀 거동이 어려우신데..목욕을 하는데 한분이 오니까 조금 마음이 안 드시나 봐요. 두 분이 왔으면 좋겠다. 근데, 두 분이 오게 되면 저희 입장에서는 급여가 어려워서...지금은 유급봉사원을 붙여 드렸거든요(A3).

제공자의 인원변동 없이 이용자의 서비스 시간이 36시간으로 추가되면서 제공자의 시간 배정에 불만이 발생하고 있는 것으로 보인다. 즉 1명의 제공자가 최대한 담당할 수 있는 사례수가 제한되어 있기 때문에 이용자가 원하더라고 다른 제공자를 배치해야 하는 문제가 발생하는 것이다. 이것은 이용자와 제공자의 신뢰관계 구축과 이용자의 선택권, 제공자의 노동시간 초과에도 영향을 미칠 수 있는 구조적인 요인이 되고 있다.

그게 현실로 딱 드러났습니다. 예를 들어 돌보미 한 분당 최대치가 5분을 할 수 있거든요. 그것도 시간을 대개 어렵게 짜야 5분이 가능한데. 이 5분 중에 서비스를 늘리겠다라고 몰리게 되면 방법이 없습니다. 그래서 돌보미를 바꿔줘야 되는데. 그동안 했던 대상자 어르신하고 돌보미분하고 신뢰가 구축되어 있는데 사람 바뀌면 굉장히 싫어하거든요. 받고 싶어도 사람 바뀐다는 거 때문에 안 하시는 분들도 있고, 꼭 해야겠다는 분들은 또 몰려가지고(A2).

단지 지침에서는 이용시간하고 이런 부분들이 선택권을 갖고 있는데 보건복지가족부에서는 어떤 해석을 갖고 있는지 몰라도 제가 보건복지가족부에서 만들었는 걸 해석하면 사람에 대한 선택권이 있긴 있는데 지적을 하는 거는 어렵다는 거죠. 지금 시스템상으로는, 그러니까 바꿔 말하면 용역회사하고 비슷합니다. 용역회사는 가서 일만 해주면 되는 거니까. 복지라는 개념에서 저희가 일하는 입장에서는 이게 대인서비스인데 신체를 오픈한다거나 가정사를 오픈할 수 있는 조심스러운 부분들이 정말 고려하지 않고 있다라고 판단하고 있습니다(A2).

저희들이 A라는 돌보미를 보내는데 일 하는 게 마음에 안 듭니다. 사람 바꿔 달라 카면 이 선택권이 있습니다. 이게 처음 시작할 때에 예를 들어서 틀을 잡아줬으면 되는데 이게 한 참 진행 중에 변경이 되다 보니까 겨우 맞춰서 하긴 하는데 아까 말했듯이 다섯 분한테 가고 있는데 이 다섯 분이 주 3회를 하게 되면 최소 2분 정도는 도우미를 바꿔줘야 된다는 거죠. 근로기준법 위반을 해야 되는 거죠. 시간에 대한 선택권도 없어지고요(A2).

대개 원하시는 시간대가 점심시간대는 거의 없고 오전에 9시에서 12시 사이, 오후에는 2시에서 6시 사이 대를 원하시는데 서비스를 받으셔야 되는 분들이 원하시는 대로 다 해버리면 뭐 저희들 돌보미 수요가 1.5에서 2배가 돼야 되는 거고. 그 요구조건을 풀어 줘버리게 되면 저희 입장에서는 판을 다시 짜서 일을 해야 되는 거죠(A2).

사업을 수행하는 기관들은 2007년과는 다르게 제공자에 대한 교육을 보류하고 있었는데 이는 2008년부터 시행되는 장기요양보험제도에 따른 영향이라고 보여진다. 2008년 제공자 전체교육은 실시되지 않고 있었다.

2008년 자체에 교육 자체가 없었습니다. 2월부터 장기요양보호사라는 교육을 하기 때문에 교육

지침이 없어졌다고 볼 수 있습니다(A2).

(3) 만족도

제공기관들은 대부분 노인돌보미사업은 장기요양보험에서 서비스를 제공받지 못하는 사각지대에 있는 노인들에게 필요한 서비스임을 강조하였으며 사업제공에 대한 만족도는 1차조사 때와 마찬가지로 높았다. 하지만 도시지역 노인보다는 농촌지역 노인이 본인부담금에 대한 부담이 더욱 크며 바우처 이용에 제한이 있음을 불편함으로 지적하였다. 또한 사업이 장기요양보험제도의 시행으로 폐지될 것을 우려하고 있었으며 사업운영비가 매우 부족함을 더욱 강조하였는데 이는 인건비에 대한 부담이 증대한 것이 원인인 것으로 보인다.

(노인돌보미)서비스 자체는 좋은데, 일단은 농촌과 도시에 그런 좀....똑같은 방법으로 서비스.. 사업을 진행해야하니까. 은행이나 이동거리나 뭐 그리고 또 본인 부담금 같은 경우에도 도시 어르신이 생각하는 3만 6천원과 농촌 어르신이 생각하는 3만 6천원이 전체적으로 도시와 농촌의 그 균형이 좀 안 맞는 거 같고 너무 자리가 잡히기 전에 장기요양 때문에 흔들리고 있는 아직 노인돌보미도 아 이제 이렇게 하는구나 싶어지려고 하니까 장기요양 때문에 또 혼란스럽기도 하고(A3)

그 돈으로 이제 저희가 그 외에 홍보나 이런 사업은 전혀 못하게 되는 거죠. 왜냐면은 돌보미들 나오는 급여, 그니까 어르신들 바우처급여 그 돈으로 돌보미 급여 나가게 되면 남는 건 하나도 없거든요. 보험들고 이렇기 때문에.. 남는 부분이 하나도 없고 왜냐 하면은 저희가 돌보미 급여를 좀 줄여서 어떤 사업을 한다 뭐 좀 이렇게 홍보를 한다. 그러면 돌보미들한테 돌아가는 급여가 적기 때문에 ..지금 .. 그 돈으로는 아마 돌보미 급여 외에 다른 바우처에 대한 홍보나 다른 거는 전혀 할 수가 없는 입장이죠(A3).

(4) 서비스 확대가능성

노인돌보미사업은 매우 필요한 사업이지만 장기요양보험제도의 시행으로 폐지될 것을 우려하고 있었고 예산의 부족으로 사업은 전혀 확대가 이루어지고 있지 않았다. 일자리창출효과는 사업이 확대 진행될 경우에만 가능하므로 지금 현 시점에서 신규일자리창출은 더 이상 효과를 보이지 못하는 것으로 나타났다. 예산의 부족으로 신규직원이나 신규돌보미의 확보는 이루어지지 않았고 오히려 운영비사용의 필요는 증대하였지만 운영비는 줄어들어 담당직원을 해고하는 경우도 있었다. 현 사업 하에서 기관간의 협력과 이용자수의 제한으로 경쟁은 전혀 이루어지고 있지 않았지만 장기요양보험이 시행되면 병원 등의 새로운 기관의 참여와 함께 수익구도로 전환되어 이용자를 확보하기 위한 경쟁이 과열될 가능성이 있을 것에 대하여 우려를 표시하였다.

사실 요새는 돌보미 바우처에 집중할 여력이 없습니다. 카고 돌보미 쪽은 더 이상의 수요도 어려워졌고 그래서 거의 요새는 전화도 없고(A2)

돌보미는 시장형성이 안됩니다. 돌보미 서비스 제공하는 것도 사회복지 시설이나 법인 쪽으로 맞춰져 있기 때문에 시장형성이 어렵죠. 그 다음에 그 돈이 정부예산으로 집중되는 거니까. 반면에 건강보험공단에서 관리하는 거(장기요양제도)는 보험금으로 하는 거니까....그게 왜 그러냐면(경쟁이 안 되는 것)은 사회복지를 하는 사람들이기 때문이죠. 서로가 뺏으려는 경향보다는 열심히 하자는 경향인거죠. 장기요양으로 돌아서면은 이 경우는 완전히 없어집니다(A2).

처음 사업을 시작할 때에는 등급상관없이 신청하면 되었는데, 요즘에는 어느 정도 몸이 중증이신 분들을 받고 있어요. 근데, 문제점은 중증을 받고의 문제보다도 추가신청자체가 닫혀 있는 상태라서 서비스를 받고 싶다고 요구는 들어오는데 받아주질 않으니까 어떻게 할 수 없으니까 문제죠(A3).

아니요. 돌보미 사업 자체가 더 큰다고는 생각 못하죠. 그러니까 그냥 있는 인력으로 하면 되고......돌보미 서비스가 계속된다면. 지금 현재는 서비스 자체가 막혔잖아요. 추가가 안 되고 그렇기 때문에 현재 이 상황으로써는...서비스가 계속 좀 열려서 추가되고 한다면 지금 이외에 돌보미들도 더 많이 고용되고 하니까 일자리 창출의 효과가 있을 것도 같고(A3).

아직 저희 군에서 봤을 때는 그렇게 민간에서 일어서고 그런 거는 별로 없는 거 같습니다. 기존에 하던 기관들이 계속하고 있고 .....(장기요양제도기 시행되면) 그리고 아마 병원 이런 쪽에서도 많이 끼어들기 때문에 (시장)형성은 될 것 같습니다. 그 속에 경쟁이 치열하게 되겠죠(A3).

(5) 바우처효과

제공기관입장에서 바우처는 1차 조사와 비교하여 변한 것은 없었다. 주로 지적되었던 장점은 입금이 편리하다는 점과 단점으로는 주로 이용상의 불편함을 강조하였다 특히 농촌지역에서 단말기사용의 불편함과 은행이용 그리고 이용자들이 바우처 카드에 대해 심적부담이 있어 주로 카드를 기관에서 보유하고 있는 경우도 있는 것으로 나타났다.

(6) 개선방안

2차 사례조사에서는 개선방향으로 지적된 것이 노인복지서비스의 영역을 재정비할 필요성과 서비스가 포괄적서비스로 변화하면서 소외계층에 대한 서비스의 축소 내지는 폐지를 가져오지 않도록 노력해야 한다는 점이다. 즉 노인장기요양보험제도에 따른 노인돌보미사업의 축소 내지는 폐지를 가져오게 될까봐 우려하고 있었다. 노인돌보미사업이 이용자들에게 있어 매우 필요한 사업으로 만족도도 높아 등급(1, 2, 3등급) 외 판정을 받는 사회적 약자인 노인들에게는 반드시 국가적 차원에서의 서비스가 필요하다는 것을 알 수 있었다. 특히 경제적 능력을 가지고 있는 모든 노인들을 대상으로 하는 보편적 서비스의 시행은 사회적 소외지대에 놓여 있는 노인들에 대한 안정적 서비스가 우선적으로 제공되어야 한다는 전제를 강조하였다.

장기요양은 서비스 이동시간이 포함이 되어 있는데 돌보미는 안되어 있습니다. 그러니 최소 십에 가려면 수요와 공급간의 균형을 맞춰 줘야 되는데 공급지 입장에서는 수요의 요구에 따라서 움직이게 되면은 깨지게 되어있죠. 두 마리 토끼를 잡기 정말 힘든 게 일각에서는 수요자 중심의 서비스를 받는 대상자 중심의 서비스가 제공이 돼야 되지 않냐는 시각인데 그만큼 되려면 제도적으로 안정적인 지원이 필요하다는 거죠(A2).

보건복지가족부 행정에서 장기요양보험법에 따라서 노인복지는 이제 장기요양보호라는 제도로 가야 된다는 거거든요. 근데 현장에서 보는 저희들의 시각은 가정봉사원 파견을 하는데 80명이 정원인데 이 분들 중에 신체적인 어려움을 겪는 분들은 20~30%고, 나머지 분들은 경제적이고 환경적인 부분들로 어려움을 겪고 있기 때문에 물질적인 것보다는 정서적인 부분으로 많이 필요를 하시는 거죠. 근데 지금까지 서비스 이용하시는 분들도 선택권이 없었다. 그런데 장기요양으로 가게 되면은 경쟁을 통해서 서비스를 받는 어르신들도 선택권이 넓어진다는 거죠. 근데 노인이라는 전체를 봤을 때는 맞을 수도 있습니다. 근데 지금까지 복지는 사회적인 약자 쪽에 치우쳐 있었는데 이 제도를 가지고 사회적 약자들까지 흩트려 버린다는 거죠(A2).

돌보미 바우처만 국한해서 얘기하기는 어렵고 노인복지 쪽에 관련해서 정말 큰 정리가 필요하다는 겁니다. 왜냐하면 저희 같은 노인복지 쪽에서 재가사업을 하고 있고 독거노인생활관리사가 있고, 돌보미 바우처 사업이 있고, 장기요양이 있고, 보건소에서 방문 간호 사업이 있고. 어르신들이 이게 뭐가 뭔지 모릅니다. 근데 하는 기능이나 역할은 중복되는게 굉장히 많다라는 거죠. 그래서 이제는 모델을 하나 만들어야 되지 않느냐. 막 이거저거 비슷한 기능으로 서비스를 이래도 하고 저래도 하는게 아니라 뭔가 통일되어 있는 시스템이 하나 갖춰줘야 되지 않겠나. 전국민의 복지라는 개념, 정말 경제적이고 사회적으로 약자라는 부분이 이제는 포괄적인 노인이라는 어르신이라는 개념인 시점인데 포괄적인 개념 때문에 새로운 사각지대를 만들고 있지 않느냐는거죠. 그래서 그 부분을 정리할 필요가 있겠죠........통합시스템을 가지고 영역 고유의 사업을 해야 되지 않느냐. 과감하게 통폐합을 해가 궁극적으로 정리를 좀 해야 되지 않느냐....(A2)

(노인돌보미사업이)너무 정착되기 전에 새로운 것 때문에 흔들리고 있는 게 있어서 아마 조

금만 조금 더 자리를 잡고 장기요양보험을 했으면 좋겠다는 마음도 있구요. 장기요양 때문에 아무래도 노인돌보미 쪽을 다 땅겨가겠지만 노인돌보미도 사실은 필요한 서비스거든요. 너무 중증이 아니더라고 4, 5, 6등급 어르신들도 충분히 본인이 못하는 것을 서비스 받고 싶어 하시는데 그것을 예산을 막아버리니까 더 이상 추가될 수도 없고 이제서야 뭐 정보를 늦게서야 알고 하시려는 분들이 많은데 저희는 해드리지 못하니까 저희의 입장도 난처하고 그래서 노인돌보미 쪽에 어느 정도, 너무 장기요양에 쏠리는 것은 아닌가. 기존에 하고 있던 사업에 신경을 써주었으면 하는 생각이 듭니다(A3).

2) 이용자

(1) 서비스내용

제공되는 서비스내용에는 변함이 없었으며 시간은 지침변경에 따라 일주일에 두 번 총 27시간과 세 번 총 36시간으로 구분되어 있었다. 따라서 시간이 추가로 연장된 이용자들은 이용시간의 확대에 대체적으로 만족하고 있었지만 추가비용은 부담을 가지고 있었으며 이용경로는 1차 조사 때와 변화가 없었다.

내가 좀 수월하기는 수월한데 돈이 좀 더 들어가서 그렇지(A2-다2).

더 오니까 기분이 좋지. 다리 불편한 것도 덜하고((A3-다2)

(2) 진행과정

제공되는 시간은 노인이면서 장애가 있는 경우 더 많은 시간을 요구하였으며 돌보는 사람이 없는 경우 추가시간을 요구하는 경우도 있었지만 대체적으로 현재 시간에 만족하고 있었다. 추가구매의사는 경제적 부담으로 대체적으로 부정적인 반응이었지만 가족이 본인부담금을 부담하는 경우 경제적 능력이 허락하는 경우 추가구매의사가 있는 경우도 있었다. 추가적인 서비스로는 가정봉사원파견사업에서 제공되는 반찬서비스나 목욕서비스 등을 원하는 경우도 있었다. 돌보미의 개인적 사정이나 이용자의 개인적 사정으로 돌보미가 교체된 경우가 총 6개의 사례 중에서 4개 사례가 일어나 돌보미교체는 매우 잦은 것으로 나타났다.

(시간)적절해요. 뭐 만족합니다(A2-다3).

(추가부담)더 못쓰지 뭐. 차라리 병원에 갖다 맡기는 게 낫지. 정신이 안 좋아서 혼자 놔두지를 못하니까(A2-다1).

연장되면 연장하는 만큼 돈을 내야 하니까 그거 부담스러워 안 하시더라고. 연장을 시켜줄라 카면 기존 시간을 연장시켜주면 되는데. 와서 하는 거 보니까 청소, 세탁, 반찬 또 생활필수품 구입 고렇게 하더라구요(A2-다2 이용자 딸).

(3) 만족도

사업에 대한 이용자들의 만족도는 대체적으로 높았으며 사업이 진행되면서 이용자들의 만족은 증대하는 것으로 나타났지만 장애인이용자의 경우는 시간제한이 있고 가사 간병 외에는 제공되는 서비스가 없어 서비스를 종결하는 경우도 있었다. 제공자에 대해서는 잦은 교체가 일어나는 경우 새 돌보미에게 적응하는데 어려움이 있는 것으로 나타났다. 사업 필요성은 높았으며 타인에게 서비스 권유의사도 높았다.

으응 잘 해 줘. 며느리 보다 낫다니깐(A2-다1).

(돌보미)선생님이 오는 게 좋지....네. 다 만족합니다(A2-다2).

(4) 서비스 확대가능성

본인부담금은 가족이 대신 지불하여 이용자 본인은 모르는 경우도 있었으며 이용자가 지불하는 경우는 본인부담금이 부담이 되는 경우가 일반적이었지만 내지 못할 정도는 아니며 적절하다고 생각하고 있었다. 하지만 대부분 추가부담금은 경제적으로 부담이 되는 것으로 파악되었다. 선택권은 1차 조사와 마찬가지로 이용자들에게 없는 것으로 나타났다.

다시 받으면 시간이 좀 길고 돈이 안 들어가면 되지(A2-다1).

시간은 이만 하면 됩니다예. 시간도 뭐 이만 하면 되고. 요즘에 몸이 안 좋아서 고생을 좀 합니다. 비용...더 주면 못하지요(A2-다3).

하루 더 추가하면 4만 얼마던가? 그래되면 부담이 많이 되지(A2-다2).

(5) 바우처효과

바우처 카드에 대한 이용자들의 불편은 제공자에 비해 덜한 편이며 주로 소지와 이용에 대한 불편함이었다. 바우처(카드)를 제공기관이 관리하여 바우처에 대해 모르고 있는 이용자들도 있었고 가족이 관리하는 경우도 있어 불편함은 1차 조사와 비슷하였다.

(6) 개선방향

가장 많이 개선방향으로 지적된 점은 본인부담의 폐지나 축소였고 이 외에 장애인이면서 노인인 경우에 대하여 서비스제공시간을 확대하고 부담을 줄이는 등의 혜택을 원하였으며 대체적으로 노인돌보미사업이 활성화되기를 바라고 있었다.

> 바라는 점은 무료로 좀 해주고...(A2-다2).

> 우리 같은 늙은 사람들을 위해서 지금 같은 제도 많이 만들어 주시고, 더 확대될 수 있도록 해 주십시오. 외롭고 아픈 늙은이들은 국가에 의지할 수밖에 없잖아요(A2-다3).

2. 노인돌보미사업 사업결과 요약

노인돌보미사업은 1차와 2차 사례의 분석을 통하여 얻은 결과는 다음과 같다.

▶ 노인돌보미사업제공기관

제공기관들은 노인돌보미사업의 필요성에 대해 대체적으로 매우 높은 공감대를 형성하고 있었지만 노인장기요양보험제도의 시행으로 노인돌보미사업이 폐지 또는 축소될 것이라는 생각을 하고 있어 1차 사례조사 때와 비교하여 사업에 대한 열정이 많이 떨어져 있었다. 서비스제공시간은 전반적으로 늘었지만 예산의 부족으로 인력은 보충이 되지 않아 사업자체가 재정측면에서 많은 어려움을 겪고 있었다. 특히 신규로 가입하는 이용자들은 예산상의 제한으로 가입자체가 불가능한 상태였으며 이에 따라 사업홍보는 거의 이루어지지 않고 있었다. 대부분의 기관들은 노인돌보미사업이 장기요양보험에서 등급 외 판정을 받은 노인들에게 반드시 필요한 사업으로 국가가 사업의 안정성을 확보해주기를 기대하고 있었다. 2008년부터는 제공자들에 대한 사회보험적용 등으로 인건비가 많이 지출되고 있지만 운영경비는 증액되지 않아 법인으로부터 인력과 자금을 지원받아 서비스를 제공하는 곳도 있었으며 예산 상의 어려움을 공통적으로 지적하였다. 특히 농촌지역의 경우는 이동거리가 많아 시간과 노력이 더 많이 필요하지만 예산은 도시와 차이가 없음은 시정하여야 할 사항으로 생각된다. 하지만 이러한 어려움에도 불구하고 노인돌보미사업제공에 대한 만족도는 대단히 높아 사업이 반드시 필요한 사업임을 강조하였다.

▶ 돌보미(제공자)

제공자(돌보미)들은 이직이 심한 편이었으며 이는 낮은 임금과 높은 노동강도가 가장 주된 원인으로 나타났다. 대부분의 제공자들은 돌보미업무가 매우 높은 노동강도와 많은 노동시간을 요구하지만 이에 따른 보상은 턱없이 부족하여 돌보미는 생계형 일자리로서 적합하지 않다고 주장하였다.

▶ 이용자

이용자들은 대부분 돌보미사업의 필요성에 공감하였으며 사업에 대한 만족도가 시간이 지날수록 높아지고 있음을 알 수 있었다. 시간이 경과할수록 돌보미들로부터 제공되는 가사지원을 비롯하여 정서적 지지서비스에 많이 의지하는 것으로 나타나 노인돌보미서비스는 이용자입장에서 매우 필요한 서비스임이 증명되었다. 하지만 대부분 이용자들은 이용료에 대한 부담을 가지고 있어 추가구매부담의사는 가지고 있지 않았으며 이용료를 지불하는 것 자체를 모르고 무료서비스라고 생각하는 경우도 상당수 있었다. 장애를 가지고 있으면서 노인인 경우는 시간과 본인부담금에 대한 불만이 높았다.

▶ 경쟁과 바우처

지역 내에서 서비스제공을 둘러싸고 기관사이의 **경쟁**은 일어나지 않았다. 이는 제공기관들이 대부분 비영리기관이어서 협력과 조정을 통해 서비스영역을 사전에 협의하는 것도 이유이지만 가장 결정적인 이유는 지역 내에 경쟁을 할 만한 조직이 존재하지 않았기 때문이었다. 이용자들은 특별히 기관을 선택하지 못하는 것에 대한 불만은 가지고 있지 않았으며 돌보미들에 대한 선택권은 행사하고 있는 것으로 파악된다. 현재 돌보미사업에서의 **시장형성가능성**은 거의 없는 것으로 나타났지만 향후 노인장기요양제도가 시행되는 경우는 이용자 수 확보가 곧 이익확보라는 측면에서 제공기관들의 경쟁은 일어날 가능성이 있어 이에 대한 우려가 상당히 높았다.

특히 **바우처**에 대한 불만은 농촌지역일수록 강하였으며 이용자들은 바우처를 모르고 있는 경우(제공기관이나 가족이 관리)도 있었으며 농촌지역은 단말기가 작동하지 않는 경우가 많고 은행이용에도 어려움이 있어 지불방식에 대한 전면적인 수정이 필요한 것으로 나타났다. 특히 이용자들은 카드사용에 있어 신용카드에 대한 심적 부담으로 거부감을 가지고 있는 경우가 많았다.

3. 가정봉사원파견사업 결과분석

1) 서비스제공기관

(1) 서비스내용

가정봉사원파견사업(이후 가파사업)에서 제공되는 서비스는 노인돌보미사업에서 제공되는 서비스와 같이 가사서비스가 주된 서비스이지만 한 가지 다른 점은 현물서비스가 제공된다는 점에서 차이가 나타났다. 특히 가파에서는 밑반찬서비스나 생필품지원, 이・미용서비스, 목욕서비스 등 노인돌보미사업에서는 제공되지 않는 서비스가 제공되고 있다. 목욕서비스(목욕동행을 포함하여)는 시간이 많이 걸리기 때문에 하루에 정확하게 정해진 시간(3시간)을 서비스하는 노인돌보미사업에서는 제공되기가 어려운 것이 사실이다.

거의 가정봉사원들을 연결해 드려서 주로 가사지원 서비스를 많이 하고 있구요. 저희 사회복지사들은 한 달에 한 번 정도 방문하고, 목욕 서비스, 이・미용, 결연신청이 들어오면 해 드리구요...목욕이나 이・미용은 월 1회 구요, 생필품 지원은 연 4번이요. 정기적으로 나가는 게 그렇고 그 외에 다른 복지재단에서 오는 거는 수시로 지급해주죠(F2-가).

매주에 3회 정도 주 3회 정도를 가정 방문을 해서 순차적으로 안정을 확인하고 또 건강상태도 확인하고 매주 목요일이 되면은 정기적으로 밑반찬도 해다 드리고 있습니다. 그리고 중점적으로 하는 부분이 그런거구요. 그 외에 저희들 목욕동행서비스하고 있습니다(F1-가).

가파의 경우 서비스시간과 기간은 정해져 있지 않아 사례에 따라 유동적이며 시간이 많이 필요한 경우는 서비스가 더 많이 제공되고 시간이 적게 필요한 경우는 거기에 맞추어 서비스가 더 적게 제공된다. 서비스관리자는 4명기준이며 보통 유급봉사원과 무급봉사원이 함께 일하고 있었다. 일반적으로 다른 유사 서비스가 중복되어 제공되는 일은 드물지만 서비스시간이 많이 필요한 노인(장애노인을 포함)들의 경우 추가시간을 노인돌보미를 통해서 서비스를 보충받는 경우도 있었다. 이용자선정은 특별히 규정이 있지 않으며 관에서 소개를 받아 서비스를 제공하는 경우가 대부분이지만 사례개발을 위하여 사업홍보를 하는 경우도 있었다.

그니까 그 가정봉사라든가 요런 것들은 어르신들은 재가에 계시는 어르신들은 건강상태가 양호하고 오시는 거는 또 그니까 1회 정도는 괜찮지만 너무 자주 오시는 거는 꺼려하시는 경우가 있어서 고거는 대상자 별로 차등적으로 횟수를 정해요 그니까 3회 정도 아니면 좀 더 자주 가야 되는 어르신들은 자주자주 가게 되구요(F1-가).

저희 서비스 받고도 부족하다고 느끼는 기초생활수급자들이 만 팔천원을 내고 더 쓰는 거죠 그니까 제가 아까 말씀드렸다시피 80명의 어르신들을 우리가 적은 인력으로 6명의 인력으로 할려고 그러면 그게 다 만족스럽지 않을 거에요. 그니까 어르신은 어르신 상태에 따라서 우리가 권해 드리긴 하지만 그게 충분치 않기 때문에 운영비라든가 인건비들이 충분치 않기 때문에 편찮은 어르신들은 등급 안에 들 수 있는 어르신들은 자기만 계속 24시간 계속 해야 되는데 한사람의 인력이 그 어르신만 갈 수 없자나요 그래서 그 보완책으로 이 어르신께는 고런 서비스를 하고 그런 돌보미 쪽에서 신청을 해서 보강을 하는 거죠. 보완을 만약에 이 어르신이 지금 장기요양보험제도에 들어가게 된다면 3등급 안에 들어가게 되셔서 보험혜택을 받는 방문요양 시비스를 받으시면 되는거고(F1-가).

동사무소에서 저희 쪽으로 좀 들어와요 좀 해주면 안되겠냐(F1-가).

처음에 시작할 때는 주로 면사무소 같은 곳에 수급권자를 대상으로 의뢰를 했구요. 그 후로 신규대상자들 발굴할 때는 저희가 발로 뛰었죠. 뭐 다니면서 홍보도 하고 또 복지서비스 필요하신 분들이 있는지 알아봤죠(F1-나).

(2) 진행과정

제공자교육은 분기별로 이루어지며 무급봉사원교육, 유급봉사원교육, 1급과 2급 교육 등으로 구분되어 있었다. 제공자인력은 주로 자원봉사를 하시던 분들이거나 자활후견기관으로부터 인력을 제공받아 제공자수급에는 별문제가 없는 것으로 파악되었으며 개별 상담은 월 1회 제공되고 있었고 불만은 주로 밑반찬이나 약속시간과 같은 경미한 것들이었다.

단계별 무급 가정봉사교육 유급가정봉사교육에서 1급과 2급 그니까 한 20시간 이상이 안 되겠어요(F1-가).

(교육은)분기별로 하고 있죠. 전체적으로 모이는 거는 분기별로 하지만 팀별로 하는 거는 팀미팅으로 한 달마다 지속적으로 하죠(F1-나).

(개별상담은)한 어르신에 대해서 월 1회 정도 하고 있죠(F1-나).

아무래도 어르신들이 본인이 돈을 지불하고 이용을 하시는 게 아니기 때문에 어떻게 서비스가 되던지 고마워하시는데요. 그 이·미용 같은 경우는 이·미용 봉사자를 구하기 쉽지가 않고 해서 그게 규칙적이지 않거든요. 자기들 미용실 스케줄에 맞게 해야 되기 때문에 그게 조금 어르신들이 불만이시더라구요. 그런데 지금은 다른 봉사자분들 구해서 한 달에 한 번씩 정해서 하죠(F1-나)..

(3) 만족도

사업만족도는 매우 높았으며 운영비는 모두 부족하여 법인으로부터 사업운영비를 지원받고 있는 실정이었다. 가파사업은 건강한 저소득층노인들에게 반드시 필요한 사업임이 강조되었다.

(국고보조금)불만이 있죠... 80명의 어르신들에게 서비스 뭐 가정봉사원이라든가 밑반찬 사업이라든가 기본적인 사업비 그 기준으로 나오는 돈인데요. 원래는 80명의 어르신들에 만약에 정확하게는 모르겠지만 1억 3천이나 1억 5천이 나와야 되는 돈이라 하면 저희는 75%만 나온다 생각하시면 되요. 1억이라는 돈이 많아 보이시지만 80명을 기준으로 했을 때 다 넉넉하게 나오거나 딱 맞게 나오는 것이 아니라 100%가 아닌 75%가 나오고 나머지 15%는 저희 자부담으로 해야 되거든요... 그래서 여러 가지로 후원금도 받아야 되고 그리고 수익사업을 간간히 해야 되니까 한 번씩 일일 호프나 바자회나 이런 부분에 대해서 저희들이 사업계획에 항상 계획을 하고 있고 그런 실정이죠(F1-가).

(만족도)90점은 줄 수 있다고 생각합니다...가파사업은 기초생활 수급자에 대한 서비스잖아요. 그래서 이분들에 대해서 지금 국가에서 장기요양보험제도에 대해서는 편찮으신 분. 노인성 질환을 가지고 계시는 그런 편찮으신 어르신들에 중점을 두고 있고 가파사업의 경우에는 일반 어르신이지만 생활능력이 안 되서 기초생활수급을 받고 있는데 이분들에 대한 정서지원 서비스라던지 일상생활 지원이라든지 가사지원 이런 서비스는 지속적으로 보호해야 한다고 생각하고 있습니다(F1-가).

(4) 서비스 확대가능성

노인돌보미사업과의 경쟁가능성은 희박하였는데 이는 대상자 선정기준이 다르기 때문이다. 즉 노인돌보미는 자기부담금이 있어 부담능력이 없는 저소득층 노인인 경우는 국가적 차원의 서비스는 가파가 유일한 것으로 파악된다. 또한 가파사업기관 사이의 경쟁도 발생하고 있지 않으며 이는 비영리기관간의 협력이 경쟁보다 더 선호되는 가치임을 나타내는 것이기도 하고 현실적으로 경쟁할 기관이 없다는 것도 한 요인이 된다. 일자리는 유급봉사원의 경우 일자리라고 생각하기 어려운 정도의 적은 임금을 받고 있어 생계형일자리라 보기는 힘들다. 하지만 유급봉사원이나 전담인력의 경우는 일자리창출효과가 어느 정도 있는 것으로 나타났다.

가파사업은 기초생활 수급자에 대한 서비스잖아요. 그래서 이분들에 대해서 지금 국가에서 장기요양보험제도에 대해서는 편찮으신 분, 노인성 질환을 가지고 계시는 그런 편찮으신 어르신들에 중점을 두고 있고 가파사업의 경우에는 일반 어르신이지만 생활능력이 안돼서 기초생활 수급을 받고 있는데 이분들에 대한 정서지원 서비스라던지 일상생활 지원이라든지 가사지원 이런 서비스는 지속적으로 보호해야 한다고 생각하고 있습니다. 장기요양이나 노인돌보미 쪽은 주로 건강상태에 대한 부분에 중점적으로 하고 있습니다(F1-가).

아무래도 (가정)형편이 안 좋으신 어르신들도 서비스를 이용할 수 있다는 거죠. 노인 돌보미는 본인이 직접 서비스를 이용하시지만 이거는 형편 때문에 이용 못하시는 분들도 사실 많거든요. 그런 부분은 가정 봉사원들이 가사지원 서비스는 해 드릴 수 있으니까 부담 없이 서비스를 이용할 수 있다는 거죠(F1-나).

대구 동구지역의 그런 가파시설들이 모여서 몇 년 전에 합의된 구역이에요. 그래서 기존에 옛날부터 하고 있었던 그거는 오랫동안 거기 센터를 믿고 했던 분들은 간혹 예외적인 절차로 우리 동에 뭐 다른 구역의 그런 가파시설이 하고 있는 경우는 있어요. 근데 거의 대부분 신규 발굴을 할 때에는 거의 요기에서는 각자 자기 구역에서 하기로 약속이 되어 있는 거지 강제적으로 잘라진 것은 없어요(F1-가).

가정 봉사원은 급여가 안 나가니까요. 본인이 봉사하는 거니까. 근데 유급 봉사원은... 저희 돌보미가 생기기 전에 서비스가 꼭 필요하신 분들에 대해서는 많지가 않아서 저희가 2명 정도만 했었죠. 급여수준이 높지가 않으니까요. 유급 봉사원에게는 교통비라는 게 지급되지 않아요. 그냥 활동한 시간만큼만 급여가 나가니까..... 시간당 5,000원이요(F1-가).

(일자리창출효과가) 당연히 있죠(F1-나).

(5) 지원방식

현 분기별 지원방식에 대해 불만은 없는 것으로 나타났으며 현 바우처제도는 본인부담금을 지불하여야 함으로 경제적 부담능력이 없는 노인의 경우 반드시 가파사업이 필요한 것으로 파악되었다.

분기별로 4번을 나눠서 돈을 보조금을 저희가 신청을 하고 그렇게 받아요(F1-나).

(6) 개선방향

제공되는 서비스의 다양성을 위해 새로운 서비스(프로그램)의 개발이 필요하다는 것이 지적되었으며 봉사원의 서비스 질에 대한 개선도 필요한 것으로 파악되었다.

차별할 수 있는 서비스의 품질을 여러 가지로 좀 개발을 많이 해야 되지 않겠나 이렇게 생각하고 있거든요. 그러니까 여러 가지 이분들은 건강상태는 좋은데 지금 여러 가지로 정신적으로 소외되어 있고 또 상처받으시고 정신적으로 어떤 여러 가지 소외된 부분들이나 이러한 부분들을 채워줄 수 있는 여러 가지 정서 지원 프로그램의 개발이라든지(F1-나)

아무래도 저희 입장에서 봤을 때 가정 봉사원의 질이 돌보미에 비해서는 떨어지겠죠(F1-가).

2) 서비스 제공자(봉사원)

(1) 서비스내용

정서적 지원, 가사지원, 목욕지원, 반찬제공 등 다양한 서비스가 제공되고 있다. 한 사례에 일주일에 3번 한 번에 약 2시간 정도 서비스를 제공하지만 사례에 따라 유동적이어서 더 적은 사례도 있고 더 많은 사례도 있는 것으로 파악되었으며 일주일에 1회는 정기적으로 방문하는 것을 원칙으로 하고 있다.

가면은 대상에 따라서 조금씩 다 다르잖아요. 대상을 보면은 치매인 어르신 분들이고 이러니까 뭐 인사하고 가사부터 좀 정리하고 옷 빨래도 해드리고 여러 가지 많아가지고 구체적인 건 뭐 심부름도 해드려야 되고 약도 타다드려야 되고....시간은 거의 한 2시간정도 하고 와요. 쪼끔 더 걸릴 때도 있고 약국 같은데 병원 가면은 시간이 많이 걸리자나요(F1-나1).

일주일에 한번 가고, 전화오면 수시로 가지요. 한번 가면 1시간-2시간 걸리고, 잠깐잠깐 다녀오고(F2-나1).

(2) 진행과정

교육은 무급과 유급으로 나누어져 있었으며 봉사원들은 실습교육이 더 많이 제공되기를 원하는 것으로 나타났다.

실습이 좀 많이 필요한게 아닐까...지금 이론보다는 실습이 많이 필요하다(F1-나1).

봉사원들은 대부분 자신의 일이 봉사업무라고 인식하고 있었으며 임금을 받는 일자리라고 인식하지는 않았고 봉사원을 일자리로는 적합한 직업으로 생각하고 있지 않는 것으로 타났다. 한 달에 약 20만원을 약간 상회하는 정도의 임금을 받고 있었으며 사회보험은 가입되어 있지 않았다.

직업은 안 되고 봉사 개념으로 하는 거고 직업은 안 되잖아요 차량도 차도 사야 되는 부분도 있고 직업으로 생각하기에는 전혀 아니지... 사회 보험도 다 안 들어가 있죠(F1-나1).

지금은 20만원도.....차비 빼고 하면 도움 된다고 할 수는 없죠(F1-나2).

이용자들은 한 지역 내에서 대부분 가까운 거리에 살고 있어서 이동거리는 적은 것이 특징이었다.

6-7분 정도, 차타고 가면 6-7분 정도 걸려요. 기관에서 가까운 곳에 배정해 줍니다(F2-나1).

(3) 만족도

일자리에 대한 만족도는 매우 낮았으나 사업에 대한 만족도는 매우 높았다. 가파사업이 반드시 필요한 사업이라고 여기며 봉사하는 것에 대한 자부심이 있는 것으로 나타났다.

봉사원으로는 저는 120점 저는 봉사가 너무 재밌으니까(F1-나2).

예. 그런 방치된 어른들이 좀 있더라구요. 그런 어른들은 매스컴에도 많이 나오지만 많이 아프면 못 일어나는 분들도 많잖아요. 꼭 필요한 건 안부, 안부 정도 저희는 마음이 안정이 되잖아요. 힘이 없어 누워 계시면 불안하잖아요. 집에 가서도 전화 한 번 더 해보고 괜찮은지 확인하고 제가 계속 어른이기 때문에 항상 걱정이 되니까 혹시 피부약을 드시는 분은 약을 하루라도 안 드시면 안 되는 분이 계시니까요. 그러니까 약을 꼭 제때 타드려야 되니까 전혀 가족이 없는 분들은 그런 거 때문에 꼭 필요한 사업...(F1-나1).

내 부모를 섬기듯이 보람이 있을 것 같아요. 월급을 받아도 활동 못하는 사람을 하니까 더 큰 보람이 있을 것 같아요. 봉사자에 따라서 웃고 우니까 좋을 것 같아요....만약에 내가 없으면 얼마나 막막하겠어요. 호적상에 자식은 있지만 연락이 안 되니까 우리만 바라보고 있는 거지요...(만족도가)10점 만점에 8점정도 되는 것 같아요.(F2-나1).

(4) 서비스 확대가능성

제공자들은 모두 노인돌보미에 대한 경험을 가지고 있지 않아 두 사업에 대한 직접비교는 어려웠으며 다른 사업(특히 호스피스)과 비교하였을 때 가파사업에서 일하는 것은 임금이 적다는 점이 문제로 지적되었다. 제공자들은 모두 제공기관으로부터 적절한 대우를 받는다고 평가하는 것으로 나타났다.

호스피스도 매력이 있어요...한 달 수입은 120정도...저는 여자 직업은 100만원이 넘어야 된다고 생각해요 그게 안 되면은 5~60만원 가지고는 살림 잘 살면은 충분히 아껴서 살 수 있는 정도에요 그래서 아니면 봉사하는 게 낫죠. 떳떳하잖아요. 돈 하고 연결되면은 봉사는 아무데도 도움이 못 되요. 마음의 양심이 많이 가요(F1-나1).

정말 봉사차원에서 하지, 가정에 도움을 되기 위해서 이거를 한다면 회사에 취직을 해야죠(F1-나2).

(5) 지원방식

제공자들은 모두 현 임금지불방식에 만족하였으며 바우처에 대한 사전지식이 없어 바우처와의 비교는 불가능하였다.

(6) 개선방향

제공자들은 제공되는 서비스에 대한 정리의 필요성과 이용자들에 대한 교육의 필요성을 이야기하였으며 대상자 이용선정시 기준을 엄격히 적용하여 필요한 사람들은 서비스를 받도록 하는 것이 중요함을 강조하였다. 또한 생계형일자리가 될 수 있도록 임금의 인상과 일자리제공이나 의료지원과 같은 실질적인 서비스가 추가로 제공되는 방향으로 개선되기를 원하였다.

받아야 되는 사람이 못 받는 거 개선되어야 되요(F2-나1).

바라는 점은 돈이 문제지 뭐. 그래... 우리 같은 사람들은 몇 시간 안 하니까. 어떻게 칼 수 없고, 우리도 직장처럼 매일 할 수 있으면 괜찮겠고, 얼마씩 계산을 해서 생활을 해 가면서 하면 더 좋겠지만은, 정부에서 그게 되겠나 뭐. 할머니들 돌보는 것도 좋지만 할머니들한테 손에 뭐라도 들고 가고 그러는 게 좋고, 우리 같은 사람들은 인생을 다 살았고 순수하게 봉사를 하지만은 젊은 사람들은 생활을 해야 되잖아요. 그래서 좀 필요하다고 생각해요(F2-나2).

꼭 필요한 복지가 있었으면 좋겠어요. 쌀만 주고 돈만 줘서 해결되는 것이 아니라 걸음 못 걸으면 거기에 따라서 서비스를 제공하고, 일자리를 제공하거나... 원하는 서비스를 줬으면 좋겠어요. 자식들이 오히려 무관심 해지는 경우가 많아요. 눈먼 할머니 같은 경우는 정부지원금을 모아서 자식을 준다고 해요. 노인을 보면 당연하고, 너무 잘해주는 것 같기도 해요. 비교해서 적게 나오면 예민해지고, 계속 더 바래요. 목욕도 해줬으면 이것도 해줬으면 더 바래요. 농촌 할머니들을 병원에서 강제로 입원시키는 경우가 많아요. 길 가던 할머니가 몇 달 동안 병원에 있다 나오는 경우가 있는데, 할머니들은 병원 가는 거 싫어하거든요. 집에서 서비스를 받고 싶어 해요. 그런 의료기관에 대한 처벌이 필요하겠죠(F2-나1).

3) 이용자

(1) 서비스내용

제공받는 서비스는 대부분 동일하였으며 봉사원들이 평균 일주일에 3회에서 4회 정도 방문을 하고 있고 특히 전화는 자주 연락을 주고받는 것으로 나타났다. 이용경로는 대부분 지자체로부터의 소개와 사후 이용자 발굴 또는 가족 친지 친구 등의 소개로 서비스를 받는 것으로 나타났다.

우리 반찬해주지요. 또 보름만에 한 번씩 할매 머리하고 목욕하고 다 해주지요.
또 우리 집에 청소도 좀 해주고 내가 못 하는 거 해주고 갑니다...
사흘 만에 한번씩, 이틀 만에 한 번씩 해주고. 또 내가 필요하다 카면 해주고, 자주 와예(F1-다1).

연신 전화 와서 10분 앉아 있고 20분 앉아 있고 할 시간 없어, 그러이 내가 미안해가 오지 말라카지(F2-다2).

일주일에요? 뭐 어떤 때는 세 번 네 번도 와요(웃으시면서) 심심하면 온다카이(F1-다2).

○○에서 동사무소에 전화해서 이런 사람들 있으면 복지관에서 관리하겠다. 이래 된거지(F1-다2).

친구 집에 갔다가 우리도 좀 해주세요. 이래 돼서(F1-다1).

저, 우리 사위가 알고 신청하신 것 같으십디다. 반찬 같은 거는 자유로 가져왔고 거..하는 것은 사위가 해줬죠(F2-다3).

(2) 진행과정

서비스시간과 방문횟수는 대부분 만족하고 있었으며 방문하는 것 자체에 감사하는 경우도 있었다. 서비스 추가구매의사는 공통적으로 없는 것으로 나타났으며 추가적으로 제공받고 싶은 서비스로는 현물서비스보다 정서적 지지와 목욕서비스에 대한 욕구가 더 많았다.

돈 내고 할 거 같으면 내가 오지 말라카지. 전부 무료봉사 아닙니까. 뭐를 더 바라겠습니까. 감사할 뿐이라예....좋은 일 많이 해요. 자식도 이래 안 찾아오는데 누가 이래 찾아오겠어요(F1-다3).

(부담금지불)그래 할 순 없어. 돈을 원하는 게 아니고 와서 심적으로 위안해줘서 감사하고 돈이 있으면 좋지 하지만 돈이 없어 그거 뭐 돈을 내가 부담해야하면 어떤지 할지 알 수 없어(F2-다1).

불편한 게 뭐 있노. 다 감사하지...예. 우리는 다 만족해요(F1-다1).

(3) 만족도

고독하지 않게 말벗이 되고 가족의 도움 없이도 일상생활을 영위하는데 큰 어려움이 없으며 제공자들이 자식 같은 역할을 수행하여 자식 기다리는 마음으로 제공자를 기다리는 경우가 있어 사업에 대한 이용자들의 사업과 제공자에게 만족도는 대단히 높았고 생활상의 변화가 나타나고 있었다.

오면 항상 기쁘고, 또 올랑가 싶고. 또 얘기하고 가면 좋지. 그 전에는 고독하게 지냈지요 뭐...감사하지예. 얼마나 고독합니까. 들어앉아 있으면, 말벗도 해주고 먹을 것도 갖다 주고 얼마나 좋습니까(F1-다3).

예. 여기 온다 카면 무슨 자식 기다리듯이(F1-다2).

아, 올 때하고 그 전하고 어떻게 달라졌나, 마음의 위안을 많이 받고, 감사하고.
우리 집이 여자가 없거든. 혼자 살거든. 내하고 아하고 손녀하고 이렇게 사는데 많이 도움이 되지 뭐. 나는 몸이 불편하고 집에 아들이 있다 해도 아들은 뭐 일한다고 나가니 집에 알 뭐 할 여가도 없고 여 와서 도와주고 하니까 얼마나 감사해요... 그리고 몸도 건강해지고 전체적으로 다 좋아졌어(F2-다1).

솔직한 말로 이웃사촌 카듯이 딸보다 낫습니다. 딸보다 낫다카는거 보담도 어데 딸은 맨날 옵니까? 일주일에 몇 번 옵니까? 우리 딸은 명절 때랑 저거 아빠 제사 때만 옵니다. 그래가 내가 어떤 때는 봉사자들 그렇다 카면 '엄마, 내가 벌어먹고 살라카이 엄마 그렇다' 카지. 나도 그걸 알면서도. 그러이 이웃사촌이 좋다 카는 말이 맞아요. 그래가 온다 카면 미리 문 여는거에요(F1-다2).

이용자들은 가파사업이 고독한 노인과 가족을 위해 반드시 필요한 사업이며 가족의 보호부담을 줄이고 물품지원 등 생활상의 이점으로 권유의사가 있는 것으로 나타났다.

없어진다 카면 나는 죽지. 진짜요, 받는 그것보다도 내가 그만큼 즐겁다 카는 그게 있지. 근데 만약에 없어져 봐요(F1-다2).

필요하다고. 내 자신을 볼 적에는. 딴 사람은 어떻게 생각할지 모르지만은 내 자신을 볼 적에는 필요하다고 생각해요. 없는 사람, 외로운 사람, 그런 사람들이 얼마나 고마운데, 필요하다고 생각해요(F2-다1).

(4) 서비스 확대가능성

이용자들은 노인돌보미사업에 대한 지식이 없어 두 사업간의 선호는 알 수 없었으며 제공기관이나 제공자를 굳이 선택하지 않아도 현재의 기관이나 제공자들에 만족하고 있어 선택권의 제한에 대한 불편한 점은 없는 것으로 나타났다.

예, 없어요. 똑 내한테 맞는 사람 그런기 없거든. 그 사람이 뭐 알아서 하고 뭐, 알아서 하지. 그 뭐 도움을 받는 사람이 이것저것 할 수 없고(F2-다1).

솔직한 말로 이웃사촌 카듯이 딸보다 낫습니다. 딸보다 낫다카는거 보담도 어데 딸은 맨날 옵니까? 일주일에 몇 번 옵니까? 우리 딸은 명절 때랑 저거 아빠 제사 때만 옵니다. 그래가 내가 어떤 때는 봉사자들 그렇다 카면 '엄마, 내가 벌어먹고 살라카이 엄마 그렇다' 카지. 나도 그걸 알면서도.. 그러이 이웃사촌이 좋다 카는 말이 맞아요. 그래가 온다 카면 미리 문 여는 거에요.

(5) 지원방식

가파는 무료서비스로서 현 지원방식에 큰 불만이 없었으며 바우처에 대한 사전 지식이 없어 지불방식의 비교는 불가능하였다.

(6) 개선방향

개선방향을 지적하기보다 이용자들은 대부분 현 서비스에 대해 만족하고 있었으며 가파사업이 폐지되지 않고 계속되기를 바라고 있었다.

나는 다른 건 모르지만 성주군에서 이분들 나오는 거 보면 고맙다고 생각하고, 우리 성주군 아니라 온 국가가 사실은 좋은 일이라고. 사실은 내가 도움을 받기 때문에 그러지만 그게 아니라 사실은 이 아주 좋은 일로 생각해요. 요새 나이 많은 사람들을 등한시 하는 경향이 있거든요. 나는 이 사업이 아주 좋은 사업이라고 봐요(F2-다1).

다 잘 해주는데 뭘 바라겠습니까. 감사한 것뿐입니다(F1-다3).

4) 노인돌보미사업과 가정봉사원파견사업 비교

노인돌보미사업과 가정봉사원파견사업의 가장 **큰 차이점**은 노인돌보미사업은 요양점수가 필요하며 경제적으로 본인 부담금이 있다는 점이다. **가정봉사원파견사업**의 경우 육체적으로 건강하지만 돌보미서비스가 필요한 저소득층 노인들에게 서비스를 제공한다는 측면에서 노인들의 고립과 정서적 지지를 위해 필요한 사업으로 인식되고 있으며 **노인돌보미사업**은 경제적으로 부담능력을 가지고 있으면서 요양점수가 노인정기요양서비스를 제공받기에는 부족한 노인들에게 가사시원 및 정서적 지지 등의 서비스를 제공하는 사업으로 인식되어 두 사업은 모두 장기요양보험과는 별도로 국가의 사회적 소회계층인 노인들에게 보편적 사회서비스를 확대 제공한다는 측면에서 반드시 필요한 서비스라고 보여진다.

노인돌보미사업에서 제공되는 서비스가 일반적으로 가파(가정봉사원파견)에서 제공되는 서비스에 비해서 시간이 더 많이 제공되고 있어 **서비스의 질은 노인돌보미서비스가 더 좋은 것으로 파악**되었으나 가파사업에서는 일부 현물서비스(밑반찬이나 생필품지원)가 제공된다는 점 때문에 가파사업은 나름대로 장점을 지닌 사업으로 파악되었다. 일부 이용자들의 경우 본인부담금에 대한 부담으로 노인돌보미서비스를 거부하고 가파사업에 계속 남아 있기를 원하는 경우도 많았다. 제공자(봉사원과 돌보미)의 입장에서 가파사업은 거의 봉사의 개념으로 임금은 책정되지 않은 무급봉사원과 약간의 임금(20만원 미만)을 받고 있어 일자리로는 부적합하였으며 노인돌보미사업의 경우는 임금이 더 높았지만 돌보미일을 생계형일자리로 인식하고 있는 돌보미는 거의 없을 정도로 임금수준은 낮았다. 특히 돌보미의 경우 노동강도가 매우 높아 노동조건의 개선은 반드시 필요한 것으로 파악되었다.

4. 중증장애인활동보조사업

1) 제공기관

(1) 서비스내용

장애인서비스는 1차와는 다르게 포괄적 서비스제공에서 지침이 변경되어 이용자중심의 서비스로만 지원이 제한되었다. 시간도 변경되어 최대 90시간까지 서비스가 제공되었으며 독거장애인인 경우 최대 120시간까지 서비스시간이 확대되었다. 서비스이용자는 늘어난 경우가 있었으며 관리자수의 큰 변화가 없었고 이용자선정절차에 있어 변화는 없는 것으로 파악되었다. 운영비는 임금단가가 1,000원 인상(7,000원에서 8,000원으로 인상) 되면서 지침에 임금에서 25%를 운영비로 사용할 수 있도록 변경되었으며 본인부담금도 저소득층 무료 차상위 2만원부담 그리고 일반인은 4만원부담으로 변경되었다.

시간은 지금 전체적으로 작년에 비해서 다 10시간씩 추가가 됐거든요. 10시간씩 추가가 되고, 독거장애인의 경우에는 30시간까지 추가가 가능하다고 그렇게 변경이 됐구요... 작년에는 서비스를 하는 게 이분들한테 무슨 서비스를 제공하는데 그런 규정 같은 게 없었어요. 그래서 가사지원 같은 건 이분들이 본인들이 파출부가 아닌데 완전히 집안 구석구석을 다 시키시는 경우가 많았거든요. 올해 규정이 새로 생겼는데 장애인 중심으로, 그러니까 방도 장애인이 쓰는 방이나 장애인이 생활하는 그 공간만 이렇게 가사지원을 하고, 그렇게 규정이 되어 있어요(B1).

활동보조인의 경우 7,000원-8,000원으로 인상되었어요. 본인부담금은 2만원 혹은 4만원 납부로 바뀌었습니다(B3).

(2) 진행과정

사업홍보방식에도 팸플릿이나 구두 홍보 등 큰 변화는 나타나지 않았으며 40시간 교육에서 60시간(8시간 실습교육추가)으로 교육시간은 확대되었다. 하지만 자체교육을 보수교육으로 인정하지 않고 교육은 교육기관에서만 받아야 하는 것으로 수정되어 기관은 지역의 특수한 문제나 제공기관 이용자에 대한 문제를 자체적인 교육을 통해 해결하는 것이 어렵다는 문제가 제기되었다.

작년에 40시간이었는데 올해 60시간으로 늘어났구요. 그 60시간 안에 8시간의 실습이 들어가 있어요. 작년에는 활동보조인 본인부담금이 2만 5천원이 있었거든요. 올해는 그게 없어졌고, 그게 바뀌었어요(B1).

올해는 교육비를 정부 지원을 하고요. 보수교육이 있습니다. 자체교육이 교육기관으로 넘어갔습니다. 자체교육이 없게 되면 우리 지역의 문제나 활동보조인이나 대상자에 대한 문제점을 모르고 교육을 하기 힘들 것 같아요(B3).

이용자들로부터의 불만은 부담금 조정에 다른 비용부담증액과 가사지원에 대한 부분이었으며 대부분 원만히 해결되고 있었다.

금방 제가 이야기 드렸듯이 단가에 대해서 불평을 하시구요. 그 다음에... 가사지원 쪽으로 아까 이야기 드린대로 올해부터 규제를 좀 하니까 거기에 대해서 이야기를 하시는 분도 계세요. 장애아동 가지신 부모 같은 경우에는 그 아동한테 하루 종일 매달려야 하거는요. 그럼 집에 가서 가사지원을 해 달라 하면 그건 안 되잖아요. 장애인이 없는데 가서 가사지원을 한다는게... 그거에 대해서 이야기를 하시는 분도 계시고(B1).

(3) 만족도

운영비적절성에 대한 만족도는 매우 낮았으며 이유는 2008년 지침의 변경으로 인하여 제공기관의 운영경비에 대한 부담이 더욱 가중된 결과로 파악되었다. 이는 돌보미들에게 적용되는 사회보험료부담금, 단말기구입비, 수수료 등을 부담해야 하기 때문으로 지적되었다. 특히 운영비 부족으로 인해 법인에서 운영비를 지원받아 사업이 진행되는 경우가 많았다. 사업자체에 대한 만족도는 높았으며 특히 사업이 중증장애인에게 반드시 필요한 사업이라는 점은 1차 조사와 같은 결과를 보여주었다.

4대보험, 퇴직금을 적립해야 하기 때문에 힘듭니다. 인건비가 올랐지만 결론적으로는 수령액은 같지요. 남는 돈이 없습니다. 단말기 구입이 의무적이기 때문에 할부로 사고 있어요. 작년 8대 무상이라고 하다가 올해 작년 받은 대수까지 무상이고 올해부터는 유상으로 되었습니다. 단말기가 20만원, 유지비가 14,500원이니까 기관운영이 힘들죠. 농촌에서 안테나가 안 터지기 때문에 단말기를 쓰지도 않는데 유지비를 내야 하기 때문에 기관 입장에서는 힘듭니다. 전기세나 월세는 자체경비를 사용합니다(B3).

예, 급여는 저희도 여기서 2명은 복지관에서 주세요. 이 돈에서 빼는 게 아니고, 저희도 돈이 없어요(웃음). 돈이 모자라죠(B1).

(4) 서비스 확대가능성

기관운영의 어려움으로 사업을 반납하려는 기관도 있고 사업에 대한 부정적인 평가가 많아 기관 간 경쟁은 전혀 이루어지고 있지 않았다. 특히 사회복지기관들은 수익사업이 목적이 아니기 때문에 기관 간 경쟁보다는 협력의 가치가 중요시되고 있었다. 또한 기존 인원에 대한 보충은 운영비 부족으로 이루어지지 않았다. 따라서 운영비 부족이 해결되지 않는 한 신규일자리 창출은 더 이상 이루어지지 않을 것으로 보인다. 특히 돌보미일자리는 시간이 고정적이지 못하고 임금이 적어 생계형일자리로는 적합하지 않은 것으로 파악되었다.

경쟁관계는 아니고요, 다른 업체들도 올 해 반납을 하시겠다 그러더라구요. 왜냐하면 남는 게 없잖아요. 그리고 계속 뛰어다니고 그러니까... 이분들도 사무실 운영비로 계속 고생하셨나

봐요. 아마 그쪽 기관에서도 올 해 사람을 채용을 한 분 한걸로 알고 있는데 그분이 자원봉사를 하시는 분이라 그러더라구요. 별도의 돈이 없으니까 자원봉사로 이분이 잠깐 낮에...(B1)

○○공원 쪽에, 저쪽에. 중간 중간에 문제 같은 게... 경쟁관계는 아니고 저희가... 남구, 북구가 있다 보니까 중간에 저희가 임의로 그렇게 나눴거든요. 남구는 복지관에서 하고, 북구는 거기서 하고, 중간 중간에 필요하면 서로서로 업무연락해서 저희가 사람을 보내줘야 한다. 그러니까 활동보조인이 없다. 그러면 거기서 해주시고 그러거든요. 서로서로...(B1)

(일자리창출)효과는 있다고 생각합니다. 급여는 적지만, 교통비 수수료 보험료 떼면 정말 적어요. 남자분이 일하기 꺼려해요. 주부나 아르바이트는 일자리 창출 효과는 있지만 고정적이지 않은 문제점은 있죠(B3).

(5) 지원방식

1차 조사 때와 마찬가지로 단말기에 대한 문제점은 그대로 남아 있었으며(단말기 수신불능, 작동불능, 수수료부담문제 등) 여기에 덧붙여 제공자(돌보미) 1인당 단말기 1대를 의무적으로 구입하게 하여 제공기관의 운영비부담은 가중된 것으로 나타났다. 특히 중증장애를 가진 이용자인 경우 싸인 자체가 불가능한 경우도 있어 바우처방식에 대한 수정이 불가피한 것으로 파악되었다.

지문인식기를 할 수도 없고, 농촌지역에서는 무용지물입니다. 바우처제도는 문제가 발생할 수밖에 없습니다. 위치추적이 되지 않은 이상 비리생산하려고 머리를 쓰면 문제는 발생합니다. 양심에 맡길 수밖에 없죠. 중증장애 1급일 경우 중증이기 때문에 이용자들 싸인이 불가능합니다. 그러니 의미가 없습니다. 사진을 찍으라고 하는데 사진정리가 안 되지요(B3).

(단말기)구입하는데 9만 9천원. 2년 약정해주고 9만 9천원. 근데 지금 문제가, 10대 구입했는데 99만원이잖아요. 좀 전에 50명이라고 했는데, 앞으로 더 늘어날 거란 말이에요. 그걸 다 구입하게 되면... 거기다가 또 지금 한 대당 통신료 단가가 올해 2월 달인가... 내려서 1만 1천원을 받거든요, 한 대당. 근데 그것도 올라가겠죠...(수수료)지금... 제가... 8천원일 때 150원 떼는 걸로 알고 있거든요. 몇 %인지... 0.015%...(B1)

(6) 개선방향

별도의 운영비지급에 대한 필요성이 제기되었으며 독거노인이면서 중증장애를 가진 이용자의 경우는 추가시간이 절대적으로 필요하여 시간확대에 대한 요구가 있었으며 장애종류와 대상자의 특성에 따라 상이한 서비스가 제공되도록 서비스의 세분화가 필요하였다.

사업비가 별도로 나왔으면 좋겠어요. 저희도 활동보조만 보는 게 아니고 다른 업무도 같이 하거든요. 그러다보니까 계속 방문도 나가야 되고, 파견도 나가야 되고, 점검도 나가야 되고 그런 것도 있고... 별도의 활동보조에 대해서 정부에서 사업비를 주면 활동보조인도 불만이 없어질 거고, 저희도...(B1)

바라는 점은, 대상자는 계속 늘어나는데 그거를 관리하는 직원이 부족하잖아요. 인건비가 나왔으면 좋겠어요. 활동보조인들도 본인들이 7천원을 받아간다면 순수하게 7천원을 받아 가실 수 있게. 본인 돈을 가져간다고 생각하시는 분들이 계세요. 본인 돈인데 빼앗아 간다고 인식을 하시는 분들이 많으세요. 그래서 순수하게 사업비가 따로 나왔으면 좋겠어요. 솔직히 한 사람이 30명도 감당이 안 되거든요. 1명의 관리자가 약 20명도 솔직히 관리가 힘들잖아요(B1).

사회복지에 대한 관리와 정리가 필요하다고 생각합니다. 장애인의 종류에 따라 서비스가 달라져야 된다고 생각해요. 지적장애의 경우 학습지도의 효과성에 대해서도 회의적이며, 장애 종류에 대한 서비스가 달라지고 세분화 되어야 된다고 생각해요. 활동보조인이 전문가가 아니기 때문에 가사지원에 그치는 경우가 많습니다. 정신지체나 정신장애인의 경우는 현재 서비스 보다 더 필요한 다른 서비스에 대한 욕구가 클 것으로 보입니다. 포괄적인 대상자를 위한 예산책정, 일괄적인 서비스보다는 대상자의 특성에 맞는 서비스 제공이 이뤄져야 된다고 봅니다(B3).

2) 이용자

(1) 서비스내용

제공되는 서비스의 내용은 1차 조사와 동일하여 가사지원과 동행서비스 그리고 일상생활지원서비스 등이 대부분이었다. 서비스시간은 변동이 있었으며 등급에 따라 최소 30시간(장애 4등급)에서 최장 90시간(장애 1등급)으로 확대되었다. 서비스를 이용하게 된 경로는 이전과 동일하였으며 친척이나 주변의 소개 그리고 동사무소 등에서 연락을 받고 서비스를 이용하고 있었다.

(서비스 내용은)네 똑같습니다(B1-다1).

서비스 내용은 달라진 것 없는데...목욕이나 외출하는 거 도와주고..(B3-다1)

90시간. 80시간이었다가 10시간 늘어났으니까 90시간(B1-다2).

(2) 진행과정

시간이 확대되었음에도 불구하고 중증장애인에게는 제공되는 서비스시간이 부족하다는 것이 1차 조사와 동일하였다. 대체적으로 기초생활수급자인 경우는 경제적 부담으로 서비스 추가구매의사가 없는 것으로 확인되었으며 많은 시간이 필요한 장애인의 경우는 추가구매의사가 있었다. 그리고 제공자(돌보미)의 교체에는 별다른 불만을 가지고 있지 않았다. 더 제공받고 싶은 서비스로는 장애인들이 그동안 집안에 고립되어 있어 외출이나 여행을 돌보미들의 도움을 받아 다녀오고 싶다는 의견이 많았다.

(추가구매)나는 없네요. 비용을 될 형편은 안 되고(B1-다2).

더 부담하고 하면 못합니다. 금전적인 이유 때문에(B1-다1).

(추가시간에 따른 추가부담)있는 사람은 모르지만 저는 수급자거든요. 한도 2-5만원 정도까지는 자부담할 의사가 있어요. 그렇게까지라도 해서 숨 쉬고 싶겠죠. 현재 무료로 받고 있어요(B3-다3).

지금 하고 있는 것이 잘 해주니까 만족한데...시간이 부족해요(B1-다1).

서비스 받는 것에서는 불편한 점이 없고 더 많은 시간을 갖고 싶어요.(B3-다1)

외출가고 싶어요, 이 공간을 떠나서 다른 공간으로 가서 내 집에 대한 소중함을 알고 싶어요. 공간 이동이 불가능하잖아요. 날을 잡아서 1박 2일 코스로 어디 다녀오고 싶어요(B3-다1).

(3) 만족도

사업에 대한 장애인들과 가족들의 만족도는 매우 높았으며 이용자들은 자심감이 향상되고 고립감이 감소하는 등의 생활상의 변화가 있는 것으로 파악되었다. 제공기관과 제공자들에 대해서도 대체적으로 만족하고 있었으며 사업이 장애인들의 자신감향상과 자활을 위해 반드시 필요한 사업임이 강조되었다.

오히려 더 해주지요. 어떤 날은 1시간씩, 30분씩 더 하고 가면 가지 모자르는 것은 없어요.... 130% 만족해요(B1-다1).

많이 좋아졌습니다. 힘이 많이 생겨났고, 정신적으로 불안한 것이 없어지니까 좋아졌고, 저 같은 경우는 활동보조인이 일을 해야 하는 것보다 더 잘해줘요. 내가 요구하면 관계 없이 들어줘요. 내 눈빛만 봐도 알아서 해줘요(B1-다1).

먼저 오셨을 때는 내가 운동을 크게 못했을끼라. 근데 지금은 운동을 조금하고... 지금은 휠체어 없고 인자 봉대 잡고도 걷는데...그라고 지금 내가 굉장히 명랑해졌어요(B1-다2).

밖에 나가는 것에 대한 두려움이 많았거든. 내 식구들 그래봐야 딸, 남편 셋이죠. 그때는 교회에 가도 거의 대화가 없었어요. 지금은 도우미와 함께 가니까 보호자 보다 더 만져주고 그러니까 내 자신이 떳떳하고 밖에서 덜 부끄럽지...어디 식사를 하고 싶어도 남편이 숫기가 없으니까 외식을 못했어요. 식구들끼리 차안에서 도시락 먹고 그랬어요. 지금은 남편이 도우미 하고 같이 가면 방 하나 달라고 해서 나는 누워서도 먹고 남편도 떳떳해지더라구요. 그전에 못하던 외식을 해 봐요. 그 전에는 상상도 못했어요. 밖으로 끌어줘요. 95년에 장애 입어서 긴 시간이 흘렀는데 작년 5월부터 놀라운 변화에요. 봄도 되서 시장놀이랑 벚꽃놀이 갈려고 해요. 차만 도와주면 도우미 분들하고 갔다 오려구요. 빨리 날 잡아서 다녀오고 싶어요(B3-다1).

처음에는 혼자 있던 시간이 많았잖아요. 내 생각만 하면 하면 되었는데 저 사람의 생각은 어떠할까 거부감이 있었는데 지금 활동보조인이 두 달 되었는데 이제는 눈빛만 봐도 아니까 제가 공부하면 그 동안 활동보조인도 따로 공부를 하고. 지금은 혼자 있다는 외로움은 없지요. 갑자기 판매하는 사람 오면 무서운데 요즘은 그런 걱정이 없죠(B3-다3).

없어지면 안 됩니다. 눈이 안 보여서 버스도 못타고 아무것도 못하지요. 제도가 없어지면 안 됩니다. 제도가 시작되었으면 장애인이 살아야 되잖아요. 더 좋은 길이 있었으면 좋겠어요. 가족들도 편해지구요(B3-다1).

(4) 서비스 확대가능성

현 수준의 본인부담금에 대해 적절한 것으로 평가되었으며 선택권은 1차 조사와 같이 가지고 있지 않았고 선택권이 없다는 것에 장애인들은 불만을 가지고 있지 않았다.

(5) 지원방식

바우처카드의 사용에는 불편한 점이 없어 보였지만 단말기가 터지지 않고 보조원들이 단말기를 모두 소지하고 있지 않음으로 서비스제공 전후에 손으로 사인을 하고 한 달에 한번 확인하는 방법을 주로 사용하여 사용에 대한 불편한 점을 주로 지적하였다.

불편한 게 없어요. 개인적으로 한 대씩 있었으면 좋겠는데...참 구입한다고 하던데..
안 터지는 게 문제지요. 무거워서 흉기지요(B3-다1).

(6) 개선방향

1차 조사와 마찬가지고 가장 중요한 개선점으로 지적된 것은 시간의 확대였으며 이 사업이 계속 유지되기를 바라고 있었다. 특히 이용자들은 보조원들이 정해진 시간 외에 더 많은 서비스시간을 자신들을 위해 할애하고 있는 것에 미안함을 가지고 있어 개선방향으로 보조원들의 임금이 증액되는 것을 지적하는 경우도 있었다.

시간을 좀 더 줬으면 하는 것이 소원이고 활동보조인이 교육을 받기 때문에 자기 일을 대충대충할 수 있거든요. 조금 부족한 것은 대화로 해결하면 된다고 봐요(B1-다1).

그러니가네. 하는 시간을 다 줘도 그래 많은 급여가 아니거든요.
뭐 그래도 그래 달라고는 270시간 달라고는 못하고 180시간 줘봐야 돈 백만원 됩니까? 뭐 90만원 정도지 뭐 그래 되는데 뭐 저런 분 어디 일하러 가도 아파트 경비를 해도 130만원인가 뭐 안 줍니까. 구체적인 거 계산 해가지고 많은 돈이 아닌데 그거를 반밖에 안 해 주니까에 그런식으로 하면 이 아저씨는 돈까 봉사하는 게 아니라예(B1-다2).

5. 중증장애인활동보조사업 사업결과 요약

1차와 2차 사례의 분석을 통하여 중증장애인활동보조사업에 대하여 얻은 결과는 다음과 같다.

▶ 사업제공기관

사업제공기관들은 대체적으로 중증장애인활동보조사업이 매우 필요한 사업이며 사업에 대한 만족도도 높았지만 대부분 운영비의 부족으로 운영에 어려움을 겪고 있어 운영비에 대한 정부의 제도적 개선이 필요하였으며 제공되는 서비스의 내용과 질에는 별다른 불만이 없는 것으로 파악되었다.

▶ 보조인(제공자)

보조인들은 대부분 정해진 시간 이외에 많은 시간의 추가노동을 수행하고 있었으며 임금이 낮아 보조인직종을 생계형일자리로 생각하는 보조인은 거의 없었다. 특히 2차 사업조사 시 보조원에 대한 임금이 시간당 8,000원으로 증액하였음에도 불구하고 그들이 받는 임금은 큰 변화가 없는 것으로 파악되었다. 이는 증액된 1,000원으로 제공기관이 보조인에게 사회보험 등의 보험료지불과 단말기구입과 이용료, 카드 사용수수료 등으로 지불하여 운영에 있어 재정적 어려움을 극복하지 못하고 있기 때문으로 파악된다. 보조인들은 제공자의 입장에서 본 사업에 대해 매우 필요한 사업으로 인식하고 있었다.

▶ 이용자

65세 이상이면 본 사업의 대상에서 제외되어 65세 이상이면서 장애를 가진 노인의 경우 서비스의 축소가 일어나게 되어 이에 대한 개선책도 필요한 것으로 파악되었다. 이용자들은 대부분 사업이 장애인들을 위해 매우 필요한 사업으로 절대 축소되어서는 안 된다는 것을 강조하고 사업이 확대되어 더 많은 시간의 서비스를 제공받기를 원하고 있었다. 특히 장애정도와 장애성격에 따라 상이한 추가서비스시간이 필요함을 강조하였다.

제공인(보조인)들이 제공하는 서비스에 대해서는 대체적으로 만족하고 있는 것으로 파악되었지만 제공인들에 대한 선택권을 원하는 경우도 있었다. 대체적으로 이용자들이 제공기관을 선택하는 선택권이 없는 것에 불만이 없고 만족하는 것으로 파악되었다.

▶ 경쟁과 바우처

중증장애인활동보조사업을 제공하는 기관은 대부분 비영리기관으로서 현재로서는 기관간 경쟁보다는 기관 간 협력과 협조를 통하여 서비스를 제공하고 있었으며 제공기관이 지역에 한군데 밖에 없는 경우도 있어 사업의 경쟁구도는 일어나지 않은 것으로 파악되었다. 하지만 보조원의 경우 기관에 잘 보여 더 많은 시간을 배정받기 위한 경쟁은 있는 것으로 파악되었다. 바우처는 노인돌보미사업과 마찬가지로 농촌지역 경우 단말기가 작동을 하지 않아 불편한 점이 있었으며 단말기 수가 부족하여 여전히 수작업으로 정산을 하는 경우가 대부분이었다.

6. 산모 · 신생아도우미사업

1) 서비스제공기관

(1) 서비스내용

제공기관이 제공하는 서비스는 산모보호, 신생아관련 서비스, 가사서비스 등 2개 기관에서 1차 조사 때와 마찬가지로 동일하게 제공되었다. 서비스기간은 기본이 2주간이며 쌍둥이는 3주간으로 변화가 없지만 서비스 시간은 오전 9시에서 기존 6시 퇴근에서 5시 퇴근으로 1시간 당겨졌다. 규정에 중간 휴식이 없을 시 5시 퇴근이 가능하다는 내용을 준수하고 있었기 때문이다.

2008년 사업지침에서의 가장 큰 변화는 이용자 선택권이 주어진 부분이다. 작년까지는 보건소에서 2개 기관 중에서 지정해서 산모에게 통보되었으나 2008년 2월부터는 본인부담금에 의해 산모들이 직접 제공기관에 문의 후 기관을 선택하고 있다. 그로 인해 기관의 전화문의 업무가 상당히 증가하였다.

지금은 더 발빠르게 하죠. 왜그냐면... 본인부담금 되면서 산모가 본인부담금 넣기 때문에 산모가 지정하잖아요... 작년 같은 경우는 보건소에서... Y 10건주면 자활 10건주는 이런 시스템이었는데 지금은~ 산모가 자기 부담금 내기 때문에 산모가 직접 전화를 해서 Y는 어떤 서비스를 하는데 자활은 어떤 서비스를 하느냐... 그렇게 해서 접수를 받아요. 산모가 직접 보건소에 접수를 하면,, 저희들은 어제 알자나요... Y에 서비스를 받을 것인지 자활에 받을 것인지 산모가 선택을 하는 거죠. 보건소에 접수를 하면.. 산모가 선택을 하죠. 선택권은 자기가 가져요... 그게 가장 많이 바뀐거죠〈C3-가〉.

… 지금은 하루 종일 전화가 울려대니까 업무 자체가 거의 말로... 진짜 밥 먹는 자체를, 내가 전화 한 통도 안 받으면서 밥을 먹어본 적이 없어요….〈C2-가〉

그렇죠... 결국은 일자리를 제가 만들어주는 개념이 아니고, 우리 도우미들이 만들어가는 개념으로 인식을 많이 심어주죠.〈C3-가〉

(2) 진행과정

사업홍보는 홍보지, 카탈로그 인터넷 홈페이지 등을 활용하여 기존과 마찬가지로 홍보하고 있다. 비영리기관은 직접선택권이 주어짐으로 인해 홍보에 더 신경을 쓰고 있으며 각 구별 홍보가 아닌 '아가마지'라는 대구지부에서 대표로 홍보하고 있다.

체제가 .. 아가마지라는 지부가 딱 있어요. 지부에서...전체가 다 들어와요 9개 보건소에 아가마지 지부로 들어오면 지부에서...근접한 거리로 보내집니다. 지부에서 달성군에 근접한 거리에 있으니까 내가 확인서를 주면 "니가 이렇게 좀 보내도!"... 그러면 제가 도우미를 보내거든요.〈C3-가〉

예 저희들이 신경을 더 많이 쓰는 편이에요. 왜냐하면.....〈C3-가〉

네., 선택권 때문에..그리고 또 Y하고 저희들은 포괄적으로 크게 드러나 있기 때문에 산모들이 선택을 본인들이 하기 때문에 조금 신경으로 쓰죠. 사실은〈C3-가〉

제공인력은 기관의 현재 제공자들에게 최대 임금이 창출될 수 있도록 인원을 조정하고 있으며 비영리기관의 경우 2008년 2월부터 제공자 월급제(퇴직금, 월차)를 도입하여 임금체계를 변화하였다.

본인 부담금 지금 4만 6천원. 4만 6천원이 사회서비스에 입금이 되면 저희들은 기관으로 다시 내려오죠. 다시 인자. 지원금이~ 그것이 도우미들한테 임금으로 들어가요. 그게 체계가 바뀐거죠.〈C3-가〉

그 다음 많이 바뀐거는...도우미들한테 많이 바뀐 거는 임금이 바뀌었습니다...작년 같은 경우에는 쿠폰으로 해서 2주하면... 50만원이 그대로 나갔는데,,지금은 저희들이 사회서비스센타에 60만원을 받거든요. 그래서, 고기에서 4대보험을 적용하고. 작년 같은 경우 4대보험 없었고, 4대보험 적용시키면서, 하루 8시간 근무. 최소 3만 2천 800원으로 일당을 정하고, 그런 식으로 해서 주차 연장근무수당... 토요일은 연장근무로 치고, 일요일은 주휴일근무로 치고, 근무는 하지 않지만 주일은.. 일주일 근무하고 나면 주차가 발생하는 걸로 시스템을 바꿨었죠...〈C3-가〉

임금이 작년보다는 도우미 자체 실지급액은 작지만. 작아요. 50만원이었지만, 지금은 48만원 정도 들어가거든요...그렇지만 4대보험이 저희 기관에서 50% 본인 50% 이렇게 해서 결국은 나중에 월말에 간다면 지금 입금이 훨씬 더 많죠, 더 많다고 봐야죠. 월차 퇴직금, 이런 거 다 들어야하고. 고용보험〈C3-가〉

지역주민의 욕구반영을 위해 전화 또는 방문을 통해 만족도에 대한 세밀한 조사를 실시하고 있다.

(만족도조사)중간에 한 번 하고, … 부족한건 없는지, 좀 강화됐으면, 엄마가 도우미한테 이런이런 부분이 강화가 됐으면 좋겠다는 부분을 이야기를 하라고 하거든요. 그러니까 도우미한테 직접 전달이 되는 것이 아니기 때문에, 내가 도우미 교육을 시키지만 나가서 실제로 하는 것은 엄마들의 입에서 나오지 않으면 모른다... 어떤 부분이 부족했고, 혹시나 내가 놓치는 부분이 있으면 엄마들에게 이야기를 해달라고 이야기를 하죠〈C2-가〉.

그래서 기록지를 하면서 서비스 잘되고 있는지 확인하는 거죠. 작년 같은 경우는 만족도 같은 것 했는데... 작년 같은 경우는.. 현장가서는 도우미가.. 체크해 오니깐... 신빙성이 없지만... 이것도 머 그렇게 신빙성이 있지는 않겠지만, 지부에서 이거 담당 선생님들이 다 전화하거든

요...<C3-가>

(3) 만족도

사업운영비에 관해 영리기관, 비영리기관 모두 부족하다고 느끼고, 서비스 종결시 카드 결제를 위해 관리자가 직접 다니는 것은 시간적, 경제적 낭비가 심하다고 느낀다. 특히 영리기관의 경우 은행 수수료를 뗀 60만 3천원이 모두 관리통장으로 입금이 되기 때문에 부가세 10%가 부당하게 지불되고 있는 것에 대해 상당한 불만을 가지고 있다.

아니요, 도우미한테 50만원. 제가 세금 10%라고 말했죠? 전액 저한테 입금이 되니까... 도우미가 가져가고... 차라리 입금 방식이 체크를 할 때 돈이 바로바로 입금이 된다던가... 관리비는 관리비대로 통장으로 들어오고 돈이 통장으로 바로바로 들어가는 거라면 우리가 이렇게 까지 세금 때문에 부정할 일은 없다는 거지. 그런데 지금 방식이 그렇다 보니까 내 통장으로 돈이 다 들어오니까 전액 모두 내 수입으로 잡혀 버린다는 거죠<C2-가>.

실상 입금에 대해서 내가 가져오는 수입에 대해서는 도우미 인건비를 50만원 준다고 치더라도 건당 10만원 밖에 되지 않는다는 이야기거든요. 10만원에 대해서만 세금을 물면 되지, 내가 왜 도우미가 가져가는 그 비용에까지 세금을 물어야 되는지 모르겠어요. 그 부분에 대해서도 공제 받으려고 하니까 4대보험이 또 걸려요<C2-가>.

2월 달에 해보니깐, 업무가 마비돼요.. 그래서 3월부터.. 바꿨어요. 우리 도우미들이 조금 불편해요... 왜냐하면 각 기관에 단말기 한 대밖에 없어요. 9개 기관에 각 기관마다... 그래서 지금 그게 불편하고. 여기서 운영비 나가는 것이, 각 기관 단말기 수수료 나갈꺼요... 은행에 송금하는 수수료 나가고 있고.<C3-가>

비영리기관은 3년간 사업진행의 신뢰감을 통해 사업의 만족도가 높다고 평가하지만 영리기관의 경우는 세금관련, 운영비적자 등으로 인해 사업 자체의 만족도가 낮게 평가하고 있다.

그리고... 머...달성에 우리 도우미들 이미 2005년부터 사업을 시작했잖아요... 벌써 일 년 2년 사업을 넘어 3년 사업인데 그분들이 계속 연계해서 오기 때문에 굳혀져 있어요... 그래도... 먼가 불만이 있겠지만... 달성같은 경우는 인원이 저희가 두 번째로 많아요... 대구시에서... 안 그래도 부각이 되어가지고, 이런 상황 조율하면, 수긍해 주시는 게... 그런 믿음도...틀도 쌓아졌다고 봐요.<C3-가>

1인당 계산을 해도 10만원 벌어다 주는데 거기서 6만원 세금 내고 4만원 안에서 월급이고 뭐고 다 제쳐 두더라도 단말기 임대료, 통신료도 일부 나가야 될 것이고, 카드 수수료도 일부 나가야 될 것이고..〈C2-가〉

4만원 남는 것 가지고 저희가 물품 값도 있거든요. 가방 같은 것들... 필요한 도구들이 다 들어가요. 엄마가 유축기 필요하다 그러면 대여하니까... 제가 거기에 필요한 부분을 투자한 비용이 있다고요〈C2-가〉.

(4) 서비스 확대가능성

비영리기관의 경우 민간업체와의 경쟁이 불가피하고 그에 대한 대응을 준비하고 있지만 영리기관의 경우는 이용자 선택권 확대로 인한 이용자 편중현상에 대해 거부감을 드러냈다. 경쟁이 되고 있기는 하지만 경쟁하는 것을 원하고 있지 않는다. 자부담금으로 서비스가 더 활성화되면 시장형성은 가능하다고 비영리기관에서는 보지만 영리기관에서는 기존 방식으로 시장형성 가능성은 불투명하다고 여긴다.

같은 금액을 제시한다면 거기에서 차이가 생기는 것은 산모한테 주더라도, 그러니까 산모가 예전처럼 쿠폰을 들고 있고 어느 업체를 하더라도 거기에 쿠폰을 제시하면 아무데서나 받을 수 있는 혜택. 그렇게 된다면 지금보다 훨씬 낫지 않을까. 딱 우리 금액이 아니더라도 거의 우리 금액만큼 상당한 금액이 주어진다면 어느 업체든 할걸요. 지금 금액이 솔직한 말로 61만 2천원이거든요, 국민은행 수수료 떼기 전에, 그 61만 2천원이라는 금액을 쿠폰제로 해서 아무데서나 이것을 해서 보건소로 가지고 와서 돈을 지급해 주는 형식이라면 서비스 질은 반드시 올라가요. 그리고 산모들도 선택할 수 있는 폭이 넓어지는데 굳이 그것을 업체 두 곳을 계약해서... 그렇게까지 묶을 이유가 있을까〈C2-가〉.

저희들이 이렇게 회의를 하면 그런 면을 많이 부각을 시켜요. 도우미들한테,, 저희들이 10일 날 회의를 하거든요. 회의를 하는 이유는 4대보험에 대한 사업을 하기 전에 4대 바우처 전환되면서, 어떻게 될 거라는 회의를 하고, 사업을 시작했지만, 기존에 하고 있는 분들, 종이바우처에서, 임금이 처음 나가면서, 4대보험에 대한 거 개인적으로 전부다 얼마 나가고 있는지 다 하나씩 명시해서 줄 거예요. 그렇게 되면서, 이해를 하면서 근로계약서를 썼지만, 그래도 궁금한 사항 그런 거 때문에, 그리고 지금 이야기 한건,,, 내년에라도 민간업체가 경쟁업체로 들어선다면 우리가 살아갈 방안 요런 것도 아마 회의 중심으로 갈 겁니다〈C3-가〉.

(민간업체와의 경쟁) 결국은 일자리를 제가 만들어주는 개념이 아니고, 우리 도우미들이 만들어가는 개념으로 인식을 많이 심어주죠. 노인돌보미,, 장애인돌보미도, 마찬가지고, 고객은 이제 선택할 권리가 있기 때문에 제가 이제 선택해서 하는 게 아니잖아요. 그런 개념은 좀 심어주는 거는 저희 회의 내용에 항상 부각시킵니다〈C3-가〉.

제공자들이 계속 증가되고 있기 때문에 일자리 창출로서 효과는 있지만 운영비부족으로 인해 신규직원(관리자) 채용은 어려운 실정이다.

관리자요? 남아야지 하죠(웃음)〈C2-가〉.

관리비가 더 남는다면 추가를 하죠(없어서 못함을 강조). 분명히 내가 놓치는 부분이 어딘가에 있을 거니까〈C2-가〉.

(일자리 창출효과)지금 현재는 조금 지속적으로 갈 수 있을 것 같아요.〈C3-가〉

(5) 바우처효과

2008년 2월 사업지침의 가장 큰 변화는 종이쿠폰에서 전자바우처로의 변화이다. 전자바우처는 한번 발급으로 둘째, 셋째 아기까지 사용이 가능하며 전자바우치를 실시함으로써 제공자의 월급이 밀릴 가능성이 줄어들었지만 전산처리들의 잔무가 많아졌음을 지적하였다.

(전산업무)일이 많아졌죠. 종이바우처 같은 경우는 쿠폰이 들어오면, 쿠폰 작업해서, 머 파견명단만 주면 되는데, 지금은 굉장히 전산처리하는 거. 전체 전산처리로 하는 거〈C3-가〉.

예, 그니깐 쿠폰 들어오면, 붙여서 파견서 명단 전부 입력해야 되는 상황이고, 지금은 지부에서, 일이 많아요. 본부에서...저희 같은 경우도 하나 더 늘었다면, 매일 산모출근을 매일 기록을 정확하게 해줘야지 지부에서 임금을 받을 수 있으니깐.. 그게 하나 더 부가됐다고 볼 수 있는 거죠... 매일 해야 되요... 그래서 매일 해서 주는 건 아니지만, 월말에 탁 해서 올려주거든요... 제가 전산처리 해놔야지.. 왜냐면.. 다 기억 못하거든요... 11명이 하면.. 한 달 하면은 거의 한 24건 25건 정도 되잖아요... 하루하루, 출근을 다 잡아드려야 하니깐... 12일이라는 개념에 맞춰줘야 되고, 그 다음 파견처 달라지니깐... 한도우미가, 2건하고, 3건 결쳐서, 있을 수도 있잖아요... 쿠폰 같은 경우는 그건 아니지... 쿠폰만 딱 들어오면... 들어오는 마감지점을 주는 거니깐... 3월에서 넘어가면 4월에 주니깐... 3월에 쿠폰 하나만 줘도 되고, 지금은 하루하루 일수를 해서 주니깐... 정확하게 전산에 명시되어야 돼... 그런데서 오차나면, 조금...〈C3-가〉.

특히 산모도우미사업은 매월 반복되는 다른 바우처 사업과 다르게 일회성 사업이기 때문에 종결 후에는 바우처카드 불필요하며, 사용횟수에 비해 발급절차가 까다롭고 카드사용 또는 폐기에 관한 정확한 정보가 없어 산모들이 어려움을 겪으며, 관리자 1명이 매주 종결하는 사례 결제를 위해 다녀야 하는 것 등 인력낭비가 심한 점에 대해 불만을 제기하였다.

특히 단말기가 부족하여 인건비낭비가 심하고 시간노력 등 거래비용상승에 대한 불만을 제기하였다.

그것(바우처제도)을 이해하는 산모들이 거의 없어요〈C2-가〉.

…이 카드를 잃어버려서 다시 재발급하는 엄마들도 많아요. 그래서 지금은 도저히 안 돼서 '엄마가 그 카드 잘 가지고 계셔야 됩니다. 그래야지만 저희들이 엄마랑 카드를 결제를 할 수가 있습니다…〈C2-가〉.

단말기를 운영하니깐, 제가 현장에서 가서 단말기를 결제하지 않으면 도우미들이 들어와서 내일 다시 들어오는 그런 불편한 점이 있죠. 매일같이 기록지를 도우미들이 불편한게 기록지를 작성하고 들어와서 단말기가 없기 때문에 사무실에 와서 제가 결제해 주면, 다시 가서 산모가 결제한 단말기 원영수증을 다시 사인해서 들어오는 게 번거로워서, 초창기에 2월 달에는 계속 내가 현장에 나갔는데... 업무가 너무 많으니까, 제가 안나가고. 하루 전 들어와서 결제하고 다음날 종료 날 다시 들어오는 거죠.〈C3-가〉

산모들은 좀 불만 있죠. 이건 산모들은 특별하게 쓰는 카드가 아니잖아요. 엄연히 저희들 12일이라는... 결제일을 위해서 만든 카드예요. 우리 도우미들도 마찬가지 좀 그런 게 번거로움이 있어요.. 한 번 쓰고 이거를... 첫 애기 둘째 애기까지는... 그 산모이름으로 카드를 쓰는데... 요즘은 그렇게 출산 안하잖아요. 한번 쓰고 무용지물이 되는 거죠... 버리는 거죠. 도우미분들이야 지속해서 쓰는 거고.〈C3-가〉

매일 해야 되요... 그래서... 매일 해서 주는 건 아니지만, 월말에 탁 해서 올려주거든요... 제가 전산처리 해놔야지... 왜냐면... 다 기억 못 하거든요〈C3-가〉.

그러니깐... 제일 불편한 사항이, 이게 한 번 쓰고 버리는 카드... 좀 불편이 많드라구요. 산모들이 좀 많이 불편한 걸로 감안을 하죠. 하루만... 12일 쓸 걸 위해서 카드를 만들어야 하는 번거로움... 이런 것도 있고, 그건 국민은행에서 만들어야 되니깐... 산모들이... 조금 불만이 많죠. 이거 한 번 쓰고 버릴 건데.〈C3-가〉

(6) 개선방향

사업의 개선방안으로 영리기관의 기관은 무엇보다 세금관련된 부분이 해결되어야 한다고 주장하고 있다. 산모들의 불만접수 허용 뿐 아니라 도우미들의 불만접수도 허용하여 도우미들의 수입 부분도 보장해 주어야 할 것이다.

> 그러니까 말이 안 되는 거죠. 수입구도 자체를 맞춰줘야지, 수입구도는 안 맞으면서 나라에서 요구하고 싶은 거 다 요구를 하고, 그러면 거기에 대해서 맞춰줘야 된다는 거죠〈C2-가〉.

> 우리가 안 되지. 그러면 산모도 두 말 안하고 끝까지 쓰게 만들어 줘야지. 그래야지 그 사람 수입 보장이 되는 거지. 왜 산모들한테는 클레임 다 걸고 언제든지 바꿀 수 있다고 이야기 하면서 그 부분에서 도우미 수입 부분은 왜 보장을 안 해주냐고〈C2-가〉.

> 제대로 된 산모 서비스가 나간다면, 오히려 계약보다는 차라리 나라에서 얼마가 주어지고 그 돈을 어떻게 쓰던지 간에 '너희가 선택을 해라'던지, 계약을 하지 말고 어느 업체하고 했다고 그게 확인만 된다면 그쪽으로 바로 지급을 해주는 방법도 오히려 서비스 올리기 위해서 그것도 괜찮아요. 그러니까 자활을 선택을 하든, 참사랑을 하든 딱 그걸 찍지를 말고, 민간업체 어디든지 예약을 해서 어느 업체든 차라리 괜찮은 업체를 찍게 한다면 서비스 질은 분명히 올라가요. 우리 업체가 아니더라도 다른 민간 업체들도 그만한 정보는 갖고 있고 그만큼 돈이 들고 강화를 시키고 있기 때문에 산모가 만든 서비스에 대해서는 올라 갈 수밖에 없죠〈C2-가〉.

2) 제공자

(1) 서비스내용

아침 9시부터 퇴근 6시까지(토요일 2시)이며 중간에 휴식타임이 없는 경우 5시에 퇴근한다. 전반적인 가사일, 아기 돌보기, 산모 마사지, 빨래 등 2주간 서비스 제공하고 종전과 서비스내용에 변화가 없었다. 한 달에 2회 휴무가 가능하다.

> 애가 사고가 나서 중간에 3번을 쉬었거든요. 그래서 4번째. 2주, 2주 이렇게 해서, 9시부터 5시까지요〈C3-나-1〉.

> 그러니까 뭐든지 잘 해주는 식이죠. 작은 빨래 같은 것들, 손수건 따로, 아기 옷 따로. 따로 따로 다 해주죠〈C2-나〉.

(2) 진행과정

도우미의 교육은 경력에 따라 차이가 있어 기존 도우미 활동을 한 경우는 별도의 교육은 받지 않고, 바우처 사업지원 교육보다는 전자바우처에 대해 교육을 하며 초보자들의 경우는 2주간 교육과 건강검진을 받는다. 자녀를 키운 경험이 도움이 되며 다른 교육의 필요성은 별로 없었다. 이동시간은 차로 거의 20-30분 내에 있는 거리다.

평균 차량으로 25분 정도 이동하는 거리에서 일하며 이동거리가 먼 경우는 기름값만으로 한 달에 20만원이 넘어 임금은 부족하다고 느낀다.

교육도 받았고요. 아침 10시부터 4시까지 계속 받았고, 2주일 동안... 그리고 건강검진 다 받았고요... 결핵하고 간염 등에 대해.. 애기 돌보는데 감기도 들면 안 되잖아요.〈C3-나-1〉

(다른 교육의 필요성) 그런 거는 필요는 못 느꼈구요. 저는 애들 세 명을 키워 봤으니까. 충분하던데요...처음에 들어올 때 입회비가 5만원 있고요. 보험료가 5만원이었어요. 보험료는 1년에는 한 번만 내면 되구요. 저는 제가 아는 어른이집 원장 선생님이 같은 교회 집사님이거든요. 그 분이 이런 일을 해보지 않겠냐고 권유를 해주셨어요〈C3-나-1〉.

(이동거리는) 차가 있으니까 한 20분 정도 걸려요〈C2-나〉.

(임금은) 부족하다는 느낌이 들긴 해요. 차량왕복으로 1시간 정도 갈 때는 기름 값만 해도 20만원이 들던데요. 4만원씩 월 100을 쳐도 하는 일에 비해 보수가 적다는 생각이 들긴 해요〈C3-나-1〉.

(3) 만족도

이용자 부담금으로 인해 이용자들이 미안하거나 고마워하는 마음이 전혀 없는 것은 불만이지만 주부들이 하기에는 적당한 일이다 여기고 있었다. 산모들에게 혜택주는 일이고 직업을 구하기 힘든 40대 주부에게 애를 키워본 강점을 살려서 할 수 있고 특별한 지식없이도 쉽게 배울 수 있는 일이기 때문에 좋은 일이며, 도우미들의 일자리 창출이나 혜택을 받는 이용자를 위해서도 지속되어야 하는 사업이라 생각한다.

괜찮죠. 여자 직업으로는 적당해요. 딱히 일할 곳이 없는 여자들한테는 딱 맞는 일인 거 같아요... 성격장애 있는 그런 사람 아니고서는 다들 잘 지낼 수 있는 거잖아요. 저는 전업주부로 있어가지고 직장은 많이 안 다녀봤어요. 아이들이 고 3하고 고 1이 있는데 둘 다 유학을 보내서 이 일을 당분간 계속해야 해요. 55세까지라고 하더라고요. 그 때까지 솔직히 하고 싶은 마음이에요〈C3-나-1〉.

자기네들이 돈을 지불하고 있잖아요. 그래서 그런지 미안하고 그런 마음은 좀 없는 것 같아요. 아무래도 예전에는 미안하고 고마워하시던데 지금은 그런 게 없어요〈C3-나〉.

일자리로서 저는 다 만족해요...애기도 없고 하니까 봉사하는 마음으로 하려고 하는데, 재밌어요〈C3-나〉.

(4) 서비스확대 가능성

현재는 일반기업에서 하는 도우미보다 바우처사업 도우미를 더욱 많이 하기 때문에 비교하기 어렵다. 기관에서 최대한 편리하게 스케줄을 잡아주려 하므로 불만은 없고 즐겁게 일을 하고 있으며 다른 직장 경험이 없는 주부의 경우 계속하고 일하고자 하는 사업으로 생각된다.

(5) 바우처효과

제공자입장에서는 결제나 카드발급 등에 관해 크게 신경쓸 일이 없기 때문에 편리하고, 현금보다 깔끔하며, 종결 후 바로 임금이 되기 때문에 전자바우처가 지속되는 것을 찬성하는 입장이었다. 결재하러 다니는 기관은 불편할 수 있지만 제공자 입장에서는 편리하고 좋게 생각된다.

아직까지 (불만은) 전혀 없어요. 얘기할 일이 있으면 전화로 우선하고 그 다음에 찾아가서 이야기를 해요. 그냥 스케줄 잡아주는 데로 저희들이 더 열심히 하고. 저희도 월급받고 일 하는 거니까〈C3-나-1〉.

저희들은 크게 신경을 안 쓰니까. 저희들은 편하죠. 저희들 보고 하라 그러면 오히려 번거롭지 않을까요?...현금으로 하는 거는 못 봐서 모르겠고. 깔끔하고 좋을 것 같은데요. 끝나고 나면 바로 통장에 들어오고 하니까〈C3-나-1〉.

(바우처가 카드가) 저는 빨라서 좋아요. (종이 바우처)는 번거롭잖아요〈C3-나〉.

(6) 개선 방안

제공자들은 이용자들이 가사도우미와(파출부)와 신생아돌보미의 차이를 이해하고 서비스에 감사하도록 인식이 변화되기를 바란다.

아직까지 우리나라 사람들 인식이 가사도우미와 구분을 못 하고 있거든요. 저희들 대하는데 주위 사람들이나 가족이나 좀 그런 게 있죠〈C3-나-1〉.

3) 이용자

(1) 서비스내용

제공받는 서비스는 집안청소, 빨래, 아기 목욕, 찜질, 마사지, 큰아이 돌보기, 장보기, 식사준비 등이며 일요일은 제외하고 2주간 12일간 서비스를 받는다. 시간은 오전 9시부터 오후 6시까지이며 쉬는 시간이 없는 경우는 오후 5시까지(토요일은 2시) 서비스를 받고 있었다. 이용자에 따라 아이돌보기는 산모가 하고 가사도우미 수준으로 일하는 경우가 있었으며 육아법을 포함하는 정서적 도움을 받기도 한다.

2주 됐으니까 일요일 빼고 12일 받았어요. 보통은 9시부터 5시...토요일은 9시부터 2시까지... 집안청소 같은 거, 빨래, 그리고 애기 목욕, 마사지 그런 부분, 그리고 큰애 돌봐주시는 거〈C2-다1〉

시간요? 9시부터 6시까지... 2주 동안요. 토요일은 2시까지. 이제 몸 씻길 때니까 수건 적셔가지고 찜질도 해주구요. 수유는 제가 일주일 있다가 와가지고 젖이 그렇게 안 아픈 상태여가지고, 일주일 후에 오셔서 수유마사지는 안했고 그냥 밥 해주고 오셔서 청소하고 그 다음에 미역국 끓여주고 가시고, 애기 목욕 둘 다 큰애 둘째 다 씻겨주시고...다해주시고 필요한 거 있으면 장도 봐주시더라구요. 장봐가지고 먹고 싶은 거 얘기하라고, 만들어주신다고 직접 만들어줘요... 마사지 같은 거 많이 해주고 큰 애가 있으니까 하기야 어쩔 수 없죠. 애가 찾으니까 나를, 아줌마가 청소하고 시간 날 때는 봐주면은 되는데 애가 나를 찾으니까 그건 내 문제고, 아줌마도 바쁘지. 밥 해대랴 청소하랴 애 씻기랴 돌 시간에를 돌아가는 시간에 차려준거 내가 안 먹는다 카고〈C2-다2〉.

우리 애 낳고부터 거의 2주 동안이었나? 그렇죠. 아침 9시에 와서, 저녁까지 해주고 가던데 퇴근은 5시도 됐다가. 6시도 됐다가... 어쩔 때는 일찍 갈 때고 있고 그랬어요. 종이에 다 나와 있기는 한데 머 필요하면 더 있어주고, 일찍 일 마무리 될 때는 일찍 가기도 하고 했으니.. 잘 모르겠네요. 그리고 그게 편하드라구요. 다 그렇게 하는 거 아닌가요. 애기도 얼마나 이뻐해 주던데요. 특히 우리 큰 아이도 작은 아이에게 질투심 가질까봐. 더 잘 봐줘야 한다고.〈C3-다3〉

아~주로 받은 것들은 그냥 청소해 주시고 살림도 해주시고 애기 목욕도 시켜주시고 마사지라든지 머 그런 거 다요. 시간은 2주 동안 받았구요. 아침 몇 시였더라 9시부터였나? 암튼 저녁 5시까지였어요〈C3-다2〉.

이용 경로는 주위 동생, 언니, 지인, 조카 등 주위 사람들로부터 정보를 듣고 기관을 방문하여 신청을 하게 되었으며 카드가 신청 후 집으로 배달되어 서비스를 이용하고 있었다.

저는 저기 뭐야 주위에 동생하고 친구들이 애기를 낳았거든요. 그 얘기를 들었죠〈C2-다1〉.

제가 뭐 압니까. 이렇게 늦게 애기를 놓는데, 이런 게 있는지도 몰랐는데 조카들이 얘기를 했다고 언니가 그러더라구요. 이런 게 있으니까 알아보라고 해서.. 애기 아빠한테 알아보라고 했더니, 있더라구요. 그래서 하게 됐죠〈C3-다3〉.

사업이 있다는 것은 누가 말해줘서 조금 알고 있었고, 정확하게는 직접 전화를 통해 알아 봤습니다〈C3-다1〉.

네 친언니가 받았을 때 보고 저도 자격이 된다고 해서 받았습니다...〈C3-다2〉

(2) 진행과정

서비스 시간은 대부분의 산모가 일주일 정도 더하여 3주를 제공받기를 원하며 필요에 따라서 저녁시간에도 이용하거나 추가하는 일주일은 개인에 따라 저렴한 추가부담금을 지불해서라도 이용하는 것이 좋다는 의견이 제시되었다. 또한 유축기나 좌욕기 등 기구대여에 관한 정보가 제공되기를 요청하기도 했다. 현재 2주 서비스가 적당하며 현재 받은 서비스 외에 자부담금을 들여서 추가 구매할 의사가 있는 이용자도 있었고 특별하게 받고 싶은 서비스가 없다는 의견도 있었다.

2주정도 기간을 정한 거? 보통 삼칠일정도 하라고 하니까 3주했으면 아예 그냥 2주하면 모자란 느낌이 들자나요. 그냥 3주까지 삼칠일카면 삼주까지 해주면 좋겠는데 이게 뭐 끊기니까 2주 있다가 병원에 나오면은 있다가 삼칠일까지 뭐 꽉 채워주면 그래도 보통 삼칠일까지 밖에 나가지 마라카니까〈C2-다1〉.

특별히 뭐 내가 생각해봐도 그렇게 특별히 더 받고 싶은 거 그니까 그런 거는 대여 있자나요 유축기나 좌욕기 대여는 다른 일반 밖에서 하는 도우미들은 대여가 있지만 나는 그렇게 필요가 없었는데 궁금하더라고 유축기 같은 거 이런 거 대여는 뭐 먼저 필요하세요? 이런 거 우리 집에 있었으니까 얘기를 안했을 수도 있는데 그런 거 좌욕기, 유축기, 애기 필요한 거 뭐 있자나요 그런 거 대여 받을 수 있는지 없는지도 ...〈C2-다1〉

3주가 더 안 낫겠어요? (구매할 의사는 있으세요?) 있었어요...아니아니 아니 좀 저녁이나 몇일 좀 하려고 하다가 제가 몸이 뭐 그렇게 나쁜 게 아니라서 지금은 제가 할려구요. 필요하면 더 했겠죠. 별로 필요 없었습니다.〈C3-다1〉

아~음. 한 일주일 정도는 더 했으면 좋겠어요. 2주일 정도로는 부족한 것 같아요. 2주일은 무료잖아요. 그 후에는 일주일이든 이주일이든 원하는 사람에 따라서 추가로 돈을 더 내고 했으면 좋겠어요. 2주는 너무 짧잖아요. 예예 어느 정도를 부담해서라도 (추가로 구매할 의사가 있다). 그래도 일반 시중보다는 저렴해야겠죠. 정확한 금액은 알 수 없어도.〈C3-다2〉

제공자와의 관계는 대체로 원만하여 전원이 제공자 변경은 없었다.

> 좋은데요. 잘해주셨어요. 뭐 일해주시는 것도 그렇고, 챙겨주시는 거 다 해주시던데? 오히려 교육을 더 받으셔가지고 제가 첫애 때 모르고 지나갔던 거 좀 많이 배우는 편이예요〈C2-다1〉.

(3) 만족도

산모신생아 도우미 서비스 제도 자체에 대한 평가는 좋았으며 제공기관, 제공자에 대한 만족도는 높아보였다. 산모, 아기에 관한 관리 뿐 아니라 저녁 식사, 빨래, 다른 자녀 돌보기 등 제공되는 서비스가 만족스러워했다. 이용자에 따라 육아에 대한 기대는 차이가 있었는데 첫아기 때 모르고 지나갔던 부분까지 교육받은 분이라 더 많은 것을 배울 수 있는 기회가 되기도 하고, 육아에 대한 전문적인 지식을 기대했으나 자신과 다르지 않아 불만을 이야기하기도 했지만 제공자(도우미)가 시간약속도 잘 지키고 성실하게 아이를 돌보는 것 등으로 만족도가 높았고, 출산경험에 관한 얘기 등을 통해 정서적 교감이 있었던 산모는 추가 구매시 같은 도우미로 계속할 생각을 하기도 했다. 특히 산후조리원의 경우 큰 아이는 데리고 있을 수 없기 때문에 경산일 경우는 산모신생아 도우미서비스가 더욱 필요하다고 지적했다.

산모신생아 돌보미서비스는 지속되면 현실적인 출산장려정책으로의 가능성을 보여주었다. 산모들은 많은 사람들이 더욱 혜택을 볼 수 있도록 적극적으로 임신한 사람들에게 알려주려고 노력하고 있으며 정부차원에서의 적극적인 홍보의 필요성을 제기하기도 하였다.

> 그냥 뭐 다른 살림은 다 사는 거니까. 살림살이 그런 건 이제 여자니까 다 비슷하게 하는데 애기한데 뭐 물어봤을 때 이거 배꼽이 떨어지거나 이거 왜 이래요 전문지식이 좀 없는 거 있자나요. 그러니까 내하고 똑같은 입장인거. 나는 궁금해서 그 사람한테 물어보는데 그 사람이 나는 전문지식으로 이래이래하면 됩니다. 그런 것까지 아실 줄 알았는데 그런 걸 모르시더라구요. 그니까 내가 어 이게 배가 고파서 우는 거예요? 왜 이런거예요? 이래 물어도 나도 잘 모르지만 내랑 비슷한 아줌마도 이제 애 키워봤지만은 그렇게 간호사처럼 그렇게 알지는 못하구나. 착잡한. 이거는 왜 이래요? 황달기는 없어져요? 이러면은 그런 뭐 전문지식은 없지, 내랑 비슷한 수준의 없어지겠죠. 이런... 다른 건 다 괜찮고 사람도 좋으시고 그건 뭐 어쩔 수 없죠〈C2-다1〉.

> 조리원에 있을 때는 차이가 제일 중요한 게 이제 밤에 잠을 자니까 밤에 이제 그쪽에서는 분유로 수유를 해주자나요. 사람을 안 부르고 밤에 잠을 잘 수 있는 그 차이가 제일 크죠. 근데 여기서는 밤에 내가 봐야 되니까 밤에 잠을 못자죠. 뭐 모유수유하면 어차피 못자는 데 낮에

젖짜는 거, 젖먹이는 거, 애 보는 거는 비슷한데 제일 큰 건 이제 나는 밤에 잠을. 이제 사람이 없으니까 거기서는 밤에 맡아준다는 거 그게 제일 큰 차이지〈C2-다1〉.

네 그렇죠. 지금도 이런 게 있는지. 참 신기하다니까요. 조리원은 예전부터 생겼지만 집에서 이렇게 해주는 게 집에서 돈 주면 도우미들이 와서 해주는 건 알고 있었지만 저걸 누가 하겠나 싶었는데. 집안일 해주는 아줌마도 일반 사람들이 거의 못 부리고 하는데 애 낳다고. 그걸 하겠나 싶었는데. 나라에서 공짜로 해주니 너무 좋던데요.〈C3-다3〉

여튼 좋았습니다...그냥 다 마음에 들어요. 저도 애를 키워봤지만.. 귀찮은 일이 한두 가지라야지. 근데도 싫은 내색 없이 오자마자 큰애부터 씻기고 밥주고, 청소 다 해놓고, 그 다음에 애기 목욕하고, 마사지하고, 다 해주고도.. 장봐와서.. 맛있는 거 해 먹고 했는데도.. 다 만족합니다. 나중에도 가끔 만나서 이렇게 지내자고 했고요. 친구 같고 그렇죠.〈C3-다3〉

이런 서비스가 있다는 것 자체가 참 좋은 것 같아요. 도우미 분도 대게 좋았어요. 일단은 와서 일해주시는 것도 그렇고... 경험을 먼저 해보신 분이잖아요. 제가 물어봤을 때 대답도 다 잘 해주시고 육아적인 문제 뿐 아니라 집안일에 관해서도 얘기 잘해주시고 하니깐... 참 편했던 것 같아 대체적으로 만족합니다〈C3-다2〉.

대체적으로 만족을 합니다. 기관에 대해서는 잘 모르지만 도우미에 대해서는 아주 만족합니다. 출산 경험에 대해 자세하게 얘기도 잘해주시고. 그런 것들이 제가 우울하지 않게 해주었던 거 같습니다. 정서적 교감이 잘 된 것 같습니다.〈C3-다1〉

지속될 수 있으면 계속 지속해서 하는 게 좋겠지요. 아무래도 뚜렷한 출산장려정책이 나오지 않은 상황에서 이렇게라도 해야지 않겠어요.〈C3-다1〉

(4) 서비스 확대가능성

서비스 만족감이 높아 본인부담금은 적절하며 특히 산후조리원에 비해서 비용이 저렴하다고 생각하고 있었다. 서비스에 대한 수요가 많지만 아직 정보를 몰라 이용을 못하는 사람들이 있을 가능성이 높다. 서비스 제공자나 기관을 선택하는 기회는 있었으나 정확한 정보의 부족으로 실질적인 선택권은 수행되지 않는다. 서비스 신청을 할 때 담당공무원의 설명이나 인지도가 제공기관 선택에 영향을 많이 미치며 서비스 제공기관이나 도우미에 대한 상세한 정보를 확인 후에 선택할 수 있기를 희망하고 있었다. 선택권을 행사하는데 최우선 조건은 도우미의 접근성으로 제공되는 서비스의 내용보다 집에서 가까운 사람을 선택하는 경향이 있었으며 서비스 이용경험자를 통한 의견 수렴을 하는 경우도 있었다.

그 기준이 너무 빡빡한 것 같아요. 너무 제한적이어서 못하는 사람들이 너무 많아요. 그리고 몰라서 못하는 사람들도 많아서 많이 알려야 할 것 같아요. 아직까지 산모 도우미를 받았다는 사람을 잘 못 들어 봤어요. 한정기준이 너무 쎄요.〈C3-다2〉

저는 글쎄 기관에 대해서 잘 알아보지는 않았고 주소보고 집하고 가까운 곳을 선택했어요...〈C3-다2〉

4만 6천원 정도면 적지도 많지도 않네요...도우미는 모르겠고, 기관은 두 개 기관 중에서 선택이 가능했습니다. 근데 가장 집에서 가까운 데로 선택을 했었습니다. 아무래도 저희 지역이 달성군이다 보니 가까이에 있는 사람이 나을 듯해서요...〈C3-다1〉

돈 낸거 말씀이시죠. 그것도 아까워서 안하려고 했는데, 알아보니깐 일반으로 할 때는 그것보다 훨씬 더 비싸길래, 그거는 거의 공짜로 생각하고 냈죠. 첨에는 애기는 봐주는 건줄 알았는데 와서 보니깐 애기도 봐주고 저한테 마사지 뿐 아니라 집안청소 빨래 다 해주던데요. 밥도 차려주고〈C3-다3〉.

조카들이 알아봐 줬어요. 근데 내용은 다 비슷비슷한 거 같아서 그냥... 우리 지역이 도시 지역이 아니라 외곽지역이다 보니 아무래도 오기 번거로울까봐. 그래도 여기 달성군에 위치한 곳이 더 나을 것 같아서 주소지를 보고 이곳을 선택 했어요....〈C3-다3〉

제가 참사랑에다가 이쪽에 두 군데가 있자나요 칠곡이용자회랑 그쪽에 이쪽에 한다고 연락을 했어요. 그걸 보건소에서 못들은 거 같아요. 그니까 그쪽으로 돈을 입금하라는 이야기는 들었는데 돈을 입금하고 그쪽으로 한다고 얘길 했어야 되는데 얘길 안하고 그냥 가만 있었거든요. 애 낳으면 연락 오는 줄 알고 그랬더만 다 밀려있어 가지고 일주일 후에 빨리 땡겨가지고 그것도.〈C2-다2〉

그냥해서 마음에 드는 거 찝으세요. 이라는 거예요. 근데 보통 ○○○ 같은 경우는 좀 들어봤고 칠곡 뭐 하나 있더라구요. 왠지 사람들이 들어본 거 익숙하자나요. 그래서 ○○○했지 뭐 이 사람들 어떠어떠해서 모임이 있는 그런 설명 못 듣고 그래가지고 나도 고민 많이 했는데 이거 어디 들어야 되지 카면서 ○○○ 들어봤기 때문에 그냥 익숙한 거에 손이 가 전화했었던 거고 이거는 칠곡거는 전화 안 해봤어요〈C2-다2〉.

(5) 바우처 효과

바우처 카드의 사용은 이용자별로 차이가 나타났는데 특별히 불편했던 점이 없었으며 더욱 활성화되기를 바란다는 이용자와 일회성 발급절차가 복잡하고 사용방법에 대한 정보가 부족하다고 느끼는 이용자가 있었다. 산모도우미 신청하면서 같이 카드신청도 같이 하였으며 실제 카드에 대한 이해와 사용에 대한 지도가 필요하다고 보여진다. 특히 산모 혼자서 신청하고 발급하는 경우 절차가 복잡하다고 생각하며 입금하고 제공기관 신청하는 것이나 다른 기능, 사용 후 처리 등에 대한 방법 등에 대한 정확한 설명이 요구되며 일부 이용자는 좀더 간편하게 등록만 하면 사용할 수 있기를 바란다.

전화로 (신청하고)... 그냥 현장에다 한 게 아니고 그냥 시청에다 그거 신청했을 때 카드가 날라왔는데 그거 잘 모르겠던데. 그냥 뭐 이거만 결제하기 위해서 사용하는 거 아니에요? 한번만 사용하고 그러니까 아니 그게 카드, 그게 금액 그것만 넣어놓고 한번 사용하고 나면 쓸 수 없는 게 아닌가요?〈C2-다1〉

네 카드가 왔고 카드 받으면서 바우처라는 그 자체는 몰랐어요. 생소하더라고. 몰랐는데 보건소에 가서 보건소에서는 일방적으로 갔을 때 바우처 카드가 갈 거에요. 그래서 내가 바우처 카드가 뭐예요? 그러니까 그 필요해서 가는 카드다 이렇게 이렇게 해서 돈만 붙이면 된다. 설명을 자세하게 안 해 주시더라구. 난 그 카드 버릴 뻔 했다니까요. 지금 이 카드. 왜냐면 지금 입금만 하고 그 46,000원 본인 부담금 입금하고 그 다음에 필요가 없는 카든줄 알았어요. 그래서 거기 보건소에서 뭐 2주 끝나면 이 카드 찾으러 올거다 가지고 있어라 그런 말. 난 진짜 카드 짤라 버릴라 캤다니까 진짜 필요없는 카드 짜르듯이. 46,000원만 입금하고 필요없는 줄 알고.〈C2-다2〉

네 복잡해요. 그냥 제가 뭐 신청이나 뭐 등록을 하면 나라에서 알아서 이렇게 그 사람한테 돈을 지급한다던가 이러면 좋겠는데 선지급금이 있고 서비스 받고 하기야 서비스 안 받고 돈을 바로 그 사람한테 입금할 수는 없자나요. 근데 그거는 관리체제에서 관리하는 쪽에서 그거는 이렇게 뭐 나중에 해야 되는 거 아닌가? 하기야 내한테 2주 받았다는 거 확인을 해야 되니까... 예전에는 카드를 안 하고 종이를 줬거든요. 보건소에서 미리 신청을 하자나요. 그러면 종이 한 장을 줬어요. 그거를 가지고 계시다가 도우미가 끝나면 그 도우미를 보면 종이를 주는 거예요. 그 종이를 가지고 이제 그 기간을 다 내는 거지. 그렇게 확인을 했거든요 그렇게 하면서 불편함 있어서 전자 바우처로 바꿔기는 했는데 이것도 맹 불편함이 있죠〈C2-다2〉.

카드가 와서 조카들이 돈을 입금해야 된다길래... 하라는 대로 그냥 했고. 도와주시는 분이 연락이 와서... 나중에 그거 필요하니깐 버리지 말라고 해서 그냥 가지고 있었는데, 가지고 있는 동안 별로 불편한 거 없었는데...혼자 이런 거 신청하고 했으면 아마 하기 힘들었을 거에요..카드 그냥 만들면 되는 줄 알았는데 돈도 넣어야 하고.. 신청도 해야 하드라고요. 해보니깐... 이 카드 일회성이라 이제 못쓴다고 하던데, 그러면 버리면 되나요?〈C3-다3〉

음 편했어요. 그냥, 근데 그 카드하나로 다른 데로 사용을 하면 더 좋을 것 같아요. 그러니까, 다른 것도 활용할 수 있으면 더 좋을 것 같아요. 그니깐, 음.. 장애인도우미도 하자나요. 그 카드하나로 다 할 수 있으면 좋겠어요...〈C3-다2〉

마지막에 사용한 게 전부고.. 별로 불편하지 않았던 것 같습니다... 하라는 대로 하니깐 발급되었고 발급 된 것을 설명서를 보고 입금을 하니 사용이 됐는데,, 별로 없습니다〈C3-다1〉.

(6) 개선방안

개선방안으로는 첫째 산모신생아도우미 사업에 대해 몰라서 혜택 대상자가 되어도 받지 못하는 경우가 많기 때문에 좋은 기회를 놓치기 전에 정보를 접할 기회가 있도록 적극적인 홍보가 필요하다고 제안했다. 자격기준을 완화하여 더 많은 사람이 서비스를 받아야 하지만 차나 월급만이 아니라 좀더 타당한 자격기준이 적용되어 부당한 서비스를 받는 사람이 없기를 바라기도 했다.

계속해서 하면 좋겠죠... 저처럼 나이 들어 애 나은 사람한테는 더 좋을 테고 어머니도 돌아가시고 친정어머니는 연세도 있으시고 하니깐, 아무래도 산후조리 하는 게 좀 힘든 상황이니깐... 다른 사람들도 정말 많이 하면 좋겠어요. 저처럼 나이든 사람은 이런 거 거의 몰라서 못할 테니깐...〈C3-다3〉

음.. 알고 있는 사람이 많이 없어서. 더 홍보가 필요한 것 같아요. 더 홍보 되어서. 많은 사람들이 이용할 수 있으면 좋겠어요...〈C2-다2〉

둘째, 기관 선택에 대한 정확한 정보가 전달되고 신청 방법 및 처리 절차에 관해 상세한 설명 필요하며, 바우처 카드에 대한 정보제공과 서비스 자격기준에 대한 보완이 필요하다.

셋째, 자부담금을 내는 목적 또는 사용에 대해 정확하게 설명을 해주어야 한다. 산모가 거의 아이들 보고 도우미는 거의 가사 우미수준이 되지 않도록 돌보미들이 좀 더 전문적인 의식 및 지식이 필요하다.

아니 근데 그게 왜 내는지도 모르고 내야 된다 해가지고 냈거든요. 어디 쓰이는지도 모르고. 그냥 이래이래 해가지고 본인 부담금이라고 하는데 왜 내야 되지? 그니까 나라에서 해주는건데 그런 생각 들었어요. 뭐하는데 쓰는데 이만큼 내고 어디에 쓰지? 이 돈을? 내긴 내는데 크진 않고 다른 조리하는데 비해서는. 왜 내지? 꽁짜면 꽁짜고 왜 내지? 이랬지. 내긴 내는데. 이건 어디 쓰일까?〈C2-다1〉

근데 전문적인 사람들이 해줬으면 좋겠는데 그냥 살림사는 아줌마들이니까 그냥 교육받고 그게 조금...빨래하고 밥하고 그러니까 육아를 전문적으로 하는 도우미보다는 살림도우미 가사도우미 느낌이 더 많았다는... 네 그런 것도 있고 애는 내가 보니까. 그니까 육아는 내가 하고 이 사는 게 육아하고 가사하고 다 같이 하기가 힘들자나요. 나라에서 하는 거니까 가사도우미를 하나 붙여주고 나는 육아를 하는 거구나 애는 보니까〈C2-다1〉.

넷째, 개인적인 지원서비스 체계를 갖추는 것도 좋지만 나라에서 자체적으로 운영하는 산후조리원을 운영해서 큰 애기도 함께 돌보는 것이 산모에게는 집보다는 산후조리원이 편하고, 산모들끼리 모여 휴식도 취하고 정보도 공유할 장소로 적당하다는 의견을 제시하였다.

이렇게라도 해가지고 개인으로 해가지고 돈 지원을 하는 것도 괜찮으신데 한 조리원 자체를 나라에서 아예 세워도. 그러니까 이렇게 센터처럼 해서요 돈을 좀 들여 가지고 24시간 큰 애가 있는 사람들은 큰애도 데리고 1:1이 아니고 산모들끼리 이렇게 좀 모여 있을 수 있게(애가) 크면은 못 데리고 가요. 잠깐씩 오는 건 괜찮은데 데리고 가는 건..〈C2-다1〉

7. 산모신생아도우미사업 사업결과 요약

1차와 2차 사례의 분석을 통하여 사업에 대하여 얻은 결과는 다음과 같다.

▶ 제공기관

1차와 2차 사례조사를 통하여 제공기관들은 대체적으로 운영비의 부족이 개선되어야 한다고 주장하였으며 특히 영리기관들은 사업에 부과되는 세금에 대해 강한 불만을 제기하였다. 특히 돌보미들에 대한 사회보험적용 등에 따라 운영경비가 증대된 만큼 운영경비가 증대되어야 함을 지적하였다. 사업만족도에 있어 영리와 비영리기관 간에 차이가 두드러지게 나타났는데 **영리기관들은 대체적으로 운영비의 부족으로 사업에 대해 강한 불만을 제기하였으며 비영리기관은 사업의 목적자체에 강한 만족을 표시하여 산모돌보미사업에 대한 영리기관과 비영리기관간의 시각차가 존재**함이 드러났다. 이러한 차이는 2차 사례조사에서 더욱 극명하게 나타났다. 신규직원을 채용하고 돌보미들을 고용함으로 1차 조사 시는 일자리창출효과가 있는 것으로 판단되었지만 운영비부족으로 사업의 확대에 따른 추가 일자리창출은 어려운 것으로 나타났다.

▶ 제공자(도우미)

제공자들은 도우미라는 직종이 아이를 출산한 경험이 있는 40대 이상의 여성들이 수행하기에 적합한 일자리임을 강조하였으며 2차 조사 시 본인부담금으로 제도가 바뀐 후에 도우미들에 대한 고마움 등의 표시가 줄어들었지만 사업에 대해 대체적으로 만족감을 나타내었다. 하지만 이동시간이 많은 경우 이동에 따른 비용증가로 임금이 부족함을 강조하였다.

▶ 이용자

이용자들은 대체적으로 3주간 서비스가 제공되기를 희망하였으며 1주일이 더 서비스가 제공되는 경우 본인부담으로 충당할 수 있음을 지적하는 경우도 있었지만 추가구매에 경제적 부담을 가져 구매를 꺼리는 경우도 있어 경제적 능력에 따라 부담금을 차등 적용하는 것이 바람직한 것으로 나타났다.

이용자들은 제공기관이 영리이든 비영리기관이든 대체적으로 만족하고 있었으며 제공자(도우미)들에 대해서도 만족하고 있었고 사업자체에 대한 만족도도 매우 높았다. 특히 산후조리원에 비해 산모신생아도우미사업이 가격면에서 저렴하고 경산인 경우 산후조리원은 큰아이를 데리고 갈 수 없다는 점에서 많은 장점을 가지고 있는 것으로 파악되었다. 이용자들은 특히 산후조리를 위한 가사지원서비스 이외에 정서적 지원으로 산후 겪게 되는 우울증을 극복하는데 도우미들의 역할이 매우 효과적이었음을 강조하여 사업이 산후서비스에 대한 직접적 성과이외에 긍정적 복지외부효과를 창출하고 있음이 입증되었다. 또한 이용자들은 대부분 출산장려정책의 일환으로 본 사업을 적극적으로 홍보하는 것이 필요함을 지적하였다.

이용자들은 선택권이 확대되었다고는 하나 실제적으로 기관을 선택하는 경우는 1차 조사와 마찬가지로 드문 것으로 나타났는데 이는 기관에 대한 정보가 부족하여 추천하는 기관을 선정하는 경우가 많고 또한 **대부분 집 가까운 기관을 선정**하는 결과로 보여진다.

이용자들은 대부분 사업에 대한 홍보의 확대, 부정수급자가 나타나지 않도록 하는 타당한 자격기준제시, 제공기관과 바우처 등에 대한 정보제공, 전문적인 도우미교육 등을 개선방안으로 지적하였다.

▶ 경쟁과 바우처

2차 사례조사 때는 1차와는 다르게 이용자들이 기관에 대한 선택권이 확대되었다. 기관에 대한 선택권 강화에 영리기관들이 좋아할 것으로 기대하였으나 사례조사결과 영리기관들은 업무의 과다로 인해 1차 조사결과와 마찬가지로 경쟁을 원하지 않는 것으로 나타났다. 영리기관과 비영리기관들은 이용자 선택권이 강화된 것에 대부분 부담을 갖고 있지 않았다.

바우처는 1차 조사 시는 종이바우처가 2차 조사 시는 전자바우처로 전환되면서 제공기관들은 돌보미들에 대한 임금이 지불되는 일이 없어진 것이 장점이라고 지적하였지만 단말기 부족에서 오는 불편함, 운영비용 증가, 더 많아진 업무부담, **사업 성격상 기간이 2주정도로 짧은데 쓰고 나면 버릴 카드를 굳이 만들어야 하는가?** 등에 대한 시간노력과 거래비용 증가 등의 문제점을 지적하였다. 결국 종이바우처가 돌보미들에 지불되어야 하는 임금이 제 때 지급되지 않는 점이 문제점이었다면 전자바우처는 장점보다는 많은 문제점을 노출하여 전자바우처로 대표되는 바우처시스템에 대해 제고되어야 할 것으로 파악되었다. 제공자들은 제공기관과는 달리 전자바우처에 대해서 크게 불편함을 가지고 있지 않았는데 이는 바우처와 관련된 일이 대부분 제공기관 업무이기 때문인 것으로 파악되었다. 이용자들은 전자바우처의 발급절차가 까다롭고 사용방법에 대한 정보가 부족하여 실제 사용에 불편함을 느끼는 경우가 많았다.

8. 지역사회서비스혁신사업

1) 표준형사업(아동인지능력향상사업)

(1) 제공기관

① 서비스내용

독서지도 서비스는 종전과 큰 차이가 없이 20분 수업으로 진행되었으나 수업의 내용에서 이용자의 욕구에 맞추어 변경이 있었다. 수업 후 상담을 하던 종전의 형식과는 달리 학부모들의 참관을 유도하고 수업 중에 상담을 통합시키고 있었으며 책을 읽은 후에 발문을 하거나 이야기 거리를 끄집어내는 북토킹(book talking)을 선호하는 학부모의 욕구를 반영하여 1-2분 정도 북토킹 시간을 더 사용하고 있었다.

> 똑같은 내용으로 진행이 되는데 같은 내용이 그거에요. 그러니까 2007년도가 끝나면서 리서치 회산가 그쪽에 의뢰를 해서 여쭤봤어요. ... 아이북랜드 제품 이제까지 수업을 하면서 그런데 어머니들이 가장 좋아 했던 거는 북토킹, 책을 읽고 나서 나는 엄마는 책을 읽고 나서 요부분

만 이렇게 짚어주면 될 거 같은데 우리는 어차피 공부하는 게 그거밖에 없으니까 선생님들이 와서 아이에게 책을 읽고 난 후에서 발문을 하거나 거기에 대해서 끄집어내는 부분 북토킹부분이 굉장히 마음에 들어 했다. 그래서 왜 프로그램 상에 25분 동안 이렇게 1분, 2분, 1분 동안은 뭐하고 이렇게 나눠어져 있는 그 중에 북토킹 부분을 2분인가 더 추가를 시켰어요 〈E2-가〉.

북토킹 부분과 독후활동이 조금 깊이가 있고 시간대가 늘어나면서 그 자료를 가지고 그대로 어머니한테 상담을 하는데 이게 그 후에 할 게 거의 없는 게 어머니들이 아이들 수업하는걸 보시는 경우가 되게 많아요. 그러니까 그걸 시간을 따로 빼는 게 아니라 어차피 그 과정은 보시거나 들으셨을 거니까 그 내용을 그 안에 들어 간 거예요. 그래서 저기 2007년도에는 20분 수업하고 후상담이면 2008년도에는 20분 안에 같이 상담까지〈E2-가〉.

주 1회의 수업은 동일하나 2007년에는 공휴일에 대한 보강이 없었으며 월 4회의 개념이 강하여 월 5회인 경우에는 서비스가 제공이 되지 않았으나 2008년 지침에는 주 1회가 명시되어 공휴일이라 하더라도 서비스를 보충하도록 변경되었다.

변화가 있는 게 2007년도에서 20분 수업을 하고 수업을 한 후에 상담이 진행이 됐었는데 지금은 20분 안에 상담까지 같이 들어가 있어요〈E2-가〉.

2007년도에는 월 4회 기준이었구요. 2008년도에는 주 1회예요. 그러니까 달라진 거는 이걸꺼예요. 2007년도에는 월 5주가 있으면 4주만 했다거나 아니면 공휴일은 수업하지 않고 그냥 쭉 연달아서 수업을 했다거나 그렇게 해서 1주를 마쳤다면 2008년도에는 그게 공휴일이건 아니건 상관이 없이 다 수업이 들어가야 된다는 거예요〈E2-가〉.

현재 대구지역 서비스 관리자 3명, 제공자 60명, 이용자 수 1,200명으로 2007년 사업에 비해 인원이 감소되었다. 서비스 제공기간이 2007년 8월부터 2008년 2월까지 6개월이었던 반면 2008년 사업은 2월부터 2009년 2월까지 12개월로 연장되었으나, 보건복지가족부의 예산은 2007년과 2008년 차이 없이 동일한 예산이 책정되었다. 이에 따라 시군구별로 차이는 있겠지만 신규서비스 이용자는 거의 유입이 없는 상태이며 업체에 따라서는 인원의 감소가 불가피하였다. 일례로 아이북랜드의 경우 50%정도로 이용자의 수가 감소하였으며, 지역별로도 차이를 보여 경북지역에 비해 대구지역의 감소는 더욱 두드러진다. 이는 이용자의 기관 선택가능성과 제공자와 이용자간의 친밀도에 따라 차이가 있을 것으로 예상된다. 이러한 현상은 제공기관측에서는 경쟁으로 인한 위협으로 작용하기도 하지만 이용자측에서의 선택권은 강화되었다고 볼 수 있다.

엄청 빠졌죠. 저희들이 그때 데이터를 보내줬던 게 3,000 몇 명이었을 거예요. 근데 지금 한 반이 빠졌어요. 50%가... 경북지역은 좀 덜해요. 왜냐면 거기는 인과관계 속에서 많이 실천하는 게 많기 때문에 경북 쪽은 좀 아마 덜 할 건데 대구 같은 경우에는 그게 한 50% 정도 확 줄었어요. 돈이 없으니까〈E2-가〉.

이용자선정은 동사무소에서 신청을 받아 기관에 연락을 하므로 기관에서는 특별히 케이스 선정에 신경쓰지 않고 있었다. 서비스 선정대상은 구별로 차이가 있을 수 있으며 예산 삭감 등으로 인해 이용자 선정이 추가적으로 이루어지지 않고 있었다.

각 구 단위별로 해서 우선순위를 정하는 건 각 구 단위별로 좀 다르데요. 예를 들자면 1순위 생활보호대상자 다하고 자리가 남으면 그 다음 단계 사람을 모집하고 2차로해서 어떤 분 모집을 했는데 그 아직 더 추가적인 인원이 있으면 모으고, 뭐 이렇게 하신데요. 그렇게 하시는데도 있고 어떤 데는 본인들이 선착순이다 뭐 이렇게 하시는데도 있고...〈E2-가〉

돈이 없으니까. 그리고 지금 북구 같은 경우는 8월 되면 끝난다고 하더라구요. 거기는 예산 편성을 12월까지 안하고 더 회원을 많이 받고 그런 거예요...그리고 지금 관공서에서도 없지 않아 되게 힘들어 하셨던게 본인들은 예산이 많을거라고 미리 공지를 했단 말이죠. 어느 정도 될 거라고 예산이. 그런데 공지를 하면 뭐하냐구요. 애들을 받지를 못하는데 그러니까 저희들이 방문했을 때 담당자분들이 대부분 다 목이 쉬어있거나 아님 되게 피곤해하시거나 그랬던 게 항의 전화가 너무 많이 오는 거예요〈E2-가〉.

② 진행 과정

2008년도에는 대외적인 서비스 홍보는 하지 않고 기존의 책을 대여해 주는 팀에서 기존의 서비스 이용자들에게 자체적으로 홍보를 하고 있었다.

아니 기존의 회원들한테는 하죠. 기존 고객들한테는 하고 저희들은 책 선생님이라고 해서 책을 대여해주는 팀이 있자나요. 그 팀에서 우리 회원들한테 자체적으로 홍보를 하지 대외적으로 한거는 뭐 신문 전면광고나 이렇게 막 작년처럼 대대적으로 한건 없죠〈E2-가〉.

서비스 제공자는 처음에 2박 3일 오리엔테이션이 있고 주 2회 2시간씩 책 읽어 주는 방식을 종전과 같이 진행하고 있었으며, 대상자의 연령에 따른 상담법이 주 교육내용이었다.

교육과정 자체도 있던 교육과정 중에 이 선생님들이 그냥 들어가는 거기 때문에요. 이 교육과정에서는 뭐 개편하거나 이런 건 없어요. 똑같이 2박 3일 다녀오신 후에 개월차교육, 일주일

에 2번씩 계속 그만두실 때까지...〈E2-가〉

제공인력은 독서지도사 자격이 있는 사람으로 종전과 동일한 기준이 적용되지만 현재는 인력 확보보다는 감소추세를 보이고 있다. 종전에 비해 사회서비스 이용자들이 줄어들면서 교사들이 일정부분 고객관리라는 이름으로 영업에 참여하고 있었으며 그것을 원치 않는 사람들은 바우처 사업의 종결과 동시에 그만둘 것으로 예상이 된다.

인력확보 없어요... 바우처 인원이 조금 줄면서 선생님들한테 고객관리라는 거 아무리 나라에서 하는 사업이지만 선생님이 회사니까. 일정부분 고객관리라는 부분이 들어가야 된다. 그렇게 해서 이야기를 했을 때 그걸 OK하시는 분은 계시는 거고, 아 나는 그렇게 안 할 거다. 심지어 어떤 분은 동사무소에서 다니는 그 뭐지? 인구조사 하는 것처럼 특정 기간이 되면 본인이 그만둘 거를 생각을 하고 오시는 분들도 계셔요. 바우처가 끝나면 자기는 그만하겠다. 그러시는 분들도 계셔요. 그러니까 그런 분들은 나가시는 거고〈E2-가〉.

현재 기관에서 직접 받은 불만처리는 없었으며 서비스 제공시 매번 이용자 상담이 제공되고 있으며, 서비스 만족 및 서비스 이용에 대한 상담은 서울 본사에서 리서치회사에 의뢰하여 이루어졌다.

그러니까 2007년도가 끝나면서 리서치회산가 그쪽에 의뢰를 해서 여쭤봤어요. 저희들이 작년에 조금 없지 않아 안타까웠던 부분은 또 하나가 고학년. 10세 같은 경우에 그 북토킹 부분도 늘어야 되지만 그 이면의 활동 있죠? 책을 갖고 느낀 점을 이런 걸 표현하는 우리말로는 독후활동이라 그러죠. 그런 부분이 조금 더 깊이가 있어야 되겠다. 그래서 연령대별로 7세는 독후활동 부분이 2분정도 더 늘었구요. 그 다음에 A단계 친구들은 거의 없고, 없이 그냥 들어가고 B단계 친구들은 조금 얇게 들어가고 이해할 정도까지만 고 부분이 개편이 됐는데 이것도 마찬가지로 일반 회원들에게도 똑같이 접수하는 거예요〈E2-가〉.

③ 만족도

실제 서비스 대상기준이 평균소득 355만원 정도이하의 가정이라고 되어 있어 평균소득으로 보면 웬만한 가정은 대상자가 되는 것 같고 서비스 제공기관에서는 회원당 수당을 주기 때문에 실제 회원이 적절한 대상자인가는 확인할 길이 없다.

어차피 그 인원만큼을 우리가 상담을 해서 땅기는 거기 때문에 생활보호대상자가 됐건 뭐 평균소득 어떤 대상자가 됐건 저희들은 큰 그런 건 없죠(이용자 선정절차). 단지 타격이 있다라고 하는 거는 만약에 생활보호대상자를 중심으로 했다라고 하면 39,000원이라는 부담도 크기 때문에 저희 기관에 신청을 안 할 경우가 많다라는 거죠. 바우처가 끝나면〈E2-가〉.

서비스 제공기관의 관리자는 개인적인 비전과 본사의 사업추진 방향이 동일해서 사업에 대해 만족해 하는 것으로 나타났다.

2002년 초쯤 본사에 가서 회사 사업설명회 이런걸 보자나요. 보는데 맥을 짚어가는 게 향후에 제가 나이가 들어서 만들려고 하는 거랑 너무 딱 맞는 거죠. 그런데 처음으로 만든 프로그램인데 너무 딱 맞는 거예요. 마음에 드는 거예요〈E2-가〉.

아동인지개발을 위해 방문교사의 수업은 효과가 있다. 물론 부모가 가장 좋은 선생님이 될 수 있지만 일관성이 있는 교육이 힘들 수 있으며 책읽기 학습을 통해 학부모의 인식이 상당히 변화된 것으로 자체 평가를 하고 있었다. 특히 학교나 유치원 등에서 프로젝트식 수업으로 연계를 하는 방안도 효과적일 것으로 제시되었다.

엄마가 읽어 주는 데는 한계가 있어요. 그리고 엄마는 감정이 실어져요. 아이들이랑 읽다가 보면요. 근데 선생님은 선생님이기 때문에 아이가 화를 내도 감수를 하거든요. 그런 게 있어요. 아이를 지도할 때 아이가 내 방식대로 내 훈련대로 오지 않았을 경우에 거기에 감정이 실릴 수가 있어요. 그런 역효과가 날 수도 있거든요〈E2-가〉.

일차적으로 책읽기 서비스를 아이들이 이거를 통해서 효과를 본 부분이 있냐. 없냐. 그건 100%, 100%가 아니라 몇 백%로 효과를 봤다라고 생각을 해요. 그리고 이차적으로 회원들이 그런 효과를 봤다면 엄마들이 일단 많이 변했어요. 책읽기가 얼마나 중요하고 업체에서 계속 책읽기가 중요하다 책을 읽은 아이는 커서 이런 효과가 있다라고 계속 이야기를 했기 때문에 책읽기 자체에 대한 그 마인드라 해야 되나 이거는 대단히 많이 바뀌었다〈E2-가〉.

④ 서비스 확대가능성

대구 서구, 중구의 경우 서비스제공이 힘든 지역으로 2007년에는 서비스제공이 되지 않아 이용자의 항의가 많았으나 2008년 업체 확대 후 항의 전화가 줄어들었다고 한다. 사업체의 증가는 사업체에게는 경쟁이 생겼으며 이용자들 편에서는 서비스를 제공받을 수 있는 기회가 확장된 것으로 볼 수 있다. 이전의 두 업체에서 제공할 수 없었던 지역의 대상자들이 서비스를 받게 된 것이다.

(서구지역) 차를 몰고 간다고 생각해보세요. 일단 주차하기가 너무 힘들구요, 아파트 단지 자체가 굉장히 뚝뚝 떨어져 있어요. 이런 쪽은 단지 쪼끔 갔다가 조금가면 또 단지가 있고 이런 지역에서 교사 배치하기가 굉장히 수월하진 않지만 그래도 하기가 원활한데 그쪽 지역은 좀 힘들어요..... 그런데 2008년도에는 천만다행인 게 업체가 8군데라는 거죠. 그리고 2008년도에 서구에서 전화가 온 건 없죠. 왜냐하면 제 생각인데 그 8업체 중에서 어느 업첸가는 커버하고 있단 얘기거든요. 지금 중구도 그래요. 중구는 상가들이 많잖아요. 그러니까 그 쪽도 지금 어느 업체에서 커버를 하고 있다는 말이에요〈E2-가〉.

지속적으로 서비스대상자 유지가 된다면 일자리창출 효과는 있을 것으로 예상된다. 특히 여성들에게는 적절한 일자리로 볼 수 있다.

여성 인력이 이렇게 한꺼번에 대우를 받으면서 일할 수 있는 일자리창출이 되는 거는 잘 없다라고 봐요. 비만아동도 지금 회원이 많이 없기 때문에 일자리창출 면에서 한계가 있잖아요. 바우처는 진짜 일자리창출에 굉장히 많은 도움을 줬어요. 그리고 밖에 여성들이 지금 대구에서 사셔서 아시겠지만 저는 충청도 사람이거든요. 대구에서 여성들이 일하기가 쉽지가 않아요. 지지를 받으면서 일을 할 수 있는 일자리가 많지는 않거든요 대구가. 근데 그거에 대한 의견으로 봤을 때는 굉장히 성과가 있는 거죠〈E2-가〉.

⑤ 바우처 효과

바우처 카드 사용은 초기의 시행착오를 거쳐 자리를 잡아가고 있다. 2007년에 비해 제공자가 가지고 다니거나 학부모의 부주의로 분실 위험이 높았던 문제가 많이 해소되었으며 기존 업체의 경우 시행상 문제는 거의 해소되었다. 다만 신생업체의 경우 과다경쟁의 결과로 카드를 일부 미리 가져가는 경우가 있다고 하였다.

업체간의 과다경쟁이라고 해야 되나 이게 그니까 카드나 이런 부분을 가져가시면 안 되거든요. 바우처 카드를 다른 업체 분이 다음 달부터 어머니 하실 거죠? 이러니까 카드를 가져가시거나 하면 안 되거든요. 그런데 신생 입체인 경우가, 이제 막 들어온 업체가 그런 경우가 되게 많았어요. 그렇게 하시면 안 된다고 그리고 경쟁은 경쟁인 거고 그렇게 하시면 안 된다고 그러니까 그런 부분에 2월달에 되게 많았었거든요〈E2-가〉.

⑥ 개선 방안

2008년 주 1회의 서비스 제공은 이용자측에서 욕구가 반영되었으나 업체측에서는 어려움이 있었다. 주 1회의 서비스를 제공하되, 주 중에 공휴일이 포함되어 공휴일은 제외되는 방향이 바람직하다는 의견이 제시되었다. 이는 주말을 이용해 수업보강을 해야 하는데, 제공자들이 모두 여성이다 보니 주말에 서비스를 제공하는 것이 현실적으로 어렵기 때문이다. 독서를 통한 인지향상으로 했으면 독서를 진행하는 업체선정으로 서비스가 제공되어야 한다고 보았다.

> 나라에서 이렇게 하라고 하니까 우리는 할 수밖에 없는 입장이긴 한데 당신들은 일요일날 구정 때 일을 하시냐고 안하시지 않냐고 그리고 구정 때 어머니 집에 가서 수업을, 말이 제가 조금 세게 하려고 구정이었던거고 구정 때 가서 수업을 한다. 그러면 그날 수업이 가능하겠냐 100% 다 안 된다고 한다. 그러면 이 선생님은 다른 날 보강을 해야 된다. 그러면 주 5일 근무긴 한데 보강이 대부분 토요일 아니면 일요일 날 잡거든요 그러면 이 선생님은 그걸 맞추기 위해서 7일 내 근무를 해야 된답니다〈E2-가〉.

또한 2008년에 형제 회원의 경우 모두가 서비스를 받을 수 있도록 지침이 변경되고 서비스 대상연령이 7세까지에서 8세로 상향조정되었으나 현실적으로는 예산부족으로 서비스 대상의 확대가 이루어지지 못하였다.

> 지금 형제회원들 같은 경우에 지금 보건복지가족부에서 올해는 형제회원들 받아준다 그랬거든요. 한 집에. 근데 생기면 뭐하냐고 예산이 깎여서 대상이 없는데. 그러니까 만약에 내년에 시행을 한다고 하면 시기나 관공서 직원이 연중에 나와서 힘들었다라고 하는 것처럼 시기나 이런 거를 잘 잡아서 했으면 좋겠어요〈E2-가〉.

> 작년에는 그 0세부터 7세까지 취학 전까지 아동이었다고 하면 2008년도에는 1세부터 8세까진가 8세라 하더라구요. 취학을 하더라고 8세면 될 수 있는 그게 개편이 된 거 같더라구요. 근데 이것도 의미가 없어요. 왜냐면 신규가 없기 때문에, 신입회원이 없기 때문에 근데 어쨌든 개정은 그렇게 나와 있었어요〈E2-가〉.

(2) 이용자

① 서비스내용

2007년 10월부터 아이북랜드와 웅진씽크빅에서 서비스를 받던 이용자는 지속적으로 두 기관에서 서비스를 이용하고 있었다. 아이북랜드는 주 1회, 아이들의 기분에 따라 20분 내외로 하루에 1-4권 사이 책의 권수에서 차이가 있으며 책을 읽어주고 책을 위주로 이야기 나누고 아이의 생각을 끌어내도록 유도한다. 동화구연으로 흥미를 끌고 그림 등으로 표현을 유도한다. 씽크빅에서는 책을 읽어주고 책 내용을 가지고 꾸미기를 하고 한글 낱글자 배우고, 스티커 붙이기 등 한글 교재로 한글 수업이 진행된다.

2007년 8월부터 했죠. (8월부터 해서) 처음에는 12월까지 한다고 했었죠. 2월까지 한다고 했다가 7월까지 한다고. 보통 10분에서 15분. 길 때는 조금 더하고... 한주에 한번 학습지 갖고 오실 때는 학습지 해주고 가시구요. 중요한 부분만. 책 갖고 오실 때는 책 읽어 주시고 책의 내용을 가지고 이렇게 뭐 하는 책 나눔 이야기 꾸미는 책이 있더라구요. 시간될 때는 그거 해주시고 내용은 많이 안 했어요.... 책은 한번 오면 다 읽어 주시고 한글 수업은 네 번. 책은 한 달에 거의 평균 2권 오거든요〈E1-다1〉.

오시면 뭐 그때처럼 한 20분 25분 이렇게 해주고 가세요. 똑같이 해 주세요. 책 읽어주고, 이야기 나누고... 예 선생님의 역할요. 어렸을 때는 책을 주로 읽어주는 위주로 많이 했다면 지금은 책은 읽어주고 그 책의 내용에 대해서 같이 나누거나 그림을 그려서 같이 이야기를 나누거나 아이의 생각들을 좀 넓힐 수 있는 그런 과정들을 많이 해주신다...옛날보다는 책 한 장 읽어주면서 이야기하고 또 읽어주면서 이야기하고 그렇게 하세요〈E2-다2〉.

2007년 7월 달에 신청해서 8월 달부터 올해 7월까지 하면 1년이라고 그러더라구요. 선생님이 일주일에 한 달에는 4번, 안되면 뭐 다음 달 옮길 때도 아니 보강수업 해줘요. 4번은 꼭 채워요. 책 갖고 와서 책 읽어주고요, 그 다음에 이제 스티커 붙이는 거, 단어 나오는 거 글자 나오는 거, 낱글자 나오는 거...한 15분에서 예 15분에서 20분정도(서비스 시간)책 읽는 것도 한주에 매번 오지만 3주는 교재 갖고 하고요. 마지막 주에는 책을 읽어 주시더라구요〈E1-다2〉.

서비스를 이용하게 된 경로는 일을 하는 친척, 인터넷 책 카페, 동네사람 아파트 게시판, 학습지 교사 등을 통해 정보를 얻고 보건복지가족부 사이트에서 확인하거나 동사무소에 연락해 신청가능한가 확인을 하고 신청을 하여 서비스를 이용하고 있으며 학부모는 대체로 서비스 제공자에게 만족하고 있어 제공자의 변경은 없었다.

게시판에 붙어 있었어요. 아파트 게시판에. 선정업체가 아이북하고 씽크빅이고, 씽크빅은 한글 겸 독서도 하고 아이북은 독서 위주로 하고 책과 금액도 나오고...한글과 겸하기 때문에 가격이 좀 비싸더라도 그걸로 했죠〈E1-다2〉.

작년 8월 달부터죠. 올해 아마 연장돼서 7월 달까지 카는 거 같던데 2008년 7월까지..
7시에서 한 7시 30분까지 두 과목, 생각깨치기가 바뀌어가지고 끝나서 수학 들어갔어요. 한글하고 수학하고... 한글은 한글만 받자나요. 바우처는. 수학은 온돈 다 내고하고 한글만 바우처하고〈E1-다3〉

주 1회 무조건 한주에 한번씩(서비스 시간)...원래는 책 1번에 씽크빅 3번이 왔었는데 책 2번

에 씽크빅 2번 이렇게 바뀌었다면서 얼마 전부터 얼마 안됐어요. 한 한달이나 두달 될꺼라 그래갖고 일주일에 동화책이 2번 다음에 씽크빅 한글이 2번 고래 들어와요...맹 책 읽어주시면 읽고나서 느낌 나누는 거랑 뭐 생각나누는거?〈E1-다3〉

② 진행과정

서비스는 주 1회 이용하며, 서비스 이용 시간 및 횟수는 적절하다 평가하고 있었다. 2008년부터 휴일이 있더라도 보강을 하여 매주 1회의 서비스를 받을 수 있어 이용자들은 더 좋아했다.

네 2007년도에 4회 안 채워지는 거 같은데. 그러니까 한 날에 빨간 날이 2번 있으면 3회밖에 안 되는 거예요. 그러니까 그게 불만이었죠. 그냥 5주가 있으면 그 중에 빨간 날이 하나 있으면 4주가 되는 거고, 4주가 있는데 그 중에 빨간 날이 하나 있으면 3주가 되는 거고 그런 개념이었으니까. 저희가 그때 불만이 있다고 표현을 했던 거는 4주가 딱 정확하게 해주셔야 되는데 그게 안 되니까 보강 개념이 없다고 ....네 그게 좋네요. 사실 1년에 5주가 거의 없자나요 한번 아니면 뭐 두 번인데 2월 달 3주째 있을 때도 있고〈E2-다1〉

아이들이 책과 글에 관심이 있고, 서비스 제공에 대해 만족하므로 서비스 종료 후에서 서비스를 지속하거나 서비스 추가 구매 의사가 많았다. 특히 선생님의 수업보다는 책 대여에 대한 만족도가 높아 책 대여에 대해서는 다른 부모들에게도 권유를 하는 이용자도 있었다.

책 대여는 계속할 거 같은데 선생님 오셔가지고 수업하는 건 좀 생각을 할 거 같아요.(추가구매의사) 그리고 제가 지금 친구들한테도 권할 때도 책은 대여를 해서 꼭 봐라고 이야기를 하거든요 얘기를 많이 했어요. 선생님 부분은 뭐 엄마들 좀 신경 써서 읽어주면 되니까 책을 젤 바라고 지금도 이야기하고 있고〈E2-다1〉

서비스 자부담 금액 13,000원. 여기서 이제 이거 끝나고 7월 달 끝나면 이제 한글 들어가면 33,000원이라 그러더라구요. 43,000원인데 30,000원 지원받고. 한글 뗄려면 지금 7월 달 끝나고 6개월 정도만 더하면 거의 한글은 뗀다고 그러더라구요. 자부담 해가지고 해야죠〈E1-다2〉.

대부분 서비스에 만족하고 있었지만 독서 후 독후활동(그림, 그리기, 만들기, 표현하기 등), 인지 향상에 도움이 되는 다양한 서비스를 위한 부교재 등을 활용하여 서비스 이용자가 어머니와 함께 서비스 내용을 복습할 수 있는 자료가 제공되기를 바라고 있으며 아이와 함께 책을 읽고 나누는 시간이 좀더 여유있게 제공되기를 원했다.

엄마가 계속 책을 가지고 할 수 있는 것뿐만 아니고 그 책의 내용을 읽고 읽었던 내용을 생각나는 부분을 그림으로 그려봐 해서 그림으로 그린다던지 아니면 뭐 신체로 표현해봐라 한다던지 그런 거 아니면 그 책의 주제가 뭐 잠이라던지 이러면요 관련된 자장가를 들려준다던지 이야기를 나눈다던지 그런 식으로요...그리기를 한다던지 뭐 만들기를 한다던지 뭐 아니면 그 책에 대해서 스킨십 활동을 뭐 표현해보라고 한다던지 다양한 활동들이 많잖아요. 그래서 그런 걸 좀 접목시켜서 통합적, 그걸 통합교육이라고 해야 되죠? 그런 걸 할 수 있으면 좋은데 〈E2-다1〉

독후활동이 없는 거 같애요... 생각을 그림으로 표현한다던지 만들기를 해본다든지 그런 거를 다른 업체에서는 지금 하고 있더라구요. 한우리가 거기도 그런 활동책이 있고 책만 대여 해주는 게 아니라 책 대여해주고 활동집 그래가지고 뭐 엄마와 함께 한다든지 그런 거 보면서 뭐 그 책의 주제로 가지고 활동집하는게 그런 게 나오더라구요. 이래가지고 활동하는 거 솔직히 그런 거까지 다 할 시간은 안 될 거 같애요〈E2-다2〉.

책을 읽고, 선생님 시간도 있으시겠지만 책을 읽고 그 책에 대한 이야기 내용을 서로 주고받고 하는 그것을 조금 더 여유롭게 했으면 싶은 생각이 들더라구요... 상상한 것을 엉뚱한 이야기를 그 내용과는 전혀 상관없는 이야기를 하는데 그 시간도 굉장히 소중하다고 생각이 드는데 너무 빠른 나이에 학습지, 선생님은 학습지 위주로 하시는 선생님이니까 그러니까 엄마들에게 뭔가가 보여 져야 하잖아요. 글씨에 관심을 많이 가져주고 그런데 그 시기에 상상력 같은 거. 서로 상호작용이 많이 일어나고 그러는 거. 시간이 조금 더 충분히 배정이 되었으면 하는 생각이 들더라구요〈E1-다1〉.

뭐 하고 나서 다시 복습이라든지 할 수 있는 다른 뭐 게임, 책 비슷하게 그런거라도 있으면 교재 말고 부교재 하나 식으로 배웠던 걸 다시 할 수 있게 할 수 있는 그런거라도 있으면 좋을 거 같아요... A4용지 한 장이라도 그동안 배웠던 게 딱딱 나오게 해가지고 애가 혼자 볼 수 있게 할 수 있는 거 그런 거라도 있으면 괜찮을 거 같은데〈E1-다2〉

특별한 불만 없이 서비스 제공자는 거의 변경되지 않았고 수업을 통한 아동의 인지향상에 대한 인정으로 지금처럼 서비스가 제공되기를 바랬다.

선생님 오시면은 책 내용을 그냥 한번 이렇게 읽어주는 거 같은데도 확실하게 지가 깨치도록 해 주시는 거 같아요...수업을 전적으로 다 맡기니까 확실하게 이게 인지가 되도록 설명을 해주시는 거 같애요. 그래서 뭐 이거는 보자고 넘겼는데 엄마 이거는 지가 설명을 다하더라고 그러면서 재미있었다라고 이야기를 하데요. 그래서 특별히 더 바라고 싶은 이런 거는 뭐〈E1-

다3〉

나는 뭐 불만이 없어서 뭐 바랄게 없다 선생님 진짜 뭐 따라오는 교재도 충분히 자기가 할 만큼 하는 거 같고 선생님들도 선생님이 그 교재를 가지고 와서도 충분히 활용을 해주시고... 이 선생님은 자기가 다 해주시고 가시거든요. 해주시고 가고 특별히 못 봐주는 것만 어머니 요런 건 못 봤으니까 해주세요라고 이야기까지 해주시고 그런 거 다 해주시고 가시니까 난 불편은 특별히 바라는 게 없어요. 지금처럼만 선생님 해주시면...〈E1-다3〉

③ 만족도

인지능력 향상에 대한 만족도를 표현했다. 아동이 어린이집에 다닌 후 어린이집 선생님으로부터 아동이 또래에 비해 책을 많이 읽힌 표시가 나며, 또래보다 말을 잘하고, 다방면의 지식이 많다는 칭찬을 듣고 만족스러워 하였다.

저는 잘은 못 느꼈는데요...어린이집 선생님들이 하는 말씀이 책을 참 많이 읽힌 거 같다고 다방면의 책을 많이 읽힌 거 같다고 얘기를 하더라고요. 애가 말을 하는 걸 들어보면 저희 아들이 또래에 비해서 말을 좀 잘하는 편이긴 잘하는 편인데요 그래도 뭐 물어보거나 이렇게 할 때 대답할 때 여러 방면으로 말을 잘 한데요....사실 뭐 막 제가 신경써서 할려고 했던 게 아니고 이런 사업이 있어서 우연하게 시작한 건데 그렇게 이야기를 하니까 기분이 좋죠〈E2-다1〉.

서비스이용 후 책 읽기에 대한 부모의 관심이 증가하였으며 아이와 더 많은 대화를 하게 되는 등 부모의 관계에서도 변화를 느낄 수 있다. 집에 있는 책은 언제든지 읽을 수 있다고 생각하는데 반하여 서비스를 받는 책은 시간을 내서 한번이라도 더 읽히려고 노력하며 예습도 시키게 된다고 하였다. 예전에는 일방적으로 책을 읽어주는 형태에서 아이의 생각을 이끌어 내고, 아이와 함께 책을 읽을 수 있게 되었다.

그 책에 대해 저희 아들 니 같으면 어떻게 하겠는지 ○○이 같으면 어떻게 할꺼야 뭐 ○○이는 어떻게 했어? 해본 적 있어? 그 책과 관련된 걸 해가지고 여러 가지 이야기를 하자나요 그런 부분이 좋은 거 같애요. 사실 엄마는 좀 그 아이 생활을 다 아니깐요. 굳이 물을 필요가 없자나요 ... 선생님은 그냥 그 아이에 대해서 제로인 상태에서 생활의 뭐 그런 과거 기억들을 끄집어 내고 또 거기서 유추해가지고 다른 이야기들도 하고 하니까요 그게 정말 좋은 거 같아요〈 E2-다1〉.

거의 뭐 책 읽는다 그러면, 동화구연한다. 그러면 그냥 이렇게 재미나게 얘기를 하면서 책을 읽어 주시자나요. 목소리를 바꿔가면서 그렇게 하는데 그것뿐만 아니라 애하고 대화를 나누면서 얘기를 하니까. 특히 그거 북토킹을 한다. 그러기에 이 어린애가 무슨 북토킹을 하겠노 했었거든요. ..저하고 읽을 때도 자기 생각을 많이 이야기하고 그냥 이렇게 책 봐도 예전에는 그냥 제목만 읽고 슥 넘어갔거든요. 이제 그런 것도 꼼꼼하게 보고 책 딱 넘기면 무늬 같은 거나 책 내용하고 연결되는 게 많더라구요. 몰랐던 것들을 많이 알게 된 거 같아요〈E2-다2〉.

그때는 제가 일방적으로 애한테 읽혀만 줬거든요 아이의 생각을 이렇게 이끌어내야 된다는 생각을 못했어요. 지금은 이제 읽으면서 이게 왜 이랬을까. 한번쯤은 애한테 물어볼 수도 있구요〈E2-다2〉.

선생님이 집에 와서 수업을 한다는 자체가 아이에게 새로운 느낌을 주어 이들이 책에 관심을 보이는 것으로 나타났다.

그래서 이제 엄마하고 할래 선생님하고 할래 하니까 ○○이가 선생님하고 한다고 하고 싶다고 그러더라구요. 그래서 독서는 이제 좀 덜하더라고 잠깐씩 이제 해준다 하더라구요. 해주면 그게 또 웅진에서 책도 그냥 주고 아이북랜드는 그냥 대여만 해주는데, 책도 주고 민이가 또 좋아했던 책들을 많이 들어 있더라구요. 그것도 또 괜찮을 거 같더라구요. 한글이 나중에 연결해서 하기에도 괜찮을 것 같아서요〈E2-다2〉.

네 혼자서 자기가 마음에 드는 거 가져와서 읽어 달라 하거든요 그럼 뭐 읽어주고 또 본인이 불필요한 부분 봤던 거 제가 많이 읽어줬던 거는 책 안 가져와도 내용을 아니까 꺼내서 좀 많이 보는 편이거든요〈E2-다2〉.

서비스 제공 후 아이는 활발해지거나 글씨에 관심을 보이는 경향이 나타나 학부모들의 만족도는 높은 편이다.

아... 예 선생님 잘하세요. 애는 너무 재미있어 하구요. 선생님 오시는 시간을 되게 기다리고. 시간도 뭐 잘 지켜주시는 편이고, 애는 선생님을 잘 만났어요. 그래서 그냥 선생님한테 다 맡겨요〈E1-다1〉.

○○가 일단 글씨에 관심이 많아지구요. 지금은 좀 글씨를 알아가지요. 글자 가운데서 자기가 배웠던 글자 찾아내기, 또 가자로 이루어지는 말 맞추어보기 그런 게임을 자기가 자꾸 엄마하고 하려고 해요. 한 주에 한 번 정도는 해주려고 하는 데 한 번만 해줘도 확실히 달라지는 걸 느끼는데 한 주에 한 번이 잘 안 돼요. 한 주에, 한 2주에 한 번 꼴로. 그런데 그렇게 해주니까 엄마하고 한 번 하니까 또 확 달라지는 모습을 보이고 그렇더라구요..〈E1-다1〉

위에 애들 둘이 학습지를 싫어하니까 애도 시킬 생각을 안했어요. 바우처 사업 때문에 조금

만 내도되니까 시작을 했는데 하니까 체계적으로 되니까 참 좋긴 좋더라구요. 애는 여자애라서 너무 하고 싶어 하고 또 하고 나면 그걸 가지고 막 해서 자기 거라고 책 같은 걸 가지고 다니고 너무 하니까 한 번씩만 짚어주면 확 늘더라구요. 글씨가 오빠들 보다 지금 더 잘 써요〈E1-다2〉.

○○가 공부에 관심이 많아졌어요. 가르쳐주다가 선생님이 와서 하니까 그거 기다리고, 글자 보면 가나다에... 그냥 노래만 부르는 건 잘 모르자나요, 그냥 보고 쓰고 종이만 보면 쓰고 그냥 막 써요. 이름 쓰고 숫자도 보면 대충 막 섞어서 쓰고...인지향상도 많이 나아진 거 같아요. 책을 읽어 달라 그래요. 읽어... 보통 3권까지는 읽어줘요. 특히 수요일날 선생님 가고 나면은 책 주는거랑 뭐 스티커 같은 거 남은 거 같이 하고 2권정도 갖고 와서 읽어 달라 그래요. 애는 한 번하면 10권까지도 해요. 계속 하자고... 책은 넘겨요. 그림보고, 그냥 혼자 말 틔우고, 그림보고 애는 뭐 어떻다 그림보고 얘기는 하죠. 인제 말이 안 되는 소리를 하고...〈E1-다2〉

서비스 이용 시간의 조절이 가능하고 글자를 알게 되면서 혼자서 책을 읽을 수 있게 되어 돌보기가 쉬워지고 특히 아동의 인지향상 서비스에 대한 정부의 지원은 경제적인 부담을 줄여주어 서비스에 대한 만족도가 높았다.

아무래도 지가 혼자 읽을 수 있으니까 제가 읽어줘야 되는 부분이 좀 줄어들었죠. 좀 읽어줘야 되는 것도 있지만 지가 혼자 스스로 볼 수 있는 게 있으니까 내가 조금 편해졌지 글자를 아니까...매일 하루에 한권은 기본 읽어요. 읽는데 이제 뭐 건너뛸 때도 있지만 그래도 하루에 한권은 내가 읽어줄려고 노력을 하거든요〈E1-다3〉.

④ 서비스 확대가능성

본인 부담금은 2007년에 비해 증가했지만, 다른 학습지의 비용과 고려해 볼 때 적절한 수준으로 받아들이고 있다. 그러나 이용자는 더 저렴한 비용으로 더 많은 서비스를 제공받기를 희망하기도 한다.

어차피 해야 되죠. 받거나 안 받거나 그거는 한글은 계속 해야 되는 거니까 한글 끝나고 이제 국어로 넘어 간다. 그러더라구요...한글만 따지면 13,000원...지금도 괜찮은 거 같아요. 이것도 뭐 생각지도 안하다고 해주는 거니까 뭐 13,000원 정도야 뭐〈E1-다3〉.

동사무소를 통해 서비스기관의 확대와 서비스선정 기준의 변화 등 변화사항에 대한 안내문을 받았으나 서비스기관 변경 의사는 없어 보였다.

눈높이 선생님이 애들 가르치니까 얘기하시더라고 저희도 이번에 들어갔다 그러면서 그러시데요. 거기만 알지 뭐 선생님이 얘기해 주시더라고 7월 달까지 끝나고 8월 달부터 재신청 이제 새로 한다면서 그랬어요. 그라고 안내장 하나 왔었어요. 동사무소서...

서비스업체에 대한 선택권은 강화되었으며 학부모가 한글과 독서교육을 병행하고자 하는지 혹은 사고력 향상을 선호하는지에 따라 선호도가 다르다. 업체선정의 기준은 제공기관의 인지도와 주변 선호도를 점검하여 기관을 선택하고 있으며 아이가 어릴수록 선생님과의 관계가 중요하게 고려되고 있다. 이전에 비해 프로그램에 대한 정보를 통해 사고력 증진이나 글자공부 등 부모가 선택할 수 있는 가능성은 확장되었다고 보여진다.

아이 다루기에 굳이 뭐 옮겨갈 필요가 없는 거 같아요. 개월 수가, 그리고 일단 책읽기가 좋다는 생각이 있으니까 글자 공부나 이런 거는 뭐 솔직히 천천히 시켜도 된다고 생각하거든요 저는. 애가 준비가 됐을 때. 너무 어릴 때 시키면 1년 갈 거를 자기가 받아들일 때가 되면 6개월 만에도 할 수 있다고 저희들은 애기 키우는 엄마들도 많이 이야기를 하거든요. 그런 거보다는 저는 책 보면서 사고력만 키워주고 한글은 나중에 할려구요. 옮겨갈 생각은 안 해봤어요〈E2-다1〉.

아이북랜드는 말 그대로 책 읽어주고 하시는 건데 책은 이제 민이도 좋아하고 제가 해도 민이 호응이 큰 편이라서 다른 방향으로 한글 독서하고 같이 해 주는 데가 있더라구요. 웅진에 보니까. 그래서 웅진 쪽으로 돌려놨거든요....나머지는 이제 한글로 돌려서 계속 이어 나갈려구요〈E2-다2〉.

만약에 내가 씽크빅 안하고 선택을 한다 해도 씽크빅을 했을 거 같아요. 아니야 거기 보니까 뭐 다 요만할 때 하는 학습지가 고만고만하면은 어느 선생님을 만나느냐에 따라 틀린거지 다 잘 나오는 거 같더라구요. 그래서 또 주변에서 씽크빅 괜찮다고 그래서 안했었어도 씽크빅 했었을 거 같아요...일단은 교재도 봤구요. 근데 더불어 선생님을 잘 만나서 좋았구요. 뭐 가격대도 봤고 그렇죠 뭐〈E1-다3〉.

선생님도 있구요. 아는 언니들이 하는 언니들이 있으니까 언니들한테도 듣고 한글만 해봤던 언니들도 그걸로 이렇게 해서 효과 많이 봤다 괜찮았다 그렇게 해서 그분들 이야기 듣고 또 선생님도 봤는데 선생님이 되게 유치원 선생님처럼 말도 아기자기하게 하시고 애기도 이쁘게 봐주시고 하시더라구요. 그리고 또 애기가 할 수 있는 수업시간도 잘 맞춰주시고 괜찮더라구요.〈E2-다2〉

사회적인 인지도가 높잖아요. 동사무소에서 다 가르쳐 주셨거든요. 이번에 또 통보해서 나왔더라구요. 지금은 고거보고 열 몇 군데에서 하더라구요. 바꾸고 싶은 생각은 없어요. 선생님이 바뀌지 않는 이상은. 선생님이 굉장히 중요하시거든요. 애는 선생님은 괜찮거든요. 유아는 애들은 정말 선생님 영향을 굉장히 많이 받기 때문에〈E1-다1〉.

서비스 제공자의 기준이 좀더 분명하였으면 좋겠다는 의견을 제시해 주었다. 아직도 사회서비스의 대상은 빈곤층에 국한되어야 한다는 생각이 반영되어 이용자의 폭이 너무 높아 미안한 마음도 있고 또 선착순으로 서비스를 제공한다는 것은 여유가 있는 사람들이 정보력이 뛰어나 형평성에 맞지 않는다는 의견도 제시하였다.

이 대상이 처음 너무 높잖아요. 그까 국민건강보험 5만얼만가? 높은 라인에서 받을 수 있는 사람들이 이 폭이 너무 넓은 거 같아요. 기준이도 좀 애매한 거 같아요. 그게 선착순이라 그러면은 그게 이 사업의 의미가 없어지는 거 같아요. 밑에 사람들의 인지를 향상시킨다던지 그 목적이 사실 이런 정보를 접하는 게 애기들에 관심있고 어느 정도 여유가 있는 사람들이 빠르잖아요. 사실, 그런 사람들이 낼껀데 그런 건 선착순으로 한다는게〈 E2-다1〉

자부담이 줄어들면 좋겠지만 될 수 있으면 많은 사람들이 할 수 있게. 자부담이 줄어들면 더 좋겠지만 자부담이 늘어나더라도 다 같이 같은 소득기준이라면 다 같이 서비스를 받을 수 있게. 선착순 이러니까 서로 안 알리고 나부터 신청하고 보자 이러고. 이기주의적으로 가잖아요〈E1-다1〉.

카드의 의미가 없는 경우도 발생했다. 카드 없이도 일련번호로 승인이 가능하고, 카드 관리에 어려움이 있으며, 또 자부담을 선 지급해 두다보니 신경을 쓰지 않으면 서비스 기관을 바꿀 때도 시기를 지나쳐 버리는 문제점이 있었다. 반면에 서비스기관에서 바우처 카드를 관리하는 경우는 불편한 점이 없다고 했다.

⑤ 바우처효과

바우처 사용은 초기에는 카드를 중요하게 생각하지 않아 보관의 문제가 있었으나 현재는 익숙해져서 크게 불편한 점은 없었다고 응답하였다. 통장입금 등의 방법이 더 편할 수 있지만 위조사용 등의 문제점을 차단할 수 있어 전자카드 사용을 긍정적으로 받아들이고 있었다.

지불방식에서는 뭐 별로 그냥 아니면은 불편하죠. 사실 카드를 하는 게 저한테 돈을 다 받아가고 통장으로 입금을 시켜준다던지 이런 방법이 더 편한 거 같아요(바우처 단점). 차라리 근데 그렇게 되면 참 뭐 위조나 그런 가능성이 가짜 영수증을 만든다던지...

...처음에는 사실 그 안에 돈이 안 든 카드니깐요. 아무 생각없이 잘 놔두자나요. 그니까 찾아

다닌다고 애먹었고 요즘엔 그냥 한 자리에 계속 신경써서 놔두니까요. 매달 결제를 해야 되니깐요. 괜찮은 거 같아요 이제〈E2-다1〉.

그러나 카드를 제공자에게 맡기기도 하고 카드 없이도 일련번호로 승인이 가능하고, 자부담을 선 지급해 두다보니 신경을 쓰지 않으면 서비스기관을 바꿀 때 시기를 놓치기 쉬운 문제점이 있었다.

저번에 했던 전표가 있자나요. 끊었던 전표가 그걸 보고 번호를 넣으면 승인을 다 딴데요. 근데 요번에는 그만두는 것도 있고 해서 카드를 안 가져가시고 그 번호를 넣고 승인을 따겠다고 하셨거든요〈E2-다2〉.

카드는 선생님이 가지고 계시니까. 그것도 매달 결제일 되면은 결제하시고 그러니까 큰 부담 없죠. 말일 되면 현금으로 드리고 그랬으니까 (자부담은) 금으로 드렸어요. 오시면 바로 드려요〈E1-다2〉.

바우처 카드를 선생님한테 맡겨 놓고 하니까 불편한건 없어요. 선생님이 알아서 결재하고 그렇게 하시니까〈E1-다1〉.

그때도 이야기 했지만 바우처 카드를 쌤 드렸거든요 거기서 알아서 결제를 하고 결제가 빠졌다는 문자가 저한테 오더라구요. 그러니까 아 왔구나 그리고 또 메일도 오고 그때그때 확인을 하니까 불편한건 없어요. 자부담은 계좌이체 해놨기 때문에 자동으로 또 빠지고〈E1-다3〉

⑥ 개선방안

서비스의 이용확대와 공정성을 위한 제도개선의 노력이 필요하다. 구체적인 방안으로 1) 평균소득 정도나 국민건강보험료가 좀 낮게 책정되어 서비스가 꼭 필요한 대상에게 제공되고 2) 자부담금을 균일화하고 표준화된 서비스를 제공받고 싶으며, 3) 선착순 신청으로 서비스 제공하거나 소득신고의 기준적용(소득수준이 너무 높아 서비스대상자가 너무 포괄적임)으로 문제점이 제기되었다.

저는 저번에도 이야기했지 싶다. 이 대상이 처음 너무 높자나요. 그까 국민건강보험 5만얼만가(선정기준)? 높은 라인에서 받을 수 있는 사람들이 이 폭이 너무 넓은 거 같아요. 약간 밑으로 내려갔으면 하는 그런 바램?〈E2-다1〉

이게 복지 선택 요번에 동사무소 그렇게 지원 받는 것도 안 그래도 솔직한 말로 직장 생활하는 사람이 연봉이 딱 정해져 있자나요. 그니까 빼도 박도 못하자나요 자기 정해놓은 기준에 근데 사업하는 사람 자기 앞으로 뭐 아무것도 없으면은 100%로 지원을 받잖아요〈E1-다3〉.

웅진말고 아이북랜드. 그쪽은 제가 선호하는 그게 아니니까 자기가 뭐 좋은데 하려고 하면 많이 내야하지만, 균일적으로 하면서 서비스는 좋고 그랬으면 좋겠어요〈E1-다1〉.

뿐만 아니라 서비스의 질적 향상을 위해서 한글을 깨우칠 때까지 기간을 연장하거나 진정한 선택권 확대를 위해서 선생님들에 관한 정보제공이 필요하며, 시간대 조정이 가능하고 수업의 질을 향상시키려는 노력이 필요하다는 것을 지적하였다.

시간이 선생님 스케줄에 맞춰서 딱 시간을 정해야 되거든요. 그건 어쩔 수가 없는 것 같은데. 그래도 유아다 보니까 시간조절이 조금 더 여유롭게 해서, 이 시간에 애가 뭐 잔다던지 그런 거는 엄마가 조절을 해야겠지만 시간 조정하는데 애로 사항이 있더라구요〈E1-다1〉.

좀 미흡하다는 거죠. 준비라던지 이런 게. 보통 애들 아기 때 수업하는 게 40,000원 45,000원 그렇거든요. 그런 분들은 20분 수업하구요 20분 수업하고 수업시간도 뭐 엄마들 시간이나 애들 시간에 맞춰준다던지 수업 질이 좀 달라요 이렇게 보면. 되게 많은 준비를 하고 그런 그 금액 내고 돈 아깝지 않게 수업한다 이런게 보이거든요. 이거는 거기에 비하면 좀. 지금 학습지 웅진이나 이런데서는 수업시간이 더 짧다 그러더라구요〈E2-다2〉.

불편한 거 그런 것도 별로 없는데. 대체로 만족 하는데. 근데 뭐 인제 그런 건 있어요. 선생님들이 선생님의 학력이나 이런 기준을 잘 모르자나요 어느 정도의 수준의 선생님이고 그런 자체를 모르니까요 그런 궁금한 부분...〈 E2-다1〉

기간을 좀 늘려주면 좋겠어요. 애들 하면 1년 안에는 한글을 다 못 떼니까 1년 반 이라던지 보통 2년 안에는 다 떼니까 그 기간 동안만 그냥 계속 꾸준히 해줬으면. 지금 같은 경우도 지금 끝나고 6개월 정도를 더 해야 되는데 본인이 부담을 해야되자나요〈E1-다2〉.

불만이라는 거는 7월 달까지만 하고 그만둬야 된다는 거 그리고 재신청이 안 된다는 거, 한번 했던 애는 또 안 된다고 그러데요. 그러니까 이제 뭐 할 수 없지만은 다른 사람을 위해서 할 순 없지만은 이왕이면 계속 해줬으면 좋겠는데...〈E1-다3〉

(3) 지역사회서비스혁신사업(표준형) 사업결과 요약

1차와 2차 사례의 분석을 통하여 사업에 대하여 얻은 결과는 다음과 같다.

▶ 제공기관

아동인지개발사업의 경우 경쟁기관이 8개 기관으로 확대되고 예산은 삭감되면서 기관 간 경쟁이 심화되었으며 1차 조사 때보다 심한 곳은 50% 이상 이용자인원이 감소된 기관도 있었다. 특히 **교육인지사업의 경우 기술과 노하우 측면에서 앞선 영리기관만이 서비스를 제공하고 있다는 특징**이 있다. 제공기관들은 대체적으로 정부의 사업의 목적이 기관의 목적과 일치하여 사업에 대해 만족감을 가지고 있었으며 지속적으로 서비스가 제공된다면 일자리 창출효과가 있는 것으로 파악되었다. 제공기관들을 2008년부터 새롭게 강화된 주 1회 서비스제공에 대해 부담감을 가지고 있어 2007년과 같이 주 중에 공휴일이 포함되는 경우 공휴일은 서비스제공에서 제외되도록 하는 방안을 지지하였으며 독서를 통한 인지능력개발이므로 독서를 진행하는 업체만이 사업에 선정되도록 하여야 한다는 의견도 있었다.

▶ 이용자

이용자들은 대부분 아동인지능력사업의 필요성에 공감하고 있었으며 제공되는 서비스에 높은 만족감을 나타내었다. 2차 조사에서 서비스제공기관을 변경한 사례는 발견되지 않았는데 이는 이용자들이 대부분 기존기관에서 제공하는 서비스에 만족하고 있음을 입증하는 것이라고 할 수 있겠다. **2008년부터 매 주 1회 서비스를 반드시 제공받도록 한 지침변경에 대해서 제공기관과는 달리 이용자들은 만족**하고 있었으며 서비스 제공 이후나 서비스를 계속 제공받거나 추가구매의사가 있는 것으로 파악되었다. 이용자들은 방문교사를 통해 아이들이 독서를 하는 습관이 생기고 다방면에 지식이 늘어나며 또래보다 말을 잘하는 등 아동인지능력향상에 매우 도움이 되는 필요한 서비스이고 또한 아이와 더 많은 대화를 하는 등 가족관계에도 변화가 있는 서비스이며 인동인지향상에 대한 경제적 부담도 줄여주는 **매우 유익한 서비스**라고 강조하였다. 다만 서비스시간이 조금 늘어나 보다 여유롭게 서비스가 제공되기를 원하는 경우도 있었으며 본인부담금을 부담스러워 하는 경우도 있는 것으로 파악되었다. 또한 예산에 맞추어 선착순으로 서비스가 제공된다는 점에 있어 여유가 있는 사람이 정보력이 뛰어나 형평성에 맞지 않는다는 점이 지적되기도 하였다. 따라서 **대상자 선정과 본인부담금에 대한 정책적 개선이 필요한 것**으로 파악되었다.

▶ 경쟁과 바우처

2008년부터 참여기관이 대폭 증가하여 현재 교육인지능력개발사업의 경쟁구도는 형성되어 있는 것으로 파악되었으며 기관 간의 경쟁이 서비스질의 향상에 도움이 되는지에 대한 판단은 좀 더 시간을 지켜보아야 할 것으로 생각된다.

바우처 카드는 제공자가 소지하거나 이용자들의 입장에서 소비와 이용에 불편함을 주로 지적하였으며 일부 기관에서는 이용자를 계속 확보하기 위하여 바우처 카드를 이용자에게 주지 않고 기관이 계속 유지하는 편법이 사용되는 것으로 나타났다. 이용자들은 바우처 카드가 없어도 일련번호로 승인이 가능하여 카드의 의미가 없으며 많은 경우 제공기관이 카드를 소지하여 카드의 이용이유를 모르는 경우가 많았다. 하지만 초기부터 카드를 사용한 이용자들은 카드사용이 많이 익숙해지고 있음이 나타났다.

2) 자체개발형

(1) 제공기관

① 서비스내용

A. 체험학습프로그램

현재는 가족과 함께하는 미래비전사업으로 난타, 음악놀이체험, 생태 및 환경 체험활동을 진행 중이며 서비스 질 또는 만족도 향상을 위해 **난타는 즐거운 음악체험**으로 확대 예정이고 **생태체험 지금보다 더 확장된 문화체험활동** 영역으로 넓힐 계획이다.

구미지역 7개 기관 중 현재 4개 기관만이 사업 진행하며 2008년 변경사항은 없이 둘째, 넷째 토요일 진행된다. 난타, 음악놀이체험은 오전 9시 30~12시 30분까지(3시간), 생태체험학습은 하루 종일 진행이 된다.

서비스관리자는 3명에서 **5명으로 인원이 추가**(기획직원 1명, 재무/사무직원 1명 추가)되었다. 난타, 음악놀이체험 제공자는 4명 그대로, 생태체험 제공자는 2명이 교체되어 **7명**이며, 이용자는 180명(생태체험 160명/난타 20명)이다.

> 이번 방학 들어오면서부터 30명이 조금 떨어졌습니다...인원은 지금 난타하던 사람들은 생태 쪽으로 많이 갔어요. 난타는 좀 일단 지능을 익혀야 되는거니까 고통이 따르자나요. 그래가 고거를 생태 쪽으로 많이 가가지고 생태가 한 160명 정도.〈E1-가〉

> 일단 작년에 했던 사람이 올 7월까지는 작년에 그렇게 이야기 2007년 말에 2008년 1월에 사업 마무리하면서 원래 2008년 1월에 작년 사업을 마무리한다고 그러면서 일단 7월 달 저희 우리가 7월 달에 시작을 했자나요. 그러니까 7월까지는 그대로 한다고 지침 외에는 공문이 없으니까... 3개 기관이 빠지고 지금 4개 기관이 그냥 가고 있고...〈E1-가〉

만약에 이제 조금 보완을 하라 그러면 난타를 즐거운 음악체험, 생태도 생태체험하고 문화체험까지 이렇게...지금 각 우리 지자체에서 하는 그 축제가 있어요. 그거를 가족과 함께하는 미래세대 비전사업이니까 가족과 모두 거의 문화체험도 저희들이 이제 공연 같은 것도 공연 이제 종래에 하던 공연 관람만 하는 게 아니고 관람하고 난 다음에 직접 악기 같은 거 악기 다루기도 하고 이래가지고 시간을 3시간정도 늘려가지고 악기 다루기도 해보고 악기 이제 연주도 해보고 만약에 연극 같으면 연극 하고 난 다음에 자기가 그 연극 본거 중에서 내가 이 연극을 좀 하고 싶다 그러면은 아주 간단한 거라도 나와가지고 몇 명이서 표현해보고 고렇게까지 가면은 훨씬 더 가지게 되지 않을까?〈E1-가〉

B. 장애아동치료

서비스내용, 시간 기간은 변함없이 언어치료, 미술치료, 심리치료, 물리치료, 학습지도 등을 제공하며 제공기관은 2개에서 5개로 확대가 되었다.

현재 서비스 관리자는 팀장 1명, **전산입력 1명**(아르바이트), 제공자는 종전과 같이 19명이며 이용자는 55명으로 2명은 다른 기관으로 나가고 3명~4명이 타 기관에서 이동하였으며 예산삭감으로 3월부터 신규신청자는 받지 않고 있다. 이용자 선정기준이 2007년 사업에서는 목표인원에 미달되어 자격기준에 대한 소득기준 없애고 나이를 0세~39세로 조정하고 장애유형은 정신지체, 발달장애 등 3가지 유형으로 제한했었으나 2008년 2월부터는 20세 이하 장애유형에 관계없이 아동청소년 장애인에게 서비스를 제공한다. 지역성과 장애라는 특성 때문에 이용자를 확보 방식은 5개 기관에서도 기존 그대로 기관에서 역으로 대상자에게 전화로 홍보하고 있다

지난해와 마찬가지로 미술치료, 언어치료, 물리치료, 심리치료 학습지도 등을 하고 있습니다. 주 2회로 그대로...변경내용은 저 일단 장애유형구분은 없어졌고요. 나이 제한이 20세 미만으로 바뀌었습니다. 고래 바뀌었고, 본인 부담액을 10~15%로 했는데, 작년에는 10%로 했지 않습니까? 2만원씩. 올해는 20% 이상으로 하기로 했는데 실제로 그렇게 하고 있지는 않습니다〈E3-가〉.

이용자 수는, 작년에 비해서 그렇게 크게 늘어나지는 않았구요. 한 10명 정도 늘어 났구요. 그 다음 군에서 2월말까지 신규신청자를 받았고, 3월 달부터 신규신청자를 받고 있진 않습니다. 예산이 50%로 삭감되었다고 해가지고 지금 3월부터 신규신청자를 받고 있지는 않습니다...

지금은 워낙 또, 인원이 많아져가지고 자격기준을 제한을 줬죠. 작년에 처음 실시할 때는 3가지 장애유형에 40세 미만 고렇게 정했었는데 지금 올 2월 1일부터는 20세 이하 장애유형에 관계없이 장애아동, 청소년 중심으로.〈E3-가〉

② 진행과정

A. 체험학습프로그램

신규직원 채용으로 인터넷 홍보활동이 다양해졌다. 자료를 만들어서 센터에 수시 비치하고, 우편물발송(한 달에 한 번 → 매주에 1번으로 변경), 시청, 동사무소, 교회 홈페이지 등에 접속하고, 문자, 자체 기관홈페이지, 문화센터 자료집 등을 통해 적극적인 홍보활동을 한다.

> 네 자료 가지고 하고 이제 회원들한테 우편물로 우편물 발송하고 홈페이지, 홈페이지 활용하고 시청이나 동사무소, 교회 이런 홈페이지에.. 바뀐 거는 이제 인터넷을 조금 더 활용하는 거... 그 다음에 우편물도 전에는 한 달에 한번 보내던 거 이제는 할 때마다 일주일이든 발송하고 문자도 하고 ...홍보할 수 있는 여러 가지 방법들을 동원하고 지금 저희 문화센터에서 캠페인 나갈 때도 뒤에 이제 한 란을 하나 만들어가지고 홍보를 하고〈E1-가〉

모두 전공자이기 때문에 전공에 대한 교육은 따로 없고, 수업시간에 필요한 자료는 미리 받아 검토하며 수업내용에 대한 의견을 조율하고, 앙케이트 조사를 바탕으로 요구사항을 자존감에 관계되지 않는 선에서 고쳐나가고 있었다.

난타, 음악놀이체험은 기존 4명 그대로 활용하여 서비스제공하며, 자연생태체험은 경상북도 자연환경연수원의 자원봉사교사들을 활용하고 역사학과 대학원생 1명이 자원봉사로 활동 중이다. 체험활동 할 때마다 만족도 조사를 실시하여 지역주민의 욕구를 그 다음 활동시에 꼭 반영하려고 하고 가까운 지역도 사전답사를 통해 실수를 줄이려 노력하고 있다.

> 선생님들은 2분이 사정에 의해서 못하시고 2분은 저희들 다른 분으로 그 중에 아까 대학원생 한명. 난타인력은 그대로 난타인력은 그래도 4분〈E1-가〉

B. 장애아동치료

5개 기관 선정가능성에 대한 홍보는 대구시 사회복지과에서 각 8개 시군별로 지역 자체개발형 사업서를 벽보안내판을 통해 일괄 홍보하며 제공기관은 신규신청자 받지 않으므로 홍보하지 않고 있으며 다른 4개 기관은 직접 전화홍보를 통해 이용자 모집한다.

> 바뀐 거. 없었던 것 같습니다. 그리고 대구시에서 사회복지과에서 각 8개 시군별로 지역 자체개발형 그 사업서를 일괄적으로 한꺼번에 홍보해주는 게 있었고 그게 우리 벽보판에도 결렸습니다... 구내에서 홍보하는 것을. 특별하게 홍보하고 있지는 않구요. 이용안내문을 그 서비스

신청을 하고 판정통보를 적합판정을 보내주지 않습니까? 공문을 보내면서 선택할 수 있는 제공기관이 요런 기관이 있다고 안내문이 나갑니다... 홍보는 따로 안하고 있어요. 신규신청자는 안 받기 때문에〈E3-가〉.

전문가 집단이기 때문에 제공자를 위한 교육은 별도로 하지 않고, 바우처사업 이해를 돕기 위해 작년 11월에 한번 교육했고 2차 교육은 아직 못하고 있다.

그러면 저번에 우리가 그냥 생각하기에 이 교육하시는 분들은 제공자가 그 때 상담을 한분한분 하셨잖아요. 바우처 사업 자체에 대해서 솔직히 잘 모르시는 것 같기도 하셔가지고 그 부분에 대해서는 계속적으로는 아니더라도 처음에 한번 하시고 그 다음에는 바우처 사업 자체에 대해서도 안하시는가 한번 여쭈어 봐요. ...기관 자체적으로 교육을 한번 할 필요가 있다는 입장이어서 그래서 작년 11월에 강좌를 한번 열었구요. 올해는 아직 시행계획이..〈E3-가〉

인력의 변동과 충원계획은 없으나 만일 충원한다면 인적 네트워크, 카페나 홈페이지 모임 등 기존방식대로 할 것으로 예상된다. 현재까지 이용자로부터 민원접수는 없지만 혹시 접수가 된다면 최대한 이용자 중심의 서비스로 해결할 예정이다.

제공자는 19명입니다. 안 늘어났습니다. 아직 충원 계획은 없죠. 신규신청자도 안 받는 상황인데..충원한다면 기존 방식그대로 하지 않을까 싶네요〈E3-가〉.

처음에 그렇게 하려고 군에서도 각 읍면에 신청과정 중에 자기가 이용자 본인이 기관을 선택하게끔 하려고 했었는데, 혼선이 있어가지고 그렇게 하려다가 잘 안 되가지고 그냥 명단을 또 각 기관에 개별적으로 통보를 하고 있습니다〈E3-가〉.

③ 만족도

A. 체험학습프로그램

정부 지원금은 똑같고, 본인 부담금 또한 같은 금액에 차량, 식사, 제반비용들을 모두 들여야 하기 때문에 조금 부족하지만 영리를 목적으로 진행하지 않고 답사 비용도 기관에서 모두 부담하고 있었다.

비용은 똑같이 나오기 때문에 저희들이 보건복지가족부에서 나오는 2만원하고 본인 부담금 5,000원 가지고 차량, 식사, 제반 비용들을 다 들여야 되니까 조금 적긴 하죠. 비슬산 갔을 때 8,000원짜리. 그랬더니 가족들이 자기들 드시고 집에 가족들 준다고 포장 주문해가지고 가시더라구요. 그래도 어쨌든 제대로 된 음식을 먹였다는 그 뿌듯함 때문에 기분은 좋아요. 그래요 저희들도 일단 뭐 우리 가족이라고 생각하기 때문에 좋은 거 보여주고 좋은 것 드시도록, 싸게 해가지고 맞추면〈E1-가〉.

답사비용은 제가 부담을 하죠. 그렇다고 해가지고 답사할 때 우리가 답사가 힘든 게 그 일곱 분 선생님들 다 모시고 갈 순 없자나요. 그분들도 시간도 안 맞고 이래가지고 할 수 없이 우리가 갔다 와서 이제 출발하기 전에...〈E1-가〉

기획직원 채용으로 새로운 프로그램을 실시하게 되어 이용자들의 만족도가 높아졌다. 자체 만족도 조사를 체험 매회에 실시한 결과 95% 이상은 만족하는 것으로 나타났다. 본 사업은 영리보다는 지역사회에 사회적 환원의 일환으로 생각하고 있고, 이윤의 일부는 동사무소 사회복지 담당직원의 도움으로 어려운 이웃을 위해 사용된다.

그분들이 와가지고 새로운 프로그램들 자꾸 기획하고 훨씬 더 사람들 호응도 너무 좋고 ...저희가 할 때마다 만족도 조사를 합니다. 할 때마다 하는데 거의 95% 이상은 만족을 하는 그리고 또 저희가 조사하면서 가고 싶은데 있으면 추천을 하라고 특히 작년에 그 비슬산 얼음동산 그게 만족도가 제일 높았습니다〈E1-가〉.

B. 장애아동치료

본인부담금을 20%까지 받을 수 있지만 현재 10%밖에 받고 있지 않은 상황인데도 부담스러워하는 세대가 있지만 현재 운영비는 부족하여 인상의 필요성은 절실히 느끼고 있었다. 1차 조사 때와 다르게 바우처 사업에 대한 열의와 긍정적인 입장이 감소한 것으로 파악되며 5개 제공기관 확대로 인한 경쟁도 심하지 않았다. 불만족으로 인해 타 기관으로 넘어간 사례는 없고, 타기관에서 넘어온 사례는 3~4개 정도 된다.

장애아동치료가 달성군 지역에 필요한 사업이긴 지역자체개발형 사회서비스 사업에 적합한 지에 대해 의문을 제기하였다.

이동도 있었습니다. 나는 저 사설언어치료연합회 그쪽에 2케이스 정도 있었습니다. 그쪽에서 기존에 잘 알던 아동이 어려서부터 언어치료를 계속 받아 오던 곳이어서.〈E3-가〉

(운영비) 조금 부족한 것 같기도 해요. 지금 자부담금은 10%정도만 받고 있는데 그게 또 부담스러워하는 세대도 있지만은 조금 인상할 필요도 있지 않을까? 그래서 20%로 인상을 하려고 했었는데, 그렇게 하고 있지는 않습니다. 10%. 그러니까 20만원은 국가에서 나오는 것이고 바

우처로 제공되는 금액이고 그것에 10%는 우리가 자부담으로 받아서 기관운영비로 쓰고 있습니다〈E3-가〉.

④ 서비스 확대가능성

A. 체험학습프로그램

현재 지원기관을 더 모집하면 지원하고자 하는 기관 또는 시설들이 많기 때문에 경쟁을 통해 서비스 질적 차이를 보일 수 있어 경쟁가능성이 충분하다고 보여진다. 이용자들이 좀 더 확보되면 이윤의 추구도 가능하므로 더 많은 고객 확보를 위해 전략이 필요할 것이다. 현재 **신규 관리자 2명이 선출(기획, 재무/사무)되었으며**, 사업이 매주 진행된다던지 횟수가 많아지게 되면 제공자들은 정규직으로 가능성이 높다. 그러나 현재는 월 2회로 파트타임으로만 가능하다.

사업 자체가 뭐 매주된다던지 아니면 횟수가 많으면 뭐 정규 일자리로 괜찮은데 월 2회이기 때문에...〈E1-가〉

B. 장애아동치료

현재 5개 기관의 경쟁가능성은 있지만 최우선은 지역주민의 욕구반영이라고 볼 수 있다. **시장형성 가능성에 대해서는 부정적으로 판단되는 이유는 큰** 틀에서는 시장논리가 적용될 수 있으나 세부적으로는 아는 사람들을 끌어오고 정보제공을 하지 않기 때문이다. 전업으로 하기에는 수익이 너무 적어 일자리 창출에는 효과가 적고 전업으로 하는 제공자는 2명에 불과하다.

방식은 조금씩 다릅니다. 우리는 찾아가는 재가방문 중심으로 하려고 하는데 다른 기관에서는 관내에서 하는 것 중심으로 하는 것 같습니다. 정확한 거는 모르겠지만. 5개 사업기관은 위치가 달성군에 있는 위치가 아니고 다른 지역구에 있어서 관계는 없습니다. 지금 5개 기관이 하고 있는데 달성군 장애인복지관, 예사랑 어린이집, 녹원 어린이집, 달구벌복지관, 사설언어치료연합회 대구지부〈E3-가〉.

시장 형성, 어떻게 봐야합니까? 우리는 그 서비스 품질을 가지고 경쟁을 하는 건데. 대부분은 어떤 마음을 두고 신청하시는 분이 많으신 것 같아요. 어떤 뜻이냐 하면은, 기관에서 어린이집에서 그 어린이집에 다니고 있는 애들을 이제 그거 신청하라고 해가지고 그래서 거기서 또 받는 거죠. 그러니까 기존에 어머니께서 부담하던 치료비 20 몇 만원을 부분을 바우처로 돌리는 거죠. 그래서 그것을 경쟁이라고 볼 수 있을까요? 시장형성 가능성은 조금 부정적으로 봅니다. 큰 틀에서는 시장논리가 적용될 수 있겠지만, 세부적으로 들어가 봤을 때는 그 기관의 수익을 위해서 자기 아동들을 그쪽으로 신청하게 만들어서 다시 받는. 그것도 어떻게 보면 하나의 강점이니까. 〈E3-가〉

⑤ 바우처효과

A. 체험학습프로그램

단말기는 휴대용이 있어 바우처 사용이 간편하고 편리하지만 160명의 생태체험 프로그램의 경우는 인원이 많기 때문에 생태체험출발 전에 카드 결제하는데 상당한 시간이 걸린다는 문제점이 드러났다.

이제 올 때마다 이렇게 결제를 하니까 우리 같은 경우에는 사람들이 차를 타고 들어 오면은 시간 여유는 한 10분밖에 없는데 결제한다고 죽 서가지고 뭐 하고 체크도 본인 이름을 다 쓰거든요. 본인 이름 싸인 다하고 이러다 보면은 제대로 제 시간에 출발을 못해요. 그래서 할 수 없이 차 안에서 그거를 가지고 가서 다시 이렇게 하고 그건 좀 불편하거 같아요. 그래서 될 수 있는데로 미리 좀 와서 결제를 좀 해주십시오. 하는데 이용자들은 그게 또 불편할 수도 있자나요〈E1-가〉.

아무래도 간편하고 편리하다는 거겠죠. 네 또 이게 이제 돈 문제니까 그런 이제 아주 담당자들이 가장 중요하게 생각을 하죠. 제 생각은 또 안 그렇거든요. 일단 우리한테 위탁을 했자나요. 위탁을 했으면은 맡겨야죠. 그런 거 가지고 뭐 이렇게 저렇게 해라고 하니..〈E1-가〉

B. 장애아동치료

카드 사용은 현금보다 편리하지만 이용자와 제공자간의 담합을 통해 도덕적 해이가 나타날 수 있으며 정해진 시간에 대한 이용자부모와 제공자와의 갈등이 생길 가능성이 높아 보인다.

이게 현물이나 현금의 중간 형태인데, 이용자와 제공자간의 담합을 통해 좀, 도덕적 해이가 생길 수 있겠죠〈E3-가〉.

⑥ 개선 방안

A. 체험학습프로그램

기관에 대해 위탁을 한 상태이면 지침만 내세우기보다는 기관 상황에 맞게 운영할 수 있도록 재량권을 주고, 생태체험시간이 연장된 것에 대해 선생님들의 인건비가 제공되어야 한다.

> 다들 원하시는 서비스를 받으시니까. 조금이라도 더 받으시려고 하죠. 그래서 부모님 입장에서는 주 2회, 월 8회를 꼬박꼬박 다 받으시려고 하죠. 근데, 선생님의 입장에 따라 한두 번 정도는 빠질 수 있지 않습니까? 아동의 사정 때문에 빠질 수도 있고 한데, 대부분 선생님들은 빠진 것을 다음 달에 보충해주고 하는데, 그 빠진 부분을 아동의 어머니께서 문제제기를 하는 경우가 있습니다. 기관의 입장에서는 최대한 이용자에 맞추어 주려고 하는데 어쩔 수 없는 경우도 있잖아요. 그런 부분에서 문제제기를 하는 분이 있더라고요〈E3-가〉.

B. 장애아동치료

수요자와 제공기관의 권역별 수용자 확보문제와 제공되는 서비스의 차이를 검토하여야 한다. 예를 들어 달구벌복지관은 달성군과 달서구지역 이용자까지 확보가 가능하지만 달성군장애인복지관은 달성군 지역 이용자만 가능하며 지역별로 서비스가 다름에도 불구하고 지역 이용자들이 타 기관과의 서비스를 비교해서 불만을 토로하게 되는 문제가 발생할 수 있다.

> 지금 공식적인 통보는 안 받았지만은 정책에 변화가 조금. 처음엔 신청자를 안 받는다 하다가. 또 얼마 전 뉴스에서는 다시 한다는 말이 있고, 정책적인 혼선이 좀 있는 것 같아요. 지역서비스라는 게 1, 2년 해가지고 되는 게 아니기 때문에 또, 어머니들은 사적 네트워크가 잘 되어 있거든요. 부모모임도 있고. 그래가지고 달서구에서는 13만원 국가에서 지원 받더라. 달성군에서는 20만원 지원해 주더라. 그 리스트를 쫘악 해가지고 부모님들 대상으로 교육을 해 가지고.〈E3-가〉

> 5개의 기관인데 그 기관명 ○○○을 예로 들어 봅시다. ○○○복지관은 달서구에서도 합니다. 달서구에서도 사업기관으로 지정이 되어 있고 달성군에도 지정이 되어 있기 때문에 두 개 지역구도 할 수 있습니다. 우리는 달성군만 사업기관으로 지정되어 있죠. 우리는 한계가 있죠. 우리도 달서구에서 사업기관이 지정이 되어 있었으면은 달서구의 케이스를 우리가 맡을 수도 있죠〈E3-가〉.

(2) 이용자

① 서비스내용

A. 체험학습 프로그램

서비스 내용과 기간에는 변화가 없었으며 시간은 조금 늘어났다. 타악기를 통해 가족들과 함께 시간을 보내고, 둘째 넷째 놀토 오전 장구, 음악놀이치료, 음색 공부 등을 한다. 이용횟수는 적당하다고 생각하며 제공자가 2명이 늘었으며 생태체험 활동에만 국한 되던 것이 민속체험과 같은 문화체험도 같이 병행하여 진행되고 있었다.

서비스는 별다르게 변한 게 없어요. 애들 아빠하고 ○○동생하고.. 다 같이 주말에 나와서 난타도 하고, 장구도 하고, 음악치료도 하고, 음색공부 다 같이 하고 그래요. 그대로... 놀토 때 나와서... 하는 걸로 둘째 넷째 놀토 오전에 해요. 네, 적당하죠. 그 시간이 애들 학교 가는 시간도 있으니깐 제일 좋죠. 여기 머라그라지. 어.. 관리해주는 선생님들이 2명 더 생겼어요. 그러니까, 원장님하고 사모님도 더 여유가 있으신 것 같고 머 연락하는 거 하고 결제하는 거.. 이런 게 더 체계적으로 된 거 같아요...〈E1-다1〉

두 분이 바뀌셨는데.. 한 분은 잘 모르고.. 한 사람은 젊은 사람인데... 대학원에서 역사를 전공한다고 하던데...같이 한번 민속체험 때 주관하는 선생님이 되셔서 같이 갔는데...할아버지 선생님들보다 더 잘해요. 재미도 있고 자세하게 설명해주니 더 쉽게 이해가 되더라구요. 전체적인 시간도 더 늘어 난 것 같아서 기분이 더 좋구요...
민속체험 등의 다양한 문화체험이 정말 필요한 것 같아요...〈E1-다2〉

네 그냥 겨울 내내 생태체험한다고, 식물 있는 곳 찾아찾아 갔는데 지금은 민속체험도 가고, 찐빵만드는 것도 하고, 여기... 어디지.. 어디.. 문화재 이런데도 갔다 오고.. 조금은 다양화 되었다고 해야 되나 그래요...〈E1-다3〉

본인 부담금은 없으면 좋지만 현재 상태로 적당하다고 생각하고 있었다.

이번에 더 오른 건 없고 머 안내면 좋죠...(웃으시며).. 저희들이 안내는 게 좋죠. 이왕 해줄 거... 나라에서 다 해줘야죠. 근데 그거까꼬, 여기 운영하는데.. 더 낼 수 있으면 더 내야죠. 근데 그럴 형편이 안 되니깐.. 지금 이게 적당하다고 생각하죠 머.〈E1-다1〉

이용경로는 사회복지기관에서 하는 놀토프로그램에 신청하였다가 의뢰되거나 가족과 함께 할 수 있는 프로그램을 찾다가 홍보책자를 보고 신청하거나 문화센터에서 일반강좌를 듣고 있기 때문에 원장님께서 연락 와서 안내받고, 아이 편으로 서류를 받아 신청한 것으로 드러났다.

예 시에서 가족비젼사업이라고 있던데 신청하다보니 대상자가 장애아동이라고 사회복지기관에서 하는 프로그램으로 가라고 해서 갔더니.. 안 맞다고 이쪽으로 가는 것이 더 낫다고 해서 이쪽으로 왔는데 더 잘된 거 같아요...여기서 땀나도록 더 정말 열심히 해서 우리 ○○가 특히 저도 애기 아빠도 같이 할 수 있으니깐 더 좋드라고요...〈E1-다1〉

동사무소에 가서 가족들이 다 함께 할 수 있는 프로그램이 머 있나 찾아보다가.. 발견하고 전화해서 더 세세히 알아보고 신청하게 되었죠〈E1-다2〉.

그때 처음 시작할 때 우리 애가 문화센터에서 일반인들한테 하는 거 듣고 있었거든요... 근데 원장님께서 앞으로 이런 거 한다고 애한테 멀 보냈드라고요. 읽어보니깐 괜찮은 거 같아서 함 해보자 싶어서 했죠. 안 그래도 애들 아빠가 바빠서 애들 데리고 놀러가기가 지금 힘든 상황인데 잘됐다고 생각했죠. 친구들 세 명이 같이 신청해서 다른 애들은 자격이 안 되서 저만 됐잖아요..〈E1-다3〉

B. **장애아동치료**

변화된 내용 없이 주 2회 1시간씩 집(또는 복지관에서)에서 심리치료, 언어치료 서비스를 제공받는다.

서비스내용... 과 관련해서... 지금 받고 있는 심리치료.. 세세한건 몰라도 지금 심리치료는 그대로 하고 있어요...기간은 그니깐 이번에 이 프로그램 끝나는 시점까지 계속 하는 거구요... 일주일에 2회 방문 약 1시간 정도 수업을 하고 있어요...〈E3-다3〉

아니오, 변화된 것 없어요. 언어치료 받는 것, 지난번 하고 주 2회 1시간씩 그대로에요. 집에 오셔서... 해주시는 거죠. 그게 이 사업에서 가장 좋은 건데요...〈E3-다1〉

복지관에 가서 일주일에 한 번인데 2시간이요, 연달아서...놀이하는 것을 좋아하고, 되게 빠져들어서 끝마칠 시간이 됐는데도 어쩔 때는 잘 못 마치고, 좀 더하자고... 놀고 싶다고...〈E3-다2〉

이용경로는 도로에 붙은 플랜카드 또는 동사무소에 온 공문을 보고 군청에 가서 신청하거나 복지관에서 서비스를 기다리다가 이 사업에 대해 정보를 얻고 신청하였다.

그렇죠. 그때 복지관에서 하는 서비스를 기다리다가 복지관 측에서 이 사업에 대해 정보 주

면서 자부담금을 조금 내고 집에서 서비스 받는 게 더 낫지 않냐고 해서,〈E3-다3〉

공문이 왔더라구요. 동사무소에서, 그거보고 신청한 거예요〈E3-다2〉.

군청 가다가 도로에 붙은 플랜카드를 보고 군청에 가서 신청방법 문의해서 신청했어요. ...신기했었거든요. 나름대로...〈E3-다1〉

② 진행과정

A. 체험학습 프로그램

난타 제공자들은 그대로 진행되고 있고, 관리자 선생님들은 2명이 증가하였다. 이용자들은 이용횟수는 월 2회가 적당하다고 생각하며 개별가정에서 준비해서 가는 것보다는 비용이 저렴하기 때문에 만족하고 있으며, 생태체험활동에만 국한되던 것에서 문화체험활동으로 영역이 확대되고 있었다. 난타프로그램 이용가족 중 장애아동이 있는 가정은 장애아동을 위한 서비스에 대해 추가구매의사가 있지만 현재 일반 가족대상 프로그램인 난타프로그램은 더 이상 추가구매 의사는 없었다. 아이들의 학습과 관계되는 직접적인 것, 영어마을 체험 등의 고가 프로그램, 벚꽃축제, 대게축제 등 테마별 생태체험을 할 수 있는 프로그램을 원하고 있다.

음.. 가족끼리 준비해서 갈려면 준비할 것도 많고 챙겨야 할 것도 많은 그기에 비하면 이거는 거저로 가는 건데... 근데 싸기는 싸지만 한 달에 2번 가는 것도 적은 횟수는 아니기 때문에 추가로 개인비용으로 구매할 생각은 없어요...〈E1-다3〉

요새... 철마다 지역축제 많이 하잖아요.. 벚꽃축제다.. 대게축제다.. 연등축제다.. 머 이런 거 많이 하는데.. 그런데 한 번씩 갔으면 좋겠어요... 체험활동도 좋지만 눈으로 입으로 즐겨서 행복한 여행도 필요하다고 생각하는데... 될까요?〈E1-다3〉

가족 모두가 참여할 수 있기를 원하며 언어치료, 놀이, 미술치료 같은 장애아동들을 위한 프로그램이 보험적용 등으로 저렴하게 제공된다면 추가구매 의사는 높았다.

아들(장애아동)에게 좋은 서비스가 있으면 돈을 더 들여서 하고 싶죠.. 물론 많이 비싸지 않으면 좋겠고요. 근데.. 지금 난타는 지금으로도 충분한 것 같아요〈E1-다1〉.

일단 어 한 겨울에도 생태체험이 목적이었기 때문에 식물만 보러 다닌다고 힘들었는데... 지금은 생태체험 활동에만 국한시키는 것이 아니라 구미 지역에 문화재도 보고오고... 무슨 마을에 가서 민속체험도 하고 하니깐 훨씬 더 좋은것 같아요. 그때 그랬으면 좋겠다라고 말했던 것들이다 조금씩 변한 것 같아서 신기했다니깐요...〈E1-다2〉

영어마을 같은 거 체험하는 거 그거 꽤 비싸잖아요. 고가니깐... 그런 거 가족들이 다 같이 할 수 있도록 지원해줬으면 좋겠어요. 꼭 영어마을 아니어도 아이들의 학습과 직접 연관이 되는 프로그램도 많은데 그런 거 할 수 있으면 좋겠어요. 욕심이 많죠.〈E1-다2〉

그것도 나라에서 다 내 줬으면 좋겠어요. 물론 먹고, 차타고, 하는 등 받는 것이 부담금에 비해 더 많기는 하지만...나라보다 기관이 운영을 위해서 본인부담금은 지금 이대로가 가장 적당하다고 생각함〈E1-다2〉.

B. **장애아동치료**

제공자의 의견을 많이 수용해 주는 이용자는 월 2회로 월요일과 금요일로 날짜를 바꾸었는데 월요일에서 금요일 사이에 수요일에 하루 더 수업을 받게 된다면 아이도 기다리기 쉽고, 수업에 도움도 되기 때문에 주 3회 서비스를 받고 싶어 했다. 또 다른 이용자도 주 2회에서 주 3회 정도 추가구매 할 의사가 있으며, 주 2회 1시간씩 서비스를 받기보다는 주 3회 30분씩으로 변경하여 자주 서비스를 이용하고 싶다는 의견도 제시해 주었다.

복지관에 다니는 것보다는 방문하는 거니깐 비쌀 거잖아요... 그 정도는 생각하고 있죠... 터무니없이 비싸게 받지 않는 한... 복지관보다 약간만 비싸게 받는다면야 받고 싶죠. 차라리 주 2회보다는 주 3회가 적당하니깐 더 자주 보는 게 도움이 되니깐 1시간 할걸 30분씩 주 3회로 하면 좋을 것 같아요〈E3-다1〉.

조금은 모자란 것 같아요.. 정말 너무 많은 시간이 들어가면 저 같은 부모들이 바빠서 안 되고요... 지금보다 하루 정도가 더 늘었으면 해요... 일주일 중에서 월요일에서 금요일 사이에 수요일에 수업이 하루 더 있으면 아이도 지겨워하면서 선생님 안 기다려도 되고... 그동안에 공부한 거 까먹지 않아도 되니깐... 수업도 주 2회에서 주 3회로 늘리게 되면 수업시간도 늘어나기 때문에 아이의 실력도 조금 더 늘지 않을까 싶어요.〈E3-다3〉

지금 하고 있는 미술 쪽으로, 미술치료 쪽으로(더 받고 싶어요)... 애가 눈이 안 좋으니까 사물을 정확하게 판단하는 게 조금 힘들어요. 거리도 보면, 거리 형태가 정확하지 않다고 하나?〈E3-다2〉

서비스제공자는 변경되지 않았으며 음악, 종이접기, 미술치료 등 좋아하는 쪽으로 다양하고 아이들이 말을 할 수 있도록 유도해 줄 수 있는 책읽어주는 서비스나 선생님과 교감할 수 있는 서비스가 더 제공되기를 원한다. 현재는 복지관에서 원하는 시간과 원하는 방식(주 1회 2시간)으로 진행 중이며 이용자가 원하는 시간에 치료받기를 원했다.

꼭 미술치료 한가지만을 말하는 게 아니라 음악, 종이접기도 아이한테 삶이나 지식에 있어다... 도움이 많이 되기 때문에 모든 걸 다방면에서 접근했으면 좋겠어요...〈E3-다3〉

음... 머... 그냥. 애하고 놀아주는 놀이치료 같은 것도 생각이죠 머. 그런 것도... 선생님하고. 교감을 계속해야 하니깐... 말을 계속해야 하니깐... 책읽어주는 프로그램 같은 거. 일반아동들 책 읽어 주는 거 그런 거와 다르게 말이 느리니깐, 말을 하게끔 유도할 수 있게끔... 일반아동과 다르게 할 수 있게 있으면 좋겠어요...〈E3-다1〉

시간을, 제가 조절이 가능한 시간으로... 오후 5시가 아닌 제가 편한 시간에 가서 치료 받고 그런 거... 복지관에서 그렇게 하자고 해서 그렇게 했거든요. 처음에는 일주일에 두 번씩 이렇게 했었는데... 제가 가는 것도, 일주일에 두 번 갔다가 왔다 하는 것도 불편한 그런 것도 있기는 있었는데 그렇게 하자고 하더라구요...〈E3-다2〉

③ 만족도

A. 체험학습 프로그램

이용자 중 장애아동이 처음 기관에 왔을 때와 비교하면 변화속도는 느려졌지만 현재 표정이 밝아지고, 안정되어 있는 상태가 오래 지속되는 등 긍정적인 변화를 보였다. 프로그램에 대한 전체 만족도는 높은 상태이지만 난타/음악치료 인원이 줄어들었기 때문에 상대적으로 심적 동요가 되어 시작 시점보다는 만족도가 낮아졌다.

달라지기는 하죠. 근데... 처음 시작했을 때처럼.. 그렇게 많이는 아니구요. 처음에는 변화되는 모습이 정말 눈에 띠었는데... 물론 서비스에 대해서도 만족하지만 다만 변화속도가 조금 더뎌지고 있는 거 같아서...그래도 ○○이가 표정도 시작하기 전 보다 훨씬 밝고... 안정하고 있는 상태가.. 예전보다 더 오래 가기 때문에 상당히 만족하고 있죠...〈E1-다1〉

생태체험활동 등에 관한 안내문이 빨리 발송돼서 오니깐 한 달 계획 잡는데도 유용하게 쓰일 수 있는 것 같아요.. 그리고 관리하시는 분이 여자 1명 남자 1명 늘어난 것 같아요... 도움이 필요할 때나 궁금한 것이 있을 때 빨리 해결해주기도 하고.. 자료도 빨리 빨리 올리거나 구해주고 해서 좋아요..〈E1-다2〉

프로그램의 관리자가 봉사와 사회기여에 대한 소명감으로 일하는 가족으로 이루어져서 더 신뢰감과 친근감을 가지고 있었다.

> 그렇죠... 아주 만족하고 있죠. 특히나 원장님하고 사모님하고... 아드님이 같이 하시고...원장님하고... 가족들이... 돈 벌겠다는 욕심보다는 봉사하려는 마음들이 더 크시고... 특히나 이때까지... 번 것들을 다시 사회에 환원하기 위해서 이러한 사업을 하신다고 하셨을 때는... 정말 대단하다는 생각이 들드라구요. 더 친근감이 가요. 그래서...〈E1-다1〉

가족단위의 프로그램은 장점이 많고 장애아동을 위해서 일반아동과의 통합교육이 효과적이라 다른 가족에게 권유를 하지만 가족단위로 참여시키는 게 쉽지 않다고 한다. 가족들과 함께 대화할 수 있는 시간을 제공하며, 특히 맞벌이 부부나 가장이 부재한 경우에 아이들과 함께 보낼 수 있는 기회를 제공하고 대화를 유도하게 되며 새로운 환경에서 즐겁게 뛰어 놀다보면 스트레스 해소에도 도움이 된다고 하여 사업에 대한 욕구는 높았다.

> 네, 필요하죠. 우리 애처럼 장애아들을 위한 프로그램으로 나온 건 아니지만... 일반 애들과 같이 어울려서 하다 보니 우리 애한테는 더 좋은 효과가 나타났으니 우리 애와 같은 애들한테는 더 필요한 사업이 아닐까싶은데...
> 그때 그 가족은 엄마는 할려고 하는데... 가족이 같이 나와야 하니깐 애들이 오기 싫어해요.. 애들이 한번 오면 재미있어 할텐데.. 한번 데리고 오기가 안쉬워요〈E1-다1〉.

> 이거하면서 아이들과 그리고 애기 아빠도 아이들과 함께 길게 대화의 시간을 가질 수 있다는 게 가장 좋드라고요... 그리고 아이와 눈높이도 맞추고 대화가 가능하고 특히나 아이와 같은 관심분야가 생겨서...애기하는데 재미가 있고 이야기 꺼리가 있으니 자연스레 이야기가 잘 풀려요.〈E1-다3〉

관리자가 증가하여 이용자들이 궁금한 것, 도움이 필요한 것을 빨리 해결할 수가 있어 만족도는 높아졌다. 적은 양을 보더라도 천천히 자세히 보고 오도록 시간이 더 늘어난 것 같아서 너무 좋다. 새로운 강사의 민속놀이체험활동은 이전보다 더 재미있고 전문적인 것으로 느끼고 있었으며 체험활동에 대한 안내문이 자주 그리고 빨리 발송되어서 스케줄 잡는데 유용하며, 계획표에 맞게 프로그램이 진행되고 있어서 만족스러워 한다.

> 네... 애들도... 그냥 보고 설명 듣고 하는 것만 하다가... 직접 손으로 해보는 거 그런 거 해보니깐, 좋아 하드라고요... 그래서 그런 거 더 마니 했으면 좋겠드라고요...시간은 조금 늘어났다고 해야 되나 날이 길어져서 그런지 더 늦게 온 것 같지는 않은데...그 때처럼 막 바쁘게 돌아다니지는 않아도 되요...〈E1-다3〉

이 사업에 대하여 권유를 하고 싶으나 대상자 선정이 어려운듯하여 주저하게 되며 스스로 필요에 의해서 하는 것이 가장 참여도가 좋다고 생각된다.

권유도 해봤는데 그게 잘 안 되더라구요... 저처럼 하고 싶은 사람들이 직접 찾아하는 거나 잘할까 시켜서 하는 것은 가는 것도 귀찮고 하니깐 그렇죠... 가족 단위로 따로 운전해서 놀러 가면.. 편하게는 갈 수 있지만 따로 드는 경비가 더 많이 들죠.. 그리고 현대에 이혼하는 가정이 많아서 부모 중 1명과 사는 경우가 많은데...이 경우에도 아이와 엄마 둘이서 나들이 가는 것으로 가장 좋은 것 같습니다..... 〈E1-다2〉

체험프로그램 하는 동안에는 항상 같이 움직이고... 같이 생각하고 같이 행동하게 되니깐 아이들과 대화하는 시간이 많아지게 되드라고요. 그러니.. 더 믿게 되고 이해하게 되는 거 같드라고요... 그래서 이런 기회가 더 필요하지 않나 싶어요...그런데.. 주위에 권유를 하면 좋기는 한데 자격조건이 있으니깐 권유는 잘 안하게 되드라고요...〈E1-다3〉

B. **장애아동치료**

대체적으로 서비스에 대해 만족하고 있으며 직접 방문해서 카드체크, 전화관리도 해주어 좋아하고 더 다양한 서비스와 서비스 지속에 대한 욕구가 있었다. 장애아동을 가진 부모에게는 경제적으로 보탬이 많이 되고 가까운 거리에서 서비스를 제공받을 수 있기 때문에 아이를 데리고 멀리 안가도 되고 따로 시간을 내지 않아도 되어 편리하다고 느끼고 있었다. 자신이 생활하던 환경에서 더 자신 있게 수업에 참여하는 이 사업이 지속되고 확대되기를 원했다.

초기에는 만족도가... 많이 만족했으나. 한 6개월 되니깐... 암튼 만족은 하는데...지금도, 지금은 물론 안 받는 것 보다는 훨씬 좋지만 그래도 처음보다는 못하다는 거죠... 지금 시기가 그런 건지... 천천히 변화하고 있다고 해야 되나... 속도가 암튼 그래요...

계속해서 관리해 주시고, 방문도하고, 전화해주고. 그런 체크해주니 좋드라구요. 카드체크도 하고 해야 하니깐... 확실히 정부해서 하는 거라 그런지 관리는 잘 하드라구요...〈E3-다1〉

갈 때 이제, 더 하고 싶어도 자제하는 게 조금 좀... 전에처럼 심하게 떼쓰고 이런 게 조금씩 줄어들었어요〈E3-다2〉.

선생님은 이제 시간약속도 잘 지켜서 오시고, 수업도 제가 알아들을 수 있도록 사전에 미리 알려주시고 하니깐... 좋드라구요. 수업할 때도 놀이나... 기구 다양한 방법들을 활용해서 하니깐... 애가 더 좋아하고. 더 기다리는 거 같아요...

복지관에서 따로 연락 온 것도 없고 이 사업 안하면 우리 ○○이는 또 얼마나 기다려야 할

지도 모르는데... 이거 계속했으면 좋겠어요. 자부담금을 조금 더 내더라도...〈E3-다3〉

이용자에 따라 긍정적인 변화의 양상은 다르지만 자세나 예절, 자제력에 있어 효과를 보이며 제공자 선생님과의 관계도 익숙해지면서 개선이 되고 있다. 시간약속이 잘 수행되고 수업 방식이 다양해지고 아이가 욕구를 파악하고자 어머니와 상담을 하는 제공자에 대한 만족도는 높은 편이었다. 이용자들 중에는 시간 조정이 자유롭기를 원하기도 한다.

○○이가 가장 많이 바뀐 게 인사하는 거예요... 전에는 누가 와도 인사도 하는 둥 마는 둥이었어요... 처음에는 참 예의 없이 행동 많이 했는데 이제는 안 그래요... 특히나 조금만 마음에 안 들면 고집부리고 떼쓰고 했는데... 그런 것도 많이 줄였어요.. 정말 걱정했던 부분인데... 쪼매나마, 고치게 돼서 정말 다행이에요...〈E3-다3〉

④ 서비스 확대가능성

A. 체험학습 프로그램

혜택받는 것에 비하면 적은 금액이고 운영자 입장을 생각하면 더 올려서 내야 하겠지만 이용자 개인을 생각하면 본인부담금 없이 나라에서 모든 비용을 지원해 주는 것이 좋을 듯하며 현재로서는 적당한 수준으로 볼 수 있다.

아직까지 서비스 혜택 받은 걸 생각하면 별로 부담스러운 금액은 아니라는 생각은 드는데. 그래도 갑자기 너무 많이 오르게 되면... 조금 힘들지 않을까 싶어요..〈E1-다3〉

홍보가 잘 되지 않아서 다른 기관에서 하는 것을 잘 모르는 경우가 많지만 지금의 기관에 대해서 아주 만족하고 있기 때문에 현재 기관과의 문제가 없지 않은 이상 기관변경은 많지 않을 듯하다. 장애아동에 대한 다른 프로그램이 있는 것을 알아보는 것은 계속하고 있지만 난타 프로그램이나 이곳과 중복되는 서비스 중에서 좀 더 나은 곳을 찾지는 않을 것으로 보인다.

어 거기 복지관에서는 안 찾아봤고요. 장애아동들이 하는 프로그램이 머 있는가는 계속 찾아보고 있어요... 시청이나 구청 홈페이지 같은데 많이 들어가 봐요. 없지 싶지 이제 ○○가 많이 익숙해하고... 있는데 바꾸기는 쉽지 않고 저도 그렇고 가족들도 원장님하고...사모님하고 계신데 다른데 가지는 못해요.. 이렇게 편한 데가 있을지 모르겠네요...지금 서비스에 대해서도 만족하지 못한다면 모를까.〈E1-다1〉

잘 알려지지 않아서... 저 같이 잘 모르는 사람들이 많을 거예요... 근데 이곳은 여전히 이용하는 사람들이 많고... 진행이 순조롭기 때문에 다른 기관에서 더 질 좋은 서비스를 한다고 해도...여기가 더 좋을 것 같아요.. 그래도 안면이 있는데 갈수도 없지만 가고 싶지도 않아요... 〈E1-다3〉

B. 장애아동치료

서비스를 받는 입장에서는 본인부담금이 적을수록 좋지만 현재도 적당하다고 생각한다. 일부이용자는 정부지원 사업으로 복지관서비스와의 차별화를 위해 조금 올려도 지속할 의지가 있었다.

우리 입장에서야 더 적으면 적을수록 좋죠.. 정부 예산이니깐...올라도 내긴 내지만...오르면 근데 너무 많이 오르면 선생님이 오시는 게 별로 의미가 없잖아요. 가까운 복지관하고 차별화가 없으면 안 되잖아요...〈E3-다1〉

정부에서 20만원 지원을 하고, 제가 2만원인가 내거든요. 네, 괜찮은 것 같아요〈E3-다2〉.

지금도 비싸지도 않고 적절하죠. 근데 2만원에서 3만원으로 올려도 괜찮은 거 같아요...더 안전하니까...〈E3-다3〉

이용자들은 기관선택의 가능성이 2개 기관에서 5개 기관으로 늘어난 것에 대해 인지하고 있지만 현재 기관에 만족하고 있기 때문에 생각 없었으며 일부 이용자는 선택권 확대된 것을 모르고 있었다. 선택 가능성은 거리, 제공되는 서비스, 서비스 질, 이용자와의 관계에 따라 선택이 달라질 수 있을 것으로 보인다.

저는 그래도 복지관에서 하는 게 좋아요... 복지관 선생님이 다른 쌤들보다 더 낫지 않아요?? 복지관에서 일하는 쌤이면 더 좋을 것 같아요... 그래서 저는... 그리고 무엇보다... 쌤들이 능력 있는 것도 중요하지만...○○하고 잘 맞았으면 좋겠어요..〈E3-다3〉

거리상으로 어떻게 될지 그것도 생각해 봐야 되겠죠? 어떤 서비스가 시행되고 있는지 그것도 알아봐야 되고〈E3-다2〉.

5개 지역으로 늘어난 것 알아요. 팀장님께서 설명해 주셨어요. 확대된 선택권이라고 해서... 지금 만족하기 때문에, 크게 지금 복지관하고 싫어하지 않는다면 바꾼다는 거... 이런 것 없을 것 같아요...〈E3-다1〉

⑤ 바우처효과

A. **체험학습 프로그램**

전자카드이기 때문에 별다른 불편한 점 없으며 현금거래보다 낫다고 생각하고 있었다. 나라에서 지원금이 본인한테 와서 그 카드에서 결제되는 것이 아니기 때문에 결제카드라고 하지만 결제한다는 느낌이 들지는 않고 생태체험의 인원이 늘어나게 되면서 체험 시작 전 결제시간이 길어졌고 등록제가 더 편할 것으로 제안했다.

신용카드처럼 지갑에 가지고 다니면서 긁는 거기 때문에 편하더라고요. 불편하지 않고 좋아요... 근데 결제카드라고 하긴 하지만 일반 신용카드처럼 중요하게는 생각되지 않아요... 결제하는 것 같은 느낌은 안 들어요..나라에서 돈이 여기로 들어와서 이 카드에서 결제되는 게 아니니깐 실제 얼마나 나라에서 나오는지도 모르겠고 그래요...〈E1-다1〉

아직까지 별다른 불편함 없이 잘 가지고 다니고 있고... 그냥 편하게 써요...
불편한 건...생태체험하는 인원이 많아졌는데 한 개의 단말기로 그 많은 사람들의 카드를 일일이 체크하려고 하니 시간이 많이 지체되는 경우가 많아요... 출발해서 차에서 할 때도 보면 많이 불안하기도 하고 말이에요...〈E1-다2〉

별로 불편했던 적은 없었던 거 같아요... 다른 카드가 있으니깐... 그건 바우처만 결제하면 되는 거라 불편하진 않았어요... 근데 이것도 헬스권처럼 몇 달치 끊어 놓고 있으면 그때그때 안 가지고 다녀도 되고...더 편할 것 같은데... 갈 때마다 결제를 한다는 건 번거롭기는 해요...〈E1-다3〉

B. **장애아동치료**

바우처 사용에 대한 의견은 다양하다. 일부는 현금거래보다는 편리하다고 생각하지만, 일부는 단말기로 결제가 번거롭고 직접 가지 않으면 영수증 받기가 힘들어 현금으로 계좌이체 하는 것을 더 긍정적으로 생각하고 있었다. 이용자들은 카드사용 내역조회가 불가능하고 사용처나 폐기 등의 정보를 잘 모르고 있었으며 포인트 관리에 대해 궁금해 하고 있었다.

신용카드도 아닌 거 같고... 돈으로 결재되는 것도 아닌 거 같고... 개념을 잘 모르니... 특별하게 장점은 없다고 생각돼요... 옛날처럼... 계좌이체해서 현금으로 어머니한테 드리는 게 더 나은 거 같아요... 직접 복지관에 가는 것도 솔직히 힘들고 결제할려고... 카드처럼 사용내역을 볼 수 있는 것도 아니고... 월말에 단말기로 결제하면 직접가지 않으면 영수증도 받기 힘들고...〈E3-다3〉

지금 현재는... 카드 제도에 대해서... 제가 확실히는 잘 모르겠어요, 좋은지 나쁜지에 대해서는, 그런데 제가 관리하는 것이 아니고, 바로 관리하고 얼마나 포인트 찍혔는지 그것도 확인할 수 없고...그런데 이 바우처 카드가 어디어디에 사용이 될 수 있는지 그것도 궁금하고, 다음에 이 카드를 또 사용할 수 있는 건지 아니면 우리 마음대로 폐기할 수 있는지 그것도 모르고... 이게 사용할 수 있다고는 들었는데, 어디어디에 사용을 하는지, 지금 이곳 말고 다른데도 사용할 수 있는 기관이 어딘지 그것도...〈E3-다2〉

솔직히 장단점 다 잘 모르겠어요... 아직까지는...아직까지도 사용하는 거에 대해서 잘 모르겠고... 크게... 머... 여행하는 거 문화혜택 등이 있다고 하는데 그런 거 잘 모르니깐 사용도 못 하죠 머... 우리야...〈E3-다1〉

⑥ 개선 방안

A. 체험학습 프로그램

체험학습 프로그램이 일반아동 대상 뿐 아니라 장애아동을 위한 정책의 필요성을 제기하고 욕구도 매우 높았다. 구미시 지역 자체에서 특성화하여 지속적으로 지원하고 테마별로 축제에 참여하는 것 등 다양한 프로그램이 제공되고 통합프로그램으로의 개선을 요구하고 있다. 바우처사업에 대한 적극적인 홍보를 통해 더 많은 대상이 함께 이용할 수 있기를 바라며, 일반가정의 경우는 반 정도만 지원해서 자격 조건 없이 혜택을 받을 수 있도록 하여 낙인문제를 해결해 주기를 희망한다.

이게 계속됐으면 좋겠죠. 1년으로 하는 거 말고 보험처럼 계속하는 거면 좋겠고 특히 나라보다 구미시에서 자체적으로 지역주민을 위해서 지속적으로 더 개발하고 구미시에 있는 사람들에게 맞는 사업으로 더 특성화해서 지원도 많이 되고 하면 좋겠어요. 마지막으로 어 아직도 바우처라는 것이 뭔지 잘 몰라요. 거기에 대해 익숙하도록 홍보가 잘 되면 좋겠어요... 더 많은 사람들이 혜택을 보면 좋겠어요...〈E1-다1〉

문화체험의 영역으로 확대하여 체험의 기회를 확대시키는 의도까지는 정말 좋은데... 모든 생물이 번성하는 봄과 여름에는 문화체험보다는 일단 생태체험 위주로 가는 것이 많지 않나요... 문화체험은 비가 올 때나 너무 더운 날이나 너무 추운 날에 하는 것이 가장 적당하다고 생각함. ... 그리고 나라에서 운영비를 더 많이 지원해 줬으면 한다. 원장님의 개인 돈으로 밥, 간식 등이 해결 될 때가 많다. 특히 더 멀리 갈 때는 그러한 경우가 더 심해지기도 한다〈E1-다2〉.

많이 불편했거나 불만족했던 건 없는데.. 홍보가 좀 잘 안 되서 받을 자격이 되어도 모르고 지나는 경우가 다반사에요... 그리고 생태체험도 좋지만 지역에서 축제로 열리는 테마별로 참여하는 것도 의미가 있을 것 같고 그리고 이 혜택 받는 사람은 다 잘 못사는 사람으로 보는 경향이 있기 때문에 일반가정도. 반 정도만 내고 같이 체험에 참여할 수 있으면 그 사람들은 싸게 참여해서 좋고 우리는 낙인되지 않아서 좋을 거 같아요..〈E1-다3〉

B. **장애아동치료**

첫째, 다양한 수업방식이 이웃 또는 부모들 간의 네트워크를 통해 좀더 공유되고, 놀이를 통해 치료개입이 효과적이라 생각하고 선생님의 능력보다는 자신의 딸과 재미있게 수업해주는 선생님을 선호하고, 선생님의 시간에 맞추는 것보다 자신들의 시간이나 요구에 맞추어 프로그램이 진행되길 원했다.

아이와 함께 치료를 목적으로 한다기보다는 놀이를 통해 관심을 유발시키고 잘 따라오게끔 선생님이 이끌어줬으면 좋겠어요...같은 비용에 질적 차이가 나는 서비스를 받으면 기분이 좋지 않으니 제공자들 간에도 어느 정도의 조절이 필요하지 않나하는 생각이 들어요...〈E3-다3〉

선생님이 얼마나 좋은 대학... 좋은 과를 나왔고... 얼마나 많은 사람들을 가르치나보다 그 선생님이 얼마나 우리 아이와 친해지고 우리아이가 그 선생님에게 신뢰감을 가질 수 있느냐가 중요하다고 생각해요...〈E3-다3〉

둘째, 홍보가 더 돼서 장애아를 가진 부모들이 더 많이 이용할 수 있고 개별치료 외에 사회성 향상을 위한 집단치료를 받을 수 있기를 바란다.

집으로 찾아와서 ○○ 같은 경우에는 집으로 찾아오는 것도 괜찮지만, 복지관 내에서 ○○랑 비슷한 애들이랑 집단치료라고 해야 되나... 그런 게 좀 있었으면 좋겠다는 생각이 들거든요. 그룹제에 들어가자고 그럴 때 이쪽으로 왔는데, 여기는 아직 그룹제도 없더라구요〈E3-다2〉.

음.. 홍보가.. 더 됐으면 좋겠어요... 그래서 사람들이 더 많이 이용할 수 있으면 좋죠 머.. 그렇고.. 음 그 정도요...〈E3-다1〉

(3) 지역사회서비스혁신사업(자체개발형) 결과 종합

1차와 2차 사례의 분석을 통하여 사업에 대하여 얻은 결과는 다음과 같다.

▶ 제공기관

A. **체험학습프로그램**

체험학습프로그램과 1차 조사시기와 같이 음악체험과 생태체험 그리고 2008년부터는 문화체험도 함께 진행되고 있었으며 신규관리직원의 채용으로 더욱 활발한 사업홍보를 진행하고 있었다. 운영비의 증액은 없었으며 기관들은 부족한 운영비를 기관에서 자부담을 통하여 확보하고 있었지만 지역사회에 기여하려는 자세로 사업을 진행하여 사업자체에 대한 만족도는 내부와 외부에서 모두 높은 것으로 나타났다. 사업이 안정적으로 진행된다면 신규일자리 창출가능성도 있는 것으로 나타났으며 개선방안으로 지적된 것은 **제공기관들이 사업에 대한 재량권을 요구하였고 체험프로그램의 시간이 연장되는 경우 연장된 시간에 대한 인건비가 지원되는 것을 요구**하였다.

B. **장애아동치료프로그램**

서비스내용과 시간은 변동이 없었으며 제공기관은 2차 조사 시 2개 기관에서 5개 기관으로 확대된 상태였다. 2007년 당시 홍보부족으로 신청대상이 부족하였지만 현재는 이용자가 많은 것으로 나타났으며 2008년부터는 장애유형에 상관없이 20세 이하인 아동청소년장애인에게 서비스를 제공하고 있었다. 홍보는 기관에서 대상자를 파악하여 서비스제공의사 유무를 확인하고 있었다. 초기 신규직원과 제공자채용으로 일자리창출효과는 있는 것으로 파악되었지만 낮은 임금과 비정규직신분으로 안정적인 일자리는 아닌 것으로 파악되었고 추가 인원확충은 이루어지지 않고 있었다. 2008년 3월부터는 예산이 삭감되어 추가 신청자는 받고 있지 않았다. 또한 본인부담금도 2007년의 10%에서 20%로 상향되었지만 현실적으로는 상향이 어려워 10% 수준을 부담금으로 받고 있지만 **10%의 부담금도 경제적으로 어려움을 겪는 가정이 있는 것으로 파악**되었다. 다른 사업과는 달리 이용자들이 지불하는 부담금은 기관자체 운영비로 사용되고 있었지만 국가보조금을 합하여도 전체 사업운영비는 부족한 것으로 파악되었다.

▶ 이용자

A. **체험학습프로그램**

체험학습프로그램을 이용하는 이용자들은 본인부담금이 적당한 것으로 생각하고 있었고 추가비용부담은 경제적으로 부담이 되는 것으로 파악되었다. 전반적으로 경제적으로 비용이 저렴하고 2007년보다 체험프로그램이 확대되어 만족도는 높았지만 보다 다양한 체험프로그램을 원하는 것으로 나타났다. 특히 **가족전체가 참여하여 가족구성원 상호간의 이해증진 등 가족관계에도 긍정적인 변화를 가져다준다**는 측면에서 대부분 이용자들은 만족하는 것으로 나타났다. 홍보가 부족하다는 지적과 지역에 보다 맞는 특성화된 프로그램개발에 대한 욕구 등이 나타났다.

B. **장애아동치료프로그램**

장애아동치료서비스를 이용하는 **이용자들은 서비스시간이 부족하다는 점을 지적하였으며 자신들이 원하는 시간에 서비스를 제공받기를 원하는 것**으로 나타났다. 대체적으로 사업이 지속되기를 원하고 있었으며 경제적으로 도움이 되고 가까운 곳에서 치료를 받을 수 있다는 점 등으로 만족도는 높았다. 특히 이용자들은 **프로그램이 장애아동의 생활상의 변화를 가져다준다는 점**에서 사업에 대한 만족감을 나타내었다. 본인부담금은 적절하다는 의견이 많았다. **이용자들은 교사중심보다는 이용자중심으로 시간이 배정되어야 한다**고 주장하였으며 사회성 향상을 위하여 집단치료 등의 필요성을 개선방향으로 제시하였다.

▶ 경쟁과 바우처

A. **체험학습프로그램**

체험학습프로그램의 경우 정부가 지원을 확대하고 다른 기관들도 서비스를 제공하게 되면 경쟁가능성이 높은 것으로 파악되었지만 현재로는 경쟁이 일어나지는 않았다. 바우처는 사업의 성격상 집단이 하루에 같이 움직이는 경우가 많기 때문에 **결제를 위해 상당시간이 소요**되어(생태체험은 하루에 160명이 출반 전에 카드 결제) 시간비용이 매우 높은 것으로 나타났다. 이용자들의 입장에서 바우처는 사용하기에 불편한 점이 없지만 카드결제에 들어가는 시간에 대한 불만이 있어 종이바우처 사용 등의 제도적 수정이 필요한 것으로 파악되었다.

B. **장애아동치료프로그램**

참여기관이 증가하였지만 기관 간 경쟁은 일어나고 있지 않는 것으로 파악되었는데 이는 5개 참여 기관이 각기 다른 지역에 위치하고 있기 때문이기도 하며 주로 기관 본래의 이용자를 중심으로 서비스이용자를 확보하고 있기 때문이기도 하였다. 특히 이윤추구나 경쟁과 같은 시장가치보다는 협력과 지역주민욕구반영이나 삶의 질 개선이라는 사회적 가치가 보다 중시되는 분위기도 경쟁이 일어나지 않는 한 요인인 것으로 파악되었다. 또한 바우처는 제공자간의 담합가능성이 있어 도덕적 해이가 일어날 가능성이 있음과 이용자부모와 제공자간의 시간에 대한 갈등이 생길 수 있음도 단점으로 지적되었다.

이용자들의 입장에서 **바우처는 현금거래보다는 편리하지만 단말기결제가 번거롭고 영수증 받기가 힘들며 시간이 지체되는 단점이 있어 계좌이체나 다른 대체 방식의 지불수단**이 고려되어야 함을 지적하였다.

제8장

결론 및 개선방안

제1절 결론

4대 사회서비스사업은 전반적으로 그동안 간과되어 왔던 사회소외계층에 대한 사회서비스영역으로 국가의 재정적 책임을 강화하였다는 점에서 긍정적으로 평가받을 만하다. 본 조사를 통하여 나타난 바와 같이 대부분의 이해관련당사자(제공기관, 제공자, 이용자)들은 사업자체의 필요성에 공감하고 있으며 이용자들은 특히 사업 참여에 따른 삶의 변화가 나타났고 전반적인 삶의 질 향상이 이루어지고 있는 것으로 나타나 사업이 본래 목적에 부응하는 성과를 가져다 준 것으로 파악되었다. 노인돌보미사업의 경우 가사지원서비스로 인해 가족의 보호부담이 줄고 제공자의 정기적인 방문으로 정서적지지에 큰 도움이 되는 것으로 나타났으며 중증장애인활동보조사업의 경우 심리적 안정과 자신감 향상, 사회참여가 가능한 점이 가장 큰 변화로 나타났다. 산모신생아도우미사업의 경우 전문교육을 받은 도우미들이 출산가정에 직접 방문함으로써 산모와 신생아의 체계적인 건강회복 및 관리에 많은 도움이 되었고, 경제적인 부담 또한 완화될 수 있었다. 지역사회서비스혁신사업 표준형의 경우 저소득층 가정에서 사교육비 부담으로 교육을 제공하지 못하는 아동에게 교육을 제공할 수 있다는 것에 만족하였고, 자체개발형의 경우 지역주민의 욕구를 가장 잘 파악하여 서비스를 개발한 것에 대해 만족도가 높았다. 특히 장애아동치료의 경우는 접근성의 어려움이 있는 장애아동들에게 직접방문서비스를 제공하는 것에 큰 만족도를 보였다. 사업의 부차적인 성과로서 제시되었던 기관 간 경쟁은 아동인지능력향상서비스를 제외하고는 서비스를 제공하는 기관의 절대적 부족과 협력과 조정을 중시하는 지역사회복지기관의 가치 그리고 운영비의 부족 등의 이유로 경쟁이 제대로 이루어지지 않는 것으로 파악되었으며 노인돌보미사업과 중증장애인활동보조사업의 경우는 정보비대칭이 심하고 이용자들이 경제적, 육체적 능력이 떨어져 직접서비스를 제공하는 것이 바람직한 것으로 파악되어 사업의 재정지원방식에 있어 전자바우처지불방식 이외의 방식이 도입 또는 병행되는 것도 고려되어야 할 것으로 생각된다. 그리고 기관들은 신규직원을 고용하고 돌보미들을 고용하여 사회적 일자리창출효과도 있는 것으로 파악되었다. 하지만 일자리가 낮은 임금과 높은 노동강도와 노동시간에 대한 부적절한 보상 등이 문제점으로 지적되었다. 또한 2008년 들어 지침은 변화되었지만 예산은 증액되지 않고 있어 사업에 어려움을 겪고 있는 것으로 파악되고 있다. 특히 2008년 사회서비스 예산이 시·군·구별 편차가 크고 재정자립도가 낮은 지역의 경우 기관에서 이용자수를 제한하고 있어 제공기관에서는 2007년에 확보된 이용자수를 유지 하는 수준에서 사업을 운영하고 있는 것으로 파악되었다. 사회소외계층에 보편적인 서비스를 제공하여야 한다는 국가적 책임을 공고히 하고 양질의 서비스가 제공되어 일반 서민들의 삶의 질이 향상될 수 있도록 하는 **제도적 개선과 예산의 확대는 본 사회서비스사업이 시급히 해결해야 하는 것**으로 나타났다. 보다 구체적으로 사례조사를 통하여 나타난 각 사업별 문제점들을 중심으로 개선방안을 점검하여 보면 다음과 같다.

제2절 사업별 개선방안

1. 노인돌보미사업 개선방안

1, 2차 사례조사의 결과분석을 토대로 하여 노인돌보미사업의 개선방안에 대해 제시하면 다음과 같다.

첫째, 제공서비스영역별 담당업무를 분명하게 구분하여야 한다. 노인돌보미사업은 저소득층이면서 부양점수를 가진 신체 부자유한 노인들을 대상으로 하는 사업이다. 등급판정을 받은 전체 노인들에 대한 보편적 서비스는 장기요양서비스를 통해서 서비스가 제공됨으로 등급 내 판정을 받은 노인들 중에서 경제적 부담으로 요양 및 재가시설을 이용할 수 없는 노인들과 등급 외 판정을 받은 노인장기요양서비스를 받지 못하면서 신체부자유하고 소득이 적은 노인들을 대상으로 하는 사회서비스가 필요하다. 따라서 노인돌보미사업은 사회서비스로서의 특징을 살려 사각지대에 놓여 있는 노인들을 위한 노인복지서비스로서 서비스 영역에 있어 보다 분명한 구별을 제시하여야 할 것으로 생각된다. 특히 독거노인생활지도사파견사업, 가정봉사원파견사업과의 서비스영역에 대한 보다 분명한 구분이 필요하다.

독거노인생활지도사파견사업의 사업영역은 65세 이상의 독거노인으로 대상자가 매우 포괄적이고, 제공되는 서비스는 안전 확인 및 생활교육이나 서비스연계 등이 전부여서 특별히 제공되는 전문적 서비스는 없다고 할 수 있지만 독거노인들의 사회안전망구축을 위해 필요한 사업이라고 할 수 있다. **가정봉사원파견사업의 서비스영역**은 신체적으로 건강한 저소득층 노인을 대상으로 함으로 대상영역을 보다 넓혀 독거노인생활지도사사업과 통합이 필요한 것으로 보인다. 하지만 가정봉사원파견사업과 노인돌보미사업은 서비스내용과 대상이 다르므로 통합보다는 노인복지사각지대를 해소한다는 차원에서 개선 유지하는 것이 바람직하다. 하지만 정책의 안정성과 예산책정의 일관성과 효율성 그리고 관리의 간편성 등을 고려했을 때 장기요양보험제도의 혜택을 받지 못하는 소외계층의 노인들에게 사회서비스를 제공하는 데 있어 **위의 3개의 사업을 통합**하는 방안을 모색하는 것도 좋을 것으로 판단된다. 국가가 재정과 관리를 책임지고 서비스공급은 민간비영리기관이 담당하도록 하는 위탁방식을 통해서 **노인돌보미사업, 가정봉사원파견사업, 독거노인생활관리사파견사업을 노인돌보미사업으로 통합하고 담당하는 기관도 한 기관(현행 가정봉사원파견센터)으로 통일하며 대상과 혜택을 세분화하여 적용하도록 하면 정책의 효과는 증대되고 재정은 보다 효율적으로 운영될 것**이다. 현재 위의 3개의 사업은 대상과 혜택 그리고 본인부담여부만 다르며 사업목적은 비슷한 것으로 파악되어 통합적용은 가능한 것으로 파악된다. 아래의 표는 3개 사업의 차이점을 비교분석한 것이다.

〈표 8-1〉 노인돌보미사업, 가정봉사원파견사업, 독거노인생활관리사파견사업비교

	노인돌보미사업	가정봉사원파견사업	독거노인생활관리사파견사업
사업목적	노인돌보미사업의 목적은 혼자 힘으로 일상생활을 영위하기 어려운 노인에게 가사지원 및 활동지원 서비스를 제공하여 안정된 노후생활 보장 및 가족의 사회·경제적 활동기반을 조성하는 것이다.	가정봉사원 파견사업은 정신적·신체적인 이유로 독립적인 일상생활을 영위하기 어려운 노인이 있는 가정에 봉사원을 파견하여 필요한 각종 서비스를 제공하는 것을 목적으로 한다.	독거노인에 대한 생활실태 및 복지욕구 파악, 정기적인 안전확인, 보건·복지 서비스 연계 및 조정, 생활교육 등을 통해 독거노인에 대한 종합적인 사회안전망 구축을 목적으로 한다.

<table>
<tr>
<td>대상자선정기준</td>
<td>□ 만 65세 이상 노인 중 가구소득 및 건강상태를 고려하여 선정

● 건강상태 기준 : 노인요양필요점수 40점 이상 (단, '08년 7월 1일부터는 40점 이상 55점 미만)
- 치매·중풍, 노인성 질환 등으로 거동이 불편한 노인

※ '08년 7월 1일 노인장기요양보험 시행 이후에는 55점 이상(수발등급 1-3등급) 노인은 장기요양보험에 의한 서비스 제공

※제외대상
● 복권기금 가사간병도우미, 자활근로, 가정봉사원 파견사업 등에 의해 무료서비스를 받고 있는 노인

※ 기초생활수급자 및 차상위계층 노인은 기존 사업(복권기금 가사·간병도우미, 자활근로 등)에 의한 무료 서비스를 우선 제공하되, 바우처를 원할 경우는 본인부담금 지불 조건 하에 가능(단, 기존 사업에 의한 서비스와 중복 지원하지 않도록 유의)
● 노인장기요양보험 서비스를 받고 있는 노인(시범사업 포함)
● 실비노인복지시설 이용료 지원 대상자</td>
<td>□ 65세 이상 저소득 노인 중 아래 조건에 부합하는 대상자

① 일상생활 수행능력(ADL : Activities of Daily Living)에 지장이 있는 자
② 노인성질환 또는 노쇠로 인해 심신의 장애가 있는 자
③ 일반질환으로 인해 일시적인 일상생활 서비스가 필요한 자
④ 독거노인으로서 일상생활 서비스가 필요한 자
⑤ 기타 복지실시기관장이 가정봉사원의 서비스가 필요하다고 인정한 자

※ 단, 노인돌보미, 가사간병도우미, 독거노인생활지도사 등 타 서비스를 제공받고 있는 자는 서비스 대상에서 제외한다.</td>
<td>□ 소득수준, 부양의무자 유무, 주민등록상 동거자 유무에 상관없이 실제 혼자 살고 있는 65세 이상 노인

※ 노인돌보미 바우처, 장기요양보험, 가사·간병도우미, 가정봉사원, 노-노(老-老)케어, 방문간호, 간병인 등에 의하여 정기적인 서비스 지원을 받고 있어 독거노인생활관리사의 보호가 필요 없는 독거노인은 제외</td>
</tr>
<tr>
<td>소득수준</td>
<td>● 소득기준 : 가구 소득이 전국 가구 평균소득의 150% 이하인 경우</td>
<td>□ 실비
65세 이상 저소득 노인(2007년도 도시근로자 월평균 소득 이하인 가구의 65세 이상 노인
※ 1인당 월평균 소득액 1,109천원(3,738천원/3.37명)

□ 무료
① 65세 이상의 「국민기초생활수급권자」(이하 '수급권자')</td>
<td>독거노인 현황조사를 통해 파악된 소득, 건강, 주거, 사회적 접촉 등의 수준을 평가하여 서비스 욕구가 높은 독거노인을 사업대상자로 선정</td>
</tr>
</table>

		② 상기 ①항 이외의 65세 이상인 저소득 노인으로 그 부양의무자로부터 적절한 부양을 받지 못한 자로서 시·군·구청장이 재가복지시설에 이용을 의뢰한 자 □ 유료 상기 '무료' 및 '실비이용' 대상자 외의 60세 이상 일반 노인	
제공서비스	① 활동보조 : 식사도움, 세면도움, 체위변경, 옷 갈아입히기, 구강관리, 신체기능의 유지·증진, 화장실 이용 도움, 외출동행, 목욕보조 등. ② 일상생활지원 : 취사, 생활필수품 구매, 청소 및 세탁 등. ③ 월 1회 이상 보건소 방문보건요원이 정기적으로 가정을 방문하여 고혈압, 당뇨병 등 만성질환 관리, 운동지도 등 건강관리서비스 제공한다.	① 신체적 수발에 관한 사항 ② 일상생활 지원에 관한 사항 ③ 노화, 질병 및 장애관리에 관한 사항 ④ 상담 및 교육에 관한 사항 ⑤ 지역사회 복지자원 발굴 및 네트워크 구축에 관한 사항	① 안전 확인 ② 서비스 연계 및 조정 ③ 생활교육 ④ 독거노인 현황조사 ⑤ 지역 내 복지서비스 현황조사 및 발굴
본인부담금	○ 차상위 초과 - 월 36시간 : 48천원 - 월 27시간 : 36천원 ○ 차상위 이하 - 월 36시간 : 24천원 - 월 27시간 : 18천원	유료 혹은 무료	없음

둘째, 이용대상자에 따라 제공되는 서비스 시간과 부담금을 차등화하여야 한다. 돌보미서비스를 제공받는 이용자들에 대한 구분을 명확히 하여야 할 필요성이 제기되었다. 즉 경제적 어려움이 있는 노인들은 본인부담금을 폐지하거나 또는 경제적 능력에 따라 본인부담금을 차등 적용하여야 할 필요성이 제기되었다. 그리고 노인이면서 장애를 가졌지만 이용시설이나 재가시설을 이용하지 못하는 경우의 노인들을 위하여 서비스제공시간을 확대하고 부담금도 차등 적용하여 경제적 부담을 줄이는 것이 필요하다(장애인이면서 노인인 경우 본인부담금과 시간확대 등의 문제).

셋째, 돌보미들의 노동조건을 개선해야 한다. 돌보미들은 장시간 노동에도 불구하고 저임금을 받고 있어 돌보미직을 생계형일자리로 인식하지 않고 있다. 특히 서비스제공기관에 운영비를 지급하지 않고 돌보미의 임금에서 운영비를 사용하도록 하는 지침 때문에 대부분의 제공기관들은 운영비를 확보하기 위하여 돌보미 임금을 활용할 수밖에 없으므로 돌보미들의 임금은 최저수준에 머물러 있으며 이동거리가 긴 농촌지역의 돌보미들은 현실적 수준의 교통비지원도 없이 그리고 이동시간은 노동시간에서 제외되는 불이익을 감수하면서 중노동에 시달리고 있다. 특히 2008년 지침의 변화로 인원의 보충은 없이 서비스제공시간이 확대되면서 기존 돌보미들은 공휴일도 반납하고 서비스를 제공하고 있는 실정이다. 돌보미들의 업무과부하와 낮은 보상체계는 결국 돌보미들의 역량을 약화시키고 잦은 이직과 저열한 서비스를 제공하게 될 수 있음에 주목하여야 한다. 또한 현재의 노동시간 이외의 자원봉사형태의 서비스가 제공되는 경우가 많은데 자원봉사 활동으로 인정받을 수 있는 방안도 고려해 보아야 한다.

넷째, 사업운영비를 돌보미의 인건비가 아닌 다른 자원을 통해 확보해 주어야 한다. 노인돌보미사업이 바우처제도를 도입하여 지불방식이 이용자지불방식으로 전환되었다. 서비스제공의 주체는 변함없이 제공기관에서 주도하고 있지만 이용자지불방식으로 인하여 정부는 표면적으로 제공기관에 재정적 지원없이 사업을 진행시키고 있다. 사업지침 상으로 인건비에서 운영비를 활용할 수는 있지만 이것은 변칙적인 사업운영을 정부가 방치하는 결과를 초래하여 제공기관은 자체 수입이나 법인의 지원으로 운영비를 확보하여 기관의 고유사업에도 재정적 어려움을 증가시키고 있으며 인건비에서 운영비를 확보하여 돌보미인건비가 낮게 유지되어 서비스의 내용과 질이 저하되는 것을 방치하고 있다.

다섯째, 바우처 지불방식에 대한 수정과 개선이 필요하다. 은행에 이용료를 지불하고 단말기유지비와 구입비 등을 지불하여 거래비용이 높고 또한 단말기가 잘 터지지도 않아 사용이 제한적인 전자바우처만을 비용지불방식으로 유지한다는 것은 부적절하다고 생각된다. 또한 은행이용과 카드 유지자체에 대해 부담을 가지고 있는 신체부자유한 노인들이 카드를 전혀 사용하지 않는 경우도 많은데 굳이 바우처 카드만을 지불방식으로 선택하는 것은 문제가 된다. 따라서 부담금지불방식을 다변화하여 은행지로를 이용하거나 선 지불방식으로 지원금에서 미리 부담금을 제외하고 이용료를 지불하는 등의 방식 등이 고려될 수 있다. 보다 근본적으로는 노인돌보미사업은 노인장기요양보험에도 적용되지 않는 노인들을 대상으로 하여 시장형성가능성도 거의 없고 이에 따라 기관 간 경쟁체제 구축도 불가능함으로 이용자지불방식인 바우처제도를 폐지하고 노인돌보미사업을 국고보조사업으로 하고 제공기관에 자금을 지원하는 공급자지원방식으로 전환하도록 하는 것도 한 방법이 될 수 있다. 서비스가 제공되는 시간은 단말기 사용이 아니더라도 얼마든지 확인할 수 있으며 부담금지불은 은행이용 외에도 방법은 있어 단말기와 카드사용은 노인들을 대상으로 하는 노인돌보미사업에 있어 효율적이지 못한 것으로 파악된다. 현재 국민은행은 주거 내 은행으로 지정하고 있는데 농촌지역의 경우는 국민은행이 가까운 것에 없어 비싼 수수료를 내야 하는 실정이다. 우체국이나 농협 등을 활용하는 것도 고려해 보아야 한다.

여섯째, 이용자선정에 제공기관이 참여할 수 있도록 하는 정책적 개선이 필요하다. 노인의 경우 가족관계가 소원하거나 연락이 두절된 경우 의료보험납입자인 가족의 도움 없이 신청절차를 받는 것에 어려움이 있으며, 이용자가 서비스신청을 원하거나 서비스가 꼭 필요한 대상인데도 불구하고 본인부담금을 내야 되는 가족이 노인돌보미 신청을 거부할 경우에는 이용자가 될 수 없는 문제가 있는 것으로 파악되었다. 이에 해당 지역 이용자들의 특성을 가장 잘 알 수 있는 제공기관(또는 사회복지사)이 서비스를 신청할 수 있는 권한과 노인돌보미사업 이용자의 선정에 참여하도록 하여 보건소 방문간호사 중심의 이용자선정에 객관성을 유지할 필요가 있다.

노인돌보미사업은 노인복지서비스차원에서 반드시 국가가 서비스에 대한 재정적 책임을 가지고 수행하여야 하는 사업으로 민간비영리기관과의 밀접한 **협력**이 사업성공을 위하여 반드시 필요한 사업이다. 노인돌보미사업은 그 대상에 있어 사회적 소외계층인 노인을 대상으로 하고 있기 때문에 국가의 노인복지서비스수준을 나타내는 바로미터(또는 측정도구)가 될 수 있다. 특히 노인돌보미사업은 제공자, 이용자, 제공기관의 사업에 대한 만족도가 매우 높아 국민들의 복지체감도를 향상시킬 수 있는 사업이므로 정부는 정해진 예산에 따라 이용대상인원이 배정되어 실질적으로 사업이 정체되지 않도록 꾸준한 예산증액을 하여야 하겠다.

2. 중증장애인활동보조사업 개선방안

중증장애인활동보조사업은 2008년 서비스제공시간도 늘어나고 본인부담비도 소득에 따라 상이하게 적용되는 등 개선이 이루어졌다. 하지만 1, 2차 사례조사를 통하여 사례를 분석한 결과 여전히 문제점들이 지적되고 있다. 보다 나은 사업제공을 위해 다음과 같은 점들이 개선방안으로 지적될 수 있다.

첫째, 서비스대상자의 연령제한을 개선하여야 한다. 중증장애인활동보조사업은 6세 이하와 65세 이상은 혜택을 받을 수 없도록 하는 사업으로 서비스대상자영역에 있어 나이제한을 두고 있다. 특히 **문제는 65세 이하이면서 활동보조서비스를 받던 장애노인들이 65세 이상이 되면 서비스를 받을 수 없게 된다는** 점이다. 65세 이상이 되는 장애인들은 노인장기요양보험에 의해 서비스를 받을 수 있지만 그것도 요양등급 외 판정을 받게 되는 경우 그리고 경제적 이유로 자부담능력이 없는 경우 받을 수 있는 서비스는 노인돌보미사업으로 국한되며 이 경우 노인돌보미사업은 제공되는 서비스 총 시간은 중증장애인활동보조사업의 절반에도 못 미쳐 심각한 생활상의 문제를 야기하게 된다. 보편적 서비스에 있어서 나이제한이라는 사업의 형평성에 문제를 야기하는 규정은 적합한 규정이라고 할 수 없다. 따라서 사각지대에 있는 저소득장애노인들에게 적절한 서비스를 제공하도록 제도적 개선이 필요하다. 현재 노인장기요양보험제도에서 65세 미만의 장애인은 급여대상에 제외되고 보험료를 30% 경감시키는 것에 그치고 있다. 중증장애인의 경우 노인성질환과 마찬가지로 혼자 일상생활을 영위하기 어렵기 때문에 이용자와 가족의 경제적, 정신적 고통을 국가와 사회가 책임져야 할 필요성이 있다. 이에 노인장기요양보험제도의 급여 대상에 장애인을 포함시키는 것도 하나의 방안이 될 수 있다.

둘째, 보조인들의 노동조건을 개선해야 한다. 이 문제는 노인돌보미사업에서도 지적된 것이지만 중증장애인활동보조사업의 경우 보조인(제공자)들의 노동시간이 장애인을 대상으로 한다는 측면에서 노동강도와 초과노동시간은 상당히 높은 것으로 파악되고 있다. 특히 초과노동시간은 기관에서 봉사시간으로도 인정되지 않아 보조인들은 봉사도 아니면서 임금도 못 받는 현실에 놓여 있다. 특히 정부가 제공하는 사업보조금에 있어 임금에 운영비가 모두 포함되는 비합리성으로 인하여 돌보미들은 사업의 중요한 인적자원이면서 그들의 노동은 제대로 대접받지 못하고 제공기관은 제대로 된 운영비 항목조차도 없어 임금을 운영비로 사용할 수밖에 없는 현실에 놓여져 있다. 물론 2008년부터는 보조인들에게 사회보험 등의 혜택을 제공하고 있지만 실질 임금인상은 전혀 이루어지지 않았다. 보조인들에 대한 보상체계개편이 이루어지지 않을 경우 서비스의 질과 내용은 떨어질 수밖에 없다는 점을 고려하여 제도를 개선해야 한다. 또한 남성 장애인을 돌보는 돌보미는 남성인력이 필요한데 현재의 임금구조는 생계형 일자리로 보기 힘들다. 남성돌보미의 확충을 위한 방안 모색이 필요하다.

셋째, 사업운영비의 확보가 필수적이다. 운영비문제는 사회서비스지불방식을 수용자지불방식으로 전환하여 생기는 문제점으로서 중증장애인활동보조사업의 경우는 운영비부족으로 사업반납을 심각하게 고려하는 기관들도 있는 것으로 파악되어 임금보조금과 운영비보조금을 이원화하여 기관들이 재정적 어려움으로 사업을 중도에 포기하는 일이 없도록 그리고 보다 많은 시간과 노력을 사업의 내용과 질의 개선에 쏟을 수 있도록 하여야 하겠다.

넷째, 바우처지불방식에 대한 개선이 요구된다. 노인돌보미사업과 마찬가지로 이용자들도 이용하기가 어렵고 제공자들도 휴대하기 어려우며 제공기관도 각종 경제적 부담에 사용상의 불편함(오작동, 작동고장, 수신불능 등)을 가지고 있는 단말기 사용은 개선되어야 할 것으로 보이며 단말기 사용의 목적이 정확한 시간을 측정하는 것이라고 한다면 시간가격과 거래비용이 높은 단말기사용보다 보다 나은 다른 방법을 찾는 것이 타당하다고 보여진다. 특히 **중증장애인활동보조사업은 사업 자체가 어렵고 비영리기관과 같이 사회적 목적의식이 뚜렷하지 않는 영리기관이 개입하는 것은 매우 어려워 시장형성 가능성이 매우 낮으므로** 시장형성 추진보다는 질적으로 향상된 서비스를 보다 많은 장애인들이 보다 저렴한 가격으로 활용할 수 있도록 비영리기관에 대한 현실적인 지원을 증대하는 방안을 마련하는 것이 더욱 필요한 것으로 보인다.

다섯째, 이용자선정에 제공기관이 참여할 수 있도록 하는 정책적 개선이 필요하다. 해당 지역 장애인들의 특성을 가장 잘 알 수 있는 제공기관(또는 사회복지사)이 사업이용자의 선정에 참여하도록 하여 보건소 방문간호사 중심의 이용자선정에 객관성을 유지할 필요가 있다.

여섯째, 서비스시간 확대가 필요하다. 중증장애인의 경우 2008년에 서비스시간이 10시간씩 추가되었으나 일상생활에서 실질적인 도움이 되지 않는 것으로 파악되었다. 이용자의 시간부족은 고스란히 활동보조인의 시간외 노동활동으로 이어지고 있었다. 장애 1등급일 경우 손가락 하나 움직이기 어렵거나 누웠다 일어나는 기본적인 활동조차 힘들기 때문에 가족 또는 활동보조인의 보호나 도움 없이 혼자 일상생활을 영위하는 것에는 어려움이 크다. 이에 10시간 추가는 실질적인 도움이 되지 못하며 가족의 경제적 활동으로 인해 이용자 혼자 집에 있는 경우 낮 시간의 사고 위험성도 높아서 하루 12시간 이상, 한 달에 최소 120시간이 되어야 실질적인 도움이 되는 것으로 파악되었다. 또한 독거장애인의 경우 2008

년 최대 120시간의 서비스를 받을 수 있지만 24시간 내내 서비스가 필요한 경우가 많고 사고의 위험성도 상대적으로 더 높아 시간 확대가 필수적인 것으로 보인다.

장애인들에 대한 사회복지서비스가 그동안 제대로 제공된 것이 없어 중증장애인활동보조사업은 장애인과 그 가족 그리고 제공기관들 모두 사업의 필요성에 깊은 공감을 가지고 있으며 만족도도 매우 높은 사업이다. 국가는 이제 시작한 장애인복지서비스에 대한 지원에 있어 보다 전향적인 자세를 취하여야 할 것으로 보이며 이는 위에서 지적된 몇 가지 문제점들에 대한 개선점 찾기에서 시작될 것이다.

3. 산모신생아도우미사업 개선방안

1, 2차 사례조사를 토대로 하여 드러난 문제점을 기초로 산모신생아도우미사업의 개선방안에 대해 지적하면 다음과 같다.

첫째, 이용대상자에 따라 다른 서비스제공을 고려해야 한다. 현행 산모신생아도우미사업은 대상자구분에 있어 보편적 서비스를 표방하여 전국가구평균소득의 65% 이하인 경우는 서비스를 제공받을 수 있어 그 대상에 매우 광범위하며 모든 대상자들은 본인부담금으로 4만 8천원을 지출하도록 되어 있다. 하지만 사회서비스의 특성상 사회소외계층에 대한 긍정적 차별을 적용하여 경제적 능력에 따라 본인부담을 차등 적용하여 상대적 평등과 형평성을 보다 강화하여 능력이 있는 가구는 더 많은 액수를 지출하도록 하고 경제적 부담능력이 없는 저소득가구는 무료로 서비스를 제공받도록 하는 정책적 수정이 필요하다고 보여진다.

둘째, 도우미들에 대한 처우개선이 필요하다. 도우미들에 대한 처우개선의 문제점으로 지적되었던 사회보험의 적용은 이루어졌지만 산모서비스 특성상 이용자들이 산발적으로 흩어져 있어 도우미들은 이동거리가 많아 시간과 이동비용이 다른 사회서비스사업의 제공자들과는 차이가 있는 것으로 나타났다. 또한 경산인 경우 큰아이 돌봄에 대한 수당인정이 필요한 것으로 파악되었다. 따라서 도우미들에 대한 이동거리에 대한 시간적 배려와 경제적 보상이 이루어지도록 정책적 개선이 요구된다.

셋째, 운영비가 확보되어야 한다. 노인돌보미나 중증장애인활동보조사업과 마찬가지로 이용자중심으로 지급방식을 전환하여 기관들은 운영비에 대한 부족을 공통적으로 지적하였다. 특히 제공기관들은 운영비가 증액하고 있지만 사업에 대한 운영비 확보는 더욱 어려워지고 있음을 지적하여 운영비에 대한 보조는 시급히 해결하여야 하는 문제점으로 지적되었다.

넷째, 전자바우처 지불방식에 대한 수정이 필요하다. 노인돌보미사업이나 중증장애인활동보조사업과 달리 이용자들이 전자바우처에 대해 불편함을 지적하는 경우는 많지 않았는데 이는 이용자들이 산모로 노인이나 장애인보다 젊고 경제적 능력을 가지고 있는 경우가 많아서 나타나는 특징이라고 할 수 있다. 그럼에도 불구하고 산모신생아도우미사업의 경우 바우처는 신청이 복잡하고 단말기와 이용료 등 비용부담이 있으며 특별히 바우처가 이용자들의 선택권이 강화되는 것과도 별 상관이 없고 카드사용에 들어가는 각종 거래비용과 카드사용의 시간제한이 있어 사용에 문제가 있는 것으로 파악되었다. 특히 도우미가 반드시 필요한 산모 같은 경우 바우처를 지급하지 않고 현금을 지급한다고 해서 도우미를 사용안하는 것은 아니기 때문에 이용자들의 선택권을 확대하기 위해서는(영리나 비영리기관 그리고 산후조리원 등에 대한 선택) 굳이 전자바우처제도를 고집할 필요가 없는 것으로 파악된다. 이용자들이 2주 사용하기 위해 전자바우처를 굳이 사용하는 것보다는 **기존 종이 바우처나 다른 비용지불방식을 이용하는 것이 보다 효율적**이라고 판단된다.

다섯째, 전자바우처제도에 대한 수정과 함께 국가가 직접 산후조리원을 설립하여 운영하는 것도 하나의 정책적 대안이 될 수 있다. 우리나라 정서상 출산가정에 도우미가 출입하는 것을 꺼려하는 경우도 있고, 산모들의 경우 24시간 서비스를 제공받는 산후조리원을 더 선호하는 경향이 있으므로 산모들끼리 모여 정보도 공유하고 휴식도 취할 수 있도록 공적자금을 투입하여 국립산후조리원을 설립 · 운영하여 이용자들의 선택권을 보다 확대하는 방안을 의미한다.

마지막으로 이용대상 확대 및 이용자선정 자격기준 완화이다. 현행 신생아 산모신생아도우미사업은 사업대상에 있어 기초생활수급자들을 제외하고 있는데 이는 수급자들의 선택권을 제한하는 것이라고 판단된다. 해산급여는 신생아의 출산과 관련이 있는 급여이므로 해산급여와는 별도로 산모 신생아도우미서비스를 추가적으로 지원하여야 할 것이다. 즉,

수급자 중에서 해산급여를 원하는 사람들은 기존의 해산급여를 받도록 하고 추가적으로 산모도우미를 원하는 경우는 전액 무료로 산모신생아도우미사업의 혜택을 제공하여 산모가 서비스를 선택할 수 있도록 해주는 정책적 개선이 요구된다. 또한 더 많은 산모들이 도우미서비스를 이용할 수 있도록 이용대상자 선정기준을 완화하고 본인부담금을 차등 적용하도록 하는 정책적 수정도 필요한 것으로 파악되었다.

4. 지역사회서비스혁신사업(표준형) 개선방안

지역사회서비스혁신사업의 표준형사업인 **비만예방프로그램은 서비스 제공 인프라부족 등으로 서비스 신청률이 저조하고, 사업운영에 필요한 규모의 경제 달성의 어려움으로 인하여 시장형성 촉진에 어려움이 있는 것으로 파악되었다.** 반면 아동인지능력향상사업은 2007년에 비해 2008년에는 한 가구당 두세 명의 형제도 서비스를 받을 수 있고 연령도 8세로 확대되었으며, 시간도 주 1회 서비스제공으로 바뀌었다. **아동인지능력향상사업에 참여하는 기관들은 대부분 기존 서비스를 제공하고 있는 영리기관들로서 서비스제공에 대한 노하우가 축적되어 있고 기존에 방문교사가 확보되어 있어 운영비에 대한 불만이 없었고 인건비에 대한 불만도 없는 것**으로 파악되었지만 여전히 개선되어야 하는 점들이 있는 것으로 파악되었다. 개선점으로 지적될 수 있는 것들을 다음과 같다.

첫째, 대상자선정의 문제이다. 인지능력향상사업은 보편적 서비스를 표방하여 전국 평균 가구소득이하의 취학 전 아동을 둔 모든 가구는 서비스를 선착순으로 지원할 수 있으며, 저소득가구를 우선 선발하고 동일한 본인부담금을 적용하고 있다. 따라서 사회서비스의 주된 표적 집단이 사회소외계층 특히 저소득층의 경우 본인부담금에 대한 부담이 있으며 소득수준이 높은 가구의 경우 정보력이 뛰어나 서비스를 제공받을 수 있는 접근성이 사회소외계층인 저소득층에 비해 높을 수 있다는 점을 고려한다면 **소득수준에 따라 본인부담금을 차등적용하고 대상자 선정기준을 보다 엄격히 적용**하여야 할 것으로 판단된다.

대상자들을 **선착순으로 선정하는 것도 문제가 있는 것으로 파악된다.** 저소득층가정은 정보에 대한 접근에 제한이 있어 일반가정보다 신청에 대한 접근성이 열악하기 때문에 저소득가정의 선정에 긍정적 차별의 정책적 배려가 필요하다.

아동인지사업의 경우 기관별로 본인부담금이 차이가 나는 것도 시정되어야 하는 것으로 판단된다. 이용자들이 부담하는 본인부담금이 일정하지 않는 이유는 기관이 제공하는 프로그램별로 가격책정이 다른 것이 이유인 것으로 나타나고 있지만 제공되는 서비스가 다르다는 것은 표준화된 서비스가 제공되지 않을 가능성을 내포하고 이는 서비스제공의 차별을 의미하고 이는 곧 이용자선별로 귀결될 수 있다. 따라서 표준화된 서비스제공과 이에 따른 표준화된 본인부담금책정이 필요하다.

둘째, 전자바우처에 대한 교육과 정보제공 등이 필요하다. 전자바우처는 아동인지능력사업의 경우 다른 사회서비스와 달리 제공기관과 이용자들이 크게 불편함을 호소하지는 않지만 이용자보다 제공기관이 카드를 소지하고 있는 경우가 많아 카드사용 본래의 목적을 벗어나는 경우가 있어 카드사용에 대한 전면적인 교육과 카드에 대한 정보제공이 필요한 것으로 지적되었다. 기관이 바우처를 전유하는 것을 방지하기 위하여 전자바우처에서 종이바우처로 전환하는 것도 하나의 방안이 될 수 있다. 전자바우처에 대해 이용자들이 크게 불편함을 제기하지 않는 이유는 산모돌보미사업과 마찬가지로 노인이나 장애인들과 달리 이용대상자들이 젊고 정보접근성이 더 나은 것이 원인으로 파악된다.

셋째, 지속적인 서비스가 보장되어야 한다. 아동인지사업의 경우 시장형성의 가능성이 높고 이용자, 제공자, 제공기관 모두 만족도가 높은 사업이며, 특히 저소득층의 자녀들이 초기에 참여를 통한 학교적응과 비행예방에 매우 효과적인 서비스로 성장가능성이 높다. 2008년 사업이 개선되어 서비스가 지속됨에도 불구하고 예산부족으로 신규 이용자의 참여는 이루어지지 못하고 있으며, 신규 이용자를 받았다 하더라도 12개월 동안 서비스를 받지 못하고 8-9개월로 서비스가 종료되는 경우가 있었다. 초기의 목적을 달성할 수 있도록 지속적인 정부의 지원이 이루어져야 할 것이다.

5. 지역사회서비스혁신사업(자체개발형) 개선방향

지역사회서비스혁신사업의 자체개별형 사업은 그 종류가 많고 다양하여 모든 사업의 사례를 조사하지 못한 점이 단점으로 지적될 수 있다. 이번 사례조사를 통하여 자체개발형사업 중에 사례조사를 통하여 검토한 사업은 체험학습프로그램과 장애치료프로그램이었다. 대표적인 체험학습프로그램과 장애치료프로그램사업은 사업에 대한 지역주민들의 욕구도 높았으며 사업의 필요성에 대한 이해관련당사자들이 모두 공감하는 사업이었다.

체험학습프로그램과 장애치료프로그램을 중심으로 자체개발형사업을 평가한다면 두 사업모두 이용자들의 생활상의 변화가 나타나는 매우 필요한 사업임이 증명되어 사업이 안정적으로 유지되고 확대되는 것이 바람직한 것으로 나타났지만 제공되는 서비스는 보다 지역주민의 욕구에 맞추어 다양화된 서비스가 제공되어야 한다는 점과 대상자를 보다 세분화하여 본인부담금을 책정하여야 할 필요성이 개선방안으로 제시될 수 있었다. 보다 구체적인 개선방안을 살펴보면 다음과 같다.

첫째, 대상자에 따른 차등지원이 고려되어야 한다. 이용자들의 만족도가 높지만 대상자에 대한 구별이 이루어지고 있지 않아 저소득층이 부담하는 비용과 일반가정이 부담하는 비용이 같은 것은 개선되어야 한다. 현재 참여가정의 소득기준은 전국평균가구소득이하인 경우로만 제한이 있어 차상위계층을 포함하는 저소득층가구인 경우는 본인부담에 대한 경제적 압박이 있을 수밖에 없어 대상자를 구별하여 자격기준을 이원화가 필요하다고 보여진다. 또한 한 부모가정, 조손부모 가정 등 특별한 배려가 필요한 가정의 자녀에 대한 정책적인 지원이 고려되어야 한다.

둘째, 서비스내용의 변화와 다양한 프로그램의 제공이 필요하다. 체험학습프로그램은 경제적 부담을 좀 더 할 의사가 있는 가정을 위한 프로그램이나 보다 지역주민의 욕구가 반영된 다양한 프로그램의 개발이 필요한 것으로 나타났으며 장애아동치료서비스인 경우는 서비스가 가정에서 이루어짐으로 시간배정에 있어 이용자들의 욕구에 맞추어 방문이 이루어질 수 있도록 배려하여야 할 것으로 판단된다. 두 사업모두 홍보와 관리가 체계적으로 이루어져야 할 필요성이 제기되었다.

셋째, 새로운 이용자들의 발굴이 필요하다. 서비스의 욕구는 있으나 거리나 정보부족 등으로 서비스에 대한 접근이 어려운 클라이언트를 위한 찾아가는 방문서비스는 이용자에게는 만족도가 매우 높았다. 그러나 제공자들의 교통 여건 등으로 인해 제공자 확보에 어려움이 있었기 때문에 서비스 확대를 위해 제공기관의 확대 뿐 아니라 지리적 여건을 고려한 제공자의 발굴과 교통비 지원 등을 고려해 보는 것도 필요하다.

참고문헌

강혜규 외(2007). 사회서비스 확충방안 연구-주요 사회서비스 수요 추계 및 정책과제-. 보건사회연구원.

김용득(2007). 영국사회복지서비스의 구조와 서비스 질 관리체계. 보건복지포럼, 125, 76-91.

김원종(2007). "사회서비스 이용권제도의 의의와 추진방향". 복지동향, 통권 제 101호.

김원종·이재원(2007). "투명하고 효율적인 사회서비스 전달시스템으로서의 한국의 전자바우처 제도". 제3차 사회보장 국제학술대회 자료집.

김윤수(2007). "사회서비스 분야의 전자바우처 제도도입 사례연구". 한국정책학회. 2007 하계학술대회 자료집; 289-304.

보건복지부(2006). 보건복지가족부소관 예산안 및 기금운용계획안 개요.

__________(2007a). '07년도 보건복지서비스 분야 4대 바우처 사업 실행계획.

__________(2007b). 2007년도 연두업무보고.

__________(2007c). 2007년도 산모·신생아도우미지원사업 안내.

__________(2007d). 2007년도 노인돌보미 바우처 사업 안내.

__________(2007e). 2007년도 중증장애인 활동보조지원사업 안내.

__________(2007f). 2007년도 지역사회서비스혁신사업 안내.

__________(2007g). 2007년도 4대바우처 사업 관계자 합동연찬회 자료집.

__________(2008a). 2008년 산모·신생아도우미지원사업 안내.

__________(2008b). 2008년 노인돌보미 바우처 사업 안내.

__________(2008c). 2008년 중증장애인 활동보조지원사업 안내.

__________(2008d). 2008년 지역사회서비스혁신사업 안내.

__________(2008e). 2008년 노인보건복지사업안내.

__________, 사회서비스관리센터(2007). 사회서비스 전자바우처 사업 시행 100일 정책토론회 자료집.

__________, 사회서비스관리센터(2007). 보편적 복지서비스의 투명·효율적 공급을 위한 사회서비스 바우처 운용체계.

__________, 서울행정학회(2007). 사회투자를 위한 국가재정 운용의 방향.

이봉주 외(2008). 『사회복지서비스와 공급체계』. EM 커뮤니티.

정경희 외(2006). 한국 사회서비스 쟁점 및 발전전략. 보건사회연구원.

지은구(2005). 「사회복지프로그램개발과 평가」. 학지사.

______(2006). 성과측정의 원리와 문제점. 한국사회복지행정학회 춘계학술대회발표집.

______(2006). 「자본주의와 사회복지」. 청목출판사.

______(2007). 성과측정의 원리와 적용. *2007년 노인복지세미나발표집.* 서울시노인종합복지관협회.

______(2008). 「사회복지평가론」. 학현사.

참여연대 사회복지위원회(2008). 사회서비스연속워크샵(I, II, III) 녹취록.

최은영(2007). 사회서비스의 정책적 쟁점. 보건복지포럼, 125, 23-36.

한국조세연구원(2006). 재정사업 성과지표개발 매뉴얼. 한국조세연구원 재정분석센터.

Alter, C. and Egan, M.(1997). Logic modeling: A tool for teaching critical thinking in social work practice. *Journal of Social Work Education*, 33, 85-102.

Ammons, D. N.(2003). Performance measurement and benchmarking in local government. In J. R. Abin(ed.), *Encyclopedia of public administration and public policy*. New York: Marcel Dekker Inc.

Bickman, L.(1987). The function of program theory. In L. Bickman(eds.), *Using program theory in evaluation, New directions for program evaluation*, no. 33. San Francisco: Jossey-Bass.

Bouckaert, G. and Halligan, J.(2006). Performance and performance management. In B. G. Peters and J. Pierre(ed.), *Handbook of poblic policy*. London: Sage

Barger, G. and Holloway, R.(1978). Change human service organizations: Politics and practice. New York: Macmillan Press.

Cardy, R. L.(2004). *Performance management: concepts, skills, and exercises*. New York: M. E. Sharpe.

Chambers, D. E., Wedel, K., and Rodwell, M.(1992). *Evaluating social programs*. Boston: Allyn and Bacon.

Chelimsky, E, and Shadish, W.(1997). Evaluation for the 21st century: A Handbook. Thousand Oaks, CA: Sage.

Cooksy, L. I., Gill, P. and Kelly, P. A.(2001). The program logic model as an integrative framework for a multimethod evaluation. *Evaluation and Program Planning*, 24. 119-128

Corbeil, R.(1986). Logic on logic model. *Evaluation newsletter*. Ottawa: Office of the Comptroller General of Canada. September.

Corcoran, K. and Fischer, J.(2000)(3rd ed.). *Measures for clinical practice: A source book*. New York: The Free Press.

Crewell, J.(1998). *Quality inquiry and research design*. 조흥식 외 역 (2005). 『질적연구방법론』. 학지사.

Davidson, E. J.(2005). *Evaluation methodology basics*. Thousand Oaks: Sage.

DePoy, E. and Gilson, S. F.(2003). *Evaluation practice: Thinking and action principles for social work practice*. Pacific Grove, CA: Brooks/Cole.

Donaldson, S.(2003). Theory-driven program evaluation in the new millennium. In S. Donaldson and M. Scriven(eds.). *Evaluating social programs and problems: visions for the new millennium*. NJ: Lawrence erlbaum Associates.

Everitt, A.(1996). Developing Critical Evaluation. *Evaluation*, 2(2), pp. 173-88.

Fetterman, D.(1998). *Ethnography: Step by step*. Thousand Oaks, CA: Sage.

Friedlander, W. A.(1955). *Introduction of social welfare*. New York: Prentice Hall.

Hasenfeld, Y.(1983). *Human service organizations*. Englewood cliffs, New Jersey: Prentice-Hall.

Holzer, M. and Kloby, K.(2005). Public performance measurement: an assessment of the state of the art and models for citizen participation. *International Journal of Productivity and Performance Management*. Vol. 54. No. 7. pp. 517-532.

Johnson, H. W.(2005). *The social services: An introduction*(4th ed.). Itasca, IL: F. E. Peacock

Publishers Inc.

Julnes, P. D. L.(2003). Performance measurement. In J. RAbin(ed), *Encyclopedia of public administration and public policy*. New York: Marcel Dekker Inc.

Lawence B. M.(1995). *Impact analysis for program evaluation*(2nd ed.). Thousand Oaks, CA: Sage.

Lohmann, R. and Lohmann, N.(2002). *Social administration*. New York: Columbia University Press.

Martin, L. and Kettner P. M.(1996). *Measuring the performance of human service programs*. Thousand Oaks: Sage.

Martin, Jr. G. T. and Zald, M. N. (eds.).(1981). *Social welfare in society*. New York: Columbia University Press.

McLaughlin, J. and Jordan, Gretchen B.(1999). Logic model: A tool for telling your programs performance story. *Evaluation and program planning*, vol. 22, 65-72.

Mecca, W. F. and Rivera, A.(2000). Instituting an outcomes assessment effort: Lessons from the field. *Families in Society*, 81(1), 85.

Netting, F. E., Kettner, P. M., and McMurtry, S. L.(1998)(2nd ed.). *Social work macro practice*. New York: Longman.

Patti, R. J.(2000). The landscape of social welfare management. In Rino J. Patti. (Ed). *The handbook of welfare administration*. Thousand Oaks: Sage Publications.

Patton, M.(1997). *Utilization-focused evaluation: The new century text*. Thousand Oaks, CA: Sage.

Popple, P. R. and Leighninger, L.(2002). *Social work, social welfare and American society* (5th ed.). Boston, MA: Allyn and Bacon.

Poister, T. H.(2003). *Measuring performance in public and nonprofit organizations*. San Franciso: CA. Jossey-Bass.

Punch, K. F.(2003) Survey Research: the basics. London: Sage.

Punch, K.(1998). *Introduction to social research: Quantitative and qualitative approaches*. London: Sage.

Reid, P. N.(1996). Social welfare history. In Richard L. Edwards(Ed.). *Encyclopedia of social work*, 19th ed. Washington D. C.: NASW Press.

Roger, P. J.(2000). Program theory: Not whether programs work but how they work. In D. L. Stufflebeam, G. Madaus and T. Kellaghan(eds). *Evaluation models: Viewpoints on educational and human services*(2nd ed). New York: Kluwer Acadeic Publishers.

Rossi, P. and Freeman, H.(1982). *Evaluation: A systematic approach*(2nd ed.). Beverly Hills, CA: Sage.

Rubin, A., and Babbie, E.(1997). *Research methods for social work*. Pacific Grove, CA: Brooks/Cole.

Rush, B. and Ogborne, A.(1991). Program logic models: expanding their role and structure for program planning and evaluation. Canadian Journal of Program Evaluation, 6, 2.

Savaya, R. and Waysman, M.(2005). The logic model: A tool for incorporating theory in development and evaluation. In *Adminstration in Social Work*. Vol. 29(2), 85-103.

Smith, P.(Ed).(1996). *Measuring outcome in the public sector*. Bristol, PA: Taylor & Francis Inc.

Stake, R. R.(1994). Case studies. In N. K. Denzin and Y. S. Lincoln(Eds.), Handbook of quality research. Thousand Oaks, CA: Sage.

Stake, R. E.(1980) 'Program Evaluation, Particularly Responsive Evaluation'. In W. B. Dockrell and D. Hamilton (eds.), Rethinking Educational Research.

United Way of America.(1996). *Measuring program outcomes: A practical approach*. Alexandria, VA: Author.

Weiss, C. H.(1998). *Evaluation*(2nd ed.). Upper Saddle River, N.J.: Prentice-Hall.

W. K. Kellogg Foundation.(2000). *Logic model development guide*. Bettle Creek, Michigan: Author.

Yin, R. K.(1989). Case study research: Design and method. Newbury Park, CA: Sage.

찾아보기

[저자 약력]

• 지은구

한신대학교 사회복지학과 졸업
중앙대학교 대학원 사회복지학과 졸업
미국 Columbia University, School of Social Work 졸업(사회복지학 석사)
미국 The City University of New York, Department of Social Welfare졸업
(사회복지학 박사)
현 계명대학교 사회과학대학 사회복지학과 교수

• 장승옥

연세대학교 사회학과 졸업
미국 University of California at Berkeley, School of Social Welfare 졸업
(사회복지학 석사 및 박사)
현 계명대학교 사회과학대학 사회복지학과 교수

사회서비스 사례조사연구

2009년 5월 20일 초판인쇄
2009년 5월 25일 초판발행

저 자 지은구 · 장승옥
발행인 유 성 렬
발행처 청목출판사
서울특별시 영등포구 신길동 233-96
전화 (02) 849-6157(代) · 2820
FAX (02) 849-0817
등록 제318-1994-000090호

파본은 바꾸어 드립니다. 값 19,000원

http : //www.chongmok.co.kr

ISBN 978-89-5565-303-8